精品课程新形态教材

21世纪应用型人才培养系列教材

新时代创新型人才培养精品教材

小企业会计实务

杨 璐 编著

副主编 邱 峰 王 杨 丛 颖
张 帆 罗延博 于菊兰

中国海洋大学出版社
CHINA OCEAN UNIVERSITY PRESS
·青岛·

图书在版编目（CIP）数据

小企业会计实务／杨璐编著．—青岛：中国海洋大学出版社，2017.7
（2024.6重印）

ISBN 978-7-5670-1523-4

Ⅰ.①小…　Ⅱ.①杨…　Ⅲ.①中小企业-会计　Ⅳ.①F276.3

中国版本图书馆 CIP 数据核字（2017）第 177148 号

出版发行	中国海洋大学出版社		
社　　址	青岛市香港东路 23 号	**邮政编码**	266071
出 版 人	杨立敏		
网　　址	http://pub.ouc.edu.cn		
电子信箱	258327282@ qq.com		
订购电话	010-82477073（传真）	**电　　话**	010-82477073
责任编辑	王　晓		
印　　制	涿州汇美亿浓印刷有限公司		
版　　次	2017 年 7 月第 1 版		
印　　次	2024 年 6 月第 2 次印刷		
成品尺寸	185 mm×260 mm		
印　　张	19.5		
字　　数	410 千		
印　　数	10000—15000		
定　　价	39.50 元		

前　言

党的二十大报告提出，"全面贯彻党的教育方针，落实立德树人根本任务，培养德智体美劳全面发展的社会主义建设者和接班人。"

小企业会计是高等学校经管专业，特别是会计学、财务管理与审计专业的一门主干课程。通过对小企业会计实务的学习，学生应能系统掌握小企业会计的基本理论、基本知识、基本技能，受到会计方法和涉税知识的系统训练，能够胜任各类小企业的会计工作，具有发现问题、分析和解决小企业会计和涉税问题的基本能力，为将来在小企业从事会计工作打下坚实的基础。

本书以《小企业会计准则》和《中华人民共和国企业所得税法》等相关法律法规为依据，以学生对小企业会计问题处理能力的培养为重点，紧密联系小企业实际工作需要，采用理论与实际相结合的方法，将会计理论与税法实务较好地融合，系统地阐述了小企业常用会计事项的确定、计量、记录、报告以及涉税问题。有利于将学生所学知识同实际工作结合起来，提高学生实践能力和创新能力。

本书举例详实，通俗易懂，能够贴近小企业实际，围绕小企业会计人员应该掌握的会计原理、实务与涉税问题展开，将最新的会计规范、涉税法规纳入其中，具有应用性、针对性、先进性、基础性、易于自学的特点。

《小企业会计实务》围绕编制通用财务报告展开，内容包括六大会计要素的会计处理。详细讲解了在会计实践中会计要素和主要会计项目的处理方法、会计报表的编制方法以及会计信息的使用和分析方法。既有对财务会计的基本理论、基础知识和基本方法的阐述，又有对现行小企业会计准则的介绍与评价，同时更注重在现行的会计理论和会计政策下，对会计信息的处理方法和分析方法等实务的介绍。

本书根据《小企业会计准则》进行编写，全书共分为10章，主要内容包括总论、货币资金、应收及预付款、存货、对外投资、固定资产、无形资产、负债、所有者权益、成本核算以及财务报表。每章都结合相关案例对重点内容进行讲解，并适时加入"延伸阅读""会计职业道德""相关思考""账簿格式""与财务报告的关系"等内容，以培养学生的分析能力和创新能力；由于编者有多年实务工作经验，因此在内容的编写上，与实务工作紧密结合，以增强学生理论与实务相结合的能力，提高其实践技能，为就业打下坚实基础；同时借助图、表等方式进行讲解，便于学生理解掌握。

本书主要作为普通高等学校经济管理类专业教材，也可供相关专业人员参考。

编　者

目　录

第一章

总　论

学习目的

通过本章学习，了解小企业的特点和小型微利企业的内涵；熟悉国家四部委《中小企业划型标准规定》中小企业及微型企业的界定标准和小企业会计规范的内容，掌握小企业会计准则的特点及小企业常见的会计科目。

引例《小企业会计准则》的发布

财会〔2011〕17 号

为了规范小企业会计确认、计量和报告行为，促进小企业可持续发展，发挥小企业在国民经济和社会发展中的重要作用，根据《中华人民共和国会计法》及其他有关法律和法规，我部制定了《小企业会计准则》，现予印发，自 2013 年 1 月 1 日起在小企业范围内施行，鼓励小企业提前执行。我部于 2004 年 4 月 27 日发布的《小企业会计制度》（财会〔2004〕2 号）同时废止。执行中有何问题，请及时反馈我部。

财政部
二〇一一年十月十八日

第一节　小企业会计准则的意义

一、《小企业会计准则》制定的背景和意义

2011 年 10 月 18 日，财政部以财会〔2011〕17 号印发了《小企业会计准则》，用于规范小企业会计的确认、计量和报告行为，促进小企业可持续发展，发挥小企业在国民经济和社会发展中的重要作用。这是中国会计发展史上第一部关于小企业的会计准则。

《小企业会计准则》于 2013 年 1 月 1 日起实施，实施以后不再执行《小企业会计制度》。

（一）《小企业会计准则》制定的背景

小企业是我国国民经济和社会发展的重要力量。加强小企业管理、促进小企业发展是保持国民经济平稳较快发展的重要基础，是关系民生和社会稳定的重大战略任务。尤其是党的十八届三中全会以来，党中央、国务院做出了一系列重大决策。其中包括：鼓励大众创业、万众创新，致力于为中小企业打造良好的发展环境，培育和催生经济发展新动力。为了促进

中小企业发展工作，国务院于 2018 年 8 月在北京召开会议。会议指出，目前，我国中小企业具有"五六七八九"的典型特征，即我国中小企业贡献了 90% 以上的企业数量、80% 以上的城镇劳动就业、70% 以上的技术创新、60% 以上的 GDP 和 50% 以上的税收，堪称社会发展和国民经济的主力军。中小企业也是推动经济实现高质量发展和建设现代化经济体系的重要基础，是企业价精神的重要发源地，是改善民生的重要支撑。

促进小企业的发展，对于提高经济增长活力、有效扩大就业、保持社会和谐稳定、建设创新型国家，具有十分重要的意义。因此，有必要制定一套既符合小企业发展新特性，又能够满足小企业会计信息使用者需求的小企业会计准则，从而促进小企业提高经营管理水平，为国家扶持小企业发展各项政策措施的落实提供有力保障。

中共中央一直高度重视支持小企业发展，先后于 2003 年出台《中小企业促进法》、2005 年出台《鼓励支持和引导个体私营等非公有制经济发展的若干意见》（国发〔2005〕3 号）。特别是 2009 年 9 月，为应对国际金融危机，帮助中小企业克服困难，国务院印发了《国务院关于进一步促进中小企业发展的若干意见》（国发〔2009〕36 号），提出了进一步扶持中小企业发展的综合性政策措施。会计工作是经济、财政工作的重要基础。这从客观上要求我们在新的经济形势下研究制定出一套既符合小企业发展新特征又能够满足小企业会计信息使用者新需求的小企业会计准则，从而促进小企业提高经营管理水平，为国家扶持小企业发展各项政策措施的落实提供有力的制度保障。

从国内实际情况看，企业会计准则体系得到了国内、国际社会的普遍认可，但这套准则体系的实施范围不包括小企业。2004 年制定的《小企业会计制度》，一些内容早已过时，小企业会计人员实际工作中无所适从。例如，《小企业会计制度》中的《小企业划型标准》是经国务院批准，由原国家经贸委、原国家计委、财政部和国家统计局于 2003 年 2 月发布实施的，诸如计算机服务和软件业、房地产业、租赁业和商务服务业等未包括在内，致使这些行业的小企业有的执行行业会计制度，有的执行小企业会计制度，等等。因此，有必要进一步推进会计改革成果，适时研究制定《小企业会计准则》，为今后统一会计标准、提高会计信息可比性、建立良好会计秩序奠定坚实的基础。

从国际通行的做法看，一些国际会计组织和国家会计准则机构普遍意识到，不论企业规模大小，一律执行单一的会计标准并不合理。中小企业由于其规模、组织形式以及产权关系等具有显著特征，表现在会计管理方面，会计目标、会计信息使用者需求、会计机构和人员配置、会计核算水平等均有独特之处。因此，在会计确认、计量和报告上应当适用于不同于其他主体的原则、方法与体系。单独制定适用于中小企业或小企业的会计标准，减轻小企业在提供财务报告方面的负担，已成为国际社会的共识。2009 年 7 月，国际会计准则理事会制定发布《中小主体国际财务报告准则》，该准则的一个核心理念就是简化核算。因此，有必要在充分借鉴国际通行做法的基础上，立足我国国情，研究制定出符合我国小企业实际情况的小企业会计准则。

（二）《小企业会计准则》制定的意义

《小企业会计准则》的制定有利于促进小企业的健康发展，其重要意义体现在以下几个方面：

（1）有利于健全企业会计准则体系。《企业会计准则》和《小企业会计准则》分工明确，相互衔接，为小企业的发展提供了制度空间。《小企业会计准则》在原则上遵循《企业会计准则——基本准则》的前提下，对会计确认、计量和报告要求进行适当简化，既维护了基本准则在整个会计标准体系中的统驭地位，又兼顾了小企业的实际情况。在保证小企业会计信息质量的同时，最大限度地降低了小企业成长壮大为大中型企业转而执行《企业会计准则》后，所面临的制度转换成本。

（2）有利于加强税收征管、促进小企业税负公平。制定和完善《小企业会计准则》，可以促进小企业建账、建制，提高其会计核算水平，实行查账征收。这样，不仅有助于依法治税，加强小企业税收征管，同时也有助于税务机关能够根据小企业实际负担能力征税，促进税负公平。

（3）有利于加强小企业的内部管理、防范小企业贷款风险。制定和完善小企业会计准则体系可以促使小企业练好内功，加强管理，提高自身信誉度，让银行愿意贷款，进而从制度上缓解小企业融资难、贷款难的问题。

（4）为小企业的发展提供了制度空间。制定和完善《小企业会计准则》，是以《中华人民共和国会计法》为依据，从会计管理方面引导和帮助小企业改善其经营管理，规范其会计行为，增强其会计信息的真实性和透明度，进而推动小企业走上内生增长、创新驱动的发展轨道。这将是财政部门支持小企业发展的又一项重大举措。

（5）帮助小企业轻松上阵。《小企业会计准则》充分考虑我国小企业规模较小、业务较为简单、会计基础工作较为薄弱、会计信息使用者的信息需求相对单一等实际情况，对小企业的会计确认、计量和报告进行了简化处理，减少了会计人员职业判断的内容与空间。

第二节 《小企业会计准则》的适用范围

企业是依法自主经营、自负盈亏、独立核算的从事生产、流通与服务等经济活动的营利性组织，企业通过各种生产经营活动创造物质财富，提供满足社会公众物质和文化生活需要的产品服务，在市场经济中占有非常重要的地位。从法律的角度看，凡是经合法登记注册、拥有固定地址而相对稳定的经营组织，都属于企业。

企业的基本职能就是从事生产、流通和服务等经济活动，向社会提供产品与服务，以满足社会需要。企业的根本任务是根据市场需求，有效地利用其拥有或经营管理的财产，发展生产，创造财富，实现资产增值，增加积累，同时依法缴纳税金、费用，满足社会日益增长的物质和文化生活需要。企业作为一个由人组成、发挥特定功能的系统，是一个能动适应外部环境变化，自我运作与发展，具有诞生、成长、成熟与衰退寿命周期的生态有机体。企业有着多种属性与复杂形态，因此企业可以按照不同的标准划分为不同类型：如根据行业性质可以分为工业生产企业、商品流通企业、服务企业等；根据财产组织形式可分为个体企业、合伙企业、公司制企业等；根据规模可以分为大型企业、中型企业、小型企业、微型企业等。

一、小企业的标准

小企业是指符合国家四部委《中小企业划型标准规定》所规定的小型企业的标准。根据2021年4月发布的《小企业划型标准规定》（征求意见稿），中小企业划分为中型、小型、微型三种类型，具体标准根据企业从业人员、营业收入、资产总额等指标，结合行业特点制定，如表1-1所示。

表 1-1　中小微型企业划型标准

行业名称	指标名称	计量单位	中型	小型	微型
农、林、牧、渔业	营业收入（Y）	万元	3 000≤Y<20 000	300≤Y<3 000	Y<300
工业*、交通运输业*、仓储业*、邮政业	从业人员（X）	人	300≤X<1 000	20≤X<300	X<20
	营业收入（Y）	万元	20 000≤Y<200 000	2 000≤Y<20 000	Y<2 000
建筑业、组织服务管理	营业收入（Y）	万元	8 000≤Y<80 000	800≤Y<8 000	Y<800
	资产总额（Z）	万元	10 000≤Z<100 000	1 000≤Z<10 000	Z<1 000
批发业	从业人员（X）	人	20≤X<200	5≤X<20	X<5
	营业收入（Y）	万元	20 000≤Y<200 000	2 000≤Y<20 000	Y<2 000
零售业	从业人员（X）	人	50≤X<300	10≤X<50	X<10
	营业收入（Y）	万元	5 000≤Y<50 000	500≤Y<5 000	Y<500
住宿业和餐饮业	从业人员（X）	人	100≤X<300	10≤X<100	X<10
	营业收入（Y）	万元	4 000≤Y<40 000	200≤Y<4 000	Y<200
信息传输业*、软件和信息技术服务业	从业人员（X）	人	100≤X<500	10≤X<100	X<10
	营业收入（Y）	万元	10 000≤Y<100 000	1 000≤Y<10 000	Y<1 000
房地产开发经营	营业收入（Y）	万元	10 000≤Y<100 000	1 000≤Y<10 000	Y<1 000
	资产总额（Z）	万元	50 000≤Z<500 000	5 000≤Z<50 000	Z<5 000
房地产业（不含房地产开发经营），租赁和商务服务业（不含组织管理服务），科学研究和技术服务业，水利、环境和公共设施管理业，居民服务、修理和其他服务业，教育，卫生和社会工作，文化、体育和娱乐业	从业人员（X）	人	100≤X<300	10≤X<100	X<10
	营业收入（Y）	万元	5 000≤Y<50 000	500≤Y<5 000	Y<500

说明：

1. 中型和小型企业须同时满足所列指标的下限，否则下划一档；微型企业只需满足所列指标中的一项即可。2. 附表中各行业的范围以《国民经济行业分类》（GB/T 4754-2017）为准。带＊的项为行业组合类别，其中，工业包括采矿业，制造业，电力、热力、燃气及水生产和供应业；交通运输业包括道路运输业，水上运输业，航空运输业，管道运输业，多式联运和运输代理业、装卸搬运，不包括铁路运输业；仓储业包括通用仓储，低温仓储，危险品仓储，谷物、棉花等农产品仓储，中药材仓储和其他仓储业；信息传输业包括电信、广播电视和卫星传输服务，互联网和相关服务。

3. 企业划分指标以现行统计制度为准。

（1）从业人员，是指期末从业人员数，没有期末从业人员数的，采用全年平均人员数代替。

（2）营业收入，工业、建筑业、限额以上批发和零售业、限额以上住宿和餐饮业以及其他设置主营业务收入指标的行业，采用主营业务收入；限额以下批发与零售业企业采用商品销售额代称；限额以下住宿与餐饮业企业采用营业额代替，农、林、牧、渔业企业采用营业总收入代替；其他未设置主营业务收入的行业，采用营业收入指标。

（3）资产总额，采用资产总计代替。

根据科技部、财政部、国家税务总局于 2017 年 5 月研究制定的《科技型中小企业评价办法》，科技型中小企业须同时满足以下条件：

（1）在中国境内（不包括港、澳、台地区）注册的居民企业；

（2）职工总数不超过 500 人、年销售收入不超过 2 亿元、资产总额不超过 2 亿元；

（3）企业提供的产品和服务不属于国家规定的禁止、限制和淘汰类；

（4）企业在填报上一年及当年内未发生重大安全、重大质量事故和严重环境违法、科研严重失信行为，且企业未列入经营异常名录和严重违法失信企业名单；

（5）企业根据科技型中小企业评价指标进行综合评价所得分值不低于 60 分，且科技人员指标得分不得为 0 分。

此外，创新型中小微企业具有以下特点：一是具有自主知识产权核心技术或独特的核心竞争力；二是其产品或服务在行业或细分市场占一定规模，或有明显创新特点，或处产业链关键环节或有特定品牌价值；三是拥有与企业主营业务相适应的创新团队和经营管理团队；四是初步建立了与企业发展阶段相适应的创新机制，具备持续创新能力。

除此之外，《企业所得税法》也规范了小微企业的规模，请扫描二维码了解相关内容。

二、小企业会计准则的内容与执行要求

《小企业会计准则》第一条规范了小企业会计准则制定的目的和依据。为了规范小企业会计确认、计量和报告行为，促进小企业可持续发展，发挥小企业在国民经济和社会发展中的重要作用，根据《中华人民共和国会计法》和其他有关法律和法规，制定《小企业会计准则》。

制定《小企业会计准则》，不仅要立足国情，借鉴中小主体国际财务报告准则简化要求，也要和我国税法保持协调，还要有助于银行等债权人提供信贷。

1. 小企业会计准则的内容

基于"内容完整、通俗易懂、便于操作、强化监管"的要求，同时借鉴企业会计准则体系的制定经验，小企业会计准则体系由《小企业会计准则》和应用指南两部分组成。《小企业会计准则》主要规范小企业通常发生的交易或事项的会计处理，为小企业处理会计实务问题提供具体而统一的标准。采用章节体例，分为总则、资产、负债、所有者权益、收入、费用、利润及利润分配、外币业务、财务报表、附则共十章，具体规定了小企业会计确认、计量和报告的全部内容。应用指南主要规定会计科目的设置、主要账务处理、财务报表的种类、格式及编制说明，为小企业执行《小企业会计准则》提供操作性规范。具体内容如表 1-2 所示。

表 1-2　《小企业会计准则》主要内容一览表

	章次	章名	条款	主要内容
正文	第一章	总则	4 条	立法宗旨、适用范围、执行本准则的相关规定
	第二章	资产	40 条	流动资产（包括货币资金、短期投资、应付及预付款项、存货等）、长期投资、固定资产和生产性生物资产、无形资产、长期待摊费用
	第三章	负债	8 条	流动负债（包括短期借款、应付及预付款项、应付职工薪酬、应交税费、应付利息等）、非流动负债（包括长期借款、长期应付款等）
	第四章	所有者权益	5 条	实收资本、资本公积、盈余公积和未分配利润
	第五章	收入	7 条	销售商品收入和提供劳务收入
	第六章	费用	2 条	营业成本、税金及附加、销售费用、管理费用、财务费用
	第七章	利润及利润分配	6 条	营业利润、利润总额、净利润、营业外收入、营业外支出、政府补助、利润分配

	章次	章名	条款	主要内容
正文	第八章	外币业务	6条	外币、外币业务、外币财务报表折算
	第九章	财务报表	10条	资产负债表、利润表、现金流量表、附注
	第十章	附则	2条	微型企业参照执行准则、本准则施行日期
	合计	十章	90条	
附录				会计科目、主要账务处理和财务报表

三、《小企业会计准则》的适用范围

《小企业会计准则》适用于在中华人民共和国境内设立的、同时满足下列三个条件的企业，即小企业。

1. 不承担社会公众责任

《小企业会计准则》所称承担社会公众责任，主要包括两种情形：一是企业的股票或债券在市场上公开交易，如上市公司和发行企业债的非上市企业、准备上市的公司和准备发行企业债的非上市企业；二是受托持有和管理财务资惊的金融机构或其他企业，如非上市金融机构、具有金融性质的基金等其他企业（或主体）。

2. 经营规模较小

《小企业会计准则》所称经营规模较小，指符合国务院发布的《中小企业划型标准规定》所规定的小企业标准或微型企业标准。

3. 既不是企业集团内的母公司也不是子公司

企业集团内的母公司和子公司均应当执行《企业会计准则》。经营规模较小的企业，可以按照《小企业会计准则》进行会计处理，也可以选择执行《企业会计准则》。选择执行《企业会计准则》的小企业，不得在执行《企业会计准则》的同时，选择执行《小企业会计准则》的相关规定。

四、不适用于《小企业会计准则》的小企业

1. 股票或债券在市场上公开交易的小企业

股票或债券在市场上公开交易的小企业，实际上已经成为公众公司。公众公司股东（成员）人数众多，承担着社会公众受托责任，接受法律和政府的严格监管，需要向社会公开业务经营状况，公开财务报表，以保护广大投资者、债权人和广大社会公众的切身利益。

根据我国有关股票或债券公开发行和交易的规定，凡是在我国境内首次公开发行股票并上市的企业，或者发行企业债券的企业，都必须按照《企业会计准则》（以下统称企业会计准则）进行会计处理，编制财务报表，并且按相关规定定期向社会公开。国际会计准则理事会（IASB）也规定，凡是证券在公开市场上交易的企业，不论其规模大小，都应当遵循国际财务报告准则。

具体来说，股票或债券在市场上公开交易的小企业包括以下五种类型。

①已经在深圳证券交易所中小板和创业板上市的小企业。②已经在上海证券交易所和深圳证券交易所发行公司债券的小企业。③已经发行企业债券的小企业。④已经在境外股票市场上市的小企业。⑤预期在上海证券交易所或深圳证券交易所或境外上市的小企业和预期发

行企业债券或公司债券的小企业。

其中，预期在上海证券交易所或深圳证券交易所或境外上市的小企业和预期发行企业债券或公司债券的小企业又包括以下五种情况：一是有在上海证券交易所、深圳证券交易所或境外上市意图或计划的小企业。二是有发行企业债券或公司债券意图或计划的小企业。三是正在向中国证监会报送拟在上海证券交易所或深圳证券交易所上市申请材料的小企业。四是正在向境外证券监管机构报送拟在境外证券交易所上市申请材料的小企业。五是正在向国家发展和改革委员会（或中国证监会）报送拟发行企业债券（或公司债券）申请材料的小企业等。

2. 金融机构或其他具有金融性质的小企业

这类小企业包括：非上市小型金融机构（比如资产管理公司、租赁公司、小额贷款公司、财务公司、信托公司），具有金融性质的小型基金（比如小型投资基金）等。

这类小企业有如下共同特点：以不同方式受托持有和管理他人资金，且对委托人负有保证资金安全和收益的责任与义务，受到法律和政府的严格监管，其财务报表外部使用者主要是投资者、债权人和社会公众，这些外部使用者不参与企业的经营管理。

3. 企业集团内的母公司和子公司

这里所说的企业集团、母公司和子公司，其定义与企业会计准则的规定相同。《企业会计准则第33号——合并财务报表》第二条规定，母公司是指有一个或一个以上子公司的企业（或主体）。子公司是指被母公司控制的企业。第四条规定，母公司应当编制合并财务报表。第12条规定，母公司应当统一子公司所采用的会计政策，使子公司采用的会计政策与母公司保持一致。子公司所采用的会计政策与母公司不一致的，应当按照母公司的会计政策对子公司财务报表进行必要的调整，或者要求子公司按照母公司的会计政策另行编报财务报表。

也就是说，只要存在子公司，不论企业规模大小，都应编制合并财务报表，以综合反映企业集团的整体财务状况、经营成果和现金流量的信息。而母公司要编制合并财务报表，须执行企业会计准则，尤其是《企业会计准则第33号——合并财务报表》的有关规定。为提高母公司合并财务报表编制质量，减轻子公司在母公司编制合并财务报表时的成本，避免编制两套报表，本准则要求企业集团内的母公司和子公司均执行企业会计准则，而不执行《小企业会计准则》。

但《小企业会计准则》所称企业集团内的母公司和子公司均指在我国境内依法设立的企业，不涉及在我国境外依照国外法律设立的企业。即企业集团内的母公司是外国企业，其在我国境内的子公司，如果在企业规模上根据《中小企业划型标准规定》属于小企业，在企业会计标准的执行上不受此项规定的限制，该小企业可执行企业会计准则，也可执行《小企业会计准则》。

五、《小企业会计准则》在执行过程中应注意的问题

《小企业会计准则》第三条明确规定，符合《小企业会计准则》第二条规定的小企业，可以执行《小企业会计准则》，也可以执行《企业会计准则》。

（1）执行《小企业会计准则》的小企业，发生的交易或者事项《小企业会计准则》未作规范的，可以参照《企业会计准则》中的相关规定进行处理。

（2）执行《企业会计准则》的小企业，不得在执行《企业会计准则》的同时，选择执行《小企业会计准则》的相关规定。

（3）执行《小企业会计准则》的小企业公开发行股票或债券的，应当转为执行《企业会

计准则》；因经营规模或企业性质变化导致不符合《小企业会计准则》第二条规定而成为大中型企业或金融企业的，应当从次年1月1日起转为执行《企业会计准则》。

（4）已执行《企业会计准则》的上市公司、大中型企业和小企业，不得转为执行《小企业会计准则》。

延伸阅读 1-1

小型微利企业的界定

小型微利企业是一个税法上的概念，最早来源于《中华人民共和国企业所得税法》（2007年第63号主席令）第二十八条和《中华人民共和国企业所得税法实施条例》（第九十二条）。在不同时期，小型微利企业的标准有所不同。根据财政部、税务总局《关于实施小微企业普惠性税收减免政策的通知》（财税〔2019〕13号），小型微利企业是指从事国家非限制和禁止行业，且同时符合年度应纳税所得额不越过300万元，从业人数不超过300人，资产总额不超过5000万元等三个条件的企业。

从上述相关规定可以看出，税法所说的小型微利企业必须同时满足四个条件：一是企业所属行业判定，不能从事国家限制和禁止的行业；二是企业盈利水平判定，也就是企业的年度应纳税所得额不得超过认定标准限制；三是企业从业人数判定，即企业的从业人数是所属纳税年度内，与企业建立劳动关系的职工人数和企业接受的劳务派遣用工人数不得超过认定标准限制；四是企业资产总额判定，这里的资产总额是指企业所拥有的所有资产，等于企业所有者权益和负债的总和，这个总和不得超过认定标准限制。从业人数和资产总额指标，应按企业全年的季度平均值确定。

季度平均值 = （季初值+季末值）÷2

全年季度平均值 = 全年各季度平均值之和÷4

年度中间开业或者终止经营活动的，以其实际经营期作为一个纳税年度确定上述相关指标。

《中小企业划型标准规定》中的小企业仅指规模，而企业所得税法中小型微利企业的"小型"是指规模小，"微利"是指应纳税所得额少。可见，企业所得税法中的小型微利企业如果按会计口径划分可能是小企业，也可能是微型企业，还可能是中型企业。

税法中小型微利企业必须同时满足四个条件：

（1）所属行业判定，不能从事国家限制和禁止的行业，还应区分属于工业企业还是其他企业，企业所属行业不同，判定条件也不同。

（2）盈利水平判定，也就是企业的年反应纳税所得额不得超过认定标准限制。

（3）从业人数判定，即企业的从业人数是所属纳税年度内，与企业形成劳动关系的平均或者相对固定的职工人数不得超过认定标准限制。

（4）资产总额判定，这里的资产总额是指企业所拥有的所有资产，等于企业所有者权益和负债的总和，这个总和不得超过认定标准限制。

延伸阅读 1-2

《小企业会计准则》部分条款

第一章 总则

第一条 为了规范小企业会计确认、计量和报告行为，促进小企业可持续发展，发挥小企业在国民经济和社会发展中的重要作用，根据《中华人民共和国会计法》及其他有关法律和法规，制定本准则。

第二条 本准则适用于在中华人民共和国境内依法设立的、符合《中小企业划型标准规定》所规定的小型企业标准的企业。

下列三类小企业除外：

（1）股票或债券在市场上公开交易的小企业。

（2）金融机构或其他具有金融性质的小企业。

（3）企业集团内的母公司和子公司。

前款所称企业集团、母公司和子公司的定义与《企业会计准则》的规定相同。

第三条 执行本准则的小企业转为执行《企业会计准则》时，应当按照《企业会计准则第38号——首次执行企业会计准则》等相关规定进行会计处理。

第三节 小企业和小企业会计准则的特点

一、小企业特点

小企业是国民经济的基本细胞，在促进经济增长、扩大就业、科技创新等方面具有不可替代的作用。小企业能够得以生存并且有强劲的发展，有其客观必然性。小企业除了具有职工人数少、销售额不多、资产总额较低的特点外，还具有结构灵活、信息反馈时间短、反应迅速，转型快，比较适应多变的经济环境，能够迅速地抓住市场的需求变化，快速地生产、经营顾客所需要的产品，从而获得占领市场的竞争优势，或及时逃避灾难等优势。这些优势常常是反应较慢的大中型企业所不具备的。

当然，小企业经济基础相对薄弱、科研能力总体偏低，但却是企业中占比例最大的群体，也是弱势群体。小企业具有以下特点。

（1）小企业受环境影响及经营风险大。据美国有关方面预测，全美2 000多万各种不同类型的小企业，其中1/3甚至1/2的企业将在3年内关闭，特别是在经济衰退时期，小企业关闭率更高。只是由于小企业的开办率更高，才使企业总数逐年不断增长。但这丝毫也不能掩盖小企业的易变性和其巨大的经营风险。

（2）小企业资产少，负债能力有限。一般而言，企业的负债能力是由其资本金的大小决定的，通常为资本金的一个百分比例数（由法律规定），如60%或50%等。小企业资产少，相应的负债能力也就比较低。从各国的情况来看，美国的小企业强调独立自主和自我奋斗精神，因此企业的负债水平较低，一般都在50%以下；而意大利、法国等欧洲国家比较注重团队精神和社会力量，提倡相互协作，小企业的负债水平较高，一般在50%以上。

（3）投资主体和资金来源多元化。小企业投资主体可以是大中专毕业生、返乡农民工、下岗失业人员，也可以是退伍复员军人、城乡无业居民等。小企业资金大多为自有资金、亲戚朋友借款，正式的融资渠道少，"家族"色彩浓重。目前，占小企业主导地位的是民营企业，而民营企业大部分为"家族"企业，大多数企业投资者或所有者、经营者或管理者有一定的"亲缘"关系，父子、兄弟、姐妹、亲戚、朋友、同学等成员担任着企业关键部门的职位。

（4）小企业数量众多、行业分布广，资金需求批量小、频率高。根据国家工商行政管理总局发布的《全国小微企业发展报告》显示，截至2015年年底，全国工商登记中小企业超过2 000万家，个体工商户超过5 400万户，中小企业利税贡献稳步提高。以工业为例，截至2015年末，全国规模以上中小工业企业（从2011年起，规模以上工业企业起点标准由原来的年主营业务收入500万元提高到年主营业务收入2 000万元）36.5万家，占规模以上工业企业数量的97.4%；实现税金2.5万亿元，占规模以上工业企业税金总额的49.2%；完成利润4.1万亿元，占规模以上工业企业利润总额的64.5%。中小企业提供80%以上的城镇就业岗位，成为就业的主渠道。小企业的经营范围很广，除了技术、资本密集度极高和国家专控的特殊行业外，几乎所有的竞争性行业和领域都有小企业的经营活动。

小企业分布在各行各业，以多样化和小批量著称，资金需求也具有一次性量小、频率高等特点。

（5）管理水平相对较低。大部分小企业缺乏有效的、完整的内部管理制度，经营也不够规范。小企业员工大部分来自亲戚、朋友、家庭成员，员工的薪酬往往通过口头协议等确定，大部分小企业内部管理欠规范，管理水平相对较低。所有者或经理人素质的高低、能力的大小，在很大程度上决定着企业的兴衰与成败。

（6）小企业是企业群体中的弱势群体，也是最需要政府给予扶持的群体。小企业经营规模小，大多数技术相对简单，从事劳动密集型产业或服务业，是需要政府重点扶持的对象。从小企业个体看，一般资本总量较小，生产设备相对落后，技术含量和附加值较小，产业规模小。由于这些劣势，使其劳动生产率比较低，缺乏竞争力。相对大型企业来讲，平均寿命较短，容易倒闭破产。

此外，小企业单位投资的就业容量和单位产值使用劳动力弹性明显高于大中型企业，具有创业成本低、就业弹性空间大、就业方式灵活等特点。小企业不仅创造了巨大的社会财富，增加了国家税收收入，还吸纳了大量的劳动人口，提供了许多的新增就业岗位，为社会的稳定做出了重大贡献。大力发展小企业是解决就业的重要措施。

二、《小企业会计准则》的特点

（一）《企业会计准则》和《小企业会计准则》的比较

1. 《企业会计准则》和《小企业会计准则》的相同点

（1）制定依据相同。《企业会计准则》和《小企业会计准则》都是依据《中华人民共和国会计法》和其他有关法律、法规制定的。

（2）会计核算基础工作的要求相同。《企业会计准则》和《小企业会计准则》都要求企业填制会计凭证、登记会计账簿、管理会计档案等，按照《中华人民共和国会计法》《会计基础工作规范》和《会计档案管理办法》的规定执行。

（3）会计核算的前提条件相同。《企业会计准则》和《小企业会计准则》都要求企业的会计核算应当以持续、正常的生产经营活动为前提，划分会计期间，分期结算账目，会计期末编制财务会计报告。

（4）会计核算应遵循的基本原则相同。《企业会计准则》和《小企业会计准则》都要求企业遵循实质重于形式原则、相关性原则、可比性原则、及时性原则、可靠性原则、可理解性原则、权责发生制原则、收入与费用配比原则、谨慎性原则和重要性原则。

（5）会计科目设置、核算方法及财务报告的内容和要求基本相同。

①会计科目设置基本相同。《小企业会计准则》中有66个一级科目与《企业会计准则》不仅名称相同，而且核算内容也基本相同。

②会计核算方法基本相同。例如，资产计价方法都以取得时发生的货币支出，或以形成前所发生的料工费支出，或以换出非货币资产的账面价值加上应支付的相关税费，或以重组债权的账面价值，作为资产的入账价值。资产增减、负债增减、所有者权益增减、收入的分类及其确认、费用的分类归集、利润形成等的账务处理基本相同。

③对外提供财务报告的内容和要求基本相同，但《小企业会计准则》要求在会计报表附注中披露的内容相对更为简化。

2.《企业会计准则》和《小企业会计准则》的不同点

（1）适用范围不同。《小企业会计准则》适用于在中华人民共和国境内设立的小企业，即同时满足下列三个条件的企业：不承担社会公众责任，经营规模较小，既不是企业集团内的母公司也不是子公司。不适用于股票或债券在市场上公开交易的小企业；金融机构或其他具有金融性质的小企业；企业集团内的母公司和子公司。

符合《小企业会计准则》规定的企业可以选择执行《企业会计准则》，不符合《小企业会计准则》规定的企业必须选择《企业会计准则》，并且选择了《企业会计准则》作为本企业会计业务处理依据的小企业就不能同时使用《小企业会计准则》）。

（2）会计科目设置不同。《企业会计准则》的科目有156个，《小企业会计准则》的科目只有66个，科目数量大幅度减少。

（3）核算要求不同。

①小企业的资产要求按照成本计量，不要求计提资产减值准备，也就没有与资产减值准备相关的科目。例如，应收及预付款项的坏账损失采用直接转销法，应当于实际发生时计入营业外支出。资产实际损失的确定参照了企业所得税法中的有关认定标准。

②小企业债券的溢折价摊销统一采用直线法。在债权投资中的债券折价或者溢价的摊销方面，《企业会计准则》规定，债券的折价或者溢价在债券存续期间内于确认相关债券利息收入时采用实际利率法进行摊销。而《小企业会计准则》规定，债券的折价或者溢价在债券存续期间内于确认相关债券利息收入时采用直线法进行摊销。

③小企业长期股权投资统一采用成本法核算。在长期股权投资的后续计量方面，《企业会计准则》规定，长期股权投资在持有期间，根据投资企业对被投资单位的影响程度及是否存在活跃市场、公允价值能否可靠取得等情况，分别采用成本法和权益法进行会计处理。而《小企业会计准则》则要求小企业对长期股权投资统一采用成本法进行会计处理。

④小企业固定资产折旧年限和无形资产摊销期限的确定应当考虑税法的规定。《企业会计准则》规定，企业应当根据固定资产的性质和使用情况，合理确定固定资产的使用寿命和预计净残值，而不必考虑税法的规定。而《小企业会计准则》规定，小企业应当根据固定资产的性质和使用情况，同时考虑税法的规定，合理确定固定资产的使用寿命和预计净残值。

《企业会计准则》规定，企业应当于取得无形资产时分析判断其使用寿命；使用寿命有限的无形资产，其应摊销金额应当在使用寿命内系统合理摊销；企业摊销无形资产，应当自无形资产可供使用时起，至不再作为无形资产确认时止。而《小业会计准则》规定，无形资产的摊销期自其可供使用时开始至停止使用或出售时止；有关法律规定或合同约定了使用年限的，可以按照规定或约定的使用年限分期摊销；小企业不能可靠估计无形资产使用寿命的，摊销期不得低于 10 年。

⑤小企业长期待摊费用的核算内容和摊销期限与税法保持一致。《企业会计准则》里的"长期待摊费用"科目的核算内容、摊销期限与企业所得税法及其实施条例存在较大的差异。而《小企业会计准则》对"长期待摊费用"的核算内容、摊销期限均与企业所得税法及其实施条例的规定完全一致。

《小企业会计准则》规定，小企业的长期待摊费用包括已提出折旧的固定资产的改建支出、经营租入固定资产的改建支出、固定资产的大修理支出和其他长期待摊费用等；长期待摊费用应当在其摊销期限内采用年限平均法进行摊销。

⑥小企业资本公积仅核算资本溢价（或股本溢价）。《企业会计准则》规定，资本公积包括资本溢价（或股本溢价）和其他资本公积。而《小企业会计准则》规定，资本公积仅包括资本溢价（或股本溢价），是指小企业收到的投资者出资额超过其在注册资本或股本中所占份额的部分。

⑦小企业采用应付税款法核算所得税。《企业会计准则》要求企业采用资产负债表债务法核算所得税，在计算应交所得税和递延所得税的基础上，确认所得税费用。而《小企业会计准则》要求企业采用应付税款法核算所得税，将计算的应交所得税确认为所得税费用，这大大简化了所得税的会计处理。

⑧小企业取消了外币财务报表折算差额。《企业会计准则》规定，因折算产生的外币财务报表折算差额，在资产负债表中所有者权益项目下单独列示。而按照《小企业会计准则》的要求，小企业不会产生外币财务报表折算差额，减少了外币财务报表折算的工作量。

⑨小企业对会计政策变更和会计差错更正进行会计处理统一采用未来适用法。《企业会计准则》要求企业根据具体情况对会计政策变更采用追溯调整法或未来适用法进行会计处理，对前期差错更正采用追溯重述法或未来适用法进行会计处理；对会计估计变更采用未来适用法进行会计处理。而《小企业会计准则》要求小企业对会计政策变更、会计估计变更和会计差错更正均应当采用未来适用法进行会计处理。

（4）财务报告方面的不同。

①小企业简化了财务报表的列报和披露。小企业的财务报表至少应当包括资产负债表、利润表、现金流量表和附注四个组成部分，小企业不必编制所有者权益（或股东权益）变动表。《小企业会计准则》对现金流量表也进行了适当简化，没有补充资料。另外，小企业财务报表附注的披露内容也大为减少。

②报表的结构存在一定的差异。小企业是指不需要从外部筹集资金的企业，业务办理相对比较简单，财务报表的结构也相对做了简化。与《企业会计准则》规定的财务报表结构相比，《小企业会计准则》规定的财务报表对企业的现金流量表做了一定的简化，直接将所有的现金流分为经营活动、筹资活动和投资活动三部分的现金流量，不再按照各项经济活动来具体将现金流细分为现金流入和现金流出。

（二）《小企业会计准则》的具体特点

1. 简化会计科目

小企业经济业务相对简单，《小企业会计准则》中一级会计科目设置明显较少。《小企业会计准则》比《企业会计准则》少设了 90 个一级科目。《小企业会计准则》科目共设置五类科目：资产类、负债类、所有者权益类、成本类、损益类。

2. 简化了部分业务的账务处理

考虑到小企业会计人员的知识结构以及企业规模特点，简化了部分业务的账务处理。例如，简化了资产的核算，取消了资产减值的确认及计量。简化原则是尽量与《企业所得税》的规定相一致；弱化会计业务的职业判断，强调业务的实际发生。

3. 简化报表体系

兼顾报表使用者决策和编报的成本效益原则。小企业的财务报表进行了简化，不编制所有者权益变动表，只包括资产负债表、利润表、现金流量表和附注。

4. 消除会计与税法差异

《小企业会计准则》制定的理念、框架结构、计价方法、核算原则等都充分考虑了税务部门和银行等企业外部会计信息使用者的需求，小企业部分会计要素核算与计价方法完全采取税法规定。

三、小企业的会计机构设置

（一）设置独立的会计机构和会计人员

具有一定规模和业务量的小企业可以设置独立的会计机构，设置时要贯彻精简、高效、节约的原则，反对机构重叠，人浮于事。会计机构内部要根据实际需要定岗定编，确定合适的会计人员，以提高会计工作效率。同时，设置独立会计机构时要注意内部控制的要求，各会计人员之间既要做到分工负责，又要相互牵制、相互监督，防止出现差错和舞弊。

（二）不设置独立的会计机构

如果一个企业的经营规模比较小，会计业务工作量也比较少，可以不设置独立的会计机构，可以在有关机构中设置会计人员并且指定会计主管人员。会计人员设置在哪个机构，根据小企业的管理要求和管理组织形式决定，有的设置在总务部门，有的设置在办公室等。

（三）代理记账

为节约人力成本和提高核算质量，小企业可以选择委托代理记账机构代理记账。为规范代理记账，财政部于 2005 年颁布了《代理记账管理办法》（财政部令第 27 号，以下简称"27 号令"，从 2005 年 3 月 1 日起施行。"27 号令"从申请人、申请条件、变更登记、年度核查、委托双方的权利和义务等方面规范了代理记账机构的审批及其运行）。财政部分别在 2016 年、2019 年对《代理记账管理办法》进行了修订，新修订的《代理记账管理办法》自 2019 年 3 月 14 日执行。

延伸阅读 1-3

财政部制定《小企业会计准则》的思路和原则

制定《小企业会计准则》应当立足国情、简化要求，同时要与我国税法保持协调并有助于银行等债权人提供信贷，应注重"三个结合"。

（1）遵循基本准则与简化要求相结合。按照我国企业会计改革的总体框架，基本准则是纲，适用于在中华人民共和国境内设立的所有企业；《企业会计准则》和《小企业会计准则》是基本准则框架下的两个子系统，分别适用于大中型企业和小企业。《小企业会计准则》应当按照基本准则，规范小企业会计确认、计量和报告要求。但考虑到我国小企业规模小、业务简单、会计基础工作较为薄弱、会计信息使用者的信息需求相对单一等实际,《小企业会计准则》应当简化要求。比如,在会计计量方面,要求小企业采用历史成本计量;在财务报告方面,要求小企业编制资产负债表和利润表,自行选择编制现金流量表。

(2) 满足税收征管信息需求与有助于银行提供信贷相结合。小企业外部会计信息使用者主要为税务部门和银行。税务部门主要利用小企业会计信息做出税收决策,包括是否给予税收优惠政策、采取何种征税方式、应征税额等,他们更多希望减少小企业会计与税法的差异;银行主要利用小企业会计信息做出信贷决策,他们更多希望小企业按照国家统一的会计准则制度提供财务报表。为满足这些主要会计信息使用者的需求,《小企业会计准则》减少了职业判断的内容,基本消除了小企业会计与税法的差异。

(3) 和《企业会计准则》合理分工与有序衔接相结合。《小企业会计准则》和《企业会计准则》虽适用范围不同,但适应小企业发展壮大的需要,又要相互衔接,从而发挥会计准则在企业发展中的政策效应。为此,对于小企业非经常性发生的、甚至基本不可能发生的交易或事项,一旦发生,可以参照《企业会计准则》的规定执行;对于小企业今后公开发行股票或债券的,或者因经营规模或企业性质变化导致连续 3 年不符合小企业标准而成为大中型企业或金融企业的,应当转为执行《企业会计准则》;小企业转为执行《企业会计准则》时,应当按照《企业会计准则第 38 号——首次执行企业会计准则》等相关规定进行会计处理。

延伸阅读 1-4

《小企业会计准则》与《企业会计准则》在核算方面的差异

《小企业会计准则》与《企业会计准则》在核算方面的差异主要有以下 12 个方面。

(1)"其他货币资金"账户下设"备用金"明细账。《小企业会计准则》规定,"其他货币资金"账户下设"银行汇票存款""银行本票存款""信用卡存款""信用证保证金存款""外埠存款""备用金"等明细账;《企业会计准则》规定,"其他货币资金"账户下设"银行汇票存款""银行本票存款""信用卡存款""信用证保证金存款""外埠存款""存出投资款"等明细账,备用金则在"其他应收款"账户下核算。

(2)"短期投资"的核算。《小企业会计准则》回避了《企业会计准则》中金融资产分类标准与划分,设置了"短期投资"账户,采用历史成本作为记账基础,交易费用计入投资成本,不考虑持有期间的公允价值变动;《企业会计准则》金融资产分类以摊余成本计量的金融资产、以公允价值计量且变动计入其他综合收益的金融资产、以公允价值计量且其变动计入当期损益的金融资产三类,设置的"交易性金融资产"账户相当于"短期投资"核算的内容,不同的是"交易性金融资产"按照取得时的公允价值进行计量,相关交易费用在发生时直接计入投资收益。

(3)"应收账款""其他应收款"等应收款项账户的核算。《小企业会计准则》规定,对企业的应收款项实际发生的坏账损失,直接核销,列入"营业外支出"账户;《企业会计准则》规定,对企业的应收款项可能发生的坏账,计提"坏账准备",采用"备抵法"核算,对可能发生的损失列入"资产减值损失"。

(4) 出租或出借包装物的核算。《小企业会计准则》规定,小企业出租或出借包装物,不需结转成本,但需进行备查登记。在确认逾期未退包装物时,应结转其成本,计入"营业外支出",确认的出租包装物的租金收入、逾期未退包装物押金收益,借记"其他应付款"等科目,贷记"营业外收入"科目,同时贷记"应交税费——应交增值税(销项税额)"科目;按照《企业会计准则》的规定,出租包装物取得租金收入时,借记"库存现金""银行存款"等科目,贷记"其他业务收入"科目,结转成本时,借记"其他业务成本"科目,贷记"周转材料——包装物"科目。对于逾期未退包装物,按没收的押金,借记"其他应付款"科目,按应交的增值税,贷记"应交税费——应交增值税(销项税额)"科目,按其差额,贷记"其他业务收入"科目。对于逾期未退包装物没收的加收的押金,做营业外收入处理。

(5)其他资产减值的核算。按照《小企业会计准则》的要求,对企业资产减值产生的损失,在实际发生时直接转销,且计入营业外支出;《企业会计准则》规定,对企业存货可能发生的损失,按"成本与可变现净值孰低"法,计提"存货跌价准备""固定资产""无形资产""商誉"资产等其他资产,依据资产减值准则,按可收回金额低于账面余额计提减值准备,将损失计入资产减值损失。

(6)"长期股权投资"的核算。《小企业会计准则》规定,企业"长期股权投资"按成本法核算,在被投资单位宣告分派现金股利时进行账务处理,投资收益仅在处置时确认。《企业会计准则》要求,企业长期股权投资可采用成本法或权益法核算,还对两种方法的转换做了规定,投资收益仅限于被投资单位接受投资后产生的累积净利润所获得的利润分配额。

(7)"长期债权投资"的核算。《小企业会计准则》规定,企业"长期债权投资"按成本法核算,下设"面值""溢折价""应计利息"等明细账,将实际支付的购买价款和相关税费作为初始成本,投资收益根据债券面值和票面利率以及溢折价摊销后的金额计算确定。《企业会计准则》对企业有明确意图和能力持有至到期的金融资产,作为"持有至到期投资"核算,下设"成本""利息调整""应计利息"等明细账,投资收益根据实际利率计算确定。

(8)固定资产修理费的核算。《小企业会计准则》规定,小企业固定资产修理费用分为大修理费用和日常修理费用两类,其中修理支出达到取得固定资产时的计税基础50%以上,修理后固定资产的使用寿命延长2年以上的大修理费用,属于资本化支出,通过"长期待摊费用"账户核算,而不符合规定条件的大修理费用和日常修理费用,均应列为费用化的后续支出。小企业无论是资本化支出,还是费用化支出,均根据其受益对象计入相关资产的成本或当期损益,借记"制造费用""管理费用""销售费用"科目。

《企业会计准则》规定,对资本化的固定资产大修理费用,借记"在建工程"科目,贷记"银行存款"等科目;对费用化的固定资产修理费用,不分大修理与日常修理,企业生产车间(部门)和行政管理部门等发生的后续支出,均记入"管理费用"科目,专设销售机构发生的计入"销售费用"科目。

(9)融资租入固定资产的核算。《小企业会计准则》规定,对小企业融资租入的固定资产,在租赁期开始日,按照租赁合同约定的付款总额及发生的相关税费等,借记"在建工程"或"固定资产"科目,贷记"长期应付款"科目。按照《企业会计准则》的要求,融资租入固定资产租赁开始日,取得租赁资产公允价值与最低租赁付款额现值两者较低者,加上初始直接费用,作为固定资产初始入账价值。最低租赁付款额与固定资产入账价值之间的差额,计入"未确认融资费用"。

(10)资本公积的核算。《小企业会计准则》规定,小企业资本公积的核算范围为小企业收到投资者出资超出其在注册资本中所占份额的部分，即为资本溢价；《企业会计准则》规定，企业资本公积的核算范围不仅包括资本溢价，还包括直接计入所有者权益的利得和损失等。

（11）所得税的核算。《小企业会计准则》规定，小企业所得税的核算采用应付税款法。借记"所得税费用"科目，贷记"应交税费——应交所得税"科目；小企业实际收到返还的企业所得税记入"营业外收入"科目，不再冲减所得税费用。《企业会计准则》规定，企业所得税采用资产负债表债务法核算。企业从资产负债表出发，通过比较资产负债表上列示的资产、负债按照会计准则规定确定的账面价值与按照税法规定确定的计税基础，对于两者之间的差异分别应纳税暂时性差异与可抵扣暂时性差异，确认相关的递延所得税负债或递延所得税资产，并在此基础上确定每一会计期间所得税费用。借记"所得税费用""递延所得税资产"科目，贷记"递延所得税负债""应交税费——应交所得税"科目。

通过《小企业会计准则》与《企业会计准则》核算差异的比较，可以看出《小企业会计准则》在核算上具有简化的特点，更有利于小企业财务人员开展核算工作，与我国目前小企业财务人员业务现状相适应，有利于规范小企业会计核算行为，促进小企业健康持续发展。

第四节　小企业会计要素、会计科目与会计等式

一、会计要素

会计要素是指会计对象是由哪些部分构成的，是会计对象按经济特征所做的最基本的分类，也是会计核算对象的具体化。企业会计要素分为6大类，即资产、负债、所有者权益、收入、费用和利润。其中，资产、负债、所有者权益3项要素反映企业的财务状况；收入、费用和利润3项要素反映企业的经营成果。合理划分会计要素有利于清晰地反映产权关系和其他经济关系。会计要素既是会计确认、计量的依据，也是确定财务报表结构和内容的基础，资产、负债、所有者权益构成资产负债表的基本框架，收入、费用及利润构成利润表的基本框架，因此会计六要素也称财务报表要素。

（一）资产

小企业会计准则

第五条　资产，是指小企业过去的交易或者事项形成的、由小企业拥有或者控制的、预期会给小企业带来经济利益的资源。

小企业过去的交易或者事项包括购买、生产、建造行为或其他交易或者事项。预期在未来发生的交易或者事项不形成资产。由小企业拥有或者控制，是指小企业享有某项资源的所有权，或者虽然不享有某项资源的所有权，但该资源能被小企业所控制。预期会给小企业带来经济利益，是指直接或者间接导致现金和现金等价物流入小企业的潜力。具体来讲，小企业从事生产经营活动必须具备一定的物质资源，如货币资金、厂房场地、机器设备、原材料等，这些都是小企业从事生产经营的物质基础，都属于小企业的资产。此外，像专利权、商标权等不具有实物形态却有助于生产经营活动进行的无形资产，以及小企业对其他单位的投

资等，也都属于资产。

1. 资产的特征。

（1）资产预期会给小企业带来经济利益。所谓经济利益，是指直接或间接地流入小企业的现金或现金等价物。资产都能够为小企业带来经济利益，例如，小企业通过收回应收账款、出售库存商品等直接获得经济利益。按照这一特征，那些已经没有经济价值、不能给小企业带来经济利益的项目，就不能继续确认为小企业的资产。

【例1-1】 某小企业的某工序上有两台机床，其中甲机床型号较老，自乙机床投入使用后，一直未再使用；乙机床是甲机床的替代产品，目前承担该工序的全部生产任务。甲、乙机床是否都是该小企业的固定资产？

甲机床不能确认为该小企业的固定资产。该小企业原有的甲机床已长期闲置不用，不能带来经济利益，因此不作为资产反映在资产负债表中。

（2）资产是为小企业拥有的，或者即使不为小企业拥有，也是被小企业控制的。一项资源要作为小企业资产予以确认，小企业应该拥有此项资源的所有权，可以按照自己的意愿使用或处置资产。

【例1-2】 某小企业的加工车间有两台设备。甲设备是从A企业融资租入获得的，设备是从B企业以经营租入方式获得的，目前两台设备均投入使用。甲、乙设备是否为该小企业的资产？

该小企业对经营租入的乙设备既没有所有权也没有控制权，因此乙设备不能确认为该企业的资产。而其融资租入的甲设备虽然没有所有权，但享有与所有权相关的风险和报的权利，即拥有实际控制权，因此将甲设备确认为该小企业的资产。

比较：租赁准则（2018）要求，承租方不再区分经营租赁或融资租赁，对于符合租赁合同条件下，都在资产负债表的"使用权资产"中反映。所以，执行《企业会计准则》的企业（承租方）将租入的资产作为自己的资产来进行会计处理。

（3）资产是由过去的交易或事项形成的。也就是说，资产是过去已经发生的交易或事项所产生的结果，资产必须是现实的资产，而不能是预期的资产。未来交易或事项可能产生的结果不能作为资产确认。

【例1-3】 某小企业计划在年底购买一批机器设备，8月和销售方签订了购买合同但实际购买行为发生在11月，则该小企业不能在8月将该批设备确认为资产。

2. 资产的分类。

小企业会计准则

第五条第二款 小企业的资产按照流动性，可分为流动资产和非流动资产。

第七条 小企业的流动资产，是指预计在一年内（含一年）或超过一年的一个正常营业周期内变现、出售或耗用的资产。

小企业的流动资产包括货币资金、短期投资、应收及预付款项、存货等。

第十六条 小企业的非流动资产，是指流动资产以外的资产。

小企业的非流动资产包括长期债券投资、长期股权投资、固定资产、生产性生物资产、无形资产、长期待摊费用等。

第六条 小企业的资产应当按照成本计量，不计提资产减值准备。

　　小企业取得各项资产时，按照取得成本入账，在采用分期付款取得资产时，不考虑货币的时间价值而计算未来付款金额的现值。在资产的持有期间，资产的增值和减值都不进行账项调整。采用成本计量模式，可靠性强，便于确认，资产的增值和减值不做账项调整，简化了会计处理，避免了因资产价值调整而引起的纳税调整。

　　由于客观因素的变化引起的资产实际价值和账面价值背离是会计工作需要面对的现实，如何客观地反映企业所拥有资产的实际价值以满足不同的信息使用者的要求，一直是会计改革的一个重要内容。由于衡量资产价值标准（如公允价值、可变现净值的认定）需要会计人员的职业判断，而这种专业的判断对于大多数小微企业来说，很难保证会计信息的高质量，况且据此调整资产价值后还需要进行纳税调整，可能会导致高成本、低效益。《小企业会计准则》规定资产按成本计量，保证了会计处理的可靠性，减少了会计人员的职业判断，简化了会计处理工作。

　　小企业资产采用成本计量，持有期间的增值或减值，都不调整账面价值，实际发生资产项目的损失，在《小企业会计准则》中分别做出规定，其认定损失的条件和税法的规定相同。《小企业会计准则》不计提资产减值准备，减少了小企业纳税调整的内容，简化了会计处理。小企业发生的资产损失，可以依照税法的相关规定进行申报和进行资产损失的处置。《企业资产损失所得税税前扣除管理办法》（国家税务总局 2011 年 25 号公告）对于税前扣除的资产损失有具体规定，本书将在以后资产章节介绍有关资产损失的税务处理和纳税申报。同时，《小企业会计准则》规定在附注中要披露"短期投资、应收账款、存货、固定资产项目的说明"，要求小企业客观地反映这些资产的情况，以利于银行等信息使用者了解和分析企业资产质量状况和实际价值。

（二）负债

小企业会计准则

　　第四十五条　负债，是指小企业过去的交易或者事项形成的，预期会导致经济利益流出小企业的现时义务。

　　现时义务是指小企业在现行条件下已承担的义务。未来发生的交易或者事项形成的义务，不属于现时义务，不确认为负债。

　　1. 负债的特征。

　　（1）负债的清偿预期会导致经济利益流出小企业。负债通常是在未来某一时日通过交付资产（包括现金和其他资产）或提供劳务来清偿。例如，小企业赊购一批材料，材料已验收入库，但尚未付款，该笔业务所形成的应付账款确认为小企业的负债，需要在未来某一时日通过交付现金或银行存款来清偿。

　　（2）负债是由过去的交易或事项形成的现时义务。也就是说，导致负债的交易或事项必须已经发生，例如，购置货物或使用劳务会产生应付账款（已经预付或在交货时支付的款项除外），接受银行贷款则会产生偿还贷款的义务。只有源于已经发生的交易或事项，有可能确认为负债。

　　【例1-4】 某企业向银行借款 1 500 万元，即属于过去交易或事项所形成的负债。企业同时还与银行达成了 2 个月后借入 1 000 万元的借款意向书，但该交易就不属于过去的交易或事项，不应形成企业的负债。

【例1-5】企业购买原材料形成的应付账款、向银行借入的6个月短期借款应缴纳的税款等都属于企业承担的法定义务，需要依法偿还；企业对于销售的商品提供了售后保修服务，属于推定义务，也应确认为一项负债。

2. 负债的分类。

> **小企业会计准则**
>
> **第四十五条第二款**　小企业的负债按照其流动性，可分为流动负债和非流动负债。
>
> **第四十六条**　小企业的流动负债，是指预计在一年内或者超过一年的一个正常营业周期内清偿的债务。
>
> 小企业的流动负债包括短期借款、应付及预收款项、应付职工薪酬、应交税费、应付利息等。
>
> **第五十一条**　小企业的非流动负债，是指流动负债以外的负债。
>
> 小企业的非流动负债包括长期借款、长期应付款等。

（三）所有者权益

> **小企业会计准则**
>
> **第五十三条**　所有者权益，是指小企业资产扣除负债后由所有者享有的剩余权益。
>
> 小企业的所有者权益包括实收资本（或股本）、资本公积、盈余公积和未分配利润。

小企业的所有者权益反映了所有者对企业资产的剩余索取权，是小企业资产中扣除债权人权益后应由所有者享有的部分。所有者权益既可反映所有者投入资本的保值增值情况，又体现了保护债权人权益的理念。

小企业的所有者权益的来源包括所有者投入的资本和留存收益等，通常由实收资本（或股本）、资本公积（资本溢价或股本溢价）、盈余公积和未分配利润构成。盈余公积和未分配利润又合称为留存收益。

所有者投入的资本，是指所有者投入企业的资本部分。它既包括构成企业注册资本或者股本部分的金额，也包括投入资本超过注册资本或者股本的金额，即资本溢价或者股本溢价。

留存收益，是指企业历年实现的净利润留存于企业的部分，主要包括累计计提的盈余公积和未分配利润。

所有者权益体现的是所有者在企业中的剩余权益，在数量上等于企业全部资产减去全部负债后的余额。

所有者权益具有以下特征：

（1）除非发生减资，清算或分配现金利润，企业不需偿还所有者权益；

（2）企业清算时，只有在清偿所有的负债后，所有者权益才返还给所有者；

（3）所有者凭借所有者权益能够参与企业利润的分配。

（四）收入

小企业会计准则

第五十三条 收入，是指小企业在日常生产经营活动中形成的、会导致所有者权益增加、与所有者投入资本无关的经济利益的总流入，包括销售商品收入和提供劳务收入。

如工业企业制造并销售商品、商业企业销售商品、保险公司签发保单、咨询公司提供服务、软件公司为客户开发软件、安装公司提供安装服务、商业银行对外贷款、租赁公司出租资产等，均属于企业的日常活动。

【例1-6】 某小企业出售固定资产、无形资产的收入以及出售不需要的材料的收入是否确认为企业的收入？

出售固定资产、无形资产并非该小企业的日常活动，这种偶发性的收入不能确认为收入，而作为营业外收入确认。出售不需要的材料的收入属于该小企业日常活动中的收入，因此确认为该小企业的收入，具体确认为其他业务收入。

比较： 根据《企业会计准则》要求，出售固定资产、无形资产的收入在"资产处置收益"账户的贷方反映。

（五）费用

小企业会计准则

第六十五条 费用，是指小企业在日常生产经营活动中发生的、会导致所有者权益减少、与向所有者分配利润无关的经济利益的总流出。

小企业的费用包括营业成本、税金及附加、销售费用、管理费用、财务费用等。

以工业小企业为例，一定时期的费用通常由产品生产成本和期间费用两部分构成。产品生产成本由直接材料、直接人工和制造费用三个成本项目构成，期间费用包括管理费用、财务费用和销售费用三项。

【例1-7】 某小企业处置固定资产发生的净损失，是否确认为该小企业的费用？

处置固定资产而发生的损失，虽然会导致所有者权益减少和经济利益的总流出，但不属于企业的日常活动，因此不能确认为该小企业的费用，而确认为营业外支出。

比较： 根据《企业会计准则》要求，处置固定资产发生的净损失，在利润表的"资产处置收益"中反映。

（六）利润

小企业会计准则

第六十七条 利润，是指小企业在一定会计期间的经营成果，包括营业利润、利润总额和净利润。

收入减去费用后的净额反映的是企业日常活动的业绩。企业应当严格区分收入和利润、

费用和损失之间的区别，以更加全面地反映企业的经营业绩。

利润反映的是收入减去费用的净额。因此，利润的确认主要依赖于收入和费用的确认，其金额的确定也主要取决于收入费用金额的计量。

利润包括营业利润、利润总额和净利润。营业利润足营业收入减去营业成本、税金及附加，期间费用，加投资收益（或减去投资损失）和公允价值变动收益（减损失）后的金额。利润总额足指营业利润加上营业外收入，减去营业外支出后的金额。净利润是指利润总额减去所得税费用后的金额。

利润反映的是企业的经营业绩情况，通常是评价企业管理层经营业绩的一项重要指标，也是投资者、债权人等会计信息使用者进行决策时的重要参考指标。

利润的实现会相应地表现为资产的增加或负债的减少，其结果是所有者权益的增加。

二、会计科目

会计要素是对会计对象（一般来说，可以将会计对象理解为会计主体的资金运动）的基本分类，这种分类难以满足会计信息使用者对会计信息的需要。例如，所有者要了解利润构成及其分配情况，了解负债及其构成情况；税务机关要了解小企业欠交税费的详细情况等。为此，须对会计要素做进一步分类，这种对会计要素的具体内容进行分的项目，称为会计科目。

会计科目反映会计要素的构成及其变化情况，是为投资者、债权人、企业经营管理者等提供会计信息的重要手段。每一个会计科目都应当明确地反映一定的经济内容和核算范围，不能混淆、遗漏或重复。会计科目的设置应与《小企业会计准则》的要求相一致，同时应考虑小企业自身经营的特点，增设、合并、减少一些会计科目。小企业在其设置过程中应努力做到科学、合理、适用，并遵循以下基本原则：

（1）在不影响对外提供统一财务会计报告的前提下，企业可以根据实际情况自行增设或减少某些会计科目。

（2）明细科目的设置，除《小企业会计准则》已有规定外，在不违反《小企业会计准则》统一要求的前提下，企业可以根据需要自行确定。

（3）《小企业会计准则》统一规定了会计科目的编号，以便于编制会计凭证，登记账簿，查阅账目，实行会计电算化。企业不应随意打乱重编，某些会计科目之间应留有空号，供增设会计科目之用。例如，小企业如果采用计划成本法进行材料日常核算，可以增设"材料采购"和"材料成本差异"科目；预收款项和预付款项较多的小企业，可设置"预收账款"和"预付账款"科目；低值易耗品较少的小企业，可以将其并入"原材料"科目；针对小企业内部各部门周转使用的备用金，可以增设"备用金"科目；小企业接受其他小企业委托代销商品，可以增设"受托代销商品""代销商品款"科目；小企业根据自身的规模和管理等要素，可以将"生产成本""制造费用"科目合并为"生产费用"科目，并设置相关的明细科目；对外提供劳务较多的小企业，可以增设"劳务成本"科目核算所提供劳务的成本等。

总的来说，会计科目设置必须结合企业经济业务的特点，既要满足对外报告的要求，又要符合内部经营管理的需要，同时要保持相对的稳定性，有灵活性与统一性。按经济内容将会计科目分为资产类、负债类、所有者权益类、成本类、损益类，根据我国《小企业会计准则——会计科目、主要账务处理和财务报表》的规定，小企业应规范设置和使用会计科目，常用的会计科目按照资产、负债、所有者权益、成本、损益分成五类，共66个一级科目，如

表1-2所示。

表1-2 小企业会计科目表

顺序号	编号	会计科目名称	顺序号	编号	会计科目名称
		一、资产类	8	1131	应收股利
1	1001	库存现金	9	1132	应收利息
2	1002	银行存款	10	1221	其他应收款
3	1012	其他货币资金	11	1401	材料采购
4	1101	短期投资	12	1402	在途物资
5	1121	应收票据	13	1403	原材料
6	1122	应收账款	14	1404	材料成本差异
7	1123	预收账款	15	1405	库存商品
16	1407	商品进销差价	43	2501	长期借款
17	1408	委托加工物资	44	2701	长期应付款
18	1411	周转材料			三、所有者权益类
19	1421	消耗性生物资产	45	3001	实收资本
20	1501	长期债券投资	46	3002	资金公积
21	1511	长期股权投资	47	3101	盈余公积
22	1601	固定资产	48	3103	本年利润
23	1602	累计折旧	49	3104	利润分配
24	1604	在建工程			四、成本类
25	1605	工程物资	50	4001	生产成本
26	1606	固定资产清理	51	4101	制造费用
27	1621	生产性生物资产	52	4301	研发支出
28	1622	生产性生物资产累计折旧	53	4401	工程施工
29	1701	无形资产	54	4403	机械作业
30	1702	累计摊销			五、损益类
31	1801	长期待摊费用	55	5001	主营业务收入
32	1901	待处理财产损溢	56	5051	其他业务收入
		二、负债类	57	5111	投资收益
33	2001	短期借款	58	5301	营业外收入
34	2201	应付票据	59	5401	主营业务成本
35	2202	应付账款	60	5402	其他业务成本
36	2203	预收账款	61	5403	税金及附加
37	2211	应付职工薪酬	62	5601	销售费用
38	2221	应交税费	63	5602	管理费用
39	2231	应付利息	64	5603	财务费用
40	2232	应付利润	65	5711	营业外支出
41	2241	其他应付款	66	5801	所得税费用
42	2401	递延收益			

说明：

（1）小企业会计科目的编号采用四位纯数字表示，第一位数字（即千位）表示会计科目的类别，其中，1表示资产类、2表示负债类，3表示所有者权益类，4表示成本类，5表示损益类；第二位数字（即百位）划分大类下面小类；剩余两码为流水号。为便于会计科目的增减，编码考虑到未来的扩展性，在编码间，留有一定的间隔。会计科目编号供小企业填制会计凭证、登记会计账簿、查阅会计项目、采用会计软件系统参考，小企业可结合本企业实际情况自行确定其他会计科目的编号。

（2）小企业在不违反《小企业会计准则》中确认、计量和报告规定的前提下，可以根据本企业的实际情况自行增设、分拆、合并会计科目。

（3）小企业不存在的交易或者事项，可不设置相关会计科目。

（4）对于明细科目，小企业可以比照《小企业会计准则》附录中的规定自行设置。

会计科目按提供信息的详细程度又分为总分类科目和明细分类科目。前者是对会计要素具体内容进行总括分类、提供总括信息的会计科目。后者是对总分类科目做进一步分类、提供更详细更具体的会计信息的科目，如在"应收账款"总分类科目下按债务人设置明细分类科目，具体反映应收哪个单位的账款。

对于明细科目较多的总账科目，可在总分类科目与明细分类科目之间设置二级或多级科目。例如，在"原材料"总分类科目下，可按材料的类别设置二级科目"原料及主要材料""辅助材料""燃料"等。

延伸阅读 1-5

有关会计科目问题

财务会计是以其特有的会计语言通过会计核算向有关各方提供会计信息的管理活动，会计核算离不开会计科目，会计科目是对会计要素分类核算的项目，是会计要素的具体化，是最基本的会计语言单位。新颁布的《小企业会计准则》与原有的《小企业会计制度》的主要不同点之一就是有关会计科目的变化，有些会计科目不再使用，如坏账准备、短期投资跌价准备、包装物、低值易耗品、委托代销产品、待摊费用、存货跌价准备、预提费用、其他应交款、待转资产价值等。有些科目名称和内容都发生了变化，如应付工资和应付福利费被应付职工薪酬科目取代，应交税金、其他应交款科目被应交税费科目取代，现金科目改为库存现金、材料科目改为原材料，同时还增设了部分新的会计科目，如预付账款、材料采购、材料成本差异、累计摊销、周转材料、消耗性生物资产、生产性生物资产、生产性生物资产累计折旧、应付利息、递延收益、研发支出、工程施工、机械作业、累计摊销、待处理财产损溢。按照《小企业会计准则》进行核算时，应使用新的会计科目，以确保会计信息的一致性。

三、会计等式

会计等式也称会计恒等式、会计平衡公式，它表明了各会计要素之间的基本数量关系，反映了企业财务状况和经营成果，是设置账户、复式记账、编制财务报表的理论基础。

$$资产＝权益$$
$$＝负债+所有者权益$$

这是最基本的会计等式。资产和权益（包括所有者权益和债权人权益）实际上是企业所拥有的经济资源在同一时间点上所表现的不同形式。资产表明的是资源在企业存在、分布的形态，而权益则表明了资源取得和形成的渠道，资产来源于权益，资产与权益必然相等。

企业在生产经营过程中，会发生多种多样、错综复杂的交易或事项，从而引起各会计要素的增减变动，但并不影响资产与权益的恒等关系。资产与权益的恒等关系是复式记账法的理论基础，也是编制资产负债表的依据。

企业经营的目的是获取收入、实现盈利。企业取得收入的同时，也必然要发生相应的费用。通过收入与费用的比较，才能确定企业在一定时期的盈利水平，用公式表示为：

$$收入-费用=利润$$

收入、费用和利润之间的关系，是编制利润表的基础。

$$资产=负债+所有者权益+（收入-费用）$$
$$=负债+所有者权益+利润$$

利润的实现会相应的表现为资产的增加或负债的减少，其结果是所有者权益的增加。该公式表明了会计六要素之间存在的一种恒等关系，利润是企业增值的重要因素。

复习思考题

一、单项选择题

1. 按照《关于印发中小企业划型标准规定的通知》（工信部联企业〔2011〕300号）的规定，下列各项中，符合工业小企业标准的是（　　）。

A. 从业人数20~300人以下，营业收入300万~2 000万元以下

B. 从业人数20~300人以下，营业收入300万~6 000万元以下

C. 从业人数20~100人以下，营业收入100万~1 000万元以下

D. 从业人数10~100人以下，营业收入100万~2 000万元以下

2. 下列各项中，不属于《小企业会计准则》规范内容的是（　　）。

A. 利润及利润分配　　　　　　　　　B. 非货币性资产交换

C. 外币业务　　　　　　　　　　　　D. 财务报表

3. 下列各项中，说法不正确的是（　　）。

A. 对小企业的长期股权投资统一采用成本法进行会计处理

B. 对小企业的长期债券投资，不再要求按照公允价值入账，对投资利息收入不要求按"实际利率法"进行核算

C. 对小企业融资租入固定资产的入账价值要求按照租赁开始日租赁资产公允价值与最低租赁付款额现值两者中较低者作为计量标准

D. 对小企业资本公积仅核算资本溢价（或股本溢价）

4. 下列各项中，不属于小企业应遵守的会计核算的基本前提的是（　　）。

A. 会计主体　　　　B. 持续经营　　　　C. 货币计量　　　　D. 历史成本

5. 下列会计科目，小企业不需要设置的是（　　）。

A. 短期投资　　　　B. 预付账款　　　　C. 坏账准备　　　　D. 累计摊销

二、多项选择题

1. 下列各项中，不属于《小企业会计准则》所界定的小企业的有（　　）。

A. 股票或债券在市场上公开交易的小企业

B. 金融机构

C. 具有金融性质的小企业

D. 企业集团内的母公司和子公司

2. 下列各项中说法正确的有（　　）。

A. 执行《小企业会计准则》的小企业，发生的交易或者事项《小企业会计准则》未做规范的，可以参照《企业会计准则》中的相关规定进行处理

B. 执行《企业会计准则》的小企业，不得在执行《企业会计准则》的同时，选择执行《小企业会计准则》的相关规定

C. 执行《小企业会计准则》的小企业公开发行股票或债券的，应当转为执行《企业会计准则》；因经营规模或企业性质变化导致不符合小企业标准而成为大中型企业或金融企业的，应当从次年 1 月 1 日起转为执行《企业会计准则》

D. 已执行《企业会计准则》的上市公司、大中型企业和小企业，不得转为执行《小企业会计准则》

3. 下列各项中，按《小企业会计准则》规定不需要设置的会计科目有（　　）。

A. 交易性金融资产　　　　　　　　　B. 持有至到期投资

C. 长期股权投资　　　　　　　　　　D. 存货跌价准备

4. 下列财务报表，小企业编制的有（　　）。

A. 资产负债表　　　　　　　　　　　B. 利润表

C. 现金流量表　　　　　　　　　　　D. 所有者权益变动表

5. 小企业部分会计要素核算与计价方法完全采用税法规定。其主要表现是（　　）。

A. 《小企业会计准则》要求对会计要素一般按历史成本计量，公允价值能够可靠取得的也可以按照公允价值计量

B. 《小企业会计准则》要求固定资产折旧年限和无形资产摊销期限的确定应当考虑税法的规定

C. 《小企业会计准则》关于长期待摊费用的核算内容和摊销期限与企业所得税法保持一致

D. 《小企业会计准则》规定所有资产不计提资产减值准备

6. 下列项目中，既属于《小企业会计准则》，又属于企业所得税法规范的长期待摊费用核算内容的有（　　）。

A. 已提完折旧的固定资产的改建支出　　B. 固定资产的大修理支出

C. 经营租入固定资产的改建支出　　　　D. 融资租入固定资产的改建支出

三、判断题

1. 《中小企业划型标准规定》所界定的零售小企业是指符合从业人数 20 人以下，营业收入 100 万～500 万元以下的企业。　　　　　　　　　　　　　　　　　　　　　（　　）

2. 《小企业会计准则》所界定的小企业不同于《中华人民共和国增值税暂行条例实施细则》所界定的小规模纳税人。　　　　　　　　　　　　　　　　　　　　　　　　（　　）

3. 《小企业会计准则》所界定的小企业不同于《中华人民共和国企业所得税法实施条例》所界定的小型微利企业。　　　　　　　　　　　　　　　　　　　　　　　　　（　　）

4. 符合《中小企业划型标准规定》的小企业，可以执行《小企业会计准则》，也可以执行《企业会计准则》。　　　　　　　　　　　　　　　　　　　　　　　　　　　（　　）

5. 执行《小企业会计准则》的小企业转为执行《企业会计准则》时，应当按照《企业会计准则第 38 号——首次执行企业会计准则》等相关规定进行会计处理。　　　　（　　）

6. 已执行《企业会计准则》的小企业，可以转为执行《小企业会计准则》。　（　　）

7. 《小企业会计准则》仅要求采用历史成本对会计要素进行计量。在资产计量方面，要

求按照成本计量，不再对任何资产计提资产减值准备。 （　　）

8. 税务部门是小企业外部会计信息的主要使用者。 （　　）

9. 小企业在进行会计核算时，要遵循《企业会计准则——基本准则》的要求，按照《小企业会计准则》的规定，建账建制，加强会计基础工作。 （　　）

第二章

货币资金

内容提要

货币资金的核算，包括库存现金、银行存款、其他货币资金和外币的会计处理。本章重点为库存现金、银行存款的核算。本章难点为备用金的核算、银行存款余额调节表的编制。

学习目的和要求

通过本章的学习，学生应了解库存现金管理原则、银行存款账户的管理规定、记账本位币的确定、即期汇率与平均汇率的概念、外币财务报表的折算；理解银行结算方式、现金收支和银行存款增减的核算、现金和银行存款清查的核算；掌握现金的开支范围、库存现金限额的核定原则和方法、其他货币资金的内涵及核算、备用金（备用金定额管理）的核算、货币兑换的折算和外币交易的会计处理。

货币资金指小企业生产经营过程中处于货币形态的资产，也是资产中流动性最强的一类。根据存放地点和用途不同，小企业的货币资金分为库存现金、银行存款和其他货币资金。

第一节　库存现金

库存现金是指小企业存放于财会部门、通常由出纳人员经管的货币，包括人民币现金和外币现金。

一、库存现金的管理

现金是流动性最强的一种货币资金，是通用的交换媒介，可"随时用来购买所需物资、支付有关费用、偿还债务，也可以随时存入银行"。会计上的现金仅指库存现金，即存放在会计部门、由内部专职人员保管的库存现金，包括库存的人民币和外币。

由于小企业现金的流动性最大，最容易被挪用或侵占，因此，小企业必须加强对现金的管理，以提高其使用效率，并保护其安全、完整。

中国人民银行是现金管理的主管部门，各级人民银行负责对开户银行的现金管理进行监督和稽核，开户银行负责现金管理的具体执行，对开户单位的现金收支、使用进行监督管理。在银行开户的企业必须按照国务院发布的《中华人民共和国现金管理暂行条例》规定对现金进行管理，并接受银行的监督。

1. 现金的使用范围

小企业在生产经营活动中，与外部单位和内部职工之间因经济往来所引起的货币资金收付行为称为结算。凡是直接用现金进行结算的，称为现金结算；通过银行划拨转账的，称为非现金结算或转账结算。根据《中华人民共和国现金管理暂行条例》规定，企业可在下列范围内使用现金：

（1）职工工资、津贴；

（2）个人劳务报酬；

（3）根据国家规定颁发给个人的科学技术、文化艺术、体育等各种奖金；

（4）各种劳保、福利费用以及国家规定的对个人的其他支出；

（5）向个人收购农副产品和其他物资的价款；

（6）出差人员必须随身携带的差旅费；

（7）结算起点（1 000 元）以下的零星支出；

（8）中国人民银行确定需要支付现金的其他支出。

小企业与其他单位的经济往来，除规定的范围可以使用现金外，其他款项的支付应当通过开户银行转账结算。

2. 库存现金限额的核定原则和方法

为了加强现金管理及便利企业的日常零星开支，国家规定每个企业可以保留一定数额的库存现金。各个开户单位的库存现金都要核定一个可保留的最高额度，即库存现金限额，银行根据企业单位日常现金开支的多少、距离银行的远近，以及交通便利与否等情况核定，一般可按单位 3~5 天日常零星开支所需的库存现金数核定，边远地区和交通不便地区可多于 5 天，但不得超过 15 天的日常零星开支。超过库存现金限额的部分，企业应及时存入银行。

凡在银行开户的独立核算单位都要核定库存现金限额；独立核算的附属单位，由于没有在银行开户，但需要保留现金，也要核定库存现金限额，其限额可包含在其上级单位库存限额内。

库存现金限额的计算方式一般是：

库存现金限额＝前一个月的平均每天支付的数额（不含每月平均职工薪酬数额）×限定天数

小企业库存现金限额一经核定，就必须按规定的限额控制库存现金，超过库存限额部分的现金必须在当日或次日上午解交银行，以保证库存现金的安全。

3. 现金收支管理

小企业的现金收入应该当日送存银行，当日送存有困难的，应由开户银行确定送存时间。企业支付现金时，可以从本企业的库存现金中支付或从开户银行的存款中提取。但不能从本企业的现金收入中直接支付。从现金收入中直接支付现金支出，称为坐支。实行不准坐支的规定，是为了便于银行了解企业的现金收支情况，有利于银行对企业的结算往来进行监督。

因特殊情况需要坐支现金的，例如，采购地点不确定、交通不便、抢险救灾及其他特殊情况等，应向开户银行提出书面申请，由本单位财会部门负责人签字盖章，并经开户银行审查批准后予以支付。坐支单位应定期向银行报告坐支金额和使用情况。同时，收支现金必须入账。企业向银行送存现金，应该在凭证上注明来源。从银行提取现金，应该写明用途，由本单位财会部门负责人签字盖章，用途不明或不符合规定的，银行有权拒绝支付。

4. 对违反现金管理规定的处理

小企业不准用不符合国家统一的会计制度规定的凭证顶替库存现金，即不得"白条顶库"；不准谎报用途套取现金；不准用银行账户代其他单位和个人存入或支取现金；不准用单位收入的现金以个人名义存入银行；不准保留账外公款，即不得"公款私存"，不得设"小金库"等。银行对于违反上述规定的单位，将按照违规金额的一定比例予以处罚。

5. 现金的内部控制

（1）实行职能分开原则。要求库存现金实物的管理与账务的记录分开进行，不能由一个人兼任。出纳人员负责企业库存现金收支与保管，可以登记库存现金日记账，但不得监管收入、费用、债权、债务等账簿的登记工作以及会计稽核和会计档案保管工作；填写银行结算凭证的有关印鉴，不能集中由出纳人员保管，应实行印鉴分管制度；同时实行定期对出纳人员进行轮换的制度。这样便于分清责任，形成一种互相牵制的控制机制，防止挪用现金以及隐藏流入的现金。

（2）实行现金收付业务审核制。企业应定期编制现金收支计划并按计划组织现金的收支活动，对于日常发生的各项现金收付业务应按规定实行审批制度。监督现金收付业务的凭证、内容、金额等是否合规、合理、合法。

（3）加强现金清查盘点制度。对企业的库存现金，要求出纳人员做到日清月结，保证账实相符。对发现的现金溢余与短缺，应查明原因，及时处理。企业内部应定期或不定期组织对库存现金的清查。

二、现金的核算

1. 现金收支核算的凭证及其审核

小企业发生现金的收付业务，必须取得或填制原始凭证，作为收付款的书面证明。这类凭证既有外来的，也有自制的，但多数是一次性凭证。例如，企业向银行提取现金，要签发现金支票，以支票存根作为提取现金的证明；将现金存入银行，要填写送款单，以银行退回的送款回单联作为存入现金的证明；支付职工差旅费的借款，要由借款人填写借款单，要取得经有关负责人批准的借款单作为付款的证明；收入零星小额销售货款，要由销售部门开出发货票，以发货票副本作为收款证明等。

所有这些现金收支凭证，财会部门都要认真地审核。审核时应注意每笔现金的收支是否符合现金管理制度的规定，是否有批准的计划，是否符合开支标准；原始凭证所填列项目内容是否齐全，数字是否正确，手续是否完备等。经过审核无误的原始凭证，就可据以填制收款凭证或付款凭证，经签章后作为收付款的合法依据，办理现金收支业务。出纳人员收付现金后，还应在原始凭证上加盖"收讫"或"付讫"的戳记，表示款项已经收付。经过审核签章后的收款凭证、付款凭证，即可据以登记账簿。

2. 库存现金的序时核算

为了反映小企业库存现金的收支和结存情况，以加强对库存现金的管理和监督，小企业财会部门应对库存现金进行序时核算，设置库存现金日记账。有外币的小企业，还应分别设置人民币现金、外币现金的库存现金日记账。库存现金日记账一般采用收入、付出和结余三栏式格式。

库存现金日记账由出纳人员根据审核无误的收款凭证、付款凭证按经济业务发生的先后顺序，在库存现金日记账中逐日逐笔登记；每日终了应计算本日库存现金收入、付出和结出库存现金余额，并与实际库存现金核对；月终，库存现金日记账的余额应与库存现金总账余额核对相符。

3. 库存现金的总分类核算

为了总括地反映和监督小企业库存现金的收支结存情况，需要设置"库存现金"科目。该科目借方登记库存现金收入数，贷方登记库存现金付出数，余额在借方，反映库存现金的实有数。

【例2-1】2022年9月2日，小企业华夏公司开出现金支票，向银行提取现金500元，以备需用，其会计分录如下。

借：库存现金   500
  贷：银行存款   500

【例2-2】2022年9月3日，小企业华夏公司零星销售产品，收到现金904元，其中货款800元，增值税税款104元。其会计分录如下：

借：库存现金   904
  贷：主营业务收入   800
    应交税费——应变增值税（销项税额）   104

【例2-3】2022年9月4日，小企业华夏公司将现金904元送存银行。其会计分录如下：

借：银行存款   904
  贷：库存现金   904

【例2-4】2022年9月5日，行政管理部门购买办公用品，总价为100元，以现金支付。其会计分录如下。

借：管理费用   100
  贷：库存现金   100

三、现金的清查

为了保护现金的安全和完整，做到账实相符，必须对库存现金进行清查。现金的清查是对库存现金的实地盘点，并与库存现金日记账上的余额进行核对。

现金的清查包括出纳人员对现金的日常清点核对和清查小组定期或不定期的清查。现金清查一般采用实地盘点法。出纳员在每天营业终了时，应对库存现金进行盘点，并将实际盘点数与库存现金日记账当天余额核对，做到库存现金日清月结，保证账款相符。清查小组清查时，出纳人员必须在场，在清查前出纳人员应将截至清查时已办妥收付现金的凭证全部登记入账，并结出现金余额。清查的内容主要检查是否有挪用现金、"白条顶库"、超限额留存现金现象，以及账实是否相符等。对于现金清查的结果，应编制现金盘点报告单，注明现金溢余或短缺的金额，并由出纳人员和盘点人员签字盖章，作为调整账目的依据。如果有挪用现金、"白条顶库"的情况，应及时予以纠正；对于超库存限额留存的现金要及时送存银行；属于单纯记账错误的按规定的更正方法更正；对于工作过失引起的短缺，应追究过失人的责任。

对于现金溢缺的情况，通过"待处理财产损溢——待处理流动资产损溢"科目进行核算。发现现金溢余，应借记"库存现金"科目，贷记"待处理财产损溢——待处理流动资产损溢"科目；发现现金短缺，应借记"待处理财产损溢——待处理流动资产损溢"科目，贷记"库存现金"科目，待查明原因后再进行相应的账务处理。

【例2-5】企业对现金进行清查时，发现溢余200元。其会计分录如下。

借：库存现金   200

  贷：待处理财产损溢——待处理流动资产损溢   200

经核查后原因不明，经批准记入"营业外收入"科目，其会计分录如下。

借：待处理财产损溢——待处理流动资产损溢   200

  贷：营业外收入   200

【例2-6】企业对现金进行清查时，发现短缺350元。其会计分录如下。

借：待处理财产损溢——待处理流动资产损溢   350

  贷：库存现金   350

经查明原因，应由出纳人员赔偿50元，其余300元经批准转为管理费用，其会计分录如下：

借：其他应收款——出纳员   50

  管理费用   300

  贷：待处理财产损溢——待处理流动资产损溢   350

第二节　银行存款

银行存款是指企业存放在银行或其他金融机构的货币资金。企业的一切支出除了可用现金支付之外，都必须遵守银行结算办法的有关规定，通过银行办理转账结算。

一、银行存款开户的有关规定

银行是全国的结算中心，凡是独立核算的单位必须在当地银行或其他金融机构开立存款账户，用以办理存款、取款和转账的业务。企业在银行开户时，应填制开户申请书，并提供当地工商管理部门核发的营业执照正本等有关文件。

银行存款账户分为基本存款账户、一般存款账户、临时存款账户和专用存款账户。

基本存款账户是企业办理日常结算和现金收付业务的账户，企业职工薪酬等现金的支取只能通过本账户办理。一个企业只能在一家银行开立一个基本存款账户，不得在多家银行开立本账户。

一般存款账户是企业在基本存款账户以外的银行借款转存以及与基本账户的企业不在同一地点的附属非独立核算的单位的账户，企业可以通过本账户办理转账结算和现金缴存，但不能支取现金。

临时存款账户是企业因临时经营活动需要而开立的账户，企业可以通过本账户办理转账结算和根据国家现金管理的规定办理现金收付。

专用存款账户是企业因特殊用途需要而开立的账户，如基本建设项目专用资金、农副产品资金等，企业的销货款不得转入本账户。

企业应加强对银行存款账户的管理，严格遵守银行结算纪律，按照《人民币银行结算账户管理办法》的各项规定办理结算，不准出借、出租账户，不准签发空头支票和远期支票，不准套取银行信用等。

【涉税法规链接及提示】

《中华人民共和国税收征收管理法实施细则》第十七条规定，从事生产、经营的纳税人应当自开立基本存款账户或者其他存款账户之日起15日内，向主管税务机关报告其全部账号；发生变化的，应当自变化之日起15日内，向主管税务机关书面报告。

二、银行转账结算及账务处理

转账结算是指企业之间的款项收付不是动用现金，而是由银行从付款单位的存款账户划转到收款单位的存款账户的货币清算行为。实行银行转账结算，有利于加强银行对企业的货币监督，发挥银行结算中心的作用，有利于促进企业信守合同，维护购销双方的合法权益，加强资金的周转；同时还能减少现金流通，保证资金的安全、完整。

根据中国人民银行有关支付结算办法的规定，企业可以采用的转账结算方式主要有银行汇票、银行本票、商业汇票、支票、汇兑结算、委托收款结算、托收承付结算、信用卡、信用证等。不同的结算方式都有其自身的特点。由于收付款单位所在地、交易的性质、付款的条件和业务手续等不尽一致，其账务处理也各有不同。企业应根据结算单位、经济业务内容的情况，选用恰当的转账结算方式。

（一）银行汇票

银行汇票是指单位或个人将款项交存开户银行，由出票银行签发凭其在见票时按照实际结算金额无条件支付给收款人或者持票人的票据。

银行汇票的出票银行为银行汇票的付款人。银行汇票结算方式适用于单位和个人用于异地各种款项的结算，尤其适用于企业先收款后发货或钱货两清的商品交易。银行汇票可以用于转账，填明"现金"字样的银行汇票也可以用于支取现金。目前我国签发的银行汇票一律记名，银行汇票的提示付款期自出票日起1个月。持票人超过付款期限提示付款的，代理付款人不予受理。银行汇票可以背书转让，背书转让应以不超过出票金额的实际结算金额为准。

申请人使用银行汇票，应向出票银行填写"银行汇票委托书"，出票银行受理银行汇票委托书，收妥款项后签发银行汇票，并用压数机压印出票金额，将银行汇票和解讫通知一并交给申请人。汇款人持银行汇票，可向填明的收款单位办理结算。企业向银行签发银行汇票时，必须先将款项交存银行，一旦银行签发了银行汇票，表明这部分款项已经具有特定用途，属于其他货币资金。

收款单位收到银行汇票，应在出票金额以内，根据实际需要的款项办理结算，并将实际结算金额和多余金额准确、清晰地填入银行汇票和解讫通知的有关栏内，然后持填好的银行汇票及解讫通知到银行办理进账，多余金额由出票银行退交汇款单位。

银行汇票的结算程序如图2-1所示。

企业向银行申请办理银行汇票和使用银行汇票在"其他货币资金"账户核算。收款单位收到银行汇票后，应在付款期内持银行汇票到银行办理进账，填写进账单，根据银行盖章退回的进账单回单和有关原始凭证进行账务处理。

（二）银行本票

银行本票是由银行签发的，承诺自己在见票时无条件支付确定的金额给收款人或者持票人的票据。银行本票的出票人为经中国人民银行当地分支行批准办理银行本票业务的银行机构。银行本票由银行签发，见票即付，其出票人为票据的主债务人，负有无条件支付票款的责任。

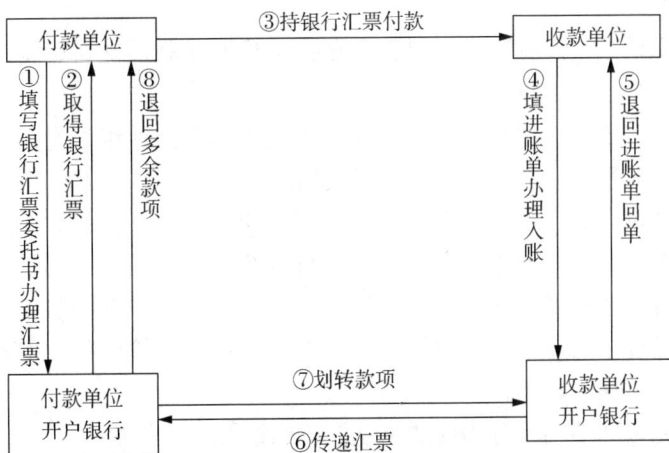

图 2-1　银行汇票的结算程序

申请人和收款人均为个人才可申请办理现金银行本票。注明"现金"字样的银行本票只能向出票银行收取现金。

单位和个人在同一票据交换区域需要支付各种款项，均可以使用银行本票，银行本票可以用于转账，也可以用于支取现金。银行本票分为不定额本票和定额本票两种。其中，定额银行本票面额分为 1 000 元、5 000 元、10 000 元和 50 000 元四种。银行本票一律记名并允许背书转让，银行本票的提示付款期限自出票日起最长不得超过 2 个月。持票人超过付款期限提示付款的，代理付款人不予受理。

申请人使用银行本票，应向银行填写"银行本票申请书"，填明收款人名称、申请人名称、支付金额、申请日期等事项并签章。银行受理并收妥款项后，据以签发银行本票，交给申请人。由于这部分资金已经限定用途，应同银行汇票一样，属于其他货币资金。

收款单位取得银行本票后，应在付款期内持银行本票到银行办理进账，根据银行盖章退回的进账单第一联和有关的原始凭证进行会计处理。

银行本票见票即付，不予挂失。银行本票丧失，失票人可以凭人民法院出具的其享有票据权利的证明，向出票银行请求付款或退款。申请人因本票超过提示付款期限或其他原因要求退款时，应填制一式两联进账单连同本票交给出票行，并按照支付结算办法的规定提交证明或身份证件，根据银行审核盖章后退回的进账单第一联，作为收账通知，编制收款凭证。

银行本票的结算程序如图 2-2 所示。

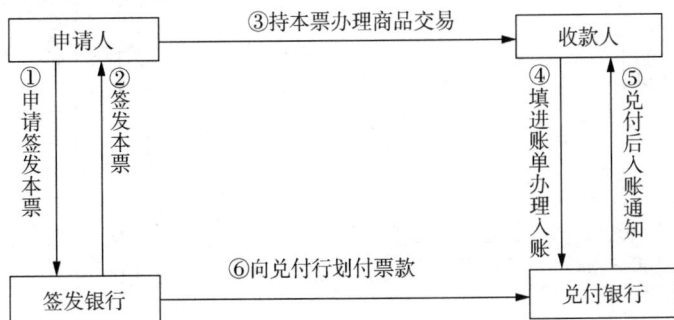

图 2-2　银行本票的结算程序

(三) 商业汇票

商业汇票是由出票人签发的，委托付款人在指定日期无条件支付确定的金额给收款人或者持票人的票据。

商业汇票结算方式要求在银行开立存款账户的法人以及其他组织之间，必须具有真实的交易关系或债权债务关系，同城和异地均可以使用。

商业汇票需要经过承兑人承兑，即承兑人负有到期无条件支付票款的责任，使汇票具有较强的信用，商业汇票的付款期限可由交易双方自行约定，但最长不得超过 6 个月。商业汇票的提示付款期为自汇票到期日起 10 日。持票人应在提示付款期内通过开户银行委托收款，逾期开户银行不予受理。商业汇票一律记名，可以背书转让，符合条件的商业汇票在尚未到期前可以向银行申请贴现。

商业汇票按承兑人的不同可分为商业承兑汇票和银行承兑汇票。

商业承兑汇票是由付款人签发并承兑，或由收款人签发交由付款人承兑的票据，属于商业信用范畴。付款人承兑商业汇票，应当在汇票正面记载"承兑"字样和承兑日期并签章，之后交给收款单位。付款人应在汇票到期日之前准备好足够资金交存开户银行，开户银行根据收到的到期商业承兑汇票将款项划转给收款人或持票人。如果汇票到期，付款人的存款账户余额不足以支付，开户银行将商业承兑汇票退还给收款人或持票人，由其自行处理，同时银行按规定对付款人处以一定金额的罚款；如商业承兑汇票已贴现给银行，银行将汇票退还给贴现人，并对贴现人执行扣款。

银行承兑汇票是由在承兑银行开立存款账户的存款人出票，向开户银行申请并经银行审查同意承兑，保证在指定日期无条件支付确定的金额给收款人或持票人的票据。存款人应与承兑银行具有真实的委托付款关系，而且资信状况良好，具有支付汇票金额的可靠资金来源。银行承兑汇票由银行承兑，属于银行信用。

银行承兑汇票的出票人应于汇票到期前将票款足额交存其开户银行。承兑银行应在汇票到期日或到期日后的见票当日支付票款。如出票人于汇票到期日未能足额交存票款，承兑银行除凭票向持票人无条件付款外，对出票人尚未支付的汇票金额按照每天万分之五计收利息。

商业汇票到期时，收款人或持票人应填写委托收款凭证，连同商业汇票送交银行办理收款。商业汇票的核算应设置"应收票据"和"应付票据"科目。有关应收票据和应付票据的核算将在后续章节中详细介绍。

商业承兑汇票的结算程序如图 2-3 所示，银行承兑汇票的结算程序如图 2-4 所示。

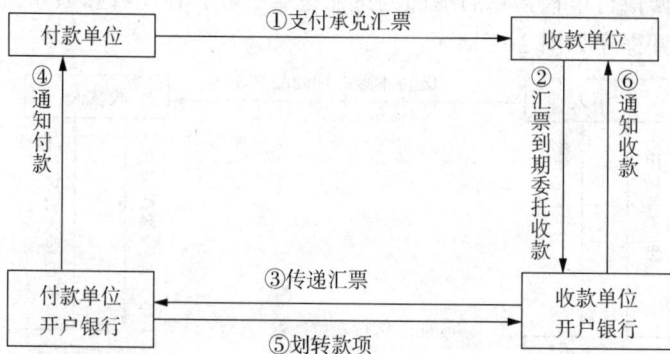

图 2-3 商业承兑汇票的结算程序

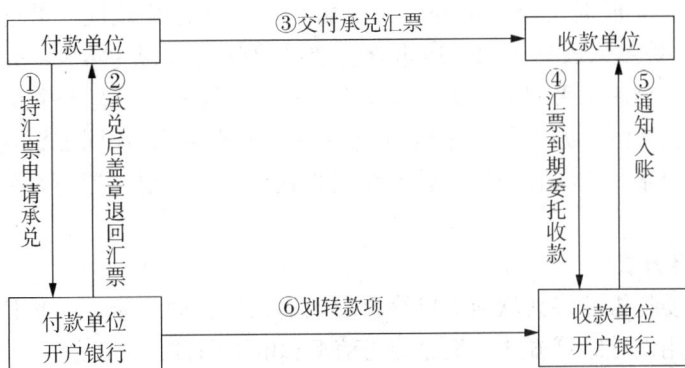

图 2-4　银行承兑汇票的结算程序

（四）支票

支票是出票人（单位或个人）签发的，委托办理支票存款业务的银行在见票时无条件支付确定的金额给收款人或者持票人的票据。支票分为现金支票、转账支票和普通支票三种。支票上印有"现金"字样的为现金支票，现金支票只能用于支取现金；支票上印有"转账"字样的为转账支票，转账支票只能用于转账；支票上未印有"现金"或"转账"字样的为普通支票，普通支票可以用于支取现金，也可以用于转账；在普通支票左上角划两条平行线的，为划线支票，划线支票只能用于转账，不得支取现金。单位和个人在同一票据交换区域的各种款项结算，均可以使用支票。

使用支票手续简单、灵活，转账支票在批准的地区内可以背书转让，因此，支票的应用非常广泛。支票的提示付款期为自出票之日起 10 日，但中国人民银行另有规定的除外。

支票的出票人签发支票的金额不得超过付款时在付款人处实有的存款金额。禁止签发空头支票、与其预留银行签章不符的支票以及支付密码错误的支票，否则，银行应予以退票，并按照票面金额处以 5% 但不低于 1 000 的罚款；持票人有权要求出票人赔偿支票金额 2% 作为赔偿金。对屡次签发上述不合规支票的银行应停止其签发支票。另外，签发支票应使用碳素墨水或墨汁填写，中国人民银行另有规定的除外。

存款人领购支票，必须填写"票据和结算凭证领用单"并签章，签章应与预留银行的签章相符。存款账户结清时，必须将全部剩余空白支票交回银行注销。

支票的结算程序如图 2-5 所示。

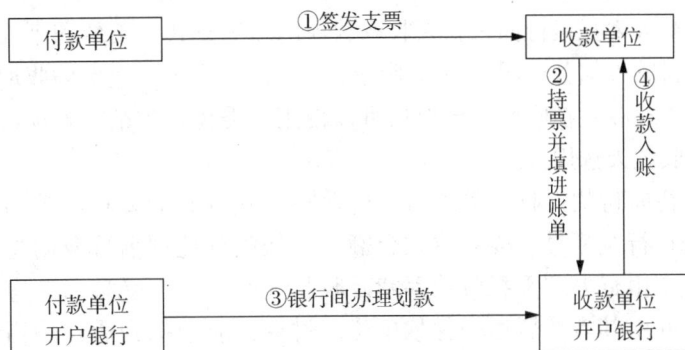

图 2-5　支票的结算程序

企业签发支票，应根据支票存根等有关原始凭证编制付款凭证，借记有关科目，贷记"银行存款"科目，收款人收到支票，应审查支票的收款人是否为本人，是否在规定的有效期内，支票的大小写金额是否相符，其他有关内容是否填写齐全、有无涂改，经审查无误后，方可向银行办理收款手续。办理收款手续时应填写"进账单"，连同支票送交银行，根据银行盖章退回的进账单第一联和有关原始凭证编制收款凭证，借记"银行存款"科目，贷记有关科目。

（五）汇兑结算方式

汇兑是汇款人委托银行将其款项支付给收款人的结算方式。企业与单位各个人的各种款项的结算，均可使用汇兑结算方式。汇兑分为信汇和电汇两种，由汇款人选择使用。

汇款人委托银行办理汇兑，应向汇出银行填写信（电）汇凭证，详细填明汇入地点、汇入银行名称、收款人名称、汇款用途等项内容。汇出银行收妥汇款后，先将款项划转收款单位开户银行，收款单位开户银行则将款项主动划入收款单位账户内并通知收款单位（收款人）。支取现金的，信（电）汇凭证上必须有按规定填明的"现金"字样，才能办理；未填明"现金"字样，需要支取现金的，由汇入银行按照国家现金管理规定审查支付。

汇兑结算方式的结算程序如图 2-6 所示。

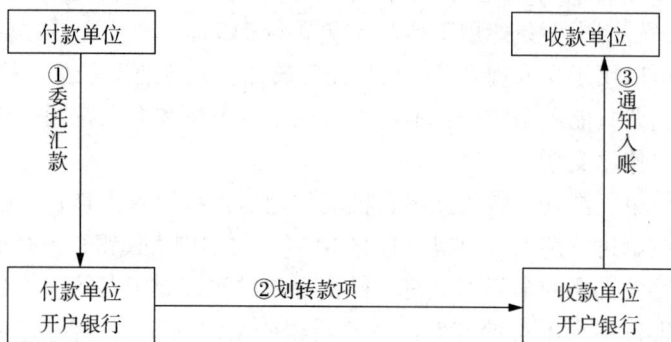

图 2-6　汇票结算方式的结算程序

汇款单位根据信（电）汇凭证汇款联编制付款凭证，借记有关科目，贷记"银行存款"科目。收款单位根据信（电）汇凭证收账联编制收款凭证，借记"银行存款"科目，贷记有关科目。

（六）委托收款结算方式

委托收款是收款人委托银行向付款人收取款项的结算方式。单位和个人凭已承兑商业汇票、债券、存单等付款人债务证明办理款项的结算，以及公用事业费的收取，均可以使用委托收款结算方式。委托收款在同城、异地均可以使用。委托收款结算款项的划回方式，分信忙或电汇两种，由收款人选用。

收款人委托银行向付款人收取款项时，应填写一式五联的委托收款结算凭证，写明收付款单位名称、开户行及账号、委托收款金额、委托收款凭据名称及附寄单证张数等，连同有关债务证明送交银行办理委托收款手续。收款人开户银行受理后，应将有关凭证寄交付款单位开户银行并由其审核后通知付款单位。付款人应于接到通知的当日书面通知银行付款。按照有关办法规定，付款人在接到通知日的次日起 3 日内未通知银行付款的，视同付款人同意付款，银行应于付款人接到通知日的次日起第 4 日上午开始营业时，将款项划给收款人。

银行在办理划款时，付款人存款账户不足支付的，应通过被委托银行向收款人发出未付款项通知书。按照规定，债务证明留存付款人开户银行的，付款人开户行应将其债务证明连同未付款项通知书邮寄给被委托银行转交收款人。付款人审查有关债务证明后，对收款人委托收取的款项需要拒绝付款的，可以办理拒绝付款。

委托收款结算方式的结算程序如图2-7所示。

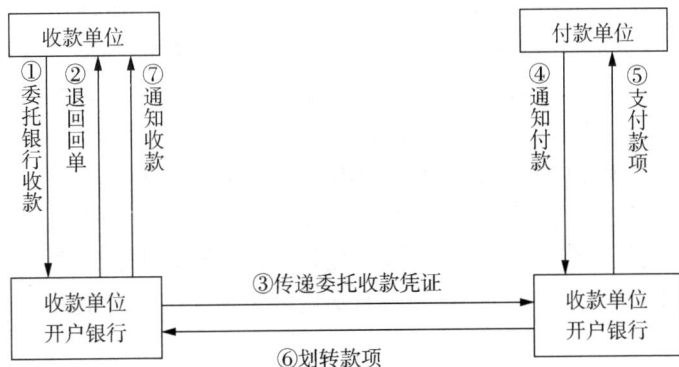

图 2-7　委托收款结算方式的结算程序

付款单位在付款期满后根据银行转来的委托收款结算凭证的付款通知及有关原始凭证编制付款凭证，借记有关科目，贷记"银行存款"科目。如果全部拒付，不作账务处理；如果部分拒付，根据银行盖章退回的拒付理由书第一联，编制付款凭证。收款单位收到银行转来款项收妥通知后编制收款凭证，借记"银行存款"科目，贷记有关科目。

（七）托收承付结算方式

托收承付是根据购销合同由收款人发货后委托银行向异地付款人收取款项，由付款人向银行承认付款的结算方式。根据银行支付结算办法的规定，使用托收承付结算方式的收款单位和付款单位，必须是国有企业、供销合作社以及经营管理较好、并经开户银行审查同意的城乡集体所有制工业企业。办理托收承付结算的款项，必须是商品交易，以及因商品交易而产生的劳务供应的款项。代销、寄销、赊销商品的款项，不得办理托收承付结算。

交易双方使用托收承付结算必须签有符合《中华人民共和国合同法》的购销合同，并在合同上订明使用托收承付结算方式。收付双方办理托收承付结算，必须重合同、守信用。托收承付结算每笔的金额起点为 10 000 元，但新华书店系统每笔的金额起点为 1 000 元。收款人办理托收，必须具有商品确已发运的证件（包括铁路、航运、公路等运输部门签发运单、运单副本和邮局包裹回执）。

托收承付结算款项的划回方法，分信汇或电汇两种，由收款人选用。

承付货款分为验单付款和验货付款两种，由收付双方商量选用，并在合同中明确规定。

1. 验单付款。验单付款的承付期为 3 天，从付款人开户银行发出承付通知的次日算起（承付期内遇法定休假日顺延）。付款人在承付期内，未向银行表示拒绝付款，银行即视作承付，并在承付期满的次日（遇法定休假日顺延）上午银行开始营业时，将款项主动从付款人的账户内付出，按照收款人指定的划款方式，划给收款人。

2. 验货付款。验货付款的承付期为 10 天，从运输部门向付款人发出提货通知的次日算起。付款人在银行发出承付通知的次日起 10 天内，未收到提货通知的，应在第 10 天将货物尚未到达的情况通知银行。在第 10 天付款人没有通知银行的，银行即视作已经验货，于 10 天期满的次日上午银行开始营业时，将款项划拨给收款人；第 10 天付款人通知银行货物未到，而以后收到提货通知没有及时送交银行，银行仍按 10 天期满的次日作为划款日期，并按超过的天数，计扣逾期付款赔偿金。采用验货付款的，收款人必须在托收凭证上加盖明显的"验货付款"字样戳记。托收凭证未注明验货付款，经付款人提出合同证明是验货付款的，银行可按验货付款处理。逾期付款赔偿金按每天万分之五计算，逾期付款期满三个月仍未付清欠款，付款人开户银行通知付款人退回单证，付款人开户行如自发出通知的第三天起付款人不退回单证的，付款人开户行每天按欠款金额处以付款人万分之五但不低于 50 元的罚款，并暂停付款人向外办理结算业务，直至退回单证为止。

付款人不得在承付货款中，抵扣其他款项或以前托收的货款。

下列情况，付款人在承付期内，可向银行提出全部或部分拒绝付款：

（1）没有签订购销合同或购销合同为订明托收承付结算方式的款项；

（2）未经双方事先达成协议，收款人提前交货或因逾期交货付款人不再需要该项货物的款项；

（3）未按合同规定的到货地址发货的款项；

（4）代销、寄销、赊销商品的款项；

（5）验单付款，发现所列货物的品种、规格、数量、价格与合同规定不符，或货物已到，经查验货物与合同规定或发货清单不符的款项；

（6）验货付款，经查验货物与合同规定或与发货清单不符的款项；

（7）货款已经支付或计算有错误的款项。

不属于上述情况的，付款人不得向银行提出拒绝付款。付款人对以上情况提出拒绝付款时，必须填写"拒绝付款理由书"并签章，注明拒绝付款理由，涉及合同的应引证合同上的有关条款。属于商品质量问题，需要提出商品检验部门的检验证明；属于商品数量问题，需要提出数量问题的证明及其有关数量的记录。银行同意部门或全部拒绝付款的，应在拒绝付款理由书上签注意见。部分拒绝付款，除办理部分付款外，应将拒绝付款理由书连同拒付证明和拒付商品清单邮寄收款人开户银行转交收款人。全部拒绝付款，应将拒绝付款理由书连同拒付证明和有关单证邮寄收款人开户银行转交收款人。

收款单位对于托收款项，根据银行的收账通知和有关的原始凭证，据以编制收款凭证；付款单位对于承付的款项，应于承付时根据托收承付结算凭证的承付支款通知和有关发票账单等原始凭证，据以编制付款凭证。如拒绝付款，属于全部拒付的，不做账务处理；属于部分拒付的，付款部分按上述规定处理，拒付部分不作账务处理。

托收承付结算方式的结算程序如图 2-8 所示。

销货单位向银行办理托收手续后，根据托收结算凭证回单联以及销售发票等进行销售货物的账务处理，借记"应收账款"科目，贷记"主营业务收入""应交税费——应交增值税（销项税额）"等科目；购货单位承付款项后，根据托收承付结算凭证付款通知联以及所附购货发票账单等单据进行账务处理，借记"材料采购""应交税费——应交增值税（进项税额）"等科目，贷记"银行存款"科目。销货单位在收到银行转来的收款通知后，据以编制收款凭证，借记"银行存款"科目，贷记"应收账款"科目。

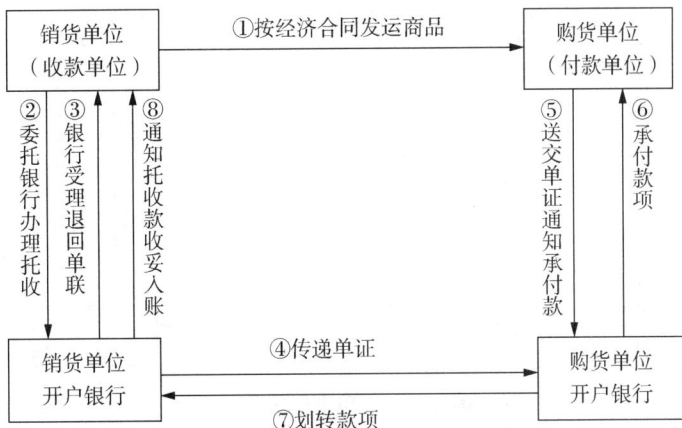

图 2-8 托收承付结算方式的结算程序

（八）信用卡

根据中国银监会《商业银行信用卡业务监督管理办法》的规定，信用卡是指记录持卡人账户相关信息，具备银行授信额度和透支功能，并为持卡人提供相关银行服务的各类介质。发卡银行基于对客户的评估结果，对符合条件的客户签约拉放信用卡并提供的相关银行服务。

信用卡按照发行对象不同，分为个人卡和单位卡。其中，单位卡按照用途分为商务差旅卡和商务采购卡。商务差旅卡是指商业银行与政府部门，法人机构或其他组织签订合同建立差旅费用报销还款关系，为其工作人员提供日常商务支出和财务报销服务的信用卡。商务采购卡是指商业银行与政府部门、法人机构或其他组织签订合同建立采购支出报销还款关系，为其提供办公用品、办公事项等采购支出相关服务的信用卡。

发卡银行应当公开、明确告知申请人需要提交的申请材料和基本要求，申请材料必须由申请人本人亲自签名，不得在客户不知情或违背客户意愿的情况下发卡。

凡在中国境内金融机构开立基本存款账户的单位均可申领单位卡。单位卡可申领若干张，持卡人资格由申领单位法定代表人或其委托的代理人书面指定和注销。持卡人不得出租或转借信用卡。单位卡账户的资金一律从其基本存款账户转账存入，不得交存现金，不得将销货收入的款项存入其账户；单位卡一律不得支取现金；单位卡不得用于 10 万元以上的商品交易、劳务供应款项的结算。

单位申领信用卡，应按规定填制申请表，连同有关资料一并送交发卡银行。符合条件并按银行要求交存一定金额的备用金后，银行为申领人开立信用卡存款账户，并发给信用卡。企业交存的这部分备用金已经具有特定用途，从性质上讲，属于其他货币资金。企业取得信用卡时，应根据银行有关凭证借记"其他货币资金——信用卡存款"科目，贷记"银行存款"科目。

企业在特约单位使用信用卡付款时，由特约单位填写实际结算金额、用途、持卡人身份证号码、特约单位名称和编号。如超过支付限额的，由特约单位向发卡银行索权并填写授权号码。签购单由持号人签名确认，企业应根据特约单位退还的信用卡签购单第一联和发票等原始凭证进行账务处理，借记有关费用科目，贷记"其他货币资金——信用卡存款"等科目。

信用卡结算程序如图 2-9 所示。

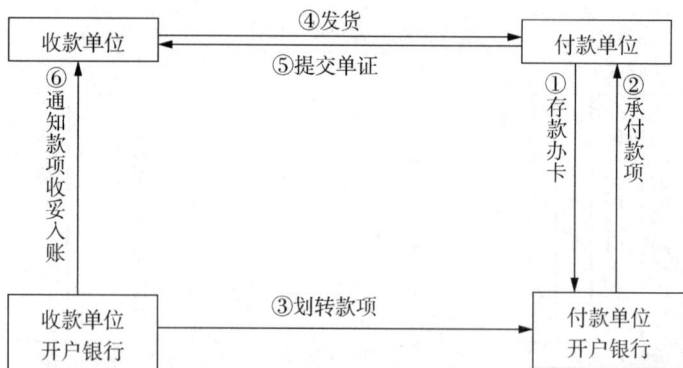

图 2-9　信用卡结算程序

（九）信用证

信用证，是指开证行依照申请人的申请开出的，凭符合信用证条款的单据支付的付款承诺，并明确规定该信用证为不可撤销、不可转让的跟单信用证。信用证属于银行信用，采用信用证支付，对销货方安全收回货款较有保障；对购货方来说，由于货款的支付是以取得符合信用证规定的货运单据为条件，避免了预付货款的风险。

信用证不受购销合同的约束。虽然信用证的开立是以购销合同为基础，购销双方要受合同约束，但信用证一经开出，在信用证业务处理过程中，各当事人的责任与权利都以信用证为准，即开证银行只对信用证负责，只凭信用证所定的而又完全符合条款的单据付款。开证行付款时仅审核单证与信用证规定的单证是否相符，而不管销货方是否履行合同以及履行的程度如何。

信用证业务只处理单据，一切都以单据为准。信用证业务实质上是一种单据的买卖，银行是凭相符单据付款，而对货物的真假好坏不负责任，对货物是否已装运，是否中途损失，是否到达目的地都不负责任。也就是说，即使单据上表示的货物与实际货物在数量、质量上有所不同，只要单据内容符合信用证规定银行照样接受。如果购货方发现货物的数量、质量与单证不符，有对受益人提出索赔的理由，但开证银行不能以购货方进口商提出的货物与单证不符作为拒付的理由，因此，在信用证方式下受益人要保证收款就一定要提供相符单据，开证行要拒付也一定要以单据上的不符点为理由。

采用信用证结算方式的，收款单位收到信用证后，即备货装运，签发有关发票账单，连同运输单据和信用证送交银行，根据退回的信用证等有关凭证编制收款凭证；付款单位在接到开证行的通知后，根据付款的有关单据编制付款凭证。

三、银行存款的核算

（一）银行存款收支的凭证及其审核

小企业对于银行存款的存入、取得和转账业务，应建立严格的收付款凭证的编制与审批手续。应按照银行的规定取得或填写结算凭证，连同所附的其他原始单据经由会计主管人员审核无误后，才能据以填制银行存款的收付款凭证，作为收付款项的依据。在不同的结算方式下，据以填制收付款所用的银行结算凭证各不相同，如现金支票、转账支票、银行汇票委托书、银行本票委托书、商业汇票、托收承付结算凭证、委托收款结算凭证、汇兑凭证等。

财会人员对这些银行结算凭证也应认真审核。凡是违反国家政策、制度的开支和收入，都应拒绝收付或拒绝报销。凡是手续不全、数额不符的银行结算凭证，都不能作为收付款项的依据。

（二）银行存款的序时核算

为了逐口逐笔核算和监督银行存款的收入来源、支出用途和结存情况，小企业应设置银行存款日记账，进行银行存款的序时核算。银行存款日记账应按开户银行、其他金融机构，存款种类和货币种类分别设置。有外币存款的小企业，应分别设置人民币和外币银行存款日记账。银行存款日记账的格式，与库存现金日记账基本相同，一般采用三栏式订本式日记账。

小企业出纳人员根据审核无误的收款凭证、付款凭证逐日逐笔在银行存款日记账中进行登记，每日终了应结算出余额，月末应结算本月收入、支出合计及余额，并与银行核对账目。

（三）银行存款的总分类核算

为了总括地核算和监督银行存款的收支结存情况，小企业还应设置"银行存款"科目。该科目借方登记银行存款的收入数额；贷方登记银行存款的支出数额；期末余额在借方，反映企业存放在银行的各种款项的数额。

【例2-7】某小企业销售产品，货款为67 800元，其中增值税销项税额为7 800元，收到购货单位的一张转账支票67 800元，进存银行、根据进账单第一联编制银行存款的收款凭证，其会计分录如下：

```
借：银行存款                                          67 800
    贷：主营业务收入                                      60 000
        应交税费——应交增值税（销项税额）                  7 800
```

【例2-8】小企业购买材料，货款为40 000元，增值税进项税额5 200元，开出转账支票一张，根据支票存根应发票等凭证编制银行存款的付款凭证，编制会计分录如下：

```
借：材料采购                                          40 000
    应交税费——应交增值税（进项税额）                      5 200
    贷：银行存款                                          45 200
```

四、银行存款的清查

银行存款的清查，是小企业将本单位的银行存款日记账与银行送来的对账单逐笔核对增减额和同一日期的余额，以查明账实是否相符。

银行存款的核对主要包括账证核对、账账核对、账实核对。

（一）账证核对

收付凭证是登记小企业银行存款日记账的依据，账目和凭证应该是完全一致的，但是在记账过程中，由于各种原因，往往会发生重记、漏记、记错方向或记错数字等情况。账证核对主要按照业务发生的顺序一笔一笔进行，检查的项目主要是：①核对凭证的编号。②检查记账凭证与原始凭证，看两者是否完全相符。③查对账证金额与方向的一致性。检查中发现差错，要立即按照规定方法更正，以确保账证完全一致。

（二）账账核对

小企业的银行存款日记账是根据收付凭证逐项登记的，银行存款总账是根据收付凭证汇总登记的，记账依据是相同的，记录结果应一致，但由于两种账簿是不同人员分别记账的，而且总账一般是汇总登记的，在汇总登记过程中，都有可能发生差错。日记账是一笔一笔的登记，记录次数多，难免会发生差错。平时要经常核对两账的余额，每月终了结账后，总账各科目的借方发生额，贷方发生额以及月末余额都已试算平衡，一定还要将其分别同银行存款日记账中的本月收入合计数、支出合计数和余额相互核对。如果不符，先应查出差错在哪一方，如果借方发生额出现差错，应查找银行存款收款凭证和银行存款收入一方的账目。反之，则查找银行存款付款凭证和银行存款付出一方的账目。找出差错，应立即加以更正，做到账账相符。

（三）账实核对

小企业在银行中的存款实有数是通过"银行对账单"来反映的，所以账实核对是银行存款日记账定期与"银行对账单"核对，至少每月一次，这是出纳人员的一项重要日常工作。

理论上讲，"银行存款日记账"的记录与银行开出的"银行存款对账单"无论是发生额，还是期末余额都应是完全一致的，因为它是同一账号存款的记录，但是通过核对，会发现双方的账目经常出现不一致的情况，原因有两个：一是双方账目可能发生记录或计算上的错误，如单位记账是漏记、重记、银行对账单串户等，这些错误应由双方及时查明原因，予以更正。二是有"未达账项"。所谓"未达账项"是指由于期末银行结算凭证传递时间的差异，而造成的银行与开户银行之间一方入账、另一方尚未入账的账项。未达账项的原因有以下四种情况：

（1）企业已收款记账，而银行尚未收款记账。如企业将收到的转账支票存入银行，但银行尚未转账。

（2）企业已付款记账，而银行尚未付款记账。如企业开出转账支票并根据支票存根记账，而持票人尚未到银行办理转账。

（3）银行已收款记账，而企业尚未收款记账。如托收款项，银行已经收妥入账，而企业尚未收到收款通知。

（4）银行已付款记账，而企业尚未付款记账。如借款利息，银行已经扣划记账，而企业尚未收到付款通知。

上述任何一种未达账项存在，都会使企业银行存款日记账余额与银行对账单的余额不符。存在（1）、（4）两种情况，会使企业账面余额大于银行对账单余额；存在（2）、（3）两种情况，则会使企业账面余额小于银行对账单余额。在与银行对账时，如果存在未达账项，应编制"银行存款余额调节表"进行调节，银行存款余额调节表的编制应在企业银行存款日记账余额和银行对账单余额的基础上，分别加减双方的未达账项，使其达到平衡。调解后双方余额如果相等，一般说明双方记账没有错误。其计算公式如下：

银行对账+企业已收银行-企业已付银行=企业银行存款+银行已收企业-银行已付企业

现举例说明银行存款余额调节表的具体编制方法。

【例2-9】甲小企业2022年5月31日银行存款日记账的余额为803 000元，银行对账单的余额为791 000元，经核对发现以下未打账项。

（1）5月8日，企业销售产品收到转账支票一张50 000元，填制进账单，送存银行后登记入账，而银行尚未收妥款项未入账。

（2）5月10日，企业购进材料开出转账支票一张15 000元，并登记入账，而银行尚未付出款项未入账。

（3）5月12日，银行代企业收到购货方汇来的货款28 000元，并登记入账，而企业尚未收到收款通知而来入账。

（4）5月15日，银行代企业支付电费5 000元，并登记入账，而企业尚未收到付款通知而未入账。

根据上述资料编制银行存款余额调节表，见表2-1。

表 2-1　　银行存款余额调节表

2022 年 5 月 31 日

单位：元

项目	金额	项目	金额
银行对账单余额	791 000	企业银行存款日记账余额	803 000
加：企业已收而银行未收的款项	50 000	加：银行已收而企业未收的款项	28 000
减：企业已付而银行未付的款项	15 000	减：银行已付而企业未付的款项	5 000
调节后存款余额	826 000	调节后存款余额	826 000

调节后的存款余额为826 000元，是企业可以动用的银行存款实有数额。双方一致，表明双方记账及各自存款余额都正确。值得注意的是，银行存款余额调节表的编制只是银行存款清查的方法，它只起到对账作用，不能作为调节账面余额的原始凭证。对于银行已经入账而企业尚未入账的未达账项，应在收到有关收付款结算凭证后，据以进行账务处理。

【涉税法规链接及提示】

（1）《中华人民共和国税收征收管理法》第五十四条规定，经县级以上税务局（分局）局长批准，税收机关凭全国统一格式的检查存款账户许可证明，可以查询从事生产、经营的纳税人、扣缴义务人在银行或者其他金融机构的存款账户。

（2）《财政部、国家税务总局关于企业资产损失税前扣除政策的通知》（财税〔2009〕57号）规定，企业将货币性资金存入法定具有吸收存款职能的机构，因该机构依法破产、清算，或者政府责令停业、关闭等原因，确实不能收回的部分，作为存款损失在计算应纳税所得额时扣除。

（3）《国家税务总局关于发布〈企业资产损失所得税税前扣除管理办法〉的公告》第21条规定，企业因金融机构清算而发生的存款类资产损失应依据以下证据材料确认：企业存款类资产的原始凭据；金融机构破产、清算的法律文件；金融机构清算后剩余资产分配情况资料等。金融机构应清算而未清算超过三年的，企业可将该款项确认为资产损失，但应有法院或破产清算管理人出具的未完成清算证明。

第三节　其他货币资金

其他货币资金是除库存现金和银行存款之外的货币资金，包括"外埠存款""银行汇票存款""银行本票存款""信用卡存款""信用证保证金存款"和"备用金"等。

为了总括地反映企业其他货币资金的收支和结余情况，小企业应设置"其他货币资金"科目，并按其他货币资金的种类，以及外埠存款的开户银行、银行汇票、银行本票的收款单位等设置明细科目进行明细分类核算。小企业应加强对其他货币资金的管理，及时办理结算，对于逾期尚未办理结算的银行汇票、银行本票等，应按规定及时转回。

一、外埠存款

外埠存款是指小企业到外地进行临时或零星采购时，汇往采购地银行开立采购专户的款项。

小企业将款项汇往外地时，应填写汇款委托书，委托开户银行办理汇款。汇入地银行以汇款单位名义开立临时采购账户，该账户的存款不计利息、只付不收、付完清户，除了采购人员可以从中提取少量现金外，一律采用转账结算。将款项汇往外地开立采购专用账户时，根据汇出款项凭证，编制付款凭证，进行账务处理，借记"其他货币资金——外埠存款"科目，贷记"银行存款"科目；收到采购人员转来供应单位发票账单等报销凭证时，借记"材料采购"或"原材料""库存商品""应交税费——应交增值税（进项税额）"等科目，贷记"其他货币资金——外埠存款"科目；采购完毕收回剩余款项时，根据银行的收账通知，借记"银行存款"科目，贷记"其他货币资金——外埠存款"科目。

二、银行汇票存款

银行汇票存款是指小企业为取得银行汇票按照规定存入银行的款项。企业要使用银行汇票办理结算时，应填写"银行汇票委托书"并将相应金额的款项交给银行，取得银行汇票后，根据银行盖章退回的委托书存根联，借记"其他货币资金——银行汇票"科目。贷记"银行存款"科目。企业使用银行汇票后，根据取得的发票账单和开户银行转来的银行汇票第四联等凭证，借记"材料采购""应交税费——应交增值税（进项税额）"等科目，贷记"其他货币资金——银行汇票"科目，银行汇票如有多余款或因超过付款期等原因而退回款项时，借记"银行存款"科目，贷记"其他货币资金——银行汇票"科目，收款单位收到银行汇票时，根据实际结算金额填写进账单，连同银行汇票及解讫通知一并送交银行，根据进账单回单及销售凭证等编制收款凭证，借记"银行存款"科目，贷记"主营业务收入""应交税费——应交增值税（销项税额）"等科目。

【例2-10】甲企业向银行提交"银行汇票委托书"，并交存款项80 000元，银行受理后签发银行汇票和解讫通知，根据"银行汇票委托书"存根联编制会计分录如下。

借：其他货币资金——银行汇票　　　　　　　　　　　80 000
　　贷：银行存款　　　　　　　　　　　　　　　　　　　80 000

甲企业以银行汇票支付购料款73 450元，其中货款65 000元，增值税8 450元，根据银行汇票第四联和所附发票账单等编制会计分录如下：

借：材料采购　　　　　　　　　　　　　　　　　　　65 000
　　应交税费——应交增值税（进项税额）　　　　　　8 450
　　贷：其他货币资金——银行汇票　　　　　　　　　　73 450

甲企业收到银行退回的多余款收账通知时，编制会计分录如下。

借：银行存款　　　　　　　　　　　　　　　　　　　6 550
　　贷：其他货币资金——银行汇票　　　　　　　　　　6 550

销售企业收到银行汇票后，在银行汇票的实际结算金额栏填写73 450元，在多余金额栏填写6 550元，连同银行汇票解讫通知一并送交银行办理进账，根据进账单回单联及销售凭证等，编制会计分录如下。

借：银行存款　　　　　　　　　　　　　　　　　　　73 450

贷：主营业务收入		65 000
应交税费——应交增值税（销项税额）		8 450

三、银行本票存款的核算

银行本票存款是指小企业为取得银行本票按照规定存入银行的款项。企业要使用银行本票办理结算时，应填写"银行本票申请书"，并将相应金额的款项交给银行，取得银行本票后，根据银行盖章退回的申请书存根联，借记"其他货币资金——银行本票"科目，贷记"银行存款"科目。企业使用银行本票后，根据取得的发票账单等有关凭证，借记"材料采购""原材料""库存商品""应交税费——应交增值税（进项税额）"等科目，贷记"其他货币资金——银行本票"科目。银行对银行本票只办理全额结算，如结算中有多余款项，收款方在收妥银行本票后可采用支票、现金等方式退回企业。企业因超过付款期等原因要求退款时，应填制式两联的进账单并连同银行本票一并交存银行，根据银行盖章退回的进账单第一联，借记"银行存款"科目，贷记"其他货币资金——银行本票"科目。收款单位收到银行本票后，将银行本票交银行办理进账，根据进账单回单联及发票等凭证，借记"银行存款"科目，贷记有关科目。

四、信用卡存款的核算

凡在中国境内金融机构开立基本存款账户的单位可申领单位卡。单位卡可申领若干张，单位卡账户的资金一律从其基本存款账户转账存入，不得交存现金，不得将销货收入的款项存入其账户。持卡人可持信用卡在特约单位购物、消费，但单位卡不得用于10万元以上的商品交易、劳务供应款项的结算，不得支取现金。

小企业应填制"信用卡申请表"，并连同支票和有关资料一并送交发卡银行，根据银行盖章退回的进账单回单联，借记"其他货币资金——信用卡存款"科目，贷记"银行存款"科目。企业用信用卡购物或支付有关费用，根据银行转来的付款凭证及所附发票账单，审核无误后进行账务处理，借记"管理费用"等科目，贷记"其他货币资金——信用卡存款"科目；小企业信用卡在使用过程中，需要向其账户续存资金的，借记"其他货币资金——信用卡存款"，贷记"银行存款"科目；小企业的持卡人如不需要继续使用信用卡时，应持信用卡主动到发卡银行办理销户、销卡时，单位卡科目余额转入小企业基本存款户，不得提取现金，借记"银行存款"科目，贷记"其他货币资金——信用卡存款"科目。

【例2-11】甲企业在中国建设银行申请领用信用卡，按要求于3月8日向银行交存备用金50 000元。3月10日使用信用卡支付2月份的电话费2 000元。甲企业会计处理如下。

存入中国建设银行开立信用卡时。

借：其他货币资金——信用卡存款		50 000
贷：银行存款		50 000

支付电话费时。

借：管理费用		2 000
贷：其他货币资金——信用卡存款		2 000

五、信用证保证金存款的核算

信用证保证金存款是指小企业为取得信用证按照规定存入银行的保证金。企业申请使用信用证进行结算时，应向银行交纳保证金。根据银行盖章退回的进账单回单联，借记"其他货币资金——信用证保证金存款"科目，贷记"银行存款"科目。小企业接到开证行通知，根据供货单位信用证结算凭证及所附发票账单，核对无误后进行账务处理，借记"材料采购"或"原材料""应交税费——应交增值税（进项税额）"等科目，贷记"其他货币资金——信用证保证金存款"科目；将未用完的信用证保证金存款余额转回开户银行时，借记"银行存款"科目，贷记"其他货币资金——信用证保证金存款"科目。

六、备用金

备用金是小企业拨付给非独立核算的内部部门或零星采购、零星开支等用途的款项。备用金应指定专人负责管理，按照规定用途使用，不得转借给他人或挪作他用。小企业对于零星开支用的备用金，可实行定额备用金制度，即由指定的备用金负责人按照规定的数额领取，支用后按规定手续报销，补足原定额。

1. 备用金定额管理

备用金定额管理是指小企业按用款部门的实际需要，核定备用金定额，并按定额拨付现金的管理办法。小企业的用款部门按规定的开支范围支用备用金后，凭有关支出凭证向财会部门报销，财会部门如数付给现金，使备用金仍与定额保持一致。一般对用于费用开支的小额备用金，实行定额管理的办法；对用于销售找零用的备用金，按营业柜组核定定额，并拨给现金。各柜组可从销货款中经常保留核定的找零款，不存在支出和报销的问题。

实行定额备用金制度的小企业，备用金领用部门支用备用金后，应根据各种费用凭证编制费用明细表，定期向财会部门报销，领回所支用的备用金。对于预支的备用金，拨付时计入"备用金"（或"其他货币资金——备用金"）科目的借方；核销和收回余款时计入该科目的贷方。在实行定额备用金制度的小企业，除拨付、增加或减少备用金定额时通过"备用金"（或"其他货币资金——备用金"）科目核算外，日常支用报销补足定额时，都不需要通过该科目而将支用数直接计入有关成本类科目、费用类科目。

【例2-12】某流通小企业的储运部门发生与备用金有关的经济业务如下。

（1）核定并拨付定额备用金50 000元时。

借：其他货币资金——备用金——储运部门　　　　　　　　50 000

　　贷：库存现金　　　　　　　　　　　　　　　　　　　　　　50 000

（2）储运部门报销运费24 000元，以现金补足定额时。

借：销售费用——运费　　　　　　　　　　　　　　　　　24 000

　　贷：库存现金　　　　　　　　　　　　　　　　　　　　　　24 000

（3）储运部门将备用金的余额12 000元交回财会部门，注销定额备用金时。

借：库存现金　　　　　　　　　　　　　　　　　　　　　12 000

　　贷：其他货币资金——备用金——储运部门　　　　　　　　　12 000

2. 个人零星借款

没有实行定额备用金管理的小企业，对职工个人预借备作差旅费等用途的零星借款，一般按估计需用数额预先借取，支用后一次报销，多退少补。前账未清，不得继续预借。

小企业的用款个人根据实际需要向财会部门办理借款手续，凭有关支出凭证向财会部门报销时，作为减少个人借款处理，直到用完为止。如需补充借款，再另行办理借款手续。个人零星借款不需通过"其他货币资金"科目，直接通过"其他应收款"科目核算。

【例2-13】某生产型小企业采购员张某出差预借现金5 000元，会计处理如下。

借：其他应收款——张某　　　　　　　　　　　　　　　　　　　5 000

　　贷：库存现金　　　　　　　　　　　　　　　　　　　　　　　　　5 000

张某出差回企业报销差旅费3 000元，将余款2 000元交回财会部门时。

借：管理费用　　　　　　　　　　　　　　　　　　　　　　　　　3 000

　　库存现金　　　　　　　　　　　　　　　　　　　　　　　　　2 000

　　贷：其他应收款——张某　　　　　　　　　　　　　　　　　　　5 000

第四节　外币业务

小企业的外币业务由外币交易业务和外币财务报表折算两部分构成。

一、外币交易

外币交易是指以外币计价或者结算的交易，主要包括买入后者卖出以外币计价的商品或者劳务、借入或者借出外币资金和其他以外币计价或者结算的交易。外币，是指记账本位币以外的货币。

（一）记账本位币的确定

记账本位币是指小企业经营所处的主要经济环境中的货币。《会计法》规定，业务收支以人民币以外的货币为主的单位，可以选定其中一种货币作为记账本位币，但是编报的财务报告应当折算为人民币。通常情况下，小企业选定记账本位币，应当考虑下列因素：一是该货币主要影响商品和劳务销售价格，通常以该货币进行商品和劳务销售价格的计价和结算。二是该货币主要影响商品和劳务所需人工、材料和其他费用，通常以该货币进行上述费用的计价和结算。三是融资活动获得的资金以及保存从经营活动中取得款项时所使用的货币。《小企业会计准则》也规定，小企业应当选择人民币作为记账本位币。业务收支以人民币以外的货币为主的小企业，可以选定其中一种货币作为记账本位币，但编报的财务报表应当折算为人民币财务报表。小企业记账本位币一经确定，不得随意变更，但小企业经营所处的主要经济环境发生重大变化除外。

小企业因经营所处的主要经济环境发生重大变化，确需变更记账本位币的，应当采用变更当日的即期汇率（中国人民银行公布的当日人民币外汇牌价的中间价）将所有项目折算为变更后的记账本位币。

（二）即期汇率与平均汇率

汇率指两种货币相兑换的比率，是一种货币单位用另一种货币单位所表示的价格。根据表示方法的不同，汇率可以分为直接汇率和间接汇率，直接汇率是一定数量的其他货币单位折算为本国货币的金额，间接汇率是指一定数量的本国货币折算为其他货币的金额。通常情况下，人民币汇率是以直接汇率表示，在银行的汇率有三种表示方式：买入价、卖出价和中间价。买入价指银行买入其他货币的价格，卖出价指银行出售其他货币的价格，中间价是银行买入价与卖出价的平均价，银行的卖出价一般高于买入价，以获取其中的差价。

无论买入价还是卖出价，均是立即交付的结算价格，也就是即期汇率，即期汇率是相对于远期汇率而言的，远期汇率是小企业在未来某一日交付时的结算价格。即期汇率一般指当日中国人民银行公布的人民币汇率的中间价。小企业发生单纯的货币兑换交易或涉及货币兑换的交易时，仅用中间价不能反映货币买卖的损益，需要使用买入价或卖出价折算。

中国人民银行每日仅公布银行间外汇市场人民币兑美元、欧元、日元、港元的中间价。小企业发生的外币交易只涉及人民币与这四种货币直接折算的，可直接采用公布的人民币汇率的中间件作为即期汇率进行折算；小企业发生的外币业务涉及人民币与其他货币之间折算的，应以国家外汇管理局公布的各种货币对美元折算率采用套算的方法进行折算；小企业发生的外币交易涉及人民币以外的货币之间折算的，可直接采用国家外汇管理局公布的各种货币对美元折算率进行折算。

平均汇率是指某一期间的简单平均或加权平均汇率。例如，以美元兑人民币的周平均汇率为例，假定美元兑人民币每天的即期汇率为：周一 6.81，周二 6.9，周三 6.91，周四 6.92，周五 6.95，周平均汇率为（6.81+6.9+6.91+6.92+6.95）÷5＝6.898。月平均汇率的计算方法与周平均汇率的计算方法相同。月加权平均汇率需要采用当月外币交易的外币金额作为权重进行计算。

（三）外币交易的会计处理

1. 账户设置

有外币交易的小企业，在原有账户的基础上，还应对外币货币性项目分别设置外币明细账，并采用复币式记账，例如，库存现金——美元、银行存款——英镑、应收账款——港币、应付账款——欧元等。外币非货币性项目不用设置外币明细账。

2. 会计处理的一般原则

对于小企业发生的外币交易，应当采用交易发生日的即期汇率将外币金额折算为记账本位币金额；也可以采用交易当期平均汇率折算，平时不确认汇兑差额。兑换业务应在兑换时即确认汇兑损益，计入财务费用或营业外收入。接受外币投资时，应当采用交易发生日即期汇率折算。不得采用合同约定汇率和交易当期平均汇率折算，不产生外币资本折算差额。在资产负债表日，对外币货币性项目，采用资产负债表日即期汇率折算，因资产负债表日即期汇率与初始确认时或者前一资产负债表日即期汇率不同而产生的汇兑差额，计入当期损益。

3. 外币交易的会计处理

（1）出口产品。

【例 2-14】 2022 年 3 月 19 日，某小企业出口销售商品一批，货款为 10 000 美元，当日即期汇率为 1 美元＝6.90 元人民币，货款尚未收到。

借：应收账款——美元（10 000×6.90）　　　　　　　　　69 000
　　贷：主营业务收入　　　　　　　　　　　　　　　　　　　69 000

假设 3 月 31 日即期汇率为 1 美元＝6.85 元人民币，则按期末即期汇率调整应收账款如下。

借：财务费用　　　　　　　　　　　　　　　　　　　　　500
　　贷：应收账款——美元　　　　　　　　　　　　　　　　　　500

假设 4 月 1 日收到货款时，兑换为人民币后存入银行，当日银行的美元买入价为 1 美元＝6.75 元人民币。

借：银行存款——人民币（10 000×6.75）　　　　　　　67 500
　　财务费用　　　　　　　　　　　　　　　　　　　　1 000
　　贷：应收账款——美元　　　　　　　　　　　　　　　　68 500

若收到美元货款后，直接存入银行，即期汇率为 1 美元＝6.75 元人民币。

```
借：银行存款——美元（10 000×6.75）                                    67 500
    贷：应收账款——美元（10 000×6.75）                                 67 500
```

（2）进口原材料。

【例2-15】某小企业于2022年3月4日，从国外购入某材料，货款为50 000欧元，当日即期汇率为1欧元=8元人民币，按照规定计算应交的进口关税为40 000元人民币，支付的进口增值税为52 000元人民币，货款尚未支付，关税及增值税已支付。

```
借：原材料                                                          440 000
    应交税费——应交增值税（进项税额）                                  52 000
    贷：应付账款——欧元（50 000×8）                                  400 000
        银行存款——人民币（40 000+52 000）                            92 000
```

（3）借款、还款。

【例2-16】企业2022年3月2日，从中国银行借入10 000英镑，期限为6个月，年利率为6%。当日即期汇率为1英镑=8.6元人民币。

```
借：银行存款——英镑（10 000 × 8.6）                                 86 000
    贷：短期借款——英镑（10 000 × 8.6）                               86 000
```

假设3月30日的即期汇率为1英镑=8.65元人民币，银行存款产生的汇兑收益与短期借款产生的汇兑损失5 000元人民币相互抵减。

```
借：银行存款——英镑                                                  5 000
    贷：短期借款——英镑                                                5 000
```

假设6月2日以人民币归还短期借款，当日银行的英镑卖出价为1英镑=8.5元人民币，利息为300英镑（10 000×6%÷12×6）共支付人民币113 300元（10 300×8.5）。

```
借：短期借款——英镑（10 000×8.65）                                  86 500
    贷：银行存款——人民币（10 000×8.5）                               85 000
        财务费用                                                      1 500
借：财务费用                                                         2 550
    贷：银行存款——人民币（300×8.5）                                   2 550
```

（4）接受外币投资。

【例2-17】某小企业与外商签订投资合同，收到外商投资20 000美元，当日的即期汇率为1美元=6.8元人民币，假定投资合同约定的汇率为1美元=7.4元人民币。

```
借：银行存款——美元（20 000×6.8）                                  136 000
    贷：实收资本                                                     136 000
```

（5）外币兑换业务。

【例2-18】某小企业以人民币向中国银行买入5 000美元，当日的即期汇率为1美元=6.8元人民币，银行当日美元的卖出价为1美元=6.9元人民币。

```
借：银行存款——美元（5 000×6.80）                                   34 000.
    财务费用                                                          500
    贷：银行存款——人民币（5 000×6.9）                                34 500
```

假设企业将10 000美元兑换人民币，当日的即期汇率为1美元=6.85元人民币，银行当日美元的买入价为1美元=6.5元人民币。

```
借：银行存款——人民币（10 000×6.5）                                 65 000
```

財务费用 3 500

　　贷：银行存款——美元（10 000×6.85） 68 500

（6）综合例题。

【例2-19】某小企业的记账本位币为人民币，对外币交易采用发生时的即期汇率折算，按月计算汇兑损益。2022年3月31日的即期汇率为1美元＝6.85元人民币，当日有关外币账户余额见表2-2。

表2-2 外币账户余额表

项目	外币金额（美元）	即期汇率	折算为人民币金额（元）
银行存款	10 000	6.85	68 500
应收账款	50 000	6.85	342 500
应付账款	26 000	6.85	178 100

2022年4月份发生如下外币交易。

①4月10日，收到外商投入的外币资本50 000美元，当日的即期汇率为1美元＝6.8元人民币，投资合同约定的汇率为1美元＝7.5元人民币，款已存入银行。

　　借：银行存款——××银行（美元）（50 000×6.8） 340 000

　　　　贷：实收资本 340 000

②4月15日，进口一台机器设备，价款为40 000美元，当日的即期汇率为1美元＝6.725元人民币，货款已支付，入境后支付运输费2 000元人民币，安装调试费1 000元人民币。

　　借：固定资产 272 000

　　　　贷：银行存款——××银行（美元）（40 000×6.725） 269 000

　　　　　　——人民币 3 000

③4月20日，对外销售产品一批，价款共计20 000美元（不含增值税），当日的即期汇率为1美元＝6.85元人民币，款项尚未收到。

　　借：应收账款——×企业（美元）（20 000×6.85） 137 000

　　　　贷：主营业务收入 137 000

④4月29日，收到3月份发生的应收账款30 000美元，当日的即期汇率为1美元＝6.9元人民币。

　　借：银行存款——××银行（美元）（30 000×6.9） 207 000

　　　　贷：应收账款——×企业（美元）（30 000×6.9） 207 000

4月30日的即期汇率为1美元＝6.84元人民币，计算当期汇兑损益如下。

银行存款账户的汇兑损益＝50000×6.84－（10 000×6.85＋50 000×6.8－40 000×6.725＋30 000×6.9）＝－4 500（元）（损失）

应收账款账户的汇兑损益＝40 000×6.84－（50 000×6.85＋20 000×6.85－30 000×6.9）＝1 100（元）（收益）

应付账款账户的汇兑损益＝26 000×6.84－26 000×6.85＝－260（元）（收益）

当期汇兑损失＝4 500（元）

当期汇兑收益＝1100＋260＝1360元

借：应付账款——×企业（美元）　　　　　　　　　　　　　　260

　　应收账款——×企业（美元）　　　　　　　　　　　　1 100

　　财务费用——汇兑损失　　　　　　　　　　　　　　　4 500

　　贷：银行存款——××银行（美元）　　　　　　　　　　　　4 500

　　　营业外收入——汇兑收益　　　　　　　　　　　　　　1 360

【涉税法规链接及提示】

《中华人民共和国企业所得税法实施条例》第二十二条，"企业所得税法第六条所称其他收入，包括汇兑收益等。"第三十九条"企业在外币交易中，以及纳税年度终了时将人民币以外的货币性资产、负债按照期末即期人民币汇率中间价折算为人民币时产生的汇兑损失，除已经计入有关资产成本以及与向所有者进行利润分配相关的部分外，准予扣除"。第一百三十条："企业所得以人民币以外的货币计算的，预缴企业所得税时，应当按照月度或者季度最后一日的人民币汇率中间价，折合成人民币计算应纳税所得额。年度终了汇算清缴时，对已经按照月度或者季度预缴税款的，不再重新折合计算，只就该纳税年度内未缴纳企业所得税的部分，按照纳税年度最后一日的人民币汇率中间价，折合成人民币计算应纳税所得额。"

复习思考题

一、单项选择题

1. 小企业日常经营活动的资金收付及其工资、奖金和现金的支取，应通过（　　）办理。

A. 基本存款账户　　　B. 一般存款账户　　　C. 临时存款账户　　　D. 专项存款账户

2. 小企业支付的银行承兑汇票手续费应计入（　　）。

A. 管理费用　　　　　B. 财务费用　　　　　C. 营业外支出　　　　D. 其他业务成本

3. 下列结算方式中，适用于同城结算的是（　　）。

A. 银行本票　　　　　B. 托收承付　　　　　C. 汇兑　　　　　　　D. 银行汇票

4. 商业汇票的付款期限最长不得超过（　　）。

A. 3个月　　　　　　　B. 6个月　　　　　　　C. 9个月　　　　　　　D. 1年

5. 下列支付结算方式中，须订有购销合同才能使用的结算方式是（　　）。

A. 商业汇票　　　　　B. 银行本票　　　　　C. 托收承付　　　　　D. 支票

6. 不单独设置"备用金"科目的小企业，备用金的核算应通过（　　）。

A. 其他货币资金　　　B. 预付账款　　　　　C. 预收账款　　　　　D. 库存现金

7. 小企业财产清查中发现的现金短缺，如果查明应由相关责任人赔偿的，经批准后应计入（　　）科目。

A. 其他应收款　　　　B. 资本公积　　　　　C. 管理费用　　　　　D. 营业外支出

8. 对于银行已经收款而企业尚未入账的未达账项，小企业应做的处理为（　　）。

A. 以"银行对账单"为原始记录将该业务入账

B. 根据"银行存款余额调节表"和"银行对账单"自制原始凭证入账

C. 在编制"银行存款余额调节表"的同时入账

D. 待有关结算凭证到达后入账

9. 出纳人员不得办理的业务是(   )。

A. 现金收付   B. 登记银行存款日记账

C. 登记总账   D. 有价证券的登记

10. 小企业将款项汇往外地开立采购专用账户时,应借记的会计科目是(   )。

A. 材料采购   B. 在途物资   C. 预付账款   D. 其他货币资金

11. 根据《现金管理暂行条例》规定,下列经济业务中,不应用现金支付的是(   )。

A. 支付职工奖金 8 000 元

B. 支付购买零星办公用品购置费 950 元

C. 向一般纳税企业支付材料采购货款 1 100 元

D. 支付职工差旅费 2 500 元

12. 下列各项中,不属于货币资金的是(   )。

A. 银行存款   B. 外埠存款   C. 银行本票存款   D. 银行承兑汇票

13. 小企业进行外币交易核算时,应设置相应的外币账户。下列各项中,不属于外币账户的是(   )。

A. 外币库存现金账户   B. 外币银行存款账户

C. 用外币结算的债券债务账户   D. 外币实收资本账户

14. 下列项目中,不会影响当期汇兑损益的是(   )。

A. 接受外币投资   B. 期末外币应付账款的折算差额

C. 买卖外汇时发生的折算差额   D. 期末外币应收账款的折算差额

15. 某小企业外币业务采用发生时的市场汇率核算。该企业本月月初持有 30 000 美元,月初市场汇率为 1 美元=7.3 元人民币。本月 10 日将其中的 10 000 美元售给中国银行,当日中国银行美元买入价为 1 美元=7.20 元人民币,市场汇率为 1 美元=7.24 元人民币。企业售出该笔美元时应确认的汇兑收益为(   )元。

A. -1 000   B. -600   C. -400   D. 0

16. 甲小企业外币业务采用业务发生时的汇率进行折算,按月计算汇兑损益。8 月 20 日对外销售产品发生应收账款 500 万欧元,当日的市场汇率为 1 欧元=10.30 元人民币。8 月 31 日的市场汇率为 1 欧元=10.28 元人民币;9 月 1 日的市场汇率为 1 欧元=10.32 元人民币;9 月 30 日的市场汇率为 1 欧元=10.35 元人民币。10 月 10 日收到该应收账款,当日市场汇率为 1 欧元=10.34 元人民币。该应收账款 9 月份应该确认的汇兑收益为(   )万元。

A. 10   B. 15   C. 25   D. 35

17. 乙小企业对外币业务采用交易发生日的即期汇率折算,按月结算汇兑损益。3 月 20 日,该公司自银行购入 240 万美元,银行当日的美元卖出价为 1 美元=7.25 元人民币,当日市场汇率为 1 美元=7.21 元人民币。3 月 21 日的市场汇率为 1 美元=7.22 元人民币。乙小企业购入的该 240 万元美元于 3 月所产生的汇兑损失为(   )万元人民币。

A. 2.40   B. 4.80   C. 7.20   D. 9.60

18. 某小企业银行存款美元账户上期初余额为 80 000 美元,即期汇率为 1 美元=7.8 元人民币,该企业本月 10 日将其中 30 000 美元在银行兑换为人民币,银行当日美元买入价为 1 美元=7.5 元人民币,美元卖出价位 1 美元=7.6 元人民币。当日即期汇率为 1 美元=7.55 元人民币。假设本期没有其他涉及美元账户的业务，期末即期汇率为1美元＝7.5元人民币。则该企业本期应计入财务费用的汇兑损失为( )元。

    A. 22 500   B. 24 000   C. 3 300   D. 21 000

二、多项选择题

1. 小企业发生的下列支出中，按规定可用现金支付的有( )。

    A. 支付职工王某的差旅费3 000元

    B. 支付职工汤某困难补助2 000元

    C. 支付购置设备款6 000元

    D. 支付材料采购货款10 000元

2. 按照承兑人不同，商业汇票可以分为( )。

    A. 商业承兑汇票   B. 带息票据

    C. 银行承兑汇票   D. 不带息票据

3. 按照结算办法规定可以背书转让的票据有( )。

    A. 银行汇票   B. 银行本票   C. 现金支票   D. 商业承兑汇票

4. 小企业下列存款中，应通过"其他货币资金"科目核算的有( )。

    A. 银行本票存款   B. 信用证保证金   C. 信用卡存款   D. 存出保证金

5. 小企业可以在银行开立的银行存款账户有( )。

    A. 基本存款账户   B. 一般存款账户   C. 临时存款账户   D. 专项存款账户

6. 在下列各未达账项中，使得小企业银行存款日记账余额小于银行对账单余额的有( )。

    A. 企业开出支票，对方未到银行兑现

    B. 银行误将其他公司的存款记入本企业银行存款账户

    C. 银行代扣水电费，企业尚未接到通知

    D. 委托收款结算方式下，银行收到结算款项，企业尚未收到通知

7. 下列各项中，属于外币货币性项目的有( )。

    A. 银行存款   B. 应收账款   C. 其他应付款   D. 长期借款

8. 下列各项中，属于外币非货币性项目的有( )。

    A. 存货   B. 长期股权投资   C. 固定资产   D. 应收账款

9. 下列有关外币折算的表述中，正确的有( )。

    A. 小企业收到投资者以外币投入的资本，有合同约定汇率的，按合同约定汇率折算；没有合同约定汇率的，按收到外币资本当日的即期汇率折算。

    B. 小企业发生外币交易时，按照交易发生日的即期汇率或交易当期平均汇率将外币金额折算为记账本位币金额。

    C. 资产负债表日对外币货币性项目采用资产负债表日即期汇率折算；以历史成本计量的外币非货币性项目，采用交易发生日的即期汇率折算。

    D. 收到投资者以外币投入的资本，应采用交易日即期汇率折算。

10. 对企业发生的汇兑损益，下列说法中正确的有( )。

    A. 企业的外币兑换业务所发生的汇兑损失，应计入当期营业外支出

    B. 外币专门借款发生的汇兑损失，应计入购建固定资产期间的财务费用

    C. 企业因外币交易业务所形成的应收应付款发生的汇兑损失，应计入当期财务费用

D. 企业的外币银行存款发生的汇兑收益，应计入当期营业外收入

11. 企业发生外币交易时，外币账户可以选择的折算汇率有（　　）

A. 交易日的即期汇率　　　　　　　B. 外汇牌价的买入价

C. 外汇牌价的卖出价　　　　　　　D. 交易当期平均汇率

12. 下列项目中，应当作为汇兑损益计入当期损益的有（　　）

A. 接受外币投资

B. 不符合资本化条件的外币专门借款产生的汇兑差额

C. 买卖外汇时发生的折算差额

D. 期末外币应收账款的折算差额

13. 下列各项中，不需要按照期末当日即期利率进行折算的有（　　）

A. 资本公积　　　　　　　　　　　B. 实收资本

C. 未分配利润　　　　　　　　　　D. 应收账款

14. 下列各项中，在资产负债表日应按日即期汇率折算的有（　　）

A. 外币银行存款　　　　　　　　　B. 外币债权债务

C. 以外币购入的固定资产　　　　　D. 外币长期借款

15. 当期末市场汇率上升时，下列账户中会发生汇兑损失的有（　　）

A. 资本公积　　　　　　　　　　　B. 应付账款

C. 应收账款　　　　　　　　　　　D. 短期借款

16. 下列外币业务中，业务发生时就可能会产生汇兑损益的业务的有（　　）

A. 外币购销业务　　　　　　　　　B. 外币借贷业务

C. 企业将外币卖给银行　　　　　　D. 企业从银行买入外币

三、判断题

1. 我国会计上所说的现金仅指企业库存的人民币现金，不包括外币现金。　（　　）

2. 不管在任何情况下，小企业一律不准坐支现金。　　　　　　　　　　（　　）

3. 小企业可以根据经营需要，在一家或几家银行开立基本存款账户。　　（　　）

4. 一般情况下，收款单位收到付款单位交来的银行汇票可以不送交银行办理转账结算，而直接背书转让给另一单位用来购买材料。　　　　　　　　　　　　　　　（　　）

5. 付款人在商业承兑汇票到期日账户不足支付时，其开户银行应代为付款。（　　）

6. 银行存款日记账与银行对账单应至少每月核对一次，银行存款日记账与银行对账单余额如有差额，应按月编制"银行存款余额调节表"，同时企业应按未达账项入账。（　　）

7. 委托收款和托收承付结算方式，都受结算金额起点的限制。　　　　　（　　）

8. 小企业有待查明原因的现金短缺，应计入营业外支出。　　　　　　　（　　）

9. 资产负债表日，小企业应当对外币货币性项目和外币非货币性项目采用资产负债表日的即期汇率折算。　　　　　　　　　　　　　　　　　　　　　　　　　（　　）

10. 外币统账制下，小企业对外币交易金额因汇率变动而产生的损益在"财务费用"科目核算。　　　　　　　　　　　　　　　　　　　　　　　　　　　　　　　（　　）

11. 货币性项目，是指小企业持有的货币资金和将以固定或可确定的金额收取的资产或者偿付的负债。　　　　　　　　　　　　　　　　　　　　　　　　　　　　（　　）

12.《中华人民共和国企业所得税法实施条例》规定，企业在外币交易中，以及纳税年度终了时将人民币以外的货币性资产、负债按照期末即期人民币汇率中间价折算为人民币时

产生的汇兑损失，准予扣除。　　　　　　　　　　　　　　　　　　　　（　　）

13. 小企业对外币财务报表进行折算时，应当采用资产负债表日的即期汇率对外币资产负债表、利润表和现金流量表的所有项目进行折算。　　　　　　　　　　（　　）

四、实务题

1. 淮河企业发生如下经济业务：

（1）开出现金支票一张，向银行提取现金1 000元。

（2）职工王静出差，借支差旅费1 500元，以现金支付。

（3）收到天兰公司交来的转账支票50 000元，用以归还上月所欠货款，已存银行。

（4）向长江企业采购A材料，收到的增值税专用发票上注明价款10 000元，增值税税额1 300元，企业采用汇兑结算方式将11 300元款项付给长江企业。A材料已验收入库。

（5）企业开出转账支票归还前欠太行公司货款20 000元。

（6）职工王静出差回来报销差旅费，原借支1 500元，实报销1 650元，差额150元用现金补付。

（7）将现金1 800元送存银行。

（8）企业在现金清查中，发现现金短缺200元，由出纳员陈红赔偿，从下月工资中扣除。

要求：根据以上经济业务编制会计分录。

2. 长江企业发生如下经济业务：

（1）委托银行开出银行汇票50 000元，有关手续已办妥，采购员李兵持汇票到许昌市采购材料。

（2）派采购员张择到信阳市采购材料，委托银行汇款100 000元到信阳市开立采购专户。

（3）李兵在许昌市采购结束，取得的增值税专用发票上注明的甲材料价款为45 000元，增值税税额5 850元，款项共50 850元。企业已用银行汇票支付50 000元，差额850元即采用汇兑结算方式补付，材料已验收入库。

（4）张择在信阳市的采购结束，取得的增值税专用发票上注明的乙材料价款为80 000元，增值税税额10 400元，款项共90 400元，材料已验收入库。同时接到银行多余款收账通知，退回余款9 600元。

（5）企业委托银行开出银行本票20 000元，有关手续已办妥。

（6）企业购买办公用品2 300元，用信用卡付款。收到银行转来的信用卡存款的付款凭证及所附账单。经审核无误。

要求：根据以上经济业务，编制会计分录。

3. 某小企业将1 000美元卖给银行，当天美元买入价为1美元=6.6元人民币，实收人民币6 800元。企业采用的记账折算汇率为1美元=6.7元人民币。

要求：根据上述业务编制会计分录。

4. 某小企业从银行买入美元5 000元，当天银行卖出价为1美元=7.0元人民币，企业实付人民币35 000元。企业折算汇率采用当月1日汇率为1美元=6.9元人民币。

要求：根据上述业务编制会计分录。

5. 某小企业按业务发生当日市场汇率作为记账汇率。4月1日企业从银行借入50 000美元，当日市场汇率为1美元=6.7元人民币。

要求：根据上述业务编制会计分录。

6. M公司为一家小企业，属于增值税一般纳税人，选择确定的记账本位币为人民币，其外币交易采用交易日即期汇率折算。2022年3月5日从美国N公司购入材料20吨，每吨价格为1 000美元，当日的即期汇率为1美元=6.6元人民币。材料已验收入库，货款暂欠。另以人民币支付进口关税20 000元，支付进口增值税19 760元。3月31日，M公司尚未向N公司支付所欠材料款，当日即期汇率为1美元=6.55元人民币。

要求：根据上述业务编制会计分录。

第三章

应收及预付款项

学习目的和要求

通过本章的学习，了解应收股利、应收利息、预付账款以及其他应收款的核算；理解取得应收票据和收回到期票款的核算、应收票据贴现及转让的核算；掌握应收账款入账价值的确定、应收账款的会计处理、坏账损失的确认及账务处理。

应收和预付款项是指企业在日常生产经营过程中发生的各种债权，包括应收款项和预付款项。应收款项包括应收票据、应收账款，应收股利、应收利息，其他应收款和长期应收款等；预付款项则是指企业因购买商品或劳务等而预先支付给有关单位的款项，如预付账款等。

第一节　应收票据

应收票据是指小企业因销售商品、提供劳务等而收到的商业汇票，包括商业承兑汇票和银行承兑汇票。

一、应收票据概述

（一）应收票据的概念

应收票据是指小企业因销售商品（产成品或材料）、提供劳务等日常经营活动而收到的商业汇票（银行承兑汇票和商业承兑汇票）。商业汇票是一种由出票人签发，委托付款人在指定日期无条件支付确定的金额给收款人或者持票人的票据。商业汇票可以背书转让，符合条件的商业汇票的持票人，可以持未到期的商业汇票连同贴现凭证向银行申请贴现。

（二）票据到期日的确定

应收票据到期日的确定有三种情况：

（1）按票据指定日期确定，即在票据上具体指定某年某月某日为到期日。

（2）按月份确定，即按照票据注明的月份数计算，到期日为与出票日相对应的一天。例如，某商业汇票的出票日为 2022 年 1 月 10 日，期限为 3 个月，则到期日为 2022 年 4 月 10日。如出票日为 31 日，而票据的到期日的月份只有 30 天或 29 天，则该票据的到期日为该月的 30 日或 29 日。

（3）按日数定期。有的商业汇票是以日数表示期限的，到期日则从出票日计算到票据上注明的天数为止的一天，计算时算头不算尾或算尾不算头。如 2022 年 3 月 5 日出票，期限为

60 天的商业汇票，到期日为 2022 年 5 月 4 日，即 3 月份 27 天（3 月 5 日计入），4 月份 30 天，5 月份 3 天（5 月 4 日不计入），共 60 天；或 3 月份 26 天（3 月 5 日不计入），4 月份 30 天，5 月份 4 天（5 月 4 日计入），共 60 天。

（三）票据利息的计算

带息票据到期、年末均涉及利息的计算。其计算公式如下：

$$票据应计利息 = 票面金额 × 票面利率 × 期限$$

票面利率一般指年利率，期限指签发日至到期日的时间间隔（有效期），票据期限是用月或日表示。计算票据利息时应将年利率与期限的口径统一，将年利率换算为月利率或日利率。如期限以月表示的，则用年利率除以 12 个月；如期限以日表示的，则用年利率除以 360 天。

二、应收票据的核算

我同商业汇票的期限一般较短，最长不得超过 6 个月，利息金额相对来说不大，因此应收票据一般按面值计价。但对于带息的应收票据，应于中期期末和年来按应收票据的票面价值和确定的利率计提利息，计提的利息应增加应收票据的账面价值。

为了反映和监督应收票据的取得和收回情况，小企业应设置"应收票据"科目进行核算。该科目借方登记取得的应收票据的面值和计提的票据利息，贷方登记到期收回票款和已办贴现的应收票据的票面金额；期末余额在借方，反映小企业持有的商业汇票的票面金额。该科目应按开出、承兑商业汇票的单位进行明细核算，并设置"应收票据备查簿"，逐笔登记商业汇票的种类、号数和出票日、票面金额、交易合同号和付款人、承兑人，背书人的姓名或单位名称、到期日、背书转让日、贴现日、贴现率和贴现净额以及收款日期和收款金额、退票情况等。商业汇票到期结清票款或退票后，应予以注销。

小企业因销售商品（产成品或材料）、提供劳务等收到商业汇票时，应按票面金额借记"应收票据"科目；按照确认的营业收入贷记"主营业务收入"科目；涉及增值税销项税额的，还应贷记"应交税费——应交增值税（销项税额）"科目。

【例 3-1】 甲企业向振兴公司销售产品一批，货款为 60 000 元，增值税税额为 7 800 元。收到振兴公司开出、承兑的一张商业承兑汇票，面额为 67 800 元，期限为 3 个月，其会计分录为：

借：应收票据　　　　　　　　　　　　　　　　　　　　　　67 800

　　贷：主营业务收入　　　　　　　　　　　　　　　　　60 000

　　　　应交税费——应交增值税（销项税额））　　　　　7 800

商业汇票到期收回票面金额，借记"银行存款"科目，贷记"应收票据"科目。商业承兑汇票到期，承兑人违约拒付或无力偿还票款，企业应将票面金额转入"应收账款"科目。

【例 3-2】 接【例 3-1】假设 3 个月后商业承兑汇票到期，甲企业委托银行收款，收到银行收款通知。金额为 70 200 元

借：银行存款　　　　　　　　　　　　　　　　　　　　　　67 800

　　贷：应收票据　　　　　　　　　　　　　　　　　　　67 800

假设该汇票到期，振兴公司无力偿还票款，则甲企业的会计处理如下。

借：应收账款　　　　　　　　　　　　　　　　　　　　　　67 800

　　贷：应收票据　　　　　　　　　　　　　　　　　　　67 800

小企业可以将自己持有的商业汇票背书转让。背书是指持票人为了转让票据权利，在票据的背面或粘单上记载法律要求的事项并签章，然后把票据交付给被背书人的票据行为。签字人成为背书人，背书人对票据的到期付款负有连带责任。

小企业将持有的商业汇票背书转让以取得所需物资时，按应计入物资成本的金额，借记"材料采购"或"原材料""库存商品"等科目；按取得的专用发票上注明的增值税额。借记"应交税费——应交增值税（进项税额）"科目；按商业汇票的票面金额，贷记"应收票据"科目；如有差额，则借记或贷记"银行存款"等科目。

【例3-3】甲企业将持有的商业汇票50 000元背书转让给乙企业，以取得生产经营用材料，材料的价款为40 000元，增值税进项税额为5 200元，差额收到后存入银行。

借：原材料 40 000

　　应交税费——应交增值税（进项税额） 5 200

　　银行存款 4 800

　　贷：应收票据 50 000

三、应收票据的贴现

贴现，是指商业汇票的持票人，将未到期的商业汇票转让给银行或非银行金融机构，银行或非银行金融机构按票面金额扣除贴现利息后，将余额付给持票人的票据融资行为。

商业汇票（银行承兑汇票和商业承兑汇票）的持有人办理贴现须符合下述三个方面的规定。其一，《票据法》规定，票据的签发、取得和转让，应当遵守诚实信用的原则，具有真实的交易关系和债权债务关系。其二，国务院的《票据管理实施办法》规定，向银行申请办理票据贴现的商业汇票持票人必须具备下列条件：在银行开立存款账户；与出票人、前手之间具有真实的交易关系和债权债务关系。其三，中国人民银行颁布的《支付结算办法》规定，商业汇票的持票人向银行办理贴现必须具备下列条件：在银行开立存款账户的企业法人以及其他组织；与出票人或者直接前手之间具有真实的商品交易关系；提供与其直接前手之间的增值税发票和商品发送单据复印件。

商业汇票贴现办理流程：申请与受理→商业汇票贴现调查→贴现审查与审批→贴现办理→贴现按期收回。

小企业办理商业汇票贴现需提供的资料：企业法人营业执照副本及正本复印件，企业代码证复印件（首次办理业务时提供）；经办人身份证原件及经办人和法定代表人身份证复印件；经办人授权申办委托书和贴现申请书；贷款卡（原件或复印件）、密码以及划款账户证明；商业汇票及其正反面复印件；交易合同原件及其复印件；相关的税务发票原件及其复印件；上年度经审计的资产负债表、利润表和即期的资产负债表、利润表；票据营业部所要求的其他材料。

票据贴现的计算：

贴现利息＝票面到期价值×贴现率×贴现天数÷360

贴现天数＝贴现日至票据到期日实际天数−1

贴现所得金额＝票据的到期值−贴现利息

如果小企业贴现的票据为带息票据，贴现息要按票据到期时的本利和来计算，贴现净额应从本利和中扣除贴现息。

小企业持未到期的商业汇票向银行贴现，应按实际收到的金额，借记"银行存款"科目；按贴现利息，借记"财务费用"科目；按票据面值，贷记"应收票据"（银行承兑汇票）或"短期借款"（商业承兑汇票）科目。

【例3-4】某小企业于2022年3月1日收到一张面值为60 000元、期限为90天的商业承兑汇票，当年4月5日向银行办理贴现，贴现率为12%。

贴现利息＝60 000×12%÷360×55＝1 100（元）

贴现金额＝60 000－1 100＝58 900（元）

其会计分录如下。

借：银行存款　　　　　　　　　　　　　　　　　　　　　58 900

　　财务费用　　　　　　　　　　　　　　　　　　　　　　1 100

　　贷：短期借款　　　　　　　　　　　　　　　　　　　　　60 000

如果贴现的商业承兑汇票到期，银行收到了票款，贴现企业按面值借记"短期借款"科目，贷记"应收票据"科目；若到期时承兑人的银行账户不足支付，银行将票据退回贴现企业，同时从贴现企业账户中将票款划回，贴现企业应按票据的面值，借记"短期借款"，贷记"银行存款"科目；同时应按票面金额，借记"应收账款"科目，贷记"应收票据"科目。贴现企业的银行账户余额不足，银行做逾期贷款处理，同时应按票面金额，借记"应收账款"科目，贷记"应收票据"科目。

四、应收票据转让

小企业可以将自己持有的商业汇票背书转让。背书是票据权利转移的重要方式。背书按其目的可以分为两类：一是转让背书，即以转让票据权利为目的的背书，二是非转让背书，即以设立委托收款或票据质押为目的的背书。商业汇票均可以背书转让，背书人以背书转让汇票后，即承担保证其后手付款的责任。背书必须记载被背书人名称的背书人签章，未记载上述事项之一的，背书无效。背书时应当记载背书日期，未记载背书日期的，视为在汇票到期日前背书。背书记载"委托收款"字样，被背书人有权利代背书人行使被委托的汇票权利。但是，被背书人不得再以背书转让汇票权利。票据出票人在票据正面记载"不得转让"字样的，票据不得转让（丧失流通性）。其直接后手再背书转让的，出票人对其直接后手的被背书人不承担保证责任，对被背书人提示付款或委托收款的票据，银行不予以受理。

背书人在汇票得不到承兑或付款时，应当向持票人清偿下列金额和费用：被拒绝付款的汇票金额；汇票金额自到期日或者提示付款日起至清偿日止，按照中国人民银行规定的利率计算的利息；取得有关拒绝证明和发出通知书的费用。被追索人清偿债务时，持票人应当交出汇票和有关拒绝证明，并出具所收到利息和费用的收据。被追索人依照上述规定清偿后，可以向其他汇票债务人行使再追索权，请求其他汇票债务人支付已清偿的全部金额；行使再追索权的被追索人获得清偿时，应当交出汇票和有关拒绝证明，并出具所收到利息和费用的收据。

小企业将持有的应收票据背书转让取得所需物资时，应将持有的商业汇票背书转让以取得所需物资，按照计入取得物资成本的金额，借记"材料采购"或"原材料""库存商品"等科目，按照商业汇票的票面金额，贷记"应收票据"科目；如有差额，借记或贷记"银行存款"等科目。涉及按照税法规定可抵扣的增值税进项税额的，还应当借记"应交税费——应交增值税（进项税额）"科目。

【例3-5】2022年3月1日，甲小企业收到B企业当日开出的商业承兑汇票1张，用以抵偿所欠的货款 100 000 元。该商业汇票为期限 3 个月的不带息票据。

收到商业汇票时（2022 年 3 月 1 日）会计处理如下。

借：应收票据——B 企业　　　　　　　　　　　　　　　　　100 000

贷：应收账款——B 企业　　　　　　　　　　　　　　　　　　　100 000

如果甲小企业于 2022 年 5 月 1 日将该票据背书转让给丁企业，换回 B 材料，增值税专用发票上列明价款 80 000 元，增值税税额为 10 400 元，收回差额 9 600 元存入银行。则会计处理为：

借：材料采购　　　　　　　　　　　　　　　　　　　　　　80 000

应交税费——应交增值税（进项税额）　　　　　　　　　10 400

银行存款　　　　　　　　　　　　　　　　　　　　　　9 600

贷：应收票据——B 企业　　　　　　　　　　　　　　　　　100 000

第二节　应收账款

一、应收账款概述

应收账款是指小企业因销售商品或提供劳务等日常生产经营活动应收取的款项，包括应向债务人收取的价款及代购货单位垫付的包装费、运杂费等。

应收账款是小企业在销售过程中被购买单位所占用的资金，企业应及时收回以弥补生产经营资金，保证持续经营。对于拖欠的应收账款应采取措施组织催收；对于确实无法收回的应收账款，凡符合坏账条件的，应在取得有关证明并按规定程序报经批准后，做坏账损失处理。

应收账款通常应按交易日实际发生额计价入账，包括发票金额和代购货单位代垫的运杂费，计价时还需要考虑商业折扣和现金折扣等因素。

（一）商业折扣

商业折扣，是指小企业为促进商品销售而在商品标价上给予的价格扣除。例如，企业为鼓励客户多买商品而规定购买 10 件以上商品者给予 10% 的折扣，或客户每买 10 件送 1 件。此外，企业为了尽快出售一些残次、陈旧的商品，也可能降价（即打折）销售。商业折扣在销售时即已发生，它仅仅是确定实际销售价格的一种手段，不需在买卖双方任何一方的账上反映，因此，小企业销售商品涉及商业折扣的，应当按照扣除商业折扣后的金额确定销售商品收入金额。

（二）现金折扣

现金折扣，是指债权人为鼓励债务人在规定的期限内付款而向债务人提供的债务扣除。

现金折扣通常发生在以赊销方式销售商品及提供劳务的交易中。企业为鼓励客户提前付款，通常与债务人达成协议，债务人在不同期限内付款可享受不同比例的折扣。现金折扣一般用符号"折扣率/付款期限"表示。例如，卖方在 10 天内付款可按售价给予 2% 的折扣，用符号"2/10"表示；在 20 天内付款按售价给予 1% 的折扣，用符号"1/20"表示；在 30 天内付款，则不给折扣，用符号"n/30"表示。

现金折扣使销货企业应收账款的实际数额随客户的付款时间而异，《小企业会计准则》规定应收账款入账价值的确定采用总价法，即将未扣减现金折扣前的金额（即总价）作为实际售价，据以确认应收账款的入账价值。在这种方法下，将实际发生的现金折扣视为销货企业为了鼓励客户提早付款而发生的融资费用（在现金折扣实际发生时计入财务费用）。

二、应收账款的核算

为了反映应收账款的增减变动及其结存情况，小企业应设置"应收账款"科目。该科目用来核算因销售商品、提供劳务等而应向购买方收取的款项，借方登记应收款项的增加，贷方登记已收回的应收款项或已结转坏账损失的应收账款；期末余额在借方，反映企业尚未收回的应收账款。该科目应按债务人分别设置明细科目进行明细分类核算。

企业销售商品发生应收项时，借记"应收账款"科目，贷记"主营业务收入""应交税费——应交增值税（销项税额）"等科目；收回款项时，借记"银行存款"科目，贷记"应收账款"科目。

1. 在没有商业折扣的情况下，应收账款按应收的全部金额入账

【例3-6】东北公司赊销给华北公司一批商品，货款为40 000元，增值税税额为5 200元，代垫运杂费900元。其会计分录如下：

借：应收账款	46 100
贷：主营业务收入	40 000
应交税费——应交增值税（销项税额）	5 200
银行存款	900

收回货款时：

借：银行存款	46 100
贷：应收账款	46 100

2. 在有商业折扣的情况下，应收账款按扣除商业折扣后的金额入账

【例3-7】向A公司销售商品，货已发出，货款为100 000元，由于是成批销售，给A公司10%的商业折扣，适用增值税税率为13%。其会计分录如下。

借：应收账款——A公司	101 700
贷：主营业务收入	90 000
应交税费——应交增值税（销项税额）	11 700

收到货款时，会计分录如下。

借：银行存款	101 700
贷：应收账款	101 700

3. 在有现金折扣的情况下，采用总价法核算

【例3-8】向B公司销售商品，货已发出，货款为80 000元，提供的现金折扣条件为"2/10，1/20，n/30"，适用增值税税率为13%。假设计算折扣时不考虑增值税。其会计分录如下：

借：应收账款	90 400
贷：主营业务收入	80 000
应交税费——应交增值税（销项税额）	10 400

假设B公司于10天内付款，按销售收入的2%享受1 600元（80 000×2%）的现金折扣，实际收款92 000元。

借：银行存款	88 800
财务费用	16 00

贷：应收账款	90 400

假设 B 公司于 20 天内付款，按销售收入的 1% 享受 800 元（80 000×1%）的现金折扣，实际收款 92 800 元。

借：银行存款	89 600
财务费用	800
贷：应收账款	90 400

假设 B 公司超过 20 天付款，则无现金折扣。

借：银行存款	90 400
贷：应收账款	90 400

第三节　预付账款与其他应收款

一、预付账款

预付账款是指小企业按照购货合同规定预付给供应单位的款项。预付账款是小企业暂时被供货单位占用的资金，小企业有权要求供货方及时按照合同供应商品。

为了反映预付账款的增加变动及其结存情况，小企业应设置"预付账款"科目。该科目借方登记预付的款项和补付的款项，贷方登记收到采购货物时按发票金额冲销的预付款项和因预付货款多余而退回的款项；期末余额一般在借方，反映企业实际预付的款项。期末如为贷方余额，则反映企业尚未补付的款项。该科目应按供货单位设置明细账。

预付款项不多的小企业，也可以不设置本科目，而直接通过"应付账款"科目核算，但在编制资产负债表时，应将"应付账款"科目的借方明细账余额填入"预付账款"项目。

小企业根据购货合同的规定向供应单位预付款项时，借记"预付账款"科目，贷记"银行存款"科目。小企业收到所购物资，按应计入购入物资成本的金额，借记"材料采购"或"原材料""成交税费——应交增值税（进项税额）"等科目，贷记"预付账款"科目；当预付货款小于采购货物所需支付的款项时，应将不足部分补付，借记"预付账款"科目贷记"银行存款"科目；当预付货款大于采购货物所需支付的款项时，对收回的多余款项，借记"银行存款"科目，贷记"预付账款"科目。

【例 3-9】小企业东北公司向 C 公司采购材料，货款总额为 200 000 元，按照合同规定预付货款的 60%，验收货物后补付其余款项。东北公司相关的会计分录如下。

（1）预付 60% 的货款时，会计分录如下。

借：预付账款	120 000
贷：银行存款	120 000

（2）收到 C 公司发来的材料，经验收无误，发票记载的货款为 200 000 元，增值税税额为 26 000 元。据此以银行存款补付所欠款项 114 000 元。

借：原材料	200 000
应交税费——应交增值税（进项税额）	26 000
贷：预付账款	226 000
借：预付账款	106 000
贷：银行存款	106 000

二、其他应收款

其他应收款是指小企业除应收票据、应收账款、预付账款等以外的其他各种应收及暂付款项。其主要内容包括：

（1）应收的各种赔款、罚款，如因企业财产等遭受意外损失而应向有关保险公司收取的赔款等；

（2）应收的出租包装物租金；

（3）应向职工收取的各种垫付款项，如为职工垫付的水电费，应由职工负担的医药费、房租费等；

（4）存出保证金，如租入包装物支付的押金；

（5）其他各种应收、暂付款项。

为了反映其他应收款项的增减变动及其结存情况，小企业应当设置"其他应收款"科目进行核算。该科目属于资产类科目，借方登记其他应收款的增加，贷方登记其他应收款的收回；期末余额一般在借方，反映企业尚未收回的其他应收款项。企业应在该科目下按债务人设置明细科目，进行明细核算。

小企业发生其他应收款时，借记"其他应收款"科目，贷记"库存现金""银行存款""营业外收入"等科目，收回其他应收款时，借记"库存现金""银行存款""应付职工薪酬"等科目，贷记"其他应收款"科目。

【例3-10】小企业以银行存款代职工宋强垫付应由其个人负担的住院医药费600元。

借：其他应收款——宋强 600
　　贷：银行存款 600

从宋强工资中扣回垫付的医药费时：

借：应付职工薪酬 600
　　贷：其他应收款——宋强 600

【例3-11】小企业租入包装物一批，以银行存款向出租方支付押金1 000元。

借：其他应收款——存出保证金 1 000
　　贷：银行存款 1 000

包装物按期退回，收回出租方退还的押金时，会计分录如下。

借：银行存款 1 000
　　贷：其他应收款——存出保证金 1 000

第四节　坏账损失的确认及其处理

坏账是指小企业无法收回或收回的可能性极小的应收款项。由于发生坏账产生的损失，称为坏账损失。

一、坏账损失的确认

《小企业会计准则》规定，小企业的坏账损失应在实际发生时确认，不能预计或预先提取。小企业应收及预付款项符合下列条件之一的，减除可收回的金额后确认的无法收回的应收及预付款项，作为坏账损失。

（1）债务人依法宣告破产、关闭、解散、被撤销，或者被依法注销、吊销营业执照，其清算财产不足清偿的；

（2）债务人死亡，或者依法被宣告失踪、死亡，其财产或者遗产不足清偿的；

（3）债务人逾期3年以上未清偿，且有确凿证据证明已无力清偿债务的；

（4）与债务人达成债务重组协议或法院批准破产重整计划后，无法追偿的；

（5）因自然灾害、战争等不可抗力导致无法收回的；

（6）国务院财政、税务主管部门规定的其他条件。

小企业的应收及预付款项出现上述所列条件之一时，要积极与债务人协商，努力收回相关款项，经过努力后如果确实无法再收回，应当将应收及预付款项账面余额减除可收回金额后的净额作为坏账损失。

【涉税法规链接及提示】

《国家税务总局关于发布〈企业资产损失所得税税前扣除管理办法〉的公告》（2011年第25号公告）规定，小企业应收及预付款项坏账损失应依据以下相关证据材料确认：①相关事项合同、协议或说明；②属于债务人破产清算的，应有人民法院的破产、清算公告；③属于诉讼案件的，应出具人民法院的判决书或裁决书或仲裁机构的仲裁书，或者被法院仲裁终（中）止执行的法律文书；④属于债务人停止营业的，应有工商部门注销、吊销营业执照证明；⑤属于债务人死亡的、失踪的，应有公安机关等有关部门对债务人个人的死亡、失踪证明；⑥属于债务重组的，应有债务重组协议及其债务人重组收益纳税情况说明；⑦属于自然灾害、战争等不可抗力而无法收回的，应有债务人受灾情况说明以及放弃债权申明。小企业逾期三年以上的应收款项在会计上已作为损失处理的，可以作为坏账损失，但应说明情况，并出具专项报告。小企业逾期一年以上，单笔数额不超过五万或者不超过企业年度收入总额万分之一的应收款项，会计上已经作为损失处理的，可以作为坏账损失，但应说明情况，并出具专项报告。

二、坏账损失的处理

小企业的应收及预付款项发生坏账损失应采用直接转销法，即日常核算中应收及预付款项可能发生的坏账损失不予考虑，只有在实际发生坏账损失时，才作为损失计入营业外收入，同时冲销应收及预付款项。按照可收回的金额，借记"银行存款"等科目，按照应收及预付款项的账面余额贷记"应收账款""预付账款""其他应收款"等科目。

【例3-12】某小企业有一笔应收账款50 000元，因债务人乙企业逾期3年以上未清偿，且有确凿证据证明已无力清偿债务，经批准核销该笔应收款。

借：营业外支出　　　　　　　　　　　　　　　　　　　　50 000
　　贷：应收账款——乙企业　　　　　　　　　　　　　　　　50 000

应当指出，对已确认为坏账的应收款项，并不意味着企业放弃了其追索权，一旦重新收回，应当及时入账。收回已作为坏账损失处理的应收款时，借记"银行存款"等科目，贷记"营业外收入"科目。

复习思考题

一、单项选择题

1. 在我国，小企业收到的商业汇票应以( )计价。

  A. 到期值的现值　　　　　　　　　　B. 票据到期值

  C. 票据面值　　　　　　　　　　　　D. 票据贴现值

2. 应收账款应按( )记账。

  A. 估计金额　　　　　　　　　　　　B. 实际发生的金额

  C. 双方协商的金额　　　　　　　　　D. 计划金额

3. 应收账款的入账价值不包括( )。

  A. 销售货物或提供劳务的货款　　　　B. 代购货方垫付的运杂费

  C. 应收客户违约的罚款　　　　　　　D. 销售货物或提供劳务应收的增值税

4. 应收账款是由( )而产生的。

  A. 现销业务　　　B. 租赁业务　　　C. 赊销业务　　　D. 其他销售业务

5. 预付款项情况不多的小企业，也可以不设置"预付账款"科目，将预付的款项直接记入( )的借方。

  A. "应收账款"科目　　　　　　　　B. "其他应收款"科目

  C. "应付账款"科目　　　　　　　　D. "应收票据"科目

6. 某小企业赊销商品一批，按价目表的价格计算，货款金额 500 000 元，给购买方的商业折扣为 5%，规定的付款条件为 2/10、n/30，适用的增值税税率为 13%。则该企业"应收账款"科目的入账金额为( )元。

  A. 585 000　　　　B. 560 000　　　　C. 565 750　　　　D. 536 750

7. 销货方按商品售价给予客户的现金折扣，会计上应该作为( )处理。

  A. 营业外支出　　　B. 冲减销售收入　　　C. 财务费用　　　D. 销售费用

8. 商业汇票到期，如果因付款人无力支付票款，票据由银行退回，收款单位应( )。

  A. 转作管理费用　　　B. 转作应收账款　　　C. 转作营业外支出　　　D. 转作营业外收入

9. 小企业签发转账支票，支付临时租入固定资产的押金 3000 元，会计分录应为( )。

  A. 借：管理费用　　　　　　　　　　　　　　　　　　3000

       贷：银行存款　　　　　　　　　　　　　　　　　　　3000

  B. 借：应收账款　　　　　　　　　　　　　　　　　　3000

       贷：银行存款　　　　　　　　　　　　　　　　　　　3000

  C. 借：预付账款　　　　　　　　　　　　　　　　　　3000

       贷：银行存款　　　　　　　　　　　　　　　　　　　3000

  D. 借：其他应收款　　　　　　　　　　　　　　　　　3000

       贷：银行存款　　　　　　　　　　　　　　　　　　　3000

二、多项选择题

1. 在我国会计实务中，作为应收票据核算的票据有( )。

  A. 支票　　　B. 银行汇票　　　C. 商业承兑汇票　　　D. 银行承兑汇票

2. 下列各项，构成应收账款入账价值的有(　　)。

A. 确认商品销售收入时尚未收到的增值税销项税额

B. 代购货方垫付的运杂费

C. 销售货物发生的商业折扣

D. 确认商品销售收入时尚未收到的价款

3. 下列各项中，应通过"其他应收款"科目核算的有(　　)。

A. 应收的各种赔款

B. 出口产品按照税法规定应予退回的增值税款

C. 预付给供应单位货款

D. 应收股利

4. 小企业的预付账款可以通过（　　）科目进行核算。

A. 预付账款　　　　B. 应付账款　　　　C. 其他应收款　　　　D. 其他应付款

5. 小企业作为坏账损失的条件有(　　)

A. 债务人依法宣告破产、关闭、解散、被撤销，或者被依法注销、吊销营业执照，其清算财产不足清偿的

B. 债务人死亡，或者依法被宣告失踪、死亡，其财产或者遗产不足清偿的

C. 债务人逾期 3 年以上未清偿，且有确凿证据证明已无力清偿债务的

D. 与债务人达成债务重组协议或法院批准破产重整计划后无法追偿的

三、判断题

1. 小企业持商业汇票向银行等金融机构贴现，应将办理贴现的手续费计入"财务费用"科目。　　　　　　　　　　　　　　　　　　　　　　　　　　　　　　　　　　（　　）

2. 小企业收到承兑的商业汇票，无论是否带息，均按票据的票面价值入账。　（　　）

3. 现金折扣和销售折让，均应在实际发生时计入当期财务费用。　　　　　（　　）

4. 小企业支付的包装物押金和收取的包装物押金均应通过"其他应收款"科目核算。

（　　）

5. 小企业销售一笔金额为 15 万元的货物（含税），规定销货的现金折扣条件为 2/20，n/30，购货单位于第 15 天付款，该企业实际收到的款项金额为 14.8 万元。　　（　　）

6. 应收及预付款项的坏账损失应当于实际发生时计入营业外支出，同时冲减应收及预付款项。　　　　　　　　　　　　　　　　　　　　　　　　　　　　　　　　　　　（　　）

四、实务题

甲小企业为增值税一般纳税人，适用的增值税税率为 13%。2022 年 4 月发生经济业务如下：

1. 4 月 5 日，采用托收承付结算方式向杰嘉公司销售商品一批，货款 30 万元，增值税额 5.1 万元，以银行存款代垫运杂费 0.6 万元，已办理托收手续。

2. 甲公司收到丙公司交来商业承兑汇票一张，面值 1 万元，用以偿还其前欠货款。

3. 4 月 8 日，向 B 公司销售 W 商品一批，开出的增值税专用发票上注明的价款为 15 万元，增值税税额 1.95 万元，该批 W 商品实际成本为 12 万元，款项尚未收到。

4. 4 月 18 日，向乙公司采购材料 5 000 千克，每千克单价 10 元，按照合同规定开出支票向乙公司付定金 2.5 万元，材料验收入库后补付其余款项。

5. 4 月 28 日，收到乙公司发来的 5 000 公斤材料，验收无误，增值税专用发票注明的价

款为 5 万元，增值税税额 0.65 万元。以银行存款补付所欠款项 3.35 万元。

6. 4 月 29 日，租入包装物一批，以银行存款向出租方支付押金 1 万元。

7. 4 月 30 日，因丁公司破产，应收账款 1 万元无法收回。

8. 4 月 30 日，收回上年度已确认并转销丙公司坏账损失 1 万元。

要求：根据以上经济业务，编制会计分录。

第四章

存 货

学习目的

通过本章学习，了解存货的概念、分类和计量原则，原材料与产品成本核算设置的会计科目，生物资产的分类；理解存货成本的构成、外购存货成本的确定，通过进一步加工取得以及投资者投入存货成本和提供劳务成本的确定存货盘盈与盘亏及毁损的核算；掌握周转材料（包装物、低值易耗品）的核算、自行栽培及营造与繁殖或养殖的消耗性生物资产成本的确定、消耗性生物资产取得和减少的核算、存货发出的计价方法及核算以及库存商品的核算。

第一节　存货概述

一、存货的概念及确认

（一）存货的概念

存货是指小企业在日常生产经营过程中持有以备出售的产成品或商品、处在生产过程中的在产品、将在生产过程中或提供劳务过程中耗用的材料或物料等，以及小企业（农、林、牧、渔业）为出售而持有的或在将来收获为农产品的消耗性生物资产。

小企业的存货包括原材料、在产品、半成品、产成品、商品、周转材料、委托加工物资、消耗性生物资产等。

（1）原材料，是指小企业在生产过程中经加工改变其形态或性质并构成产品主要实体的各种原料及主要材料、辅助材料、外购半成品（外购件）、修理用备件（备品备件）、包装材料、燃料等。

（2）在产品，是指小企业正在制造尚未完工的产品，包括正在各个生产工序加工的产品，以及已加工完毕但尚未检验或已检验但尚未办理入库手续的产品。

（3）半成品，是指小企业经过一定生产过程并已检验合格交付半成品仓库保管，但尚未制造完工成为产成品，仍需进一步加工的中间产品。

（4）产成品，是指小企业已经完成全部生产过程并已验收入库，符合标准规格和技术条件，可以按照合同规定的条件送交订货单位，或者可以作为商品对外销售的产品。企业接收来料加工制造的代制品和为外单位加工修理的代修品，制造和修理完成验收入库后，应视同企业的产成品。

（5）商品，是指小企业（批发业，零售业）外购或委托加工完成并已验收入库用于销售的各种商品。

（6）周转材料，是指小企业能够多次使用，逐渐转移其价值但仍保持原有形态且不确认为固定资产的材料，包括包装物、低值易耗品、小企业（建筑业）的钢模板、木模板、脚手架等。其中，包装物是指为了包装本企业的商品而储备的各种包装容器，如桶、箱、瓶、坛、袋等，其主要作用是盛装，装潢产品或商品。低值易耗品是指不能作为固定资产核算的各种用具物品，如工具、管理用具、玻璃器皿、劳动保护用品以及在生产经营过程中周转使用的容器。其特点是单位价值较低，或使用期限相对于固定资产较短，在使用过程中保持其原有实物形态基本不变。

（7）委托加工物资，是指小企业委托外单位加工的各种材料、商品等物资。

（8）消耗性生物资产，是指小企业（农、林、牧、渔业）生长中的大田作物、蔬菜、用材林以及存栏待售的牲畜等。

（二）存货的确认

存货的确认，除应确定其性质上是否属于存货外，还应确认是否属于小企业的存货。通常以是否拥有所有权作为判断标准，凡所有权属于小企业，不论企业是否已收到或持有，均应作为本企业的存货；反之，若无所有权，即使存放于企业，也不能作为本企业的存货。例如，已经售出但客户尚未提货还在小企业的仓库中存放的产成品，因所有权已非本企业所有，则不应包括在小企业存货之内。

二、存货的特征

存货具有如下特征：

1. 存货是一种具有物质实体的有形资产。这一特征使存货与应收款项、投资、无形资产等没有实物形态的资产相区分，也将货币资金排除在外。

2. 存货属于流动资产，具有较大的流动性。存货通常能在一年内转换为现金或其他资产，但其流动性又低于货币资金、应收款项等项目。这一特征，使存货明显不同于固定资产、在建工程等具有物质实体的长期资产。

3. 存货取得的目的是在正常生产经营中被销售或耗用，企业在判断一个资产项目是否属于存货时，必须考虑取得资产的目的，即在生产经营中的用途或所起的作用。例如，工程物资、用于生产产品的机器设备、国家特种物资、专项物资等均不属于存货。

三、存货的初始计量

存货应当按照成本进行初始计量。存货成本包括采购成本、加工成本和其他成本。

（一）外购的存货

外购存货的成本是指采购成本，一般包括购买价款、相关税费、运输费、装卸费、保险费以及外购存货过程中发生的其他间接费用，但不含按照税法规定可以抵扣的增值税进项税额。

其中，购买价款，是指企业购入材料或商品的发票账单上列明的价款，但不包括按规定可以抵扣的增值税税额；相关税费，是指企业购买、自制或委托加工存货所发生的消费税、资源税和不可抵扣的进项税额等；外购存货过程中发生的其他直接费用，是指采购成本中除上述各项以外的可归属于存货采购成本的费用，包括运输费（不包括可以抵扣的增值税税额）、入库前发生的仓储费、包装费，运输途中的合理损耗、入库前的挑选整理费用等。这些费用能分清负担对象的，应直接计入存货的采购成本；不能分清负担对象的，应选择合理的分配方法，分配计入有关存货的采购成本。分配方法通常包括按所购存货的重量或采购价格的比例进行分配。

对于采购过程中发生的物资毁损、短缺等，除合理损耗应计入采购成本外，应区别不同情况进行会计处理：属于从供应单位、运输单位等收回的物资短缺等其他赔偿，应冲减所购物资的采购成本；属于意外灾害等发生的损失和尚待查明原因的途中损耗，应暂作为待处理财产损溢核算，待查明原因后再做处理。为了简化会计核算，市内零星货物运杂费、采购员的差旅费等，计入当期管理费用，一般不包括在存货的采购成本中。

小企业（批发业、零售业）在采购商品过程中发生的运输费、装卸费、保险费、运输途中的合理损耗和入库前的挑选整理费，计入当期损益（销售费用），不计入商品成本。

（二）通过进一步加工取得的存货

通过进一步加工取得存货的成本包括直接材料、直接人工以及按照一定方法分配的制造费用。

其中，直接人工是指企业直接从事产品生产的工人的职工薪酬。制造费用是指企业为生产产品和提供劳务而发生的各项间接费用，包括生产车间管理人员的薪酬、折旧费、办公费、水电费、机物料消耗、劳动保护费等。企业应当根据制造费用的性质，合理地选择制造费用的分配方法。在同一生产过程中，同时生产两种或两种以上的产品，并且每种产品的加工成本不能直接区分的，其加工成本应当按照合理的方法在各种产品之间进行分配。

经过1年期以上的制造才能达到预定可销售状态的存货发生的借款费用，也计入存货的成本。其中，借款费用是指小企业因借款而发生的利息及其他相关成本，包括借款利息、辅助费用以及因外币借款而发生的汇兑差额等。

（三）委托加工存货

委托加工存货的成本，一般包括加工过程中实际耗用的原材料或半成品成本、加工费、运输费、装卸费等，以及按规定应计入加工成本的税金。

（四）其他方式取得的存货

（1）投资者投入存货的成本，应当按照评估价值确定。

（2）提供劳务的成本包括与劳务提供直接相关的人工费、材料费和应分摊的间接费用。

（3）盘盈存货的成本，应当按照同类或类似存货的市场价格或评估价值确定。

（五）自行栽培，营造、繁殖或养殖的消耗性生物资产

自行栽培、营造、繁殖或养殖的消耗性生物资产的成本，应当按照下列规定确定。

（1）自行栽培的大田作物和蔬菜的成本包括在收获前耗用的种子、肥料、农药等材料费、人工费和应分摊的间接费用。

（2）自行营造的林木类消耗性生物资产的成本包括郁闭前发生的造林费、抚育费、营林设施费、良种试验费、调查设计费和应分摊的间接费用。

（3）自行繁殖的育肥畜的成本包括出售前发生的饲料费、人工费和应分摊的间接费用。

（4）水产养殖的动物和植物的成本包括在出售或入库前耗用的苗种、饲料、肥料等材料费、人工费和应分摊的间接费用。

四、存货发出的处理

（一）存货发出的计价方法

企业的存货从取得到销售或耗用，是不断流动的，形成了生产经营过程中的存货流转。存货流转包括实物流转和成本流转两方面。理论上，存货成本流转应与实物流转一致。但实际工作中，企业的存货品种繁多，进出量大，同一存货单位成本因在不同时间、地点取得而不同，很难保证发出存货成率按照取得时的单位成本计算确定。这样就出现了存货成本流转假设，即按照一个假定的成本流转方式来确定发出存货的成本，而不要求存货的成本流转与实物流转严格一致。

《小企业会计准则》规定，小企业应当采用先进先出法、加权平均法（包括移动加权平均法和月末一次加权平均法）或者个别计价法确定发出存货的实际成本。企业应根据各类存货的实物流转方式、企业管理的要求、存货的性质等实际情况，合理地选择存货计价方法，确定发出存货的实际成本；对于性质和用途相同或相似的存货，应当采用相同的存货计价方法。存货计价方法的选择，将对企业财务状况和经营成果产生不同的影响。

1. 先进先出法

先进先出法是指以先购入的存货先发出（销售或耗用）为假设条件，按照货物购入的先后顺序确定发出存货和期末存货实际成本的方法。

具体方法：收入存货时，根据入库单逐笔登记收入存货的数量、单价和金额；发出存货时，根据领料单按照先进先出的原则逐笔登记存货的发出数量、成本和结存金额。

【例4-1】某小企业2022年3月1日结存甲种材料300千克，每千克实际成本为10元；3月5日和3月15日分别购入该材料900千克和600千克，每千克实际成本分别为11元和12元；3月10日和3月25日分别发出该材料1 050千克和600千克，按先进先出法计价核算时，发出和结存材料的成本如表4-1所示：

表4-1　甲材料明细账　　　　　　　　　　　　单位：元

2022年		凭证号数	摘要	收入			发出			结存		
月	日			数量	单价	金额	数量	单价	金额	数量	单价	金额
3	1	略	期初结存							300	10	3 000
	5		购入	900	11	9 900				300	10	3 000
										900	11	9 900
	10		发出				300	10	3 000			
							750	11	8 250	150	11	1 650
	15		购入	600	12	7 200				150	11	1 650
										600	12	7 200
	25		发出				150	11	1 650			
							450	12	5 400	150	12	1 800
	31		合计	1 500		17 100	1 650		18 300	150	12	1 800

先进先出法可以随时结转存货发出成本，并能够据以填写完成"领料单"，登记原材料总账，但较繁琐。如果存货收发业务较多，且存货单价不稳定时，其工作量较大。先进先出

法下，发出存货成本接近历史成本，期末存货成本接近现行市价，当物价持续上升时，发出存货成本偏低，期末存货成本偏高，会高估当期利润和存货价值；反之，会低估当期利润和存货价值。

2. 月末一次加权平均法

月末一次加权平均法，是指以本月全部进货数量加月初存货数量作为权数，去除本月全部进货成本加月初存货成本，计算出存货的加权平均单位成本，以此为基础计算本月发出存货成本和期末存货成本的一种方法。其计算公式如下：

$$加权平均单位成本=\frac{月初结存存货成本+本月购进存货成本}{月初结存存货数量+本月购进存货数量}$$

$$本月发出存货成本=本月发出存货数量×加权平均单位成本$$

$$月末库存存货成本=月末库存存货数量×加权平均单位成本$$

或

$$月末库存存货成本=月初结存存货实际成本+本月购进存货实际成本-本月发出存货实际成本$$

【例4-2】沿用【例4-1】的资料，采用加权平均法计价核算时，发出和结存材料的成本如表4-2所示。

表4-2 甲材料明细账

单位：元

2022年		凭证号数	摘要	收入			发出			结存		
月	日			数量	单价	金额	数量	单价	金额	数量	单价	金额
3	1	略	期初结存							300	10	3 000
	5		购入	900	11	9 900						
	10		发出				1 050					
	15		购入	600	12	7 200						
	25		发出				600					
	31		合计	1 500		17 100	1 650	11.17	18 430.5	150	11.13	1 669.5

$$加权平均单位成本=\frac{3\ 000+17\ 100}{300+1\ 500}=11.17（元）$$

$$本月发出存货成本=1650×11.17=18430.5（元）$$

$$月末库存存货成本=3000+17100-18430.5=1669.5（元）$$

采用月末一次加权平均法，只在月末一次计算加权平均单位成本并结转发出存货成本，平时不对发出存货计价，因而日常核算工作量较小，简便易行，但由于平时无法从账上提供发出和结存存货的单价及金额，因此不利于存货的日常管理与控制。一个月的"领料单"需要等到月末结账后，才能确定单位成本和总成本，影响成本计算的及时性，月末核算工作量较大，其适用于存货收发比较频繁的小企业。

3. 移动加权平均法

移动加权平均法是指以每次进货的成本加上原有存货的成本，除以每次进货数量加上原有存货的数量，据以计算加权平均单位成本，作为在下次进货前计算各次发出存货成本依据的一种方法。计算公式如下：

$$移动加权平均单位成本=\frac{原有结存存货成本+本批购进存货成本}{原有结存存货数量+本批购进存货数量}$$

本月发出存货成本＝本月发出存货数量×本次发货前存货的单位成本

月末库存存货成本＝月末库存存货数量×本月月末存货单位成本

【例4-3】沿用【例4-1】的资料，采用移动平均法计价核算时，发出和结存材料的成本如表4-3所示。

表4-3　甲材料明细账　　　　　　　　　　　　　单位：元

2022年		凭证号数	摘要	收入			发出			结存		
月	日			数量	单价	金额	数量	单价	金额	数量	单价	金额
3	1	略	期初结存							300	10	3 000
	5		购入	900	11	9 900				1 200	10.75	12 900
	10		发出				1 050	10.75	11 287.5	150	10.75	1 612.5
	15		购入	600	12	7 200				750	11.75	8 812.5
	25		发出				600	11.75	7 050	150	11.75	1 762.5
	31		合计	1 500		17 100	1 650		18 337.5	150	11.5	1 762.5

采用移动加权平均法能够使企业管理当局及时了解存货的结存情况，计算的平均单位成本、发出和结存的存货成本比较客观。但由于每次收货都要计算一次加权平均单位成本，计算工作量较大，对收发货较频繁的小企业不适用。

4. 个别计价法

个别计价法，亦称个别认定法、具体辨认法、分批实际法，是指每次发出存货的实际成本按其购入时的实际成本分别计价的方法。个别计价法的成本计算准确，符合实际情况，但在存货收发频繁情况下，其发出成本分辨的工作量较大。《小企业会计准则》规定，对于不能替代使用的存货、为特定项目专门购入的存货、为特定项目制造的存货以及提供的劳务这四种存货，通常采用个别计价法确定发出存货的成本。随着信息技术的普及，越来越多的小企业采用计算机信息系统进行会计处理，个别计价法的使用会更加广泛。

小企业应根据各类存货的实物流转方式、企业管理的需求、存货的性质等实际情况，合理选择发出存货成本的计算方法，合理确定发出存货成本。

在实际工作中，很多小企业先按计划成本对存货的收发及结存进行核算，并及时计算存货实际成本与计划成本的差异。月份终了，再按照一定比例将上述差异分配到发出存货的成本中，将已发出存货的计划成本调整为实际成本。

【涉税法规链接及提示】

《中华人民共和国企业所得税法实施条例》第七十三条规定，企业使用或者销售的存货的成本计算方法，可以在先进先出法、加权平均法、个别计价法中选用一种。计价方法一经选用，不得随意变更。

（二）存货发出的会计处理

小企业存货发出时，对于性质和用途相似的存货，应当采用相同的成本计算方法确定发出存货的成本，不得采用不同的方法。如果存货的性质和用途方式变化，允许小企业改变存货成本计价方法。对于不能替代使用的存货、为特定项目专门购入或制造的存货以及提供的劳务，采用个别计价法确定发出存货的成本。对于周转材料，采用一次转销法进行会计处理，在领用时按其成本计入生产成本或当期损益；金额较大（"金额较大"的标准由小企业根据实际情况自行确定，但是一经确定，在同一会计年度的各月或前后各年度不得随意变更）的周转材料，也可以采用分次摊销法进行会计处理。出租或出借周转材料，不需要结转其成本，但应当进行备查登记。对于已售存货，应当将其成本结转为营业成本。

第二节　原材料

原材料是指小企业直接用于产品生产并构成产品实体的原料及主要材料、辅助材料、外购半成品（外购件）、修理用备件（备品备件）、燃料、包装材料等。

原材料的日常收发及结存，可以按照实际成本计价核算，也可以按照计划成本计价核算。材料采用实际成本计价核算时，由于材料的收发结存均以实际成本计价，反映不出材料成本是节约还是超支，从而不能反映和考核物资采购业务的经营成果。因此这种方法适用于材料收发业务较少的小企业。对于材料收发业务较多且计划成本资料较为健全、准确的小企业，则可以采用计划成本进行材料收发结存的核算。

一、设置的会计科目

（一）"在途物资"科目

"在途物质"科目核算小企业采用实际成本进行材料、商品等物质的日常核算、尚未到达或尚未验收入库的各种物质的实际采购成本。小企业（批发业、零售业）在购买商品过程中发生的费用（包括运输费、装卸费、包装费、保险费、运输途中的合理损耗和入库前的调训整理费用等）在"销售费用"科目核算，不在本科目核算。"在途物资"科目借方核算小企业外购材料、商品等物质的实际成本，贷方登记验收入库的材料、商品的实际成本。"在途物质"科目期末借方余额，反映小企业已经收到发票账单但材料或商品尚未到达或尚未验收入库的在途物资、商品等物质的采购成本。"在途物质"科目应按照供应单位和物质品种进行明细核算。

（二）"材料采购"科目

"材料采购"科目核算小企业采用计划成本进行材料日常核算、购入材料的采购成本。"材料采购"科目借方核算小企业外购材料实际成本，以及结转验收入库材料实际成本小于计划成本的差异；贷方登记收回材料计划成本和向供应单位、运输机构等收回的材料短缺或其他应冲减材料采购成本，以及结转验收入库材料实际成本大于计划成本的差异。期末将实际成本大于计划成本的差异（超支差异），转入"材料成本差异"科目借方；实际成本小于计划成本的差异（节约差异）转入"材料成本差异"科目贷方。"材料采购"科目期末借方余额，反映小企业已经收到发票账单但材料尚未到达或尚未验收入库的在途材料的采购成本。"材料采购"科目应按照供应单位和材料品种进行明细核算。

（三）"原材料"科目

"原材料"科目核算小企业库存的各种材料，包括原料及主要材料、辅助材料、外购半成品（外购件）、修理用备件（备品备件）、包装材料、燃料等的实际成本或计划成本。购入的工程用材料，在"工程物资"科目核算，不在本科目核算。"原材料"科目借方核算小企业购入、自制、投资者投入等各种情况增加并已验收入库材料的实际成本（按计划成本核算时为计划成本），贷方核算生产经营领用、出售、发给外单位加工等各种情况发出各种材料的实际成本（按计划成本核算时为计划成本），"原材料"科目期末借方余额，反映小企业库存材料的实际成本或计划成本。"原材料"科目应按照材料的保管地点（仓库）、材料的类别、品种和规格等进行明细核算。

（四）"材料成本差异"科目

"材料成本差异"科目核算小企业采用计划成本进行日常核算的材料计划成本与实际成本的差额。小企业也可以在"原材料""周转材料"等科目设置"成本差异"明细科目，不设置"材料成本差异"总账科目。"材料成本差异"科目借方核算小企业验收入库材料发生的实际成本大于计划成本的超支差异，以及结转发出材料应负担的实际成本小于计划成本的节约差异；贷方核算小企业验收入库材料发生的实际成本小于计划成本的节约差异，以及结转发出材料应负担的实际成本大于计划成本的超支差异。"材料成本差异"科目期末借方余额，反映小企业库存材料等的实际成本大于计划成本的超支差异；贷方余额反映小企业库存材料等的实际成本小于计划成本节约差异。"材料成本差异"科目可以分别"原材料""周转材料"等，按照类别或品种进行明细核算。

（五）"委托加工物资"科目

"委托加工物资"科目核算小企业委托外单位加工的各种材料、商品等物质的实际成本。"委托加工物资"科目借方核算小企业发给外单位加工物质的实际成本，贷方核算加工完成验收入库的物资和剩余物资的实际成本，期末借方余额，反映小企业委托外单位加工尚未完成物资的实际成本。"委托加工物资"科目应按照加工合同、委托加工单位以及加工物质的品种等进行明细核算。

二、按实际成本计价的材料收发核算

材料按实际成本计价进行收发核算的特点是企业材料的收发凭证、材料的总分类核算和明细分类核算全部按实际成本计价。

（一）材料的收发凭证

材料收发的凭证是进行材料核算的重要依据。为了有效地反映和控制材料收发和保管情况，明确经济责任，对收入和发出的材料必须严格按照规定办理各种材料的入库、出库手续，填制和审核各种材料的收发凭证并登记入簿，进行材料收发的总分类核算和明细分类核算。

1. 入库凭证

企业收入的材料，有从外部购入的，有自制的，还有委托外部加工后入库的。不同来源的材料，其凭证也不尽相同。

（1）入库单，是企业在外购材料抵达后，根据审核无误的货款结算凭证办理验收入库时，按实收材料数量和金额填制并签章的凭证。入库单一般一式三联：一联由交库部门存查；一联留仓库，由保管员据以登记材料明细账；一联交财会部门据以进行账务处理。入库单的格式见表4-4。

表 4-4 入库单

供应单位：   凭证编号：

发票号码：   收料仓库：

2022 年 3 月 5 日   单位：元

材料名称	规格	计量单位	数量		实际成本		计划成本	成本差异	备注
			发票	实收	单位成本	总成本			
甲材料	55m/m	千克/元	200	200	400	80 000	81 000	1 000	
合计			200	200	400	80 000			

供应部门负责人：   记账：   仓库保管员：   经办人：

（2）材料交库单，自制材料完工入库时，应先将自制材料送交检验部门进行质量检验，而后向交库车间填制材料交库单，连同检验合格的材料送变仓库验收。仓库验收后，由保管员在各联交库单上填明实收数量，并由交料人和收料人分别在材料交库单上签章。

（3）委托加工物资入库单，是企业委托外单位加工材料，在加工完成收回办理验收入库时填制的凭证，也可以采用入库单办理入库手续（应加盖委托加工戳记以区别于外购存货）。

有关收入材料内部流程示意图如图 4-1 所示。

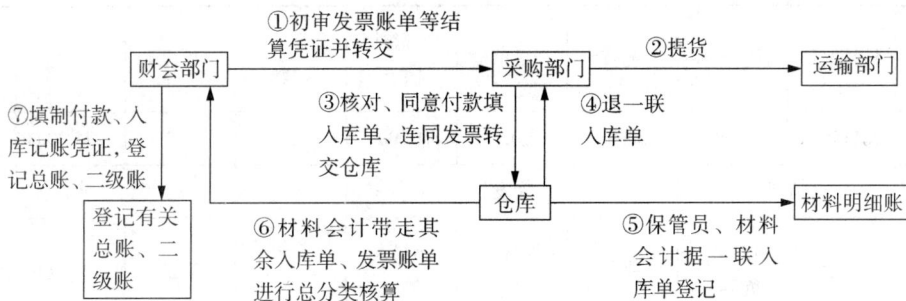

图 4-1 收入材料内部流程示意图

2. 出库凭证

企业发出存货包括各生产车间和管理部门领用的材料，对外销售以及委托外单位加工而发出的材料、半成品、商品等。存货发出的凭证通常有以下几种。

（1）领料单，是一次性使用的领料凭证。使用部门每领一次材料，就要填制一份领料单。请领时，应填明所需材料的名称、规格、请领数量和用途，由领用部门负责人审核签字。仓库发料时，应填明实发数量，并由领料人和发料人分别签章。领料单一般填写一式三联：一联退领料部门备查；一联留存仓库作为登记材料明细账的依据；一联交财会部门据以编制发料凭证汇总表和进行账务处理。领料单是成本计算的重要依据，领料单适用于没有消耗定额以及领用次数不多或临时性需要的各种材料。领料单的格式见表 4-5。

表 4-5 领料单

领料单位：一车间　　　　　　　　　　　　　　　　　　　　　凭证编号：
用途：生产产品　　　　　　　　2022 年 5 月 10 日　　　　发料仓库：

| 材料编号 | 材料名称 | 规格 | 计量单位 | 数量 | | 单位成本 | 实际成本 |
				请领	实发		
	甲材料	55m/m	千克/元	100	100	400	40 000
	合计						40 000

记账：　　　　仓库保管员：　　　　领料单位负责人：　　　　领料人：

（2）限额领料单，是一种规定了领用限额、多次使用的累计凭证。这种凭证在有效期（通常为 1 个月）内，只要累计领用数量不超过限额，就可以连续使用。它适用于经常领用并规定有消耗定额的各种材料。实行限额领料制，不仅可以有效地减少凭证的填制数量，简化领料核算手续，而且还有利于加强企业对材料消耗的控制。限额领料单的格式见表 4-6。

表 4-6 限额领料单

领料单位：加工车间　　　　　　　　　　　　　　　　　　　凭证编号：
用途：生产产品　　　　　　　　2022 年 5 月 10 日　　　发料仓库：

材料类别	材料编号	材料名称	规格	计量单位	全月领用限额	全月实发数额	单位成本	金额	备注
金属	1155	圆钢	30mm	千克/元	1 000	950	500	475 000	
日期	请领		实发			限额结余	退库		
	数量	领料单位负责人	数量	发料人签字	领料人签字		数量	退料单编号	
5	500	王五	500	张成	王丽	500			
10	300	王五	300	张成	王丽	200			
15	100	王五	100	张成	王丽	100			
20	50	王五	50	张成	王丽	50			

供应部门负责人：　　　　生产计划部门负责人：　　　　仓库负责人：

（3）退料单。对于已经领取而多余的材料或者不再需要的材料，应填制"退料单"办理退料，也可以用红字填写"领料单"来代替"退料单"。

月末，对于本月已领未用而下月尚需继续使用的材料，可以办理退料手续。填制一份本月的"退料单"，再填制一份下月的"领料单"送交仓库，将材料留在领料的车间或部门。

有关领用材料内部流程示意图如图 4-2 所示。

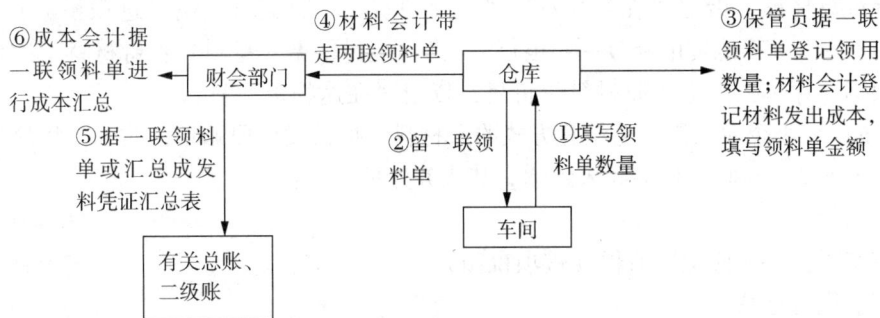

图 4-2 领用材料内部流程示意图

（二）材料的明细分类核算

材料明细分类核算应包括数量核算和价值核算两个部分。企业可以采用"两套账"或"一套账"的方式，进行材料的明细分类核算。

采用"两套账"方式，是指仓库设置材料卡片，由仓库人员核算材料收发、结存的数量，财会部门设置材料明细账，核算各种材料收发存的数量和金额。

采用"一套账"方式，是指将各种材料明细账存放在仓库，与材料卡片合并，实行"账卡合一"，即把材料卡片与材料明细账合并为一套账，由仓库人员负责登记数量，财会部门定期到仓库稽核收单，并在材料收发凭证上标价，登记金额。财会部门还应按材料大类设置二级明细账加以控制和监督。这样既能较好地反映各种材料收发结存的数量和金额，又可简化记账工作。

材料明细账采用数量金额式明细账，由财会部门按材料品种、规格设置，采用收入、发出、结存三栏式。其登记方法是根据收料凭证逐笔登记"收入"栏，根据发料凭证逐笔登记"发出"栏。从明细账中，不仅可以取得各种材料的数量资料，而且可以取得各种材料的金额增减和资金占用资料。

（三）材料的总分类核算

1. 外购材料的核算

企业的材料主要是从外部购入。由于货款结算方式和采购地点不同，材料入库和货款结算在时间上不一定同步，其账务处理也有所不同。

在实际工作中，主要有三种情况：结算凭证与外购材料同时到达企业；已经支付货款或开出商业承兑汇票，但材料尚未运达企业；所购材料已达企业，而结算凭证尚未到达。

（1）货款已经支付或开出、承兑商业汇票，同时材料已验收入库。外购材料结算凭证与材料同时到达的，支付货款、材料验收入库后，企业应根据结算凭证、发票账单、入库单等凭证，借记"原材料""应交税费——应交增值税（进项税额）"科目，贷记"银行存款""其他货币资金——银行汇票""应付票据"等科目。

【例 4-4】 L 小企业购入材料一批，货款为 50 000 元，增值税税额为 6 500 元；发票等结算凭证已经收到，货款已通过银行转账支付，材料也已验收入库。其账务处理如下：

借：原材料 50 000
应交税费——应交增值税（进项税额） 6 500
贷：银行存款 56 500

（2）货款已支付或已开出、承兑商业汇票，材料尚未到达或尚未验收入库。企业应根据发票账单等结算凭证，借记"在途物资""应交税费——应交增值税（进项税额）"科目，贷记"银行存款""其他货币资金——银行汇票""应付票据"等科目；待材料运达并验收入库后，再根据入库单，借记"原材料"科目，贷记"在途物资"科目。

【例4-5】M小企业采用汇兑结算方式购入材料一批，发票厦账单已收到，货款为30 000元，增值税税额为3 900元材料尚未到达。其账务处理如下：

借：在途物资	30 000
应交税费——应交增值税（进项税额）	3 900
贷：银行存款	33 900

上述材料到达验收入库后，其会计分录如下。

借：原材料	30 000
贷：在途物资	30 000

（3）货款尚未支付，材料已经验收入库。外购材料结算凭证与材料同时到达，但款项尚未支付，材料验收入库后，企业应根据结算凭证、发票账单、入库单等凭证，借记"原材料""应交税费——应交增值税（进项税额）"科目，贷记"应付账款"科目。

在材料已运达并验收入库，但发票账单等凭证尚未到达，货款尚未支付的情况下，企业在收到材料时可暂时不进行总分类核算，只将收到的材料在明细账中登记。如果在本月内结算凭证能够到达企业，则应在付款后，按照发票账单等结算凭证进行账务处理，如果发票账单等凭证在本月内仍未收到，为真实反映企业库存材料的实际情况，应对收到的材料按暂估价值入账，借记"原材料"科目，贷记"应付账款——暂估应付账款"科目；次月初，再编制相同的红字记账凭证予以冲回；待次月结算凭证到达，企业付款或开出、承兑商业汇票后，再按正常程序，借记"原材料""应交税费——应交增值税（进项税额）"科目，贷记"银行存款"等科目。

【例4-6】N小企业采用托收承付结算方式购入材料一批，材料已验收入库，但发票账单等结算凭证尚未到达，月末结算凭证仍未到达。企业按暂估价30 000元入账。其账务处理如下。

借：原材料	30 000
贷：应付账款——暂估应付账款	30 000

下月初，编制红字记账凭证冲回。

借：原材料	30 000
贷：应付账款——暂估应付账款	30 000

上述材料于次月收到发票账单，货款为33 000元，增值税税额为4 290元，企业已付款

借：原材料	33 000
应交税费——应交增值税（进项税额）	4 290
贷：银行存款	37 290

企业外购材料，应从供应单位、运输单位等收回的材料、商品短缺或其他应冲减材料或商品采购成本的赔偿款项，应根据有关索赔凭证，借记"应付账款"或"其他应收款"科目，贷记"在途物资"科目。因意外灾害等发生的损失和尚待查明原因的途中损耗先计入"待处理财产损溢"科目，待查明原因后再进行处理。

企业自制完成并已验收入库的材料及生产中回收的废料，应根据材料交库单等按实际成

本，借记"原材料"科目，贷记"生产成本"科目。

如果企业收入材料的业务不多，材料收入的总分类核算可以根据收料凭证逐日编制记账凭证，并据以登记总分类账。如果企业材料收入业务繁多，也可以根据收料凭证定期编制"收料凭证汇总表"，于月末一次登记总分类账，收料凭证汇总表见表4-7。

表4-7 收料凭证汇总表
年 月 日

应贷项目	应借项目			合计
	原材料	周转材料	…	
银行存款				
生产成本				
本月收入合计				

2. 发出材料的核算

生产经营领用材料，其原有实物形态会发生改变，其成本也随之形成产品或直接转化为费用。小企业应按发出原材料的用途，将其成本直接计入产品成本或当期费用。领用材料时，按计算确定的实际成本，借记"生产成本""制造费用""管理费用""销售费用""委托加工物资"等科目，贷记"原材料"科目。销售材料结转成本时，借记"其他业务成本"科目，贷记"原材料"科目。

一般情况下，由于材料日常领发业务频繁，为简化核算，平时只登记材料明细分类账，反映各种材料的收发结存金额。月末再根据领料单等发料凭证按领用部门和用途汇总编制"发料凭证汇总表"，据以登记总分类账。发料凭证汇总表见表4-8。

表4-8　发料凭证汇总表
年 月 日　　　　　　　　　　　　　单位：元

应借科目	应贷科目			合计
	原材料	周转材料	…	
生产成本	50 000			50 000
制造费用	8 000			8 000
管理费用	1 000			1 000
委托加工物资	3 000			3 000
本月发出合计	62 000			62 000

【例4-7】甲小企业6月领用原材料的实际成本为62 000元，其中，生产产品耗用50 000元，车间一般耗用8 000元，管理部门耗用1000元，委托外单位加工发出3 000元，根据表4-8"发料凭证汇总表"，编制会计分录如下。

借：生产成本　　　　　　　　　　　　　　　　50 000
　　制造费用　　　　　　　　　　　　　　　　8 000
　　管理费用　　　　　　　　　　　　　　　　1 000
　　委托加工物资　　　　　　　　　　　　　　3 000
　　贷：原材料　　　　　　　　　　　　　　　　　62 000

【例4-8】甲小企业销售一批原材料，成本为1200元，售价为2 000元，增值税销项税额为 260 元，价款尚未收到。其会计分录如下。

（1）确认材料销售收入。

借：应收账款 2 260
    贷：其他业务收入 2 000
      应交税费——应交增值税（销项税额） 260

（2）结转材料成本。

借：其他业务成本 1 200
    贷：原材料 1 200

三、按计划成本计价的材料收发核算

材料收发核算采用计划成本计价方法有如下特点：材料收发凭证、材料总分类账及材料明细分类账均采用计划成本计价；材料的实际成本与计划成本的差异，在"材料成本差异"科目进行核算。

小企业储备的材料，品种规格繁多，以满足生产经营的需要。为正确反映不同品种规格材料的收发结存情况，要求按各种不同材料的实际成本分别核算。当小企业所需材料的品种规格较多、日常收发业务频繁时，则材料计价工作是很繁重的。为简化材料收发的核算，对具备材料计划成本资料的企业，应采用计划成本计价方法。

（一）按计划成本计价的材料明细分类核算

在材料按计划成本计价的方法下，小企业应设置材料采购明细账、原材料明细账和材料成本差异明细账。通过这三种明细账为小企业提供各种外购材料实际成本、各种库存材料计划成本及实际成本与计划成本之间差异额的详细核算资料。

1. 材料采购明细分类账

材料采购明细分类账是为反映外购材料实际成本和计划成本，加强对外购材料的付款、入库及在途情况的核算监督而设立的明细账。

材料采购明细账一般可按材料科目（"原材料""周转材料"）设置账页，材料采购明细分类账见表 4-9。

表 4-9　材料采购明细分类账

材料类别：　　　　　　　　　　　　2022 年 5 月　　　　　　　　　　　　单位：元

记账凭证		发票账单号码	收料凭证			材料名称及规格	借方金额				贷方金额			材料成本差异
日期	编号		日期	编号	数量		材料价款	运杂费	其他	合计	计划成本	其他	合计	
1 日										465 000	460 000			5 000
15 日										303 840	300 000			3 840

材料采购明细分类账根据审核无误的有关凭证进行序时登记，常采用横线登记法（同一批外购材料的付款、入库业务在明细分类账中的同一行中进行登记）。其借方金额根据付款凭证等有关单据，按实际采购成本登记；贷方金额根据计划成本计价的入库单登记。月终，将借方合计数与贷方合计数的差异，一次结转到材料成本差异明细账中去。对于只有借方金

额而无贷方金额即已付款但未验收入库的在途物资，应逐笔转入下月。

2. 材料明细分类账

仓库应按材料品种和规格设置一套既有数量也有金额的材料明细账或材料卡片。由于材料的收发都按固定的计划成本计价，因而，材料明细账的收入和发出栏只记数量，不记金额，结存栏分别登记数量和金额，但金额栏不必逐笔登记，可以在月末时，根据材料的结存量和计划单价计算登记。为便于对账和控制，反映各大类材料的资金占用情况，企业财会部门还应按仓库和材料类别设置只登记金额的材料明细账，该明细账根据仓库转来的材料收发凭证，按期归类汇总登记。它与仓库设置的材料卡片可以相互核对和控制。材料明细分类账见表4-10。

表4-10　材料明细分类账

材料类别：　　　　　　　　　　　　　　　　　　　　　计量单位：千克

材料编号：　　　　　　　　　　　　　　　　　　　　　最高存量：

材料名称及规格：甲材料　　　　计划单位成本：200元/千克　　最低存量：

2022年		凭证号数	摘要	收入		发出		结存	
月	日			数量	金额	数量	金额	数量	金额
5	1	略	期初结存					300	60 000
	5		购入	2 300				2 600	
	10		发出			1 250		1 350	
	15		购入	1 500				2 850	
	25		发出			2 000		850	
	31		合计	3 800	760 000	3 250	650 000	850	170 000

3. 材料成本差异明细分类账

材料成本差异明细分类账是用来反映各类或各种材料的实际成本与计划成本之间的差异额和差异率，为调整发出材料计划成本提供依据而设立的明细账。材料成本差异明细分类账见表4-11。

表4-11　材料成本差异明细账　　　　　　　　　　　　单位：元

2022年		摘要	本月收入			差异率	本月发出			月末结余		
月	日		计划成本	成本差异			计划成本	成本差异		计划成本	成本差异	
				超支	节约			超支	节约		超支	节约
5	1	月初余额								60 000	1 000	
	31	转入差异	760 000	8 840		1.2%				820 000	9 840	
	31	分配差异				1.2%	650 000	7 800		170 000	2 040	
	31	合计	760 000	8 840		1.2%	650 000	7 800		170 000	2 040	

材料成本差异明细分类账，可在月末根据入库单和领料单按计划成本的汇总数登记账中

的"本月收入"和"本月发出"栏的计划成本额，根据入库单对实际成本和计划成本分别汇总，按实际成本大于计划成本的差额登记账中"本月收入"的"超支"栏；按实际成本小于计划成本的差额登记账中"本月收入"的"节约"栏。差异率可按账中数据计算，发出材料的成本差异是根据发出材料的计划成本乘以材料成本差异率计算出来的。发出材料的计划成本加上超支差异或减去节约差异就调整为发出材料的实际成本。其计算公式如下。

材料成本差异率=（月初结存材料的成本差异+本月收入材料的成本差异）/（月初结存材料的计划成本+本月收入材料的计划成本）×100%

= （1 000+8 840）/（60 000+760 000）×100%=1.2%

发出材料应负担成本差异=本月发出材料计划成本×材料成本差异率

=650 000×1.2%=7 800（元）

发出材料的实际成本=本月发出材料计划成本±发出材料应负担成本差异

或　　　　　　　　=本月发生材料计划成本×（1±材料成本差异率）

= 650 000+7 800=657 800（元）

其中，材料成本差异超支用正数表示，节约用负号表示。

结存材料的实际成本=结存材料的计划成本+成本差异的借方余额（-贷方余额）

或　　　　　　　　=结存材料的计划成本×（1±材料成本差异率）

= 170 000+2 040=172 040（元）

（二）按计划成本计价的材料总分类核算

1. 科目的设置

"原材料"科目，用来核算小企业库存各种材料的实际成本或计划成本。在材料采用计划成本核算时，本科目的借方登记已入库材料的计划成本，贷方登记发出材料的计划成本；期末余额在借方，反映企业库存材料的计划成本。本科目应按材料的保管地点（仓库）、材料的类别、品种和规格等进行明细核算。

"材料采购"科目，用来核算小企业采用计划成本进行材料的日常核算而购入材料的采购成本。本科目借方登记采购材料的实际成本，贷方登记入库材料的计划成本；借方大于贷方表示超支，从本科目贷方转入"材料成本差异"科目的借方，贷方大于借方表示节约，从本科目借方转入"材料成本差异"科目的贷方；期末余额在借方，反映企业在途材料的采购成本。本科目应按供应单位和材料品种进行明细核算。

"材料成本差异"科目，用来核算小企业采用计划成本进行日常核算的各种材料的实际成本与计划成本的差异。本科目借方登记超支差异及发出材料应负担的节约差异，贷方登记节约差异所发出材料应负担的超支差异。本科目期末如为借方余额，反映小企业库存材料的实际成本大于计划成本的差异（超支差异），如为贷方余额，反映企业库存材料的实际成本小于计划成本的差异（节约差异）。本科目可以分别"原材料""周转材料"等。按照类别或品种进行明细核算；也可以在"原材料""周转材料"等科目下设置"成本差异"明细科目。

2. 材料总分类核算

（1）购入材料。在计划成本法下，小企业外购材料，应通过"材料采购"科目进行核算，小企业支付材料价款和运杂费等构成存货实际成本的，应根据发票账单等凭证反映的实际支出借记"材料采购"科目。验收入库时，应根据入库单按计划成本借记"原材料"科目，贷记"材料采购"科目。同时结转材料成本差异，结转超支差异应借记"材料成本差异"科目，贷记"材料采购"科目；结转节约差异时，应编制相反的会计分录。为减少核算工作，成本差异的结转可以在月末一次进行。

外购材料按计划成本核算同按实际成本核算一样，由于采用的结算方式不同，会出现付款和收料在时间上不一致的现象，也要分不同情况进行账务处理。

1）货款已经支付，同时材料验收入库。

【例4-9】甲小企业购入材料一批，增值税专用发票上记载的货款为300 000元，增值税税额为39 000元，发票账单已收到，计划成本为308 000元，已验收入库，全部款项以银行存款支付。

借：材料采购		300 000
应交税费——应交增值税（进项税额）		39 000
贷：银行存款		339 000
借：原材料		308 000
贷：材料采购		308 000
借：材料采购		8000
贷：材料成本差异		8 000

2）货款已经支付，材料尚未验收入库。

【例4-10】甲小企业采用汇兑结算方式购入材料一批，增值税专用发票上记载的货款为200 000元，增值税税额为26 000元，发票账单已收到，计划成本为180 000元，材料尚未入库。

借：材料采购		200 000
应交税费——应交增值税（进项税额）		26 000
贷：银行存款		226 000

3）货款尚未支付，材料已经验收入库。

【例4-11】甲小企业采用商业承兑汇票支付方式购入材料一批，增值税专用发票上记载的货款为50 000元，增值税税额为6 500元，发票账单已收到，计划成本为49 000元材料已验收入库。

借：材料采购		50 000
应交税费——应交增值税（进项税额）		6 500
贷：应付票据		56 500
借：原材料		49 000
贷：材料采购		49 000
借：材料成本差异		1 000
贷：材料采购		1 000

【例4-12】甲小企业购入材料一批，材料已验收入库，发票账单未到，月末按照计划成本60 000元估价入账。

借：原材料		60 000
贷：应付账款——暂估应付账款		60 000

下月初，编制红字记账凭证予以冲回。

借：原材料		60 000
贷：应付账款——暂估应付账款		60 000

在这种情况下，对于尚未收到发票账单的收料凭证，月末应按计划成本暂估入账，借记"原材料"等科目，贷记"应付账款——暂估应付账款"科目，下期期初编制红字记账凭证予以冲回，借记"原材料"科目，贷记"应付账款——暂估应付账款"科目。

小企业自制材料入库时，应按计划成本，借记"原材料"科目，贷记"生产成本"科目，并结转材料成本差异。

为简化日常核算工作，材料收入的总分类核算，也可以在月末时根据"入库单"汇总编制"收料凭证汇总表"，填制记账凭证反映验收入库和结转材料的成本差异，并据以登记总分类账。

（2）发出材料。发出材料的核算，应根据按计划成本计价的领料单，按领用部门和用途进行归类汇总，编制"发料凭证汇总表"，同时，计算发出材料应负担的材料成本差异。将发出材料的计划成本调整为实际成本。

【例4-13】甲小企业某月月初结存材料的计划成本为50 000元，"材料成本差异"科目的借方余额为895元。当月入库材料的计划成本为357 000元，成本差异为节约7 000元；根据"发料凭证汇总表"的计划成本资料，当月发出材料的计划成本为280 000元，其中基本生产车间领用1 600 000元，辅助生产车间领用60 000元，车间管理部门领用40 000元，行政管理部门领用20 000元。

1）计划成本发出材料

借：生产成本——基本生产成本   160 000
　　　　　——辅助生产成本   60 000
　　制造费用   40 000
　　管理费用   20 000
　　贷：原材料   280 000

2）计算本月材料成本差异率。

材料成本差异率＝（895－7000）／（50000＋357000）×100%＝－1.5%

3）分摊材料成本差异。

发出材料应自担的成本差异＝280 000×（－1.5%）＝－4 200（元）
生产成本（基本生产成本）＝160 000×（－1.5%）＝－2 400（元）
生产成本（辅助生产成本）＝60 000×（－1.5%）＝－900（元）
制造费用＝40 000×（－1.5%）＝－600（元）
管理费用＝20 000×（－1.5%）＝－300（元）

借：材料成本差异——原材料   4 200
　　贷：生产成本——基本生产成本   2 400
　　　　　　　——辅助生产成本   900
　　　制造费用   600
　　　管理费用   300

4）将发出材料的计划成本调整为实际成本。

发出材料的实际成本＝280 000－4 200＝275 800（元）

5）月末，计算结存材料的实际成本，据以编制资产负债表。

"原材料"科目期末余额＝50 000＋357 000－280 000＝127 000（元）
"材料成本差异"科目的期末余额＝895－［7 000－（－4 200）］＝－1 905（元）

结存材料实际成本＝127 000－1905＝125 095（元）

月末编制资产负债表时，存货项目中的原材料，应当按结存原材料实际成本125 095元列示。

材料按计划成本计价，材料明细账可以只记收入、发出和结存的数量，将数量乘以计划成本，随时求得材料收、发、存的金额，通过"材料成奉差异"科目计算和调整发出、结存材料的实际成本，简化会计处理工作，各种材料的实际成本与计划成本的差异，用以考核材料采购业务的成果，分析材料成本节约和超支的原因，促进其降低采购成本。由于在日常核算中，材料成本差异的计算，一般是按原材料、周转材料等类别计算的，因此材料按计划成本计算的准确性不如按实际成本计价。按计划成本计价适用于规模较大、材料品种较多，收发业务较为频繁的企业。

第三节　周转材料

一、周转材料的内容

周转材料是指小企业能够多次使用，逐渐转移其价值但仍保持原有形态不确认为固定资产的材料，如包装物、低值易耗品以及小企业（建筑业）的钢模板、木模板、脚手架等。

包装物是指为包装本企业产品或商品而储备的各种包装容器，如箱、桶、瓶、袋、坛等。

低值易耗品是指单位价值较低或使用年限较短，不能作为固定资产核算的各种用具、设备，如工具、管理用具、玻璃器皿等，以及在经营过程中周转使用的包装容器。

低值易耗品可以多次参加周转而不改变其原有实物形态，从性质上看属于劳动资料，但其价值较低或容易损耗，通常被视为存货，作为流动资产进行核算和管理。

企业的低值易耗品品种繁多，为了便于加强管理和核算，一般可按其用途分为以下几类。

（1）一般工具指直接用于生产的各种通用工具，如道具、量具、夹具、装配工具等。

（2）专用工具指专门用于制造某种产品或用于某一特定工序上的工具，如专用模具、专用卡具等。

（3）替换设备指为制造不同产品所使用的各种设备，如轧制钢材用的轧辊、浇铸钢锭用的钢锭模等。

（4）管理用具指管理上使用的各种家具用品和办公用具等。

（5）劳动保护用品指为了安全生产发给职工的用品，如工作服、工作帽、工作鞋等。

（6）包装容器指在生产过程中周转使用的各种包装容器，如桶、箱、瓶、坛、袋等。

（7）其他不属于以上各类的低值易耗品。

二、周转材料的具体核算

小企业应设置"周转材料"科目，核算小企业库存的周转材料的实际成本或计划成本。本科目按照周转材料的种类，分别设置"在库""在用""摊销"进行明细核算。

小企业的包装物、低值易耗品，也可单独设置"包装物""低值易耗品"科目核算。包装物数量不多的小企业，也可不设置"周转材料"科目，将包装物并入"原材料"科目核算。

小企业购入、自制、委托外单位加工完成并验收入库的周转材料，以及对周转材料的清查判断，比照"原材料"科目的相关规定进行会计处理。各种包装用材料，如纸、绳、铁丝、铁皮等，属于辅助材料，应归于"原材料"科目核算；用于储存和保管产品、材料而不对外出售的包装物，应按价值大小和使用期限长短，分别在"固定资产"或"周转材料"科目核算。

（一）生产、施工领用周转材料

生产、施工领用周转材料，通常采用一次转销法，按照其成本，借记"生产成本""管理费用""工程施工"科目，贷记"周转材料——包装物"科目。

【例4-14】甲企业生产产品领用包装物，实际成本为6 000元；管理部门领用一批低值易耗品，实际成本为2 000元，采用一次转销法进行会计处理。

借：生产成本   6 000
  管理费用   2 000
   贷：周转材料——包装物   6 000
      ——低值易耗品   2 000

金额较大的周转材料，也可以采用分次摊销法进行会计处理。领用时应按照其成本，借记"周转材料——在用"科目，贷记"周转材料——在库"科目；按照使用次数摊销时，应按其摊销额，借记"生产成本""管理费用""工程施工"科目，贷记"周转材料——摊销"科目。

【例4-15】某建筑承包商每月领用一批铜模板，账面价值为120 000，预计可使用10次，采用分次摊销法摊销。领用当月，实际使用3次；领用第2个月，实际使用5次；领用第3个月，钢模板报废。

（1）领用铜模板时，会计分录如下。

借：周转材料——在用   120 000
   贷：周转材料——在库   120 000

（2）领用当月摊销铜模板成本。

摊销额=120 000÷10×3=36 000（元）

借：工程施工   36 000
   贷：周转材料——摊销   36 000

（3）领用第2个月摊销钢模板成本。

摊销额=120 000÷10×5=60 000（元）

借：工程施工   60 000
   贷：周转材料——摊销   60 000

（4）领用第3个月，铜模板报废，将账面摊余价值一次摊销，并转销全部已摊销额。

摊销额=120 000-36 000-60 000=24 000（元）

借：工程施工   24 000
   贷：周转材料——摊销   24 000
借：周转材料——摊销   120 000
   贷：周转材料——在用   120 000

（二）随同产品出售包装物

随同产品出售而不单独计价的包装物，应按其实际成本，借记"销售费用"科目，贷记"周转材料——包装物"科目。

【例4-16】甲小企业销售产品领用不单独计价包装物，计划成本为8 000元，材料成本差异率为-1%。

借：销售费用　　　　　　　　　　　　　　　　　　　　　　　　　　　7 920
　　材料成本差异——周转材料　　　　　　　　　　　　　　　　　　　　 80
　　贷：周转材料——包装物　　　　　　　　　　　　　　　　　　　　 8 000

随同产品销售并单独计价的包装物，应视为材料销售，将取得的收入作为其他业务收入，相应的包装物账面价值计入其他业务成本。

【例4-17】甲小企业销售产品领用单独计价包装物，销售收入为10 000元，增值税税额为1 300元，款项已存入银行。该包装物的计划成本为8 000元，材料成本差异率为1%。

（1）收取价款时：

借：银行存款　　　　　　　　　　　　　　　　　　　　　　　　　　 11 300
　　贷：其他业务收入　　　　　　　　　　　　　　　　　　　　　　　10 000
　　　　应交税费——应交增值税（销项税额）　　　　　　　　　　　　 1 300

（2）结转包装物的销售成本时：

借：其他业务成本　　　　　　　　　　　　　　　　　　　　　　　　　 8 080
　　贷：周转材料——包装物　　　　　　　　　　　　　　　　　　　　 8 000
　　　　材料成本差异——周转材料　　　　　　　　　　　　　　　　　　 80

（三）出租、出借包装物

出借包装物是销货企业为购货企业提供的一种无偿服务。出租包装物收取的租金应作为营业外收入，并计算缴纳增值税。为了督促购货企业能按期归还包装物，小企业在出借、出租包装物时，一般要收取押金，收取的押金记入"其他应付款——存入保证金"科目。如客户逾期未归还包装物，应按规定没收其押金并计算交纳增值税，没收的押金扣除应交增值税后的金额记入"营业外收入"科目。

出租或出借周转材料，不需要结转其成本，但应当进行备查登记。

【例4-18】甲小企业领用包装桶出租给客户使用，账面价值为18 000元，收取押金为25 000元，租金20 000元于退还包装桶时从押金中扣除。出租的包装桶只做备查记录。

（1）收取包装物押金，会计分录如下。

借：银行存款　　　　　　　　　　　　　　　　　　　　　　　　　　 25 000
　　贷：其他应付款——存入保证金　　　　　　　　　　　　　　　　　25 000

（2）客户退还包装物，计算租金并退还其余押金。

增值税销项税额 20 000÷（1+13%）×13%≈2 301（元）

租金收入=20 000-2 301=17 699（元）

借：其他应付款　　　　　　　　　　　　　　　　　　　　　　　　　 25 000
　　贷：营业外收入　　　　　　　　　　　　　　　　　　　　　　　　17 699
　　　　应交税费——应交增值税（销项税额）　　　　　　　　　　　　 2 301
　　　　银行存款　　　　　　　　　　　　　　　　　　　　　　　　　 5 000

（3）假设客户逾期未退还包装物，甲小企业没收押金。

增值税销项税额=25 000÷（1+13%）×13%≈2 876（元）

押金收入=25 000-3 632=21 368（元）

借：其他应付款——存入保证金　　　　　　　　　　　　　　　　　　 25 000

贷：营业外收入	22 124
应交税费——应交增值税（销项税额）	2 876

第四节　委托加工物资

一、委托加工物资的内容

委托加工物资是指企业委托外单位加工的各种材料、商品等物资。

小企业委托外单位加工物资的成本包括加工中实际耗用物资的成本、支付的加工费、支付的税金（委托加工物资所应负担的消费税等）及应负担的运杂费等。

为了反映和监督委托外单位加工的各种材料、商品等物资的增减变动及其结存情况，企业应当设置"委托加工物资"科目。该科目借方登记委托加工物资的实际成本，贷方登记加工完成验收入库的物资的实际成本和剩余物资的实际成本；期末余额在借方，反映企业尚未完成的委托加工物资的实际成本。

需要缴纳消费税的委托加工物资，若加工收回后直接用于销售，由受托加工方代收代缴的消费税应记入委托加工物资的成本；若加工后用于连续生产应税消费品的，由受托加工方代收代缴的消费税按规定准予抵扣的，应计入"应交税费——应交消费税"科目的借方。

加工完成验收入库的物资和剩余的物资，按照加工收回物资和剩余物资的实际成本，借记"原材料""库存商品"等科目，贷记"委托加工物资"科目。

【例4-19】甲小企业委托外单位加工一批量具，发出材料一批，计划成本为5 000元，材料成本差异率为1%，支付运杂费300元。

（1）发出材料时，会计分录如下。

借：委托加工物资	5 050
贷：原材料	5 000
材料成本差异	50

（2）支付运杂费时，会计分录如下。

借：委托加工物资	300
贷：银行存款	300

（3）甲小企业支付上述量具的加工费3 000元，增值税税率为13%，会计分录如下。

借：委托加工物资	3 000
应交税费——应交增值税（进项税额）	390
贷：银行存款	3 390

（4）甲小企业收回量具，支付运杂费500元该量具已验收入库，其计划成本为9 000元，会计分录如下。

借：委托加工物资	500
贷：银行存款	500
借：周转材料——低值易耗品	9 000
贷：委托加工物资	8 850
材料成本差异	150

【例4-20】甲小企业委托乙公司加工一批应税消费品。

（1）发出材料一批，计划成本为 40 000 元，材料成本差异率为 2%，会计分录如下。

借：委托加工材料   39 200

  材料成本差异   800

   贷：原材料   40 000

（2）支付加工费 5 800 元，消费税税率为 10%，增值税税率为 13%，会计分录如下。

消费税组成计税价格 =（39 200+5 800）÷（1-10%）= 50 000（元）

受托方代扣消费税 = 50 000×10% = 5 000（元）

应交增值税 = 5 800×13% = 754（元）

1）甲小企业收回消费品后用于连续生产应税消费品。

借：委托加工物资   5 800

  应交税费——应交消费税   5 000

      ——应交增值税（进项税额）   754

   贷：银行存款   11 554

2）甲小企业收回消费品后直接销售。

借：委托加工物资   10 800

  应交税费——应交增值税（进项税额）   754

   贷：银行存款   11 554

（3）加工完成，收回委托加工物资

1）甲小企业收回消费品后用于连续生产应税消费品。

借：原材料   45 000

   贷：委托加工物资   45 000

2）甲小企业收回消费品后直接销售。

借：原材料（或库存商品）   50 000

   贷：委托加工物资   50 000

第五节　库存商品

一、库存商品的内容

库存商品是指小企业已完成全部生产过程并已经验收入库、合乎标准规格和技术条件送交订货单位，或可以作为商品对外销售的产品以及外购或委托加工完成验收手续用于销售的各种商品。

库存商品具体包括库存产成品、外购商品、存放在门市部门准备出售的商品、发出展览的商品、寄存在外的商品、接受来料加工制造的代制品和为外单位加工修理的代修品等。生产过程中产生的可以降价出售的不合格产品也视为库存商品核算，但应与合格产品分开核算。

二、库存商品收发核算的凭证

库存商品是企业流动资产的重要组成部分，企业必须健全库存商品收发的手续制度并认真执行库存商品收发凭证的填制和审核。

库存商品收入的主要凭证有"产品交库单""产品成本计算单"，库存商品发出的主要凭证有"提货单"。生产车间加工完成的产成品交库时，应要生产车间填制"产品交库单"，连同产成品送交企业检验部门，经检验合格后送交仓库，办理交库手续"产品交库单"一般一式三联，其中，一联由生产车间留存；一联交仓库，作为收入库存商品、登记明细账的依据；一联由仓库转送财会部门，作为库存商品总分类核算的依据，库存商品发出主要是对外销售。销售时，应由销售部门填制发货单证，如提货单、发货票等，购货单位凭提货单从仓库提取库存商品实物。

三、库存商品的核算

小企业应当设置"库存商品"科目，核算小企业库存的各种商品的实际成本或售价，并按库存商品的种类、品种和规格等进行明细核算。小企业生产的产成品的入库和出库，平时只记数量不记金额，月末计算入库产成品的实际成本。生产完成验收入库的产成品，按照实际成本，借记"库存商品"科目，贷记"生产成本"等科目。对外销售产成品时，借记"主营业务成本"科目，贷记"库存商品"科目。

小企业（农、林、牧、副、渔业）可将"库存商品"科目改为"农产品"科目。

库存商品可以采用实际成本核算，也可以采用计划成本核算，其方法与原材料相似。采用计划成本核算时，库存商品实际成本与计划成本的差异，可单独设置"产品成本差异"科目核算。

【例4-21】甲小企业"产品入库单"记载，某月验收入库产品1台，实际单位成本5 000元，总成本共计500 000元。

借：库存商品   500 000
　　贷：生产成本   500 000

企业销售产品确认收入时，应结转其销售成本。

【例4-22】甲小企业销售产品80台，单位成本5 000元，销售成本为400 000元。

借：主营业务成本   400 000
　　贷：库存商品   400 000

小企业（批发业、零售业）的库存商品还可以采用毛利率法和售价金额核算法进行日常核算。

（一）毛利率法

毛利率法是指根据本期销售净额乘以上期实际（或本期计划）毛利率计算本期销售毛利，并据以计算发出存货和期末存货成本的一种方法。其计算公式如下。

$$毛利率 = 销售毛利/销售净额 \times 100\%$$

$$销售净额 = 商品销售收入 - 销售退回与折让$$

$$销售毛利 = 销售净额 \times 毛利率$$

$$销售成本 = 销售净额 - 销售毛利$$

或

$$= 销售净额 \times （1 - 毛利率）$$

$$期末存货成本 = 期初存货成本 + 本期购货成本 - 本期销售成本$$

【例4-23】某商场4月初商品的成本为15万元，本月购进30万元，本月销售收入35万元，销售退回2万元。上季度该类商品毛利率为20%。本月已销商品和月末库存商品的成本计算如下。

本月销售净额 = 350 000 - 20 000 = 330 000（元）

销售毛利=330 000×20%=66 000（元）

本月销售成本=330 000-66 000=264 000（元）

期末库存商品成本=150 000+300 000-264 000=186 000（元）

借：主营业务成本 264 000

　　贷：库存商品 264 000

这一方法是批发企业常用的计算本期商品销售成本和期末库存商品成本的方法。由于批发企业经营商品的品种繁多，如果分品种计算成本，工作量将大大增加，而且，一般商业企业同类商品的毛利率大致相同，采用这种存货计价方法既能减轻工作量，也能满足对存货管理的需要。

采用毛利率法，商品销售成本按商品大类销售额计算，在大类商品账上结转成本，计算手续简便。商品明细账平时对销售商品只记数量，不记金额，期末存货成本不准确。因此，小企业每季末根据月末结存数量，按照先进先出法、加权平均法等存货计价法，对结存存货的成本进行准确的计量，然后根据本季度期初结存存货成本和本期购进存货成本，倒挤出本季度商品销售成本，再减去按毛利率法计算的前两个月已结转的成本，计算第三个月应结转的销售成本。

（二）零售价法

零售价法是指用成本占零售价的比率（成本率）乘以期末存货的售价总额，估计期末存货成本，并据以计算发出存货成本的一种方法。其基本内容及计算公式如下。

（1）期初存货和本期购货同时按成本和零售价记录，以便计算可供销售的存货成本和售价总额。

（2）本期销货只按售价记录，从本期可供销售的存货售价总额中减去本期销售的售价总额，计算出期末存货的售价总额，

（3）计算存货成本占零售价的百分比，即成本率，其计算公式如下：

成本率=（期初存货成本+本期购货成本）/（期初存货售价+本期购货售价）×100%

（4）计算期末存货成本，其计算公式如下：

期末存货成本=期末存货售价总额×成本率

（5）计算本期销售成本，其计算公式如下：

本期销售成本=期末存货成本+本期购货成本-期末存货成本

【例4-24】某商场为一般纳税企业，2022年3月期初库存商品的进价成本为10万元，售价总额为16万元，本月购进该商品的进价成本为15万元，售价总额为24万元，本月销售收入为32万元。有关计算和账务处理如下：

成本率=（100 000+150 000）/（160 000+240 000）×100%=62.5%

期末存货成本=（160 000+240 000-320 000）×62.5%=50 000（元）

本期销售成本=100 000+150 000-50 000=200 000（元）

零售价法是商品零售企业普遍采用的一种存货估价方法。在百货公司、超市等商业零售业务的企业。由于经营的商品种类、品种、规格等繁多，而且要求按商品零售价格标价，采用其他发出存货计价方法来确定销售成本和结存存货成本较困难，因此广泛采用这种方法。

我国的商品零售企业中广泛采用售价金额核算法是零售价法的一种具体会计处理方式。售价金额核算法是指平时商品的购入、加工收回、销售均按售价记账，售价与进价的差额通过"商品进销差价"科目核算，对外销售商品按售价结转销售成本，期末计算进销差价率和

本期已销商品应分摊的进销差价，并据以调整本期销售成本的一种方法。其计算公式如下：

$$商品进销差价率=\frac{(期初库存商品进销差价+本期购入商品进销差价)}{(期初库存商品售价+本期购入商品售价)}\times100\%$$

本期销售商品应分摊的商品进销差价=本期商品销售收入×商品进销差价率

本期销售商品的成本=本期商品销售收入-本期销售商品应分摊的商品进销差价

期末结存商品的成本=期末库存商品的售价-期末商品进销差价

企业的商品进销差价率各期之间是比较均衡的，因此，也可以采用上期商品进销差价率计算分摊本期的商品进销差价。年度终了，应对商品进销差价进行核实调整。

【例4-25】沿用【例4-24】的资料，采用售价金额核算法，有关计算和会计处理如下。

（1）购进商品时：

借：库存商品　　　　　　　　　　　　　　　　　　　　240 000

应交税费——应交增值税（进项税额）　　　　　　　　19 500

　　贷：银行存款　　　　　　　　　　　　　　　　　　169 500

　　　　商品进销差价　　　　　　　　　　　　　　　　90 000

（2）本期销售商品：

借：银行存款　　　　　　　　　　　　　　　　　　　　361 600

　　贷：主营业务收入　　　　　　　　　　　　　　　　320 000

　　　　应交税费——应交增值税（销项税额）　　　　　41 600

（3）结转销售成本：

借：主营业务成本　　　　　　　　　　　　　　　　　　320 000

　　贷：库存商品　　　　　　　　　　　　　　　　　　320 000

商品进销差价率=（60 000+90 000）／（160 000+240 000）×100%=37.5%

已销商品应分摊的商品进销差价=320 000×37.5%=120 000（元）

借：商品进销差价　　　　　　　　　　　　　　　　　　120 000

　　贷：主营业务成本　　　　　　　　　　　　　　　　120 000

本期销售商品的实际成本=320 000-120 000=200 0009（元）

结存商品的实际成本=80 000-（6 000 090 +000×120 000）=50 000（元）

有关账户的记录情况如下。

库存商品		主营业务收入		商品进销差价	
期初余额 160 000 本期购入 240 000	本期销售 320 000	结转销售成本 320 000	分摊进销差价 120 000	本期转销 120 000	期初余额 60 000 本期增加 90 000
期末余额 80 000		实际销售成本 200 000			期末余额 30 000

商场在期末编制资产负债表时，库存商品应填列50 000元。此数额与存货成本率计算的存货成本完全一致。

第六节　消耗性生物资产

生物资产是指与农业生产相关的有生命的（即活的）动物和植物。有生命的动物和植物具有能够进行生物转化的能力。生物转化，指导致生物资产质量或数量发生变化的生长、蜕化、生产和繁殖的过程。其中，生长是指动物或植物体积、重量的增加或者质量的提高，例如，农作物从种植开始到收获前的过程；蜕化是指动物或植物产出量的减少或质量的退化，例如，奶牛产奶能力的不断下降；生产是指动物或植物本身产出农产品，例如，蛋鸡产蛋、奶牛产奶、果树产水果等；繁殖是指产生新的动物或植物，例如，奶牛产牛犊、母猪生小猪等。

一、消耗性生物资产的内容

"消耗性生物资产"科目核算小企业（农、林、牧、渔业）持有的消耗性生物资产的实际成本。本科目可按消耗性生物资产的种类、群别等进行明细核算。

外购的消耗性生物资产，按应计入消耗性生物资产成本的金额，借记"消耗性生物资产"科目，贷记"银行存款""应付账款"等科目。

自行栽培的大田作物和蔬菜，应按收获前发生的必要支出，借记"消耗性生物资产"科目，贷记"银行存款"科目。

自行营造的林木类消耗性生物资产，应按郁闭前发生的必要支出，借记"消耗性生物资产"科目，贷记"银行存款"科目。

自行繁殖的育肥畜的、水产养殖的动植物，应按出售前发生的必要支出，借记"消耗性生物资产"科目，贷记"银行存款"科目。

产畜或役畜淘汰转为育肥畜的，应按转群时的账面价值，借记"消耗性生物资产"科目；按已计提的累计折旧，借记"生产性生物资产累计折旧"科目；按其账面余额，贷记"生产性生物资产"科目。

育肥畜转为产畜或役畜的，应按其账面余额，借记"生产性生物资产"科目，贷记"消耗性生物资产"科目。

择伐、间伐或抚育更新性质采伐而补植林本类消耗性生物资产发生的后续支出，借记"消耗性生物资产"科目，贷记"银行存款"等科目。林水类消耗性生物资产达到郁闭后发生的管护费用等后续支出，借记"管理费用"科目，贷记"银行存款"科目。

农业生产过程中发生的应归属于消耗性生物资产的费用，接应分配的金额，借记"消耗性生物资产"科目，贷记"生产成本"科目。消耗性生物资产收货为农产品时，应按其账面余额，借记"农产品"科目，贷记"消耗性生物资产"科目。

出售消耗性生物资产，应按实际收到的金额，借记"银行存款"等科目，贷记"主营业务收入"科目；按其账面余额，借记"主营业务成本"等科目，贷记"消耗性生物资产"科目。

【例4-26】畜牧养殖企业从市场上购买100头育肥猪苗，支付50 000元贷款，发生运输费500元。装卸费100元。企业将其作为消耗性生物资产，养育期间支付饲料费10 000元，人工费15 000元。100头育肥猪出栏时出售给食品加工厂，价款总计100 000元已收到。其会计处理如下。

（1）购买猪苗，会计分录如下。

借：消耗性生物资产——育肥猪　　　　　　　　　　　　　　　　　50 600

　　贷：银行存款　　　　　　　　　　　　　　　　　　　　　　　　　　50 600

（2）支付饲料费、人工费，会计分录如下。

借：消耗性生物资产——育肥猪   25 000

  贷：银行存款   10 000

     应付职工薪酬   15 000

（3）销售育肥猪，会计分录如下。

借：银行存款   100 000

  贷：主营业务收入   100 000

借：主营业务成本   75 600

  贷：消耗性生物资产——育肥猪   75 600

【例4-27】K农业企业购买红松等种苗500株，价款10 000元，运费500元，作为消耗性生物资产，培育期间支付化肥等费用8 000元，人工费9 000元。培育后出售树苗300株，收取价款40 000元。其会计处理如下。

（1）购买树苗，会计处理如下。

借：消耗性生物资产——红松   10 500

  贷：银行存款   10 500

（2）支付化肥、人工费等费用，会计处理如下。

借：消耗性生物资产——红松   17 000

  贷：银行存款   8 000

     应付职工薪酬   9 000

（3）销售红松，会计处理如下。

借：银行存款   40 000

  贷：主营业务收入   40 000

借：主营业务成本   27 500

  贷：消耗性生物资产——红松   27 500

【例4-28】H农业企业玉米成熟验收入库50吨，成本为50 000元。其会计处理如下。

借：农产品——玉米   50 000

  贷：消耗性生物资产——玉米   50 000

第七节　存货清查

存货清查是指通过对存货的实地盘点，确定存货的实有数量，并与账面结存数核对，从而确定存货实存数与账面结存数是否相符的一种专门方法。

由于存货种类繁多、收发频繁，在日常收发过程中可能发生计量错误、计算错误、自然损耗，还可能发生损坏变质以及贪污、盗窃等情况，造成账实不符，形成存货的盘盈盘亏。为了加强对存货的控制，维护存货的安全和完整，企业应定期或不定期对存货的实物进行盘点和抽查，以确定存货的实有数量，并与账面记录进行核对，确保存货账实相符。企业至少应在年终时对存货进行一次全面的清查盘点。

存货清查采用实地盘点、账实核对的方法。在每次进行清查盘点之前，应将已经收发的存货数量全部登记入账，并准备盘点清册，抄列各种存货的编号、规格和存放地点。盘点时，应在盘点清册上逐一登记各种存货的账面结存数量和实存数量，并进行核对。对于账实不符的存货，应查明原因，分清责任，按照规定程序报批处理，并根据清查结果编制"存货盘点报告单",作为存货清查的原始凭证。清查中发现的存货盘盈、盘亏和毁损,通过"待处理财产损溢——待处理流动资产损溢"科目进行核算。

一、存货盘盈的核算

存货的盘盈通常是由于小企业日常收发计量或计算错误所致,发生存货的盘盈,应根据存货盘点报告单中列明的数额,及时办理存货入账手续,调整存货的账面价值。盘盈的各种材料、产成品、商品等,应按同类或类似存货的市场价格或评估价值,借记"原材料""库存商品"等科目,贷记"待处理财产损溢——待处理流动资产损溢"科目。在按管理权限报经批准后,借记"待处理财产损溢"科目,贷记"营业外收入"科目。

【例4-29】甲小企业在财产清查中盘盈某材料500千克,实际单位成本为60元,经查属于材料收发计量方面的错误。

(1)批准处理前,会计处理如下。

借:原材料　　　　　　　　　　　　　　　　　　　　　　　　30 000
　　贷:待处理财产损溢——待处理流动资产损溢　　　　　　　　　　30 000

(2)接管理权限报经批准后,会计处理如下。

借:待处理财产损溢——待处理流动资产损溢　　　　　　　　　　30 000
　　贷:营业外收入　　　　　　　　　　　　　　　　　　　　　　30 000

二、存货盘亏及毁损的核算

盘亏、毁损的各种材料、产成品、商品等,应按其账面价值,借记"待处理财产损溢——待处理流动资产损溢"科目,贷记"材料采购""在途物资""原材料""库存商品"等科目。涉及增值税进项税额的,还应进行相应的账务处理。盘亏、毁损的各种存货,按照管理权限经批准后处理时,按照残料价值,借记"原材料"等科目;按照可收回的保险赔偿或过失人赔偿,借记"其他应收款"科目;按照"待处理财产损溢"科目余额,贷记"待处理财产损溢——待处理流动资产损溢"科目;按照其差额,借记"营业外支出"科目。

【例4-30】甲小企业在财产清查中发现盘亏材料60千克,实际单位成本为100元,经查属于收发计量差错。盘亏材料的进项税额为780元。

(1)批准处理前:

借:待处理财产损溢——待处理流动资产损溢　　　　　　　　　　7 020
　　贷:原材料　　　　　　　　　　　　　　　　　　　　　　　　6 000
　　　　应交税费——应交增值税(进项税额转出)　　　　　　　　　780

(2)批准处理后:

借:营业外支出　　　　　　　　　　　　　　　　　　　　　　7 020
　　贷:待处理财产损溢——待处理流动资产损溢　　　　　　　　　7 020

【例4-31】甲小企业在财产清查中发现毁损库存商品200千克,实际单位成本为500元,总成本100 000元。经查是因火灾造成的,保险公司赔偿20 000元。该批库存商品应转出的进项税额为13 000元。

(1)批准处理前:

借:待处理财产损溢——待处理流动资产损溢　　　　　　　　　113 000
　　贷:库存商品　　　　　　　　　　　　　　　　　　　　　　100 000

应交税费——应交增值税（进项税额转出）   13 000

（2）批准处理后：

借：其他应收款——保险公司   20 000

营业外支出   93 000

贷：待处理财产损溢——待处理流动资产损溢   113 000

复习思考题

一、单项选择题

1. 某小企业为增值税一般纳税人，从外地购入原材料300吨，取得的增值税专用发票上注明的价款为360 000元，增值税税额为46 800元，另发生运输费30 000元，装卸费10 000元，途中保险费为9 000元。原材料已验收入库，则该原材料的入账价值为（   ）元。

    A. 383 500   B. 392 500   C. 394 600   D. 455 800

2. 某小商品批发企业为增值税一般纳税人，本月购入一批商品，取得的增值税专用发票上注明的价款为750 000元，增值税税额为97 500元，另发生运输费10 000元，装卸费5 000元，途中保险费为5 000元，该批商品已验收入库，则该批商品的实际成本为（   ）元。

    A. 720 000   B. 739 300   C. 740 000   D. 867 500

3. 某小企业原材料采用计划成本核算。甲材料计划成本每千克为15元。本月购进甲材料9 000千克，取得的增值税专用发票上注明的价款为153 000元，增值税税额为19 890元。原材料已验收入库。则购进甲材料发生的成本超支差异为（   ）元。

    A. 17 000   B. 18 000   C. 19 000   D. 20 000

4. 某小企业月初结存材料的计划成本为250万元，材料成本差异为超支45万元，当月入库材料的计划成本为550万元，材料成本差异为节约65万元；当月生产车间领用材料的计划成本为600万元。当月生产车间领用材料的实际成本为（   ）万元。

    A. 502.5   B. 585   C. 630   D. 697.5

5. 企业在材料收入的核算中，需在月末暂估入账并于下月初红字冲回的是（   ）。

    A. 月末购货发票账单未到，但已入库的材料

    B. 月末购货发票账单已到，货款未付但已入库的材料

    C. 月末购货发票账单已到，货款已付且已入库的材料

    D. 月末购货发票账单已到，货款已付但未入库的材料

6. 某小企业为增值税一般纳税人，适用的增值税税率为13%，适用的消费税税率为10%。该企业委托其他单位（增值税一般纳税人）加工一批属于应税消费品的原材料，该批委托加工原材料收回后直接用于销售。发出材料的成本为18万元，支付不含增值税的加工费为9万元，支付增值税为1.17万元。该批原材料已加工完成并验收入库，则原材料成本为（   ）万元。

    A. 27   B. 28   C. 30   D. 31.17

7. 企业对随同商品出售而不单独计价的包装物进行会计处理时，该包装物的实际成本应结转到（   ）。

    A. "制造费用"科目   B. "销售费用"科目

    C. "营业外支出"科目   D. "其他业务成本"科目

8. 某小企业 11 月 1 日甲存货结存数量为 200 件，单价为 8 元；11 月 2 日发出甲存货 150 件；11 月 5 日购进甲存货 200 件，单价 8.8 元；11 月 7 日发出甲存货 100 件。在对甲存货发出采用先进先出法的情况下，11 月 7 日发出甲存货的实际成本为（   ）元。

A. 800　　　　　　　　B. 840　　　　　　　　C. 860　　　　　　　　D. 880

9. 某小企业为增值税一般纳税人，购入乙种原材料 5 000 吨，取得的增值税专用发票上注明的价款为每吨 1 200 元，增值税税额 780 000 元。另发生运输费用 60 000 元，装卸费用 20 000 元，途中保险费用 18 000 元。原材料运抵企业后，验收入库原材料为 4 996 吨，运输途中发生合理损耗 4 吨。该原材料的成本为（   ）元。

A. 5 838 000　　　　B. 5 858 000　　　　C. 5 853 800　　　　D. 5 849 000

10. 某企业因火灾原因损毁一批原材料 16 000 元，该批原材料增值税进项税额为 2 080 元。收到各种赔款 1 500 元，残料入库 200 元。报经批准后，应计入"营业外支出"科目的金额为（   ）元。

A. 16 380　　　　　　B. 17 980　　　　　　C. 14 300　　　　　　D. 14 400

11. 销售甲产品时附带出售包装桶，包装桶单独计价。该批包装桶的成本应计入（   ）。

A. 生产成本　　　　B. 制造费用　　　　C. 其他业务成本　　　　D. 销售费用

12. 包装产品用的包装纸、绳等包装材料，应在（   ）科目在核算。

A. 包装物　　　　　　B. 原材料　　　　　　C. 低值易耗品　　　　D. 库存商品

13. 下列各项资产中，不属于存货范围的有（   ）。

A. 委托加工材料

B. 在产品

C. 顾客交款并开出提货单尚未提走的货物

D. 货款已付正在运输途中的外购材料

14. 存货采用先进先出法计价的企业，在物价上涨的情况下，会使企业（   ）。

A. 期末库存升高，当期损益增加　　　　B. 期末库存升高，当期损益减少

C. 期末库存降低，当期损益增加　　　　D. 期末库存降低，当期损益减少

15. 出租包装物的租金收入应计入（   ）科目。

A. 其他业务收入　　B. 主营业务收入　　C. 营业外收入　　　　D. 递延收益

16. 没收逾期未退包装物押金收益，应计入（   ）科目。

A. 主营业务收入　　B. 营业外收入　　　C. 其他业务收入　　　D. 递延收益

17. 投资者投入的存货的成本，按（   ）确定。

A. 投资合同价值　　　　　　　　　　　　B. 存货的账面成本

C. 投资协议约定的价值　　　　　　　　　D. 评估确认的价值

18. 对于每期领用金额较大的周转材料，也可以采用（   ）进行摊销。

A. 一次转销法　　　B. 五五摊销法　　　C. 分次摊销法　　　　D. 计划成本法

19. 某小批发企业采用毛利率法对商品的发出和结存进行日常核算。2022 年 10 月，甲类商品期初库存余额为 20 万元。该类商品本月购进为 60 万元，本月销售收入为 92 万元。上月该类商品毛利率为 30%。假定不考虑相关税费，2022 年 10 月该类商品月末库存成本为（   ）万元。

A. 15.6　　　　　　　B. 17　　　　　　　　C. 52.4　　　　　　　D. 53

20. 某小企业为增值税一般纳税人。原材料采用实际成本法核算。购入 A 种原材料 100

吨，取得的增值税专用发票上注明价款为 80 万元，增值税税额为 10.4 万元。另发生运输费用 10 万元，装卸费用 5 万元，途中保险费用 3.7 万元。原材料运抵企业后，验收入库原材料为 98 吨，运输途中发生合理损耗 2 吨。则该原材料的实际单位成本为（　　）万元。

  A. 0. 80   B. 0. 90   C. 1. 09   D. 1. 12

  21. 某商场采用售价金额核算法对库存商品进行核算。本月月初库存商品的进价成本为 12 万元，售价总额为 18 万元；本月购进商品的进价成本为 16 万元，售价总额为 22 万元；本月销售商品的售价总额为 30 万元。该商场当月售出商品应分摊的进销差价为（　　）万元。

  A. 7   B. 8   C. 9   D. 10

  22. 以下属于消耗性生物资产的是（　　）。

  A. 经济林   B. 薪炭林   C. 用材林   D. 防沙固沙林

  23. 消耗性生物资产在资产负债表中列示在（　　）项目。

  A. 固定资产   B. 生物资产   C. 库存资产   D. 存货

二、多项选择题

  1. 下列各项中，应包括在资产负债表"存货"项目的有（　　）。

  A. 周转材料   B. 委托加工物资

  C. 正在加工中的在生产成本   D. 消耗性生物资产

  2. 甲小企业为增值税一般纳税人，委托外单位加工一批材料（属于应税消费品，且为非金银首饰）。该批原材料加工收回后用于连续生产应税消费品。甲企业发生的下列各项支出中，会增加收回委托加工材料实际成本的有（　　）。

  A. 支付的加工费   B. 支付的增值税   C. 负担的运杂费   D. 支付的消费税

  3. 下列项目中，应计入材料采购成本的有（　　）。

  A. 材料买价   B. 采购人员的差旅费

  C. 装卸费   D. 保险费

  4. 小企业库存材料发生盘亏或损毁，在查明原因后应分别计入（　　）科目。

  A. 管理费用   B. 财务费用   C. 营业外支出   D. 其他应收款

  5. "材料成本差异"科目借方可以用来登记（　　）。

  A. 购进材料实际成本小于计划成本的差额

  B. 发出材料应负担的实际成本大于计划成本的差额

  C. 发出材料应负担的实际成本小于计划成本的差额

  D. 购进材料实际成本大于计划成本的差额

  6. 下列项目中构成小企业外购原材料实际成本的有（　　）。

  A. 支付的买价

  B. 入库后的挑选整理费

  C. 运输途中的保险费

  D. 加工货物收回后用于连续生产的应税消费品

  7. 计划成本法下，下列项目中应计入"材料成本差异"科目贷方的是（　　）。

  A. 购入材料时，实际成本大于计划成本的差额

  B. 购入材料时，实际成本小于计划成本的差额

  C. 发出材料应负担的实际成本大于计划成本的差额

  D. 发出材料应负担的实际成本小于计划成本的差额

8. 下列各项存货中，属于周转材料的是（ ）。

A. 委托加工物资　　B. 包装物　　　　C. 低值易耗品　　　　D. 包装材料

9. 自行栽培、营造、繁殖或养殖的消耗性生物资产的成本有（ ）。

A. 在收获前耗用的种子、肥料、农药等材料费、人工费和应分摊的间接费用

B. 郁闭前发生的造林费、抚育费、营林设施费、良种试验费、调查设计费和应分摊的间接费用

C. 在出售前耗用的苗种、饲料、肥料等材料费、人工费和应分摊的间接费用

D. 在出售或入库前耗用的苗种、饲料、肥料等材料费、分工费和应分摊的间接费用

三、判断题

1. 工业小企业购入材料和批发业小企业购入商品所发生的运杂费、保险费等均应计入存货成本。　　　　　　　　　　　　　　　　　　　　　　　　　　　　（ ）

2. 存货发生损毁，处置收入、可收回的责任人赔偿和保险赔款，扣除其成本、相关税费后的净额，应当记入"管理费用"科目。　　　　　　　　　　　　　　（ ）

3. 毛利率法主要适用于商品批发企业每个季度前两个月计算商品销售成本和期末结存商品成本。　　　　　　　　　　　　　　　　　　　　　　　　　　　　（ ）

4. 购入材料在运输途中发生的合理损耗无需单独进行账务处理。　　　　　（ ）

5. 无论小企业对存货采用实际成本核算，还是采用计划成本核算，在编制资产负债表时，资产负债表上的存货项目反映的都是存货的实际成本。　　　　　　　　　（ ）

6. 一般纳税企业购进生产用材料时，按照税法的有关规定，可以按支付的外地运费的一定比例计算增值税进项税额，该进项税额不应计入购进材料的采购成本中。　（ ）

7. 发出存货计价方法的选择直接影响着资产负债表中资产总额的多少，而与利润表中净利润的大小无关。　　　　　　　　　　　　　　　　　　　　　　　　（ ）

8. 采用计划成本进行材料日常核算的，月末结转发出材料应负担的材料成本差异时，无论是节约还是超支，均记入"材料成本差异"科目的贷方。　　　　　　　（ ）

9. 出租包装物逾期未收回而没收的押金，缴纳有关税费后的净收入应记入"营业外收入"科目。　　　　　　　　　　　　　　　　　　　　　　　　　　　　（ ）

10. 企业接收的投资者投入的商品，应按照该商品在投资方的账面价值入账。（ ）

11. 因择伐、间伐或抚育更新性质采伐而补植林木类消耗性物资产发生的后续支出，应当计入林木类消耗性生物资产的当期损益。　　　　　　　　　　　　　　（ ）

四、实务题

1. 某小企业月初甲材料结存金额500元，结存数量250千克；本月5日和20日分别购买甲材料200千克，单价分别为2.1元和2.3元；本月10日和25日分别领用300千克甲材料。

要求：根据上述资料，采用加权平均法计价计算甲材料期末结存金额。

2. 某小批发企业2022年7月1日A种商品期初结存30万元，本月购进该种商品60万元，本月该种商品销售收入80万元，发生销售折让5 000元，上月该种商品毛利率为15%。

要求：计算7月份已销商品成本和库存商品成本。

3. 某小企业原材料按实际成本计价，发生以下经济业务：

（1）购进甲种原材料一批，增值税专用发票上注明价款2万元，增值税税额0.26万元，共计2.26万元，以银行存款支付，材料尚未运到。

（2）购进乙种原材料一批，增值税专用发票上注明价款2.5万元，增值税税额3 250元，

共计 2.825 万元，材料验收入库，款项以银行存款支付。

（3）购进甲种材料运到并验收入库。（参看业务1）

（4）购进丙种材料一批，合同价 4 万元，材料验收入库。月末结算凭证尚未到达，按暂估价 4 万元入账。

（5）下月初购进丙材料的结算凭证到达，增值税专用发票上注明价款 4 万元，增值税税额 0.52 万元，共计 4.52 万元，以银行存款支付。

（6）根据乙种材料"发料凭证汇总表"所列，生产车间领用 1.5 万元，管理部门领用 0.4 万元。

要求：根据以上经济业务，编制会计分录。

4. 某小企业发生以下委托加工材料业务：

（1）委托甲单位加工材料一批，材料成本为 5 万元。

（2）支付加工费用 0.4 万元（不含增值税），增值税税率为 13%，消费税税率为 10%。受托方代收代缴消费税已支付，加工后材料用于继续生产应税消费品。（参看业务1）

（3）材料加工完毕验收入库，共计 5.4 万元。（参看业务1、业务2）

（4）委托乙公司加工材料一批，材料成为为 1 万元。

（5）支付加工费 800 元（不含增值税），增值税税率为 13%，消费税税率为 10%。受托方代收代缴的消费税已支付，加工后材料直接销售。

（6）材料加工完毕验收入库。

要求：根据以上经济业务，编制会计分录。

5. 某小企业为增值税一般纳税企业，材料按计划成本计价核算。甲材料计划单位成本为每千克 10 元。该企业 2022 年 12 月份有关资料如下：

（1）"原材料——甲材料"账户月初余额 80 000 元，"材料成本差异（甲材料）"账户月初借房余额 1 000 元，"材料采购——甲材料"账户月初借方余额 21 000 元。

（2）12 月 7 日，企业上月已付款的甲材料 2 000 千克如数收到，已验收入库。

（3）12 月 15 日，从外地 A 公司购入的甲材料 6 000 千克，增值税专用发票注明的材料价款 58 900 元，增值税额 7 657 元，企业已用银行存款支付上述款项，材料尚未到达。

（4）12 月 25 日，从 A 公司购入的甲材料到达，验收入库时发现短缺 100 千克，经查明为途中定额内自然损耗，按实收数量验收入库。

（5）12 月 31 日。汇总本月发料凭证，本月共发出甲材料 6 000 千克，全部用于产品生产。

要求：根据上述业务编制相关的会计分录，并计算本月材料成本差异率、本月发出材料应负担的成本差异。

6. 某养殖场 2022 年 5 月末养殖的肉猪账面余额为 48 000 元，共计 40 头，6 月 6 日花费 14 000 元新购入一批肉猪养殖，共计 10 头；6 月 30 日屠宰并出售肉猪 20 头，支付临时工屠宰费 1 000 元，出售取得价款 38 000 元；6 月份共发生饲养费用 13 000 元，其中，支付专职饲养员工资 5 000 元，饲料 8000 元。该企业采用加权平均法结转成本。

要求：根据以上经济业务，编制会计分录。

第五章

对外投资

学习目的

通过本章学习，了解对外投资的目的及分类；短期投资的特征、短期投资核算应设置的科目；短期投资、长期债券投资和长期股权投资成本的确定；掌握取得或持有以及出售短期投资的核算、长期债券投资持有及到期或处置的处理、长期债券投资和长期股权投资损失的处理、长期股权投资持有及处置的处理。

第一节　对外投资概述

对外投资是小企业在其本身的主要经营业务以外，以现金、实物、无形资产等方式，或者以购买股票、债券等有价证券方式向其他经济实体进行投资，以期在未来获得投资收益，分散经营风险或者影响其他企业，满足小企业资金调度及对外扩张的需要，或满足小企业其他特定需要的经济行为。

一、对外投资的目的

对外投资是建立在小企业资金能够满足正常的生产经营活动且尚有闲置的前提下，为了发掘这部分闲置资金的潜力，小企业有必要将这部分资金对外投资，借助"外力"为企业带来更大的经济效益。小企业对外投资的目的可以概括为以下几个方面。

（一）有效利用闲置资金

小企业闲置的资金若不能有效利用，不但不能为小企业创造价值，还会造成资金沉淀，以致资金的贬值。若将闲置的资金存入银行只能获得少量利息，收益低。因此，小企业必须为正常经营中多余的资金寻找出路，用暂时闲置的资金购入各种可随时变现的证券（股票、债券、基金等），以取得一定的收益。

（二）建立稳定的原材料供应基地

小企业为了保证正常生产有足够的原材料或零配件的供应，通过对原材料供应企业投资，既可以获得投资收益，还可以保证有稳定的原材料供应。

（三）控制或影响其他企业的经营决策

小企业通过购入并持有某些相关企业的大部分股票，控制或影响其他企业的经营决策，既可以取得投资收益，又可以配合本企业自身的经营需要。

（四）积累资金用于扩大企业生产经营规模或清偿长期债务

在小企业做长期决策时，如需扩大企业的经营规模，可事先将一笔资金对外投资，若干年后，用对外投资的资金本息就能满足小企业扩大规模的需要。

二、对外投资的分类

（一）按投资目的的不同分类

小企业对外投资按投资目的不同可分为短期投资和长期投资。短期投资，是指小企业购入的能随时变现并且持有时间不准备超过 1 年（含 1 年，下同）的投资，如小企业以赚取差价为目的从二级市场购入的股票、债券、基金等。长期投资是指不满足短期投资条件的投资，即小企业不准备在 1 年或长于 1 年的经营周期之内转变为现金的投资。小企业管理层取得长期投资的目的在于持有而不在于出售，这是长期投资与短期投资的一个重要区别。长期投资按其性质分为长期债券投资和长期股权投资。

（二）按投资方式不同分类

小企业对外投资按投资方式不同分为实物投资与证券投资。实物投资属直接投资，是指小企业直接用现金、实物、无形资产等投入其他单位，并直接形成生产经营活动的能力。实物投资具有与生产经营紧密联系、投资变现速度慢、流动性差等特点。证券投资属间接投资，是指用现金、实物、无形资产等购买或折价取得其他单位有价证券（如股票、债券等）的对外投资。

（三）按投资行为的介入程度分类

小企业对外投资按投资行为的介入程度，分为直接投资和间接投资。直接投资形成小企业持有的各种股权性资产，如持有联营企业股份等。间接投资是指通过购买被投资对象发行的金融工具而将资金间接转移交付给被投资对象使用的投资，如小企业购买特定投资对象发行的股票、债券、基金等。对于小企业而言，主要的投资是为企业的余钱寻找增值的出路，买卖债券对小企业而言属于稳妥可靠的投资，而股票投资则可以分享其他企业的成长。这两种投资是小企业常见的两种投资方式。

第二节　短期投资

一、短期投资的特征

（一）投资目的明确

短期投资在很大程度上是为了存放暂时闲置资金，提高资金使用效率和效果，并通过这种投资取得高于银行存款利率的利息收入或价差收入，待需要使用现金时即可兑换成现金。

（二）投资期限短

短期投资作为存放暂时闲置资金的一种形态，持有时间一般不超过 1 年。

（三）可随时变现

短期投资大多数是从而二级市场购入的股票、债券、基金等，容易随时变现。

二、短期投资核算应设置的科目

为了核算短期投资业务，小企业应设置"短期投资""应收股利""投资收益"等科目。

"短期投资"科目，核算小企业购入的能随时变现并且持有时间不准备超过 1 年（含 1 年）的投资，如小企业以赚取差价为目的从二级市场购入的股票、债券、基金等，该科目借方登记短期投资的取得成本，贷方登记处置短期投资时结转的实际成本，期末借方余额反映小企业持有的短期投资的实际成本；该科目应分别股票、债券、基金等短期投资种类进行明细核算。

"应收股利"科目，核算小企业应收取得现金股利或利润。该科目借方登记小企业短期投资或长期股权投资持有期间，被投资单位宣告分派现金股利或利润，本企业应该享有的金额，以及小企业短期投资或长期股权投资过程中实际支付的购买价款中包含已宣告但尚未发放的现金股利金额，贷方登记小企业实际收到的现金股利或利润数额，期末借方余额反映小企业尚未收到的现金股利或利润。该科目按照被投资单位进行明细核算。

"应收利息"科目，核算小企业因债券投资而应收取的利息。该科目借方登记小企业购入债券时如果实际支付的购买价款中包含已到付息期但尚未领取的债券利息，以及长期债券投资持有期间，在债务人应付利息日，按照分期付息、一次还本债券投资的票面利率计算的利息收入金额，贷方登记小企业实际收到的债券利息，期末借方余额反映小企业尚未收到的债券利息。该科目按照被投资单位进行明细核算。

"投资收益"科目，核算小企业持有短期投资等期间取得的投资收益，以及处置短期投资等实现的投资收益或投资损失，贷方登记小企业持有或出售短期投资等实现的投资收益；借方登记小企业出售短期投资等发生的投资损失。

三、短期投资入账价值的确定

小企业的短期投资应当按照取得时的实际成本入账。实际成本是指取得各种股票、债券时实际支付的价款。小企业购入的各种股票、债券、基金等实际支付的价款中包含已宣告但尚未领取的现金股利或已到付息期但尚未领取的债券利息，应单独核算，不构成短期投资实际成本。小企业短期投资的实际成本按以下方法确定。

（1）以现金购入的短期投资，按实际支付的全部价款，包括税金、手续费等相关费用，扣除已宣告但尚未领取的现金股利或已到付息期但尚未领取的债券利息后的金额，作为实际成本。

（2）通过支付现金以外的方式取得的短期投资，按该投资的公允价值和相关税费之和作为短期投资的实际成本。

【涉税法规链接及提示】

《中华人民共和国企业所得税法实施条例》第七十一条规定，通过支付现金方式取得的投资资产，以购买价款为成本（含有相关税费）；通过支付现金以外的方式取得的投资资产，以该资产的公允价值和支付的相关税费为成本。可见《小企业会计准则》与税法对短期投资取得成本的确定没有差异。

四、取得短期投资的核算

小企业购入各种股票、债券、基金等作为短期投资的，应当按照实际支付的购买价款和相关税费，借记"短期投资"科目，贷记"银行存款"科目。

小企业购入股票，如实际支付的购买价款中包含已宣告但尚未发放的现金股利，应当按照实际支付的购买价款和相关税费扣除已宣告但尚未发放的现金股利后的金额，借记"短期投资"科目，按照应收的现金股利，借记"应收股利"科目，按照实际支付的购买价款和相关税费，贷记"银行存款"科目。

小企业购入债券，如果实际支付的购买价款中包含已到付息期但尚未领取的债券利息，应当按照实际支付的购买价款和相关税费扣除已到付息期但尚未领取的债券利息后的金额，借记"短期投资"科目，按照应收的债券利息，借记"应收利息"科目，按照实际支付的购买价款和相关税费，贷记"银行存款"科目。

【例5-1】甲小企业于2022年5月15日购入不准备长期持有的M公司的股票5 000股，每股市价10元。M公司于5月5日宣告分派现金股利，每10股派1元现金股利，5月25日为除权日。甲小企业在此笔交易中支付的税费250元。甲小企业在证券公司已有存入的资金。

这笔业务中，甲小企业购入股票投资的成本应该为49 750×［5 000×10+250-（5 000÷10×1）］，支付的价款中包含的已宣告但尚未领取的现金股利为500×（5000÷10×1）

借：短期投资——股票投资 49750
　　应收股利 500
　　贷：银行存款 50250

【例5-2】甲小企业于2022年内1月3日以110 000元价格购入H企业于2021年1月1日发行的两年期债券作为短期投资，该债券每年付息一次，付息时间为次年1月20日以前。债券面值100 000元，票面利率6%。另以银行存款支付1 200元税费。

这笔业务中，甲小企业购入债券投资的成本应该为105 200×（110 000-100 000×6%+1 200），实际支付的价款中包含的已到付息期但尚未领取的债券利息为6 000×（100 000×6%）

借：短期投资——债券投资 105 200
　　应收利息 6 000
　　贷：银行存款 111 200

如果【例5-2】中甲小企业购入的债券为一次还本付息的债券，则购入时实际支付的价款中包含的债券利息应计入投资成本。

借：短期投资——债券投资 111 200
　　贷：银行存款 111 200

小企业通过支付现金以外的方式取得的短期投资，按该投资的公允价值和相关税费之和作为短期投资的实际成本。如投资者投入的短期投资，按照市场价格即公允价值，借记"短期投资"科目，贷记"实收资本"等科目。

【例5-3】甲小企业于2022年1月23日接受C企业持有的10万元国库券作为投资。该国库券确认的公允价值为11万元。

借：短期投资——债券投资 111 000
　　贷：实收资本 111 000

五、短期投资持有期间的核算

小企业在短期投资持有期间，被投资单位宣告分派的现金股利，借记"应收股利"科目，贷记"投资收益"科目。

小企业在债务人应付利息日，按照分期付息、一次还本债券投资的票面利息计算的利息收入，借记"应收利息"科目，贷记"投资收益"科目。

【例5-4】2022年1月8日，甲小企业购入丙公司发行的公司债券，该债券于2021年7月1日发行，面值为10万元，票面利率为4%，债券利息按年于12月31日支付。甲企业将其作为短期投资，支付价款为10.2万元（其中包含已宣告发放的债券利息0.2万元），另支付交易费用0.15万元。2022年2月5日，甲企业收到该笔债券利息0.2万元。假如小企业因为特殊原因至2022年末没有出售该债券，2023年2月10日，甲公司收到债券利息0.4万元。甲小企业应做如下会计处理。

（1）2022年1月8日，购入丙公司的公司债券时，会计处理如下。

借：短期投资——债券投资 101 500
　应收利息 2 000
　贷：银行存款 103 500

（2）2022年2月5日，收到购买价款中包含的已宣告发放尚未领取的债券利息时，会计处理如下。

借：银行存款 2 000
　贷：应收利息 2 000

（3）2022年12月31日（丙公司应付利息日），确认丙公司的公司债券利息收入时，会计处理如下。

借：应收利息 4 000
　贷：投资收益 4 000

需要注意的时，若丙公司应付利息日不是12月31日，则此时不能确认应收利息和投资收益。

（4）2023年2月10日，收到持有丙公司的公司债券利息时，会计处理如下。

借：银行存款 4 000
　贷：应收利息 4 000

【例5-5】2022年3月22日，小企业A购入乙股份公司上市普通股股票10 000股作为短期投资，每股支付价款6.5元，另支付手续费1 000元。

（1）2022年3月22日A小企业购入乙公司股票时，会计处理如下。

借：短期投资——股票投资 66 000
　贷：银行存款 66 000

假定乙股份公司2022年3月25日宣告发放的现金股利为每股0.1元，同年4月15日收到现金股利存入银行。

（2）2022年3月25日乙股份公司宣告发放现金股利时，会计处理如下。

借：应收股利 1 000
　贷：投资收益 1 000

（3）2022年4月15日收到现金股利时，会计处理如下。

借：银行存款 1 000
　贷：应收股利 1 000

六、出售短期投资的核算

小企业出售短期投资，应当按照实际收到的出售价款，借记"银行存款"或"库存现金"科目，按照该项短期投资的账面余额，贷记"短期投资"科目，按照尚未收到的现金股利或债券利息，贷记"应收股利"或"应收利息"科目，按照其差额，贷记或借记"投资收益"科目。

【例5-6】承【例5-4】，若甲小企业2022年2月10日和2023年1月5日均以12万元售出持有的全部丙公司的公司债券，则会计处理如下。

（1）2022年2月10日出售债务时，会计处理如下。

借：银行存款   120 000

    贷：短期投资——债券投资   101 500

       投资收益   18 500

（2）2023年1月5日出售债务时，会计处理如下。

借：银行存款   120 000

    贷：短期投资——债券投资   101 500

       应收利息   4 000

       投资收益   14 500

第三节　长期债券投资

一、长期债券投资概述

债券是一种有价证券。长期债券投资是指企业通过取得长期债券的方式向其他单位的投资。与短期投资相比，长期债券投资具有以下特点：投资的对象是债券，持有意图长于1年，不易变现；投资的目的不是为了获得另一企业的剩余资产，而是为了获取高于银行储蓄存款利率的利息，并保证到期收回本金和利息；投资时间比较常，持有期限通常超过1年。

长期债券投资的会计处理主要包括初始成本的确定、持有期间的收益确认以及收回、处置长期债券投资时损益的处理。

小企业应当设置"长期债券投资"科目核算，小企业准备长期（在1年以上，下同）持有的债券投资本科目可按债券种类和被投资单位分别以"面值""溢折价""应计利息"进行明细核算。其中，"面值"明细科目反映长期债券投资的面值；"溢折价"明细科目反映长期债券投资的初始确认金额与其面值的差额及按照直线法分期摊销后该差额的摊余金额，"应计利息"明细科目反映企业计提的到期一次还本付息长期债券投资应计未付的利息，本科目期末余额在借方，反映小企业持有长期债券投资的成本或到期一次还本付息债券的本息。

二、长期债券投资的初始计量

长期债券投资应当按照购买价款和相关税费作为成本进行计量。实际支付价款中包含的已到付息期但尚未领取的债券利息，应当单独确认为应收利息，不计入长期债券投资的成本。

小企业购入债券作为长期债券投资，应当按照债券的票面价值，借记"长期债券投资——面值"科目。如果实际支付的价款中包含已到付息期但尚未领取的债券利息，应当按照应收的利息，借记"应收利息"科目；按照实际支付的购买价款和相关税费，贷记"银行存款"科目；按其差额，借记或贷记"长期债券投资——溢折价"科目。

三、长期债券投资的后续计量

长期债券投资在持有期间发生的应收利息应当确认为投资收益。

（1）分期付息、一次还本的长期债券投资，在债务人应付利息日按照票面利率计算的应收未收利息收入应当确认为应收利息，不增加长期债券投资的账面余额。

（2）一次还本付息的长期债券投资，在债务人应付利息日，按照票面利率计算的应收未收利息收入，应当增加长期债券投资的账面余额。

（3）债券的折价或者溢价在债券存续期间内于确认相关债券利息收入时采用直线法进行摊销。溢价摊销额冲减每期利息收入，折价摊销额追加每期利息收入。

小企业在持有长期债券投资期间，在债务人应付利息日，按照分期付息、一次还本的长期债券投资的票面价值和票面利率计算的利息收入，借记"应收利息"科目，贷记"投资收益"科目；按照一次还本付息的长期债券投资票面利率计算的利息收入，借记"长期债券投资——应计利息"科目，贷记"投资收益"科目。

在债务人应付利息日，按照应分摊的债券溢价金额，借记"投资收益"科目，贷记"长期债券投资——溢折价"科目；按照应分摊的债券折价金额，借记"长期债券投资——溢折价"科目，贷记"投资收益"科目。

四、长期债券投资的到期收回或处置

长期债券投资到期，小企业收回长期债券投资，应当冲减其账面余额，按照收回的债券本金或本息，借记"银行存款"等科目；按照其账面余额，贷记"长期债券投资"科目（面值、溢折价，应计利息）；按照应收未收的利息，贷记"应收利息"科目；按照其差额，贷记或借记"投资收益"科目。

处置长期债券投资，应当按照处置收入，借记"银行存款"等科目，按照其账面余额，贷记"长期债券投资"科目（面值、溢折价、应计利息）；按照应收未收的利息，贷记"应收利息"科目；按照其差额，贷记或借记"投资收益"科目。

五、长期债券投资的损失

小企业长期债券投资符合下列条件之一的，减除可收回的金额后确认的无法收回的长期债券投资，作为长期债券投资损失：

（1）债务人依法宣告破产、关闭、解散、被撤销，或者被依法注销、吊销营业执照，其清算财产不足清偿的。

（2）债务人死亡，或者依法被宣告失踪、死亡，其财产或者遗产不足清偿的。

（3）债务人逾期3年以上未清偿且有确凿证据证明已无力清偿债务的。

（4）与债务人达成债务重组协议或法院批准破产重整计划后，无法追偿的。

（5）因自然灾害、战争等不可抗力导致无法收回的。

（6）国务院财政、税务主管部门规定的其他条件。

长期债券投资损失应当于实际发生时计入营业外支出，同时冲减长期债券投资账面余额。

按照小企业会计准则规定，确认实际发生的长期债券投资损失，应当按照可收回金额，

借记"银行存款"等科目；按照其账面余额，贷记"长期债券投资"科目（面值、溢折价、应计利息）；按照应收未收的利息，贷记"应收利息"科目，按照其差额，借记"营业外支出"科目。

六、长期债券投资的会计处理

（一）溢价购入债券

【例 5-7】2022 年 1 月 1 日，甲公司以 606 000 元的价格从证券市场购入乙公司同日发行的公司债券，面值为 600 000 元，票面利率为 5%，期限为 3 年，按年支付利息，到期支付本金。甲公司将购入的该公司的债券划分为长期投资。

（1）2022 年 1 月 1 日，购入债券，购买价格大于面值部分为溢价额。

借：长期债券投资——面值   600 000
     ——溢价   6 000
 贷：银行存款   606 000

（2）2022 年 12 月 31 日，确认债券利息收入。

借：应收利息   30 000
 贷：投资收益   30 000

该债券投资分 3 年摊销溢价额，每年摊销 2 000 元：

借：投资收益   2 000
 贷：长期债券投资——溢价   2 000

这两笔分录可以合并为一笔分录。

借：应收利息   30 000
 贷：长期债券投资——溢价   2 000
  投资收益   28 000

收到利息时，会计处理如下。

借：银行存款   30 000
 贷：应收利息   30 000

（3）2023 年 12 月 31 日，确认债券利息收入，并摊销溢价：

借：应收利息   30 000
 贷：长期债券投资——溢价   2 000
  投资收益   28 000

收到利息时，会计处理如下。

借：银行存款   30 000
 贷：应收利息   30 000

（4）2024 年 12 月 31 日，确认债券利息收入，并摊销溢价。

借：应收利息   30 000
 贷：长期债券投资——溢价   2 000
  投资收益   28 000

（5）2020 年 1 月 1 日，收回债券本金和最后一年利息。

到期时溢价额摊销完毕，即"长期债券投资——溢价"科目无余额，"长期债券投资"账面价值为面值 600 000 元。

借：银行存款　　　　　　　　　　　　　　　　　　　　　　630 000
　　贷：长期债券投资——面值　　　　　　　　　　　　　　　　600 000
　　　　应收利息　　　　　　　　　　　　　　　　　　　　　30 000

（二）折价购入债券

【例 5-8】假设【例 5-7】中的购买价款为 594 000 元，即折价购买债券，其他条件不变，则相关会计处理如下。

（1）2022 年 1 月 1 日，购入债券，购买价格小于面值部分为折价额。

借：长期债券投资——面值　　　　　　　　　　　　　　　　600 000
　　贷：银行存款　　　　　　　　　　　　　　　　　　　　　594 000
　　　　长期债券投资——折价　　　　　　　　　　　　　　　6 000

（2）2022 年 12 月 31 日，确认债券利息收入，并摊销折价。

该债券投资分 3 年摊销折价额，每年摊销 2 000 元。

借：应收利息　　　　　　　　　　　　　　　　　　　　　　30 000
　　长期债券投资——折价　　　　　　　　　　　　　　　　2 000
　　贷：投资收益　　　　　　　　　　　　　　　　　　　　　32 000
借：银行存款　　　　　　　　　　　　　　　　　　　　　　30 000
　　贷：应收利息　　　　　　　　　　　　　　　　　　　　　30 000

（3）2023 年 12 月 31 日，确认债券利息收入，并摊销折价。

借：应收利息　　　　　　　　　　　　　　　　　　　　　　30 000
　　长期债券投资——折价　　　　　　　　　　　　　　　　2 000
　　贷：投资收益　　　　　　　　　　　　　　　　　　　　　32 000

收到利息时，会计处理如下。

借：银行存款　　　　　　　　　　　　　　　　　　　　　　30 000
　　贷：应收利息　　　　　　　　　　　　　　　　　　　　　30 000

（4）2024 年 12 月 31 日，确认债券利息收入，并摊销折价：

借：应收利息　　　　　　　　　　　　　　　　　　　　　　30 000
　　长期债券投资——折价　　　　　　　　　　　　　　　　2 000
　　贷：投资收益　　　　　　　　　　　　　　　　　　　　　32 000

（5）2020 年 1 月 1 日，收回债券本金和最后一年利息。

到期时折价额摊销完毕，即"长期债券投资——折价"科目无余额，"长期债券投资"账面价值为面值 600 000 元。

借：银行存款　　　　　　　　　　　　　　　　　　　　　　630 000
　　贷：长期债券投资——面值　　　　　　　　　　　　　　　　600 000
　　　　应收利息　　　　　　　　　　　　　　　　　　　　　30 000

【例 5-9】假设【例 5-8】中的购买价款为 594 000 元，即折价购买债券，到期一次还本付息，其他条件不变，则相关会计处理如下。

（1）2022 年 1 月 1 日，购入债券。

借：长期债券投资——面值　　　　　　　　　　　　　　　　600 000
　　贷：银行存款　　　　　　　　　　　　　　　　　　　　　594 000
　　　　长期债券投资——折价　　　　　　　　　　　　　　　6 000

（2）2022 年 12 月 31 日，确认债券利息收入，并摊销折价。

该债券投资分 3 年摊销折价额，每年摊销 2 000 元。

借：长期债券投资——应计利息   30 000

            ——折价   2 000

     贷：投资收益   32 000

（3）2023 年 12 月 31 日，确认债券利息收入，并摊销折价。

借：长期债券投资——应计利息   30 000

            ——折价   2 000

     贷：投资收益   32 000

（4）2024 年 12 月 31 日，确认债券利息收入，并摊销折价。

借：长期债券投资——应计利息   30 000

            ——折价   2 000

     贷：投资收益   32 000

（5）2020 年 1 月 1 日，收回债券本金和利息。

借：银行存款   690 000

     贷：长期债券投资——面值   600 000

                 ——应计利息   90 000

（三）长期债券投资损失的核算

【例 5-10】 假设【例 5-7】中购买的债券，2022 年年末，乙公司依法宣告破产，甲公司据此认定对乙公司的投资发生了损失，并只能收回本金的 60%。

2022 年年末：

乙公司债券可收回金额 = 600 000×60% = 360 000（元）

长期债券投资账面余额 = 606 000−2 000 = 604 000（元）

应收利息 = 30 000 元

长期债券投资损失 = 604 000+30 000−360 000 = 274 000（元）

账务处理如下。

借：营业外支出   274 000

   银行存款   360 000

     贷：长期债券投资——面值   600 000

                 ——溢价   4 000

       应收利息   30 000

第四节　长期股权投资

一、长期股权投资概述

长期股权投资，是指小企业准备长期持有的权益性投资。在市场竞争中，小企业生产经营日趋多元化，除日常生产经营活动获取利润之外，通常采用对外投资方式取得被投资单位一定的权益性资本，或采用收购、兼并、重组等方式拓宽生产经营渠道，提高获利能力。

小企业持有的长期股权投资，涉及的主要会计核算问题包括初始投资的确定、后续计量

及处置损益的结转等几个方面。长期股权投资应当按照成本进行计量。

二、长期股权投资的初始计量

小企业应设置"长期股权投资"科目，核算小企业准备长期持有的权益性投资。本科目可按照被投资单位进行明细核算。本科目期末借方余额，反映小企业持有的长期股权投资的成本。

（一）以支付现金取得的长期股权投资

小企业以支付现金取得的长期股权投资，应当按照购买价款和相关税费作为初始计量。如果实际支付的价款中包含已宣告但尚未发放的现金股利，应当按照实际支付的购买价款和相关税费扣除已宣告但尚未发放的现金股利，借记"长期股权投资"科目，按照应收的现金股利，借记"应收股利"科目，按实际支付的购买价款和相关税费，贷记"银行存款"科目。

【例5-11】2022年5月10日，甲企业以银行存款购买乙公司的股票100 000股，作为长期投资，取得L公司5%的股权，每股价格为12元（含0.3元已宣告但尚未发放的现金股利），另支付相关税费5 000元。甲企业的会计处理如下。

（1）购入股票时，会计处理如下。

初始投资成本=100 000×（12-0.3）+5 000=1 175 000（元）

借：长期股权投资——乙公司　　　　　　　　　　　　　1 175 000
　　应收股利　　　　　　　　　　　　　　　　　　　　　　30 000
　　　贷：银行存款　　　　　　　　　　　　　　　　　　　　1 205 000

（2）收到乙公司发放的现金股利时，会计处理如下。

借：银行存款　　　　　　　　　　　　　　　　　　　　　30 000
　　　贷：应收股利　　　　　　　　　　　　　　　　　　　　　30 000

（二）通过非货币性资产交换取得的长期股权投资

小企业通过非货币性资产交换取得的长期股权投资应按非货币性资产的评估价值和相关税费之和，借记"长期股权投资"科目；按照换出资产的账面价值，贷记"固定资产清理""无形资产"等科目；按支付的相关税费，贷记"应交税费"等科目；按照其差额，贷记"营业外收入"或借记"营业外支出"等科目。

【例5-12】甲企业以一套生产设备换入乙公司持有的丙公司2%的股权，支付手续费5万元。该设备的账面原价为200万元，累计折旧为80万元，评估价值为130万元。换入的丙公司的股权在活跃市场中没有报价，公允价值不能可靠计量，甲企业将其划分为长期股权投资。甲企业的会计处理如下。

（1）转销换出固定资产的账面价值。

借：固定资产清理　　　　　　　　　　　　　　　　　　1 200 000
　　累计折旧　　　　　　　　　　　　　　　　　　　　　800 000
　　　贷：固定资产　　　　　　　　　　　　　　　　　　　2 000 000

（2）确定长期股权投资的初始投资成本。

初始投资成本=1 300 000+50 000=1 350 000（元）

借：长期股权投资——丙公司　　　　　　　　　　　　　1 350 000
　　　贷：固定资产清理　　　　　　　　　　　　　　　　　1 200 000

银行存款	50 000
营业外收入	100 000

三、长期股权投资的后续计量

长期股权投资应当采用成本法进行后续计量。

成本法，是指长期股权投资通常按初始投资成本计量，除追加或收回投资外，一般不对投资的账面价值进行调整的一种会计处理方法。

在长期股权投资持有期间，被投资单位宣告发放的现金股利或利润，应当按照应分得的金额，借记"应收股利"科目，贷记"投资收益"科目。

【例5-13】接【例5-11】，2023年4月10日，L公司宣告发放现金股利，每股0.4元，并于2023年5月10日发放。其会计处理如下。

（1）甲企业确认应收股利。

应收股利=100 000×0.4=40 000（元）

借：应收股利	40 000
贷：投资收益	40 000

（2）2023年5月10日收到股利。

借：银行存款	40 000
贷：应收股利	40 000

四、长期股权投资的处置和减值

（一）长期股权投资的处置

处置长期股权投资时，按实际收到的金额，借记"银行存款"等科目；按其账面余额，贷记"长期股权投资"科目；按尚未领取的现金股利或利润，贷记"应收股利"科目；按其差额，贷记或借记"投资收益"科目。

部分处置某项长期股权投资时，应按该项投资的总平均成本确定其处置部分的成本。

【例5-14】甲公司于2022年1月10日以90万元的价格购入乙公司10%的股份，并准备长期持有，另支付相关税费1万元，乙公司股权没有明确的市场价格。乙公司于2022年3月10日宣告分配2021年的利润50万元。2022年4月1日，甲公司将持有的乙公司股份全部转让，实际收到价款87万元。

甲公司有关投资的会计处理如下。

（1）2022年1月10日，取得投资时，会计处理如下。

借：长期股权投资——乙公司	910 000
贷：银行存款	910 000

（2）2022年3月10日，乙公司宣告分配2021年的利润时，会计处理如下。

甲公司应确认的投资收益=500 000×10%=50 000（元）

借：应收股利	50 000
贷：投资收益	50 000

（3）2022年4月1日，甲公司转让乙公司股权。

转让损益=870 000-910 000=-40 000（元）

借：银行存款	870 000

　　　　　　　　　　　　　　　　　　　　　　　　　　　投资收益　　　　　　　　　　　　　40 00

　　　　　　　贷：长期股权投资——乙公司　　　　　　　910 000

（二）长期股权投资的减值

　　小企业长期股权投资符合下列条件之一的，减除可收回的金额后确认的无法收回的长期股权投资，作为长期股权投资损失。

　　（1）被投资单位依法宣告破产、关闭、解散、被撤销，或者被依法注销、吊销营业执照的。

　　（2）被投资单位财务状况恶化，累计发生巨额亏损，已连续停止经营 3 年以上，且无重新恢复经营改组计划的。

　　（3）对被投资单位不具有控制权，投资期限届满或者投资期限已超过 10 年，且被投资单位因连续 3 年经营亏损导致资不抵债的。

　　（4）被投资单位财务状况恶化、累计发生巨额亏损，已完成清算或清算期超过 3 年以上的。

　　（5）国务院财政、税务主管部门规定的其他条件。

　　长期股权投资损失应当于实际发生时计入营业外支出，同时冲减长期股权投资账面余额。

　　按照小企业会计准则规定确认实际发生的长期股权投资损失，应当按照可收回金额，借记"银行存款"等科目；按照其账面余额，贷记"长期股权投资"科目；按照其差额，借记"营业外支出"科目。

复习思考题

一、单项选择题

　　1. 小企业购买分期付息的债券作为短期投资时，实际支付的购买价款中包含的已到付息期但尚未领取的债券利息，应计入的会计科目是（　　）。

　　A. 短期投资　　　　　B. 投资收益　　　　　C. 财务费用　　　　　D. 应收利息

　　2. 某小企业 2022 年 2 月 1 日购入杰嘉公司 15 万股股票作为短期投资，每股价格为 6 元。5 月 15 日收到杰嘉公司分派的现金股利 3 万元。收到分派的股利后，企业所持有的杰嘉公司股票每股成本为（　　）元。

　　A. 3. 60　　　　　B. 6. 00　　　　　C. 3. 48　　　　　D. 5. 80

　　3. 下列项目中，不应计入短期投资取得成本的是（　　）。

　　A. 支付的购买价格　　　　　　　　　B. 支付的相关税金

　　C. 支付的手续费　　　　　　　　　　D. 支付价款中包含的应收股利

　　4. 某小企业以 210 000 元将上月购入的短期股票予以出售，该批股票的账面余额为 200 000 元，则该企业记入"投资收益"科目的金额应为（　　）元。

　　A. 10 000　　　　　B. 20 000　　　　　C. 30 000　　　　　D. 40 000

　　5. 小企业采用成本法核算长期股权投资时，实际收到被投资单位分派的现金股利时，应当（　　）。

　　A. 减少长期股权投资　　　　　　　　B. 冲减应收股利

　　C. 增加实收资本　　　　　　　　　　D. 计入投资收益

　　6. 小企业采用成本法核算长期股权投资时，股票持有期间被投资单位发放的现金股利，确认投资收益的时点是（　　）。

A. 实际收到现金股利时

B. 被投资单位宣告发放现金股利的股权登记日

C. 被投资单位发放现金股利的除息日

D. 被投资单位宣告发放现金股利时

7. 甲公司出资 100 万元,取得了乙公司 60% 的控股权,假如购买股权时乙公司的账面净资产价值为 150 万元,则甲公司确认的长期股权投资成本为 (　　) 万元。

    A. 100　　　　　　　　B. 150　　　　　　　　C. 90　　　　　　　　D. 120

8. 以支付现金取得的长期股权投资,应当按(　　)作为初始投资成本。

    A. 实际支付的购买价款和相关税费　　　　B. 被投资企业所有者权益账面价值的份额

    C. 被投资企业所有者权益公允价值的份额　　D. 被投资企业所有者权益

9. 通过非货币性资产交换取得的长期股权投资,应当按照(　　)作为成本进行计量。

    A. 换出非货币性资产的评估价值和相关税费　　B. 账面价值

    C. 公允价值　　　　　　　　　　　　　　　　D. 市场价值

10. 小企业购买上市交易的股票,若支付的价款中含有已宣告但尚未发放的现金股利,应将这部分股利记入 (　　) 科目。

    A. 短期投资　　　　B. 长期股权投资　　　　C. 投资收益　　　　D. 应收股利

11. 在成本法下"长期股权投资"科目的余额表示的是 (　　)。

    A. 以市价反映的投资金额　　　　　　B. 以面值反映的投资金额

    C. 在被投资企业净资产中拥有的份额　　D. 以成本反映的投资金额

12. "长期债券投资"科目所属的"应计利息"明细科目借方登记的内容有 (　　)。

    A. 分期付息债券计提的利息　　　　　　B. 一次还本付息债券计提的利息

    C. 购入时含有的未到期的利息　　　　　D. 购入时含有的已到期的利息

二、多项选择题

1. 小企业核算实际收到短期投资的现金股利时,可能涉及的会计科目有(　　)。

    A. 投资收益　　　　B. 短期投资　　　　C. 应收股利　　　　D. 银行存款

2. 下列各项中,应在购入短期债券时计入其入账价值的有(　　)。

    A. 债券的购买价款　　　　　　　　B. 支付的手续费

    C. 支付的印花税　　　　　　　　　D. 已到付息期但尚未领取的利息

3. 小企业在"长期债券投资"科目下,需要设置的明细科目有 (　　)。

    A. 债券面值　　　　B. 债券溢折价　　　　C. 应计利息　　　　D. 应收利息

4. 在下列项目中,可以构成长期股权投资成本的有 (　　)。

    A. 购买股票的价款

    B. 购买股票时支付的相关税费

    C. 实际支付的价款中包含已宣告尚未发放的现金股利

    D. 咨询费

5. 采用成本法核算长期股权投资,被投资单位宣告分派的现金股利,投资单位可能涉及的科目有 (　　)。

    A. 投资收益　　　　B. 利润分配　　　　C. 长期股权投资　　　　D. 应收股利

三、判断题

1. 短期投资的成本是指取得投资时实际支付的全部价款。　　　　　　　　　　　(　　)

2. 短期股票投资持有期间，被投资单位宣告发放的现金股利，应当在实际收到时确认为投资收益。　　　　　　　　　　　　　　　　　　　　　　　　　　　　（　　）

3. 短期投资持有期间获得的现金股利或利息收入，除已计入应收款项的现金股利和债券利息外，应在实际收到时作为投资成本的收回，冲减短期投资的账面价值。（　　）

4. 溢价购入债券时，购入企业按债券票面规定的利率所获得的利息数，加上溢价摊销部分，才等于债券投资的实际利息收入数。　　　　　　　　　　　　　　　　（　　）

5. 折价购入债券时，购入企业按债券票面规定的利率所获得的利息数，减去折价的数额，才等于全部债券投资的利息收入数。　　　　　　　　　　　　　　　　（　　）

6. 对长期股权投资采用成本法核算，投资后收到的现金股利和股票股利均应确认为投资收益。　　　　　　　　　　　　　　　　　　　　　　　　　　　　　　（　　）

7. 在成本法下，当被投资企业发生盈亏时，投资企业并不做账务处理；当被投资企业宣告分配现金股利时，投资方应将分得的现金股利确认为投资收益。　　　　（　　）

8. 债券的折价或者溢价在债券存续期间内于确认相关债券利息收入时采用直线法或实际利率法进行摊销。　　　　　　　　　　　　　　　　　　　　　　　　（　　）

四、实务题

某小企业 2022 年 1 月 20 日购买中州公司发行的股票 1 000 股作为短期投资，实际支付价款和相关税费为 10 万元；2022 年 6 月 20 日中州公司宣告发放现金股利 1 万元；7 月 10 日收到已宣告发放的现金股利 1 万元；7 月 20 日出售全部股票，实际收到款项为 110 000 元。

要求：根据以上经济业务，编制会计分录。

2. 某小企业 2022 年 1 月 1 日购入乙企业当日发行的两年期债券，债券面值 1 000 元，债券的票面利率为 12%，企业按 1 050 元的价格购入 80 张。该债券每年年末付息一次，最后一年还本并付最后一次利息。假定企业按年计算利息。

要求：根据以上经济业务，编制会计分录。

3. 华兴公司于 2022 年 1 月 2 日购入蓝天公司当日发行的三年期债券作为长期投资，面值 200 000 元，票面利率 3.6%，按年计息，到期一次还本付息。公司购买债券实际支付的购买价款和相关税费 191 000 元。采用直线法摊销债券溢折价。

要求：根据以上经济业务，编制会计分录。

4. 某小企业发生有关长期股权投资的经济业务如下：

（1）2022 年 2 月 1 日，购入 D 股份公司股票 10 万股，每股成交价 5 元，支付印花税、手续费 1 000 元。占 D 股份公司有表决权资本的 10%，准备长期持有。款项均以银行存款支付。

（2）D 公司 2023 年 3 月 5 日，宣告发放 2022 年度的现金股利，每股 0.50 元。

（3）2023 年 5 月 28 日，企业收到现金股利，存入银行。

（4）2023 年 6 月 28 日，企业转让 D 公司股票 5 万股，实得价款 30 万元，存入银行。

要求：根据以上经济业务，编制会计分录。

第六章

固定资产

学习目的

通过本章学习，了解固定资产的特征及分类、影响固定资产折旧的因素；理解不同来源的固定资产的成本构成、固定资产折旧的范围和折旧期限；掌握固定资产取得的核算、固定资产折旧的计算方法及折旧的账务处理、固定资产修理与改建的核算、固定资产处置与盘亏的核算。

第一节　固定资产概述

固定资产，是指小企业为生产产品、提供劳务、出租或经营管理而持有，使用寿命超过一年的有形资产。小企业的固定资产包括房屋、建筑物、机器、机械、运输工具、设备，器具、工具等。

一、固定资产的特征

从固定资产定义可以看出，作为小企业的固定资产应具备以下三个特征。

（1）固定资产是为生产产品、提供劳务、出租或经营管理而持有的。

（2）固定资产使用寿命超过一年。使用寿命，是指企业使用固定资产的预计期间，或者该固定资产所能生产产品或提供劳务的数量。例如，发电设备按其预计发电量估计使用寿命，汽车或飞机等按其预计行驶里程估计使用寿命。固定资产使用寿命超过 1 年，意味着固定资产属于长期资产，随着使用和磨损，通过计提折旧的方式逐渐减少账面价值。

（3）固定资产为有形资产。

固定资产在同时满足以下两个条件时，才能予以确认。

1. 与该固定资产有关的经济利益很可能流入企业

在实务中，主要通过判断与该固定资产所有权相关的风险和报酬是否转移到了企业来确定与该固定资产有关的经济利益是否很可能流入企业。如果一个企业对某项固定资产拥有所有权，说明与该固定资产所有权相关的风险和报酬已经转归企业，该项资产在未来所能带来的经济利益也应流入企业。但在某些情况下，某项固定资产的所有权虽然不属于企业，但如果企业能够控制资产带来的经济利益，使之能够流入企业，则该项固定资产也应作为企业的固定资产予以确认，如融资租入固定资产。

2. 该固定资产的成本能够可靠计量

企业在确定固定资产成本时，有时需要根据所获得的最新资料，对固定资产的成本进行合理估计。比如，企业对于已达到预定可使用状态的固定资产，在尚未办理竣工决算前，需要根据工程预算、工程造价或者工程实际发生的成本等资料，按估计价值确定固定资产的成本，待办理竣工决算后，再按实际成本调整原来的暂估价值。

在实务中，对固定资产进行确认时，还需要注意以下两个问题。

一是固定资产的各组成部分具有不同使用寿命或者以不同方式为企业提供经济利益，适用不同的折旧率或折旧方法的，应当分别将各个组成部分确认为单项固定资产。

二是企业持有的工具、模具、管理用具、玻璃器皿等周转材料，应当根据实际情况进行管理和核算。如果符合固定资产的定义及其确认条件，就应当确认为固定资产；如果不符合固定资产的定义或没有满足固定资产的确认条件，就不应当确认固定资产，而应作为流动资产进行核算和管理。

二、固定资产的分类

小企业的固定资产种类繁多、规格不一，为加强管理，便于组织会计核算，需要对固定资产进行科学、合理的分类。一般有以下几种分类方法。

1. 按经济用途分类

按固定资产的经济用途分类，可分为生产经营用固定资产和非生产经营用固定资产。

（1）生产经营用固定资产，是指直接服务于企业生产经营过程的各种固定资产，如房屋、建筑物、机器、机械、运输工具设备、器具、工具等。

（2）非生产经营用固定资产，是指不直接服务于生产经营过程的各种固定资产，如职工宿舍、食堂、浴室、幼儿园，俱乐部等部门使用的房屋、建筑物和设备等。

2. 按使用情况分类

按固定资产的使用情况可分为使用中的固定资产、未使用固定资产和不需用的固定资产。

（1）使用中的固定资产，是指正在使用中的生产经营用固定资产和非生产经营用固定资产。房屋及建筑物无论是否使用，都视为使用中的固定资产。由于季节性经营或大修理等原因暂停使用的固定资产，以及以经营租赁方式出租给其他单位使用的固定资产和内部替换使用的固定资产也属于使用中的固定资产。

（2）未使用固定资产，是指已完工或已构建的尚未交付使用的新增固定资产以及因改建、扩建等原因暂停使用的固定资产。

（3）不需用的固定资产，是指企业多余或不适用的、需要处理的各种固定资产。

3. 综合分类

按固定资产的经济用途和使用情况等综合分类，可分为以下七类。

（1）生产经营用固定资产。

（2）非生产经营用固定资产。

（3）租出固定资产（指在经营租赁方式下出租给外单位使用的固定资产）。

（4）不需用的固定资产。

（5）未使用的固定资产。

（6）土地（过去已经估价，单独入账的土地；因征地而支付的补偿费，应计入与土地有关的房屋、建筑物的价值内，不单独作为土地价值入账；企业取得的土地使用权，应作为无形资产管理，不作为固定资产管理。

（7）融资租入固定资产（企业以融资租赁方式租入的固定资产，在租赁期内，应视同自有固定资产进行管理）。

由于小企业的经营性质不同，经营规模各异，对固定资产的分类不可能完全一致。但在实际工作中，小企业大多采用综合分类的方法作为编制固定资产目录、进行固定资产核算的依据。

第二节　固定资产取得

一、固定资产的成本构成

固定资产应当按照成本进行计量。小企业应以取得固定资产发生的全部相关支出作为成本。但是由于固定资产的来源渠道不同，其成本构成的具体内容也有所差异。

1. 外购固定资产的成本

小企业外购固定资产的成本包括购买价款、相关税费、运输费、装卸费、保险费、安装费等。相关税费是指小企业为购买固定资产而缴纳的税金、行政事业性收费等，如购买车辆而支付的车辆购置税、签订合同而缴纳的印花税等，但不含按照税法规定可以抵扣的增值税进项税额。

在实际工作中，小企业可能以一笔款项购入多项没有单独标价的固定资产，应当按照各项固定资产或类似资产的市场价格或评估价值比例对总成本进行分配，分别确定各项固定资产的成本。如果以一笔款项购入的多项资产中除固定资产之外还包括其他资产，也应按类似的方法予以处理。

2. 自行建造固定资产的成本

自行建造固定资产的成本，由建造该项资产在竣工决算前所发生的支出（含相关的借款费用）构成。包括小企业为建造某项固定资产在竣工决算前所发生的一切合理的、必要的支出，这些支出既有直接发生的，如建造固定资产所需的原材料费用、人工费、管理费、运杂费、包装费和安装成本、缴纳的相关税费等；也有间接发生的，如应予以资本化的借款利息以及应予分摊的其他间接费用等，只要是在竣工决算前发生的为固定资产建造所必需的与固定资产的形成有直接关系的支出，均计入固定资产的成本。小企业在建工程在试运转过程中形成的产品、副产品或试车收入冲减在建工程成本。

借款费用是小企业因借入资金所付出的代价，包括小企业向银行或其他金融机构等借入资金发生的利息、在借款过程中发生的手续费、佣金等辅助费用以及因外币借款而发生的汇兑损失等。这里的借款包括长期借款、短期借款、银行借款及向第三方借款等各种借款。

小企业为购置或建造固定资产、无形资产和经过 1 年以上（含 1 年）才能达到可销售状态的存货发生借款费用的，在有关资产购置或建造期间发生的合理的借款费用，应当作为资本性支出计入有关资本的成本。其他借款费用应当在发生时根据其实际发生额确认为费用，计入当期损益。相关借款费用所发生的存款利息，停止资本化之前，应冲减资产成本。

借款费用资本化期间，是指借款费用开始发生时至停止资本化时点的期间。开始发生时，取得借款支付的辅助费用、应付利息日支付的利息、期末汇兑损失。符合资本化条件后，停止资本化时点：竣工决算前、达到预定用途、达到预定可销售状态前。

利息支出需符合的条件：非金融企业向金融企业借款的利息支出、金融企业的各项存款利息支出和同业拆借利息支出、企业经批准发行债券的利息支出；非金融企业向非金融企业借款的利息支出不超过金融企业同期同类贷款利率计算的数额部分。

3. 投资者投入固定资产的成本

投资者投入固定资产的成本，应当按照评估价值和相关税费确定。

4. 融资租入固定资产的成本

融资租入固定资产的成本，应当按照租赁合同约定的付款总额在签订租赁合同过程中发生的相关税费等确定。

租赁合同约定的付款总额指租赁合同中承租人与出租人双方约定的付款总额。相关税费包括承租人为融资租入固定资产发生的印花税、增值税、营业税、佣金、律师费、差旅费、谈判费、运输费、装卸费、保险费、安装调试费等。

5. 盘盈固定资产的成本

盘盈固定资产的成本，应当按照同类或者类似固定资产的市场价格或评估价值，扣除按照该项固定资产新旧程度估计的折旧后的余额确定，相当于采用重置成本计量。

二、固定资产核算需要设置的科目

为了核算固定资产，小企业一般需要设置"固定资产""累计折旧""在建工程""工程物资""固定资产清理"等科目，核算固定资产取得、计提折旧、处置等情况。

"固定资产"科目用于核算小企业固定资产的原价（成本），借方登记企业增加的固定资产的原价，贷方登记企业减少的固定资产的原价，期末余额在借方，反映企业期末固定资产的账面原价。小企业应当估计实际情况设置"固定资产登记簿"和"固定资产卡片"，按固定资产类别、使用部门和每项固定资产进行明细核算。

"累计折旧"科目属于"固定资产"科目的调整科目，用于核算小企业固定资产的累计折旧，贷方登记企业计提的固定资产折旧，借方登记处置固定资产转出的累计折旧。期末余额在贷方，反映企业固定资产的累计折旧额，本科目只进行总分类核算，不进行明细分类核算。如果需要查明某项固定资产已提折旧的累计数，可以根据固定资产卡片登记的资料确定。

固定资产原值减去累计折旧后的余额，即为固定资产净值，可以大致了解固定资产的新旧程度。

"在建工程"科目用于核算小企业需要安装的固定资产、固定资产新建工程改扩建工程等发生的成本。该科目借方登记企业各项在建工程的实际支出，贷方登记完工工程转出的成本；期末余额在借方，反映小企业尚未完工或虽已完工但尚未办理竣工决算的工程成本，该科目可按建筑工程、安装工程、在安装设备以及单项工程等进行明细核算。

"工程物资"科目用于核算小企业为在建工程而准备的各种物资的成本，包括工程用材料、尚未安装的设备以及为生产准备的工器具等，该科目借方登记企业购入工程物资的成本和相关税费，贷方登记领用工程物资的成本；期末余额在借方，反映小企业为在建工程准备的各种物资的成本。该科目应按"专用材料""专用设备""工器具"等进行明细核算。

"固定资产清理"科目用于核算小企业因出售、报废、毁损、对外投资等原因处置固定资产所转出的固定资产账面价值，以及在清理过程中发生的费用等。该科目借方登记转出的固定资产价值、清理过程中应支付的相关税费及其他费用，以及按照税法规定不得从增值税销项税额中抵扣的进项税额，贷方登记出售价款、残料价值、变价收入、赔偿金等。清理完成后，如为借方余额，应贷记本科目，借记"营业外支出——非流动资产处置净损失"科目；如为贷方余额，应借记本科目，贷记"营业外收入——非流动资产处置净收益"科目。期末借方余额反映尚未清理完毕的固定资产清理净损失；期末贷方余额反映尚未清理完毕的固定资产清理净收益。

三、固定资产的初始计量

（一）外购固定资产

小企业外购固定资产成本，包括购买价款、相关税费、运输费、装卸费、保险费、安装费，但不含按照税法规定可以抵扣的增值税进项税额以及一笔款项购入多项没有单独标价的固定资产，应当按照各项固定资产或类似资产的市场价格或评估价值比例对总成本进行分配，分别确定各项固定资产的成本。

（1）购入不需安装的固定资产，相关支出直接计入固定资产成本。

小企业购入（含分期付款方式购入）不需要安装的固定资产，应按照实际支付的购买价款相关税费、运输费、装卸费、保险费、安装费等，借记"固定资产"科目；按照税法规定可以抵扣的增值税进项税额，借记"应交税费——应交增值税（进项税额）"科目；贷记"银行存款""长期应付款"科目。

【例6-1】甲公司购入一台不需要安装即可投入使用的设备，设备价款为50 000元，增值税税额为6 500元；支付运输费500元，增值税税额为45元；另支付包装费300元。款项已支付。

借：固定资产　　　　　　　　　　　　　　　　　　　50 800
　　应交税费——应交增值税（进项税额）　　　　　　　6 545
　　贷：银行存款　　　　　　　　　　　　　　　　　　　57 345

（2）购入需安装的固定资产通过"在建工程"科目核算，安装完毕交付使用时，再转入"固定资产"科目。

【例6-2】甲公司购入一台需要安装的设备，设备价款为100 000元，增值税税额为13 000，支付运输费1 000元，增值税税额为90元。安装设备时，领用原材料一批，成本为5 000元，应支付安装人员薪酬3 000元，另支付安装费1 200元。支付设备价款、税费、运输费。

1）设备购入。
借：在建工程　　　　　　　　　　　　　　　　　　　101 000
　　应交税费——应交增值税（进项税额）　　　　　　　13 090
　　贷：银行存款　　　　　　　　　　　　　　　　　　114 090

2）设备安装。
借：在建工程　　　　　　　　　　　　　　　　　　　　9 200
　　贷：原材料　　　　　　　　　　　　　　　　　　　　5 000
　　　　应付职工薪酬　　　　　　　　　　　　　　　　　3 000
　　　　银行存款　　　　　　　　　　　　　　　　　　　1 200

3）安装完毕，交付使用，结转安装成本。
借：固定资产　　　　　　　　　　　　　　　　　　　110 200
　　贷：在建工程　　　　　　　　　　　　　　　　　　110 200

（二）自行建造固定资产

企业自行建造固定资产的成本，由建造该项资产在竣工结算前发生的支出（含相关的借款费用）构成，包括工程用物资成本、人工成本、相关税费、借款费用、分摊的间接费用。

自建固定资产先通过"在建工程"科目核算，工程达到预定可使用状态时，再转入"固定资产"科目。小企业自行建造固定资产包括自营工程和出包工程。

1. 自营工程

自营工程是指企业自行组织工程物资采购、自行组织施工人员施工的建筑工程和安装工程。其入账价值应当按照建造该固定资产在竣工决算前发生的必要支出确定，包括直接材料、直接人工、直接机械施工费等。

企业为在建工程准备的各种物资，应按照实际支付的买价、不能抵扣的增值税税额、运输费、保险费等相关税费作为实际成本，并按照各种专项物资的种类进行明细核算。领用工程物资时，借记"在建工程"科目，贷记"工程物资"科目。工程领用原材料时，借记"在建工程"科目，贷记"原材料"科目。工程领用本企业的产成品，应视同销售，按售价计算销项税额，借记"在建工程"科目，贷记"库存商品""应交税费——应交增值税（销项税额）"科目。工程发生的其他费用（如分配工程人员工资等），借记"在建工程"科目，贷记"银行存款""应付职工薪酬"等科目。工程在达到预定可使用状态时，按其成本，借记"固定资产"科目，贷记"在建工程"科目。

工程物资盘亏、报废、毁损的净损失，工程尚未完工的借记"在建工程"科目，贷记"工程物资"科目；盘盈的工程物资或处置净收益，冲减所建工程的成本，编制相反的会计分录。工程完工后发生的工程物资盘盈、盘亏、报废、毁损，计入当期营业外收支。工程完工后，剩余的工程物资转为本企业存货的，按其实际成本进行结转，借记"原材料"科目，贷记"在建工程"科目。

小企业在建工程在试运转过程中形成的产品、副产品或试车收入冲减在建工程成本。

【例6-3】某企业自行建造厂房一幢，购入为工程准备的各种物资500 000元，支付的增值税税额为65 000元，全部用于工程建设。领用本企业生产的水泥一批，实际成本为80 000元，计税价格为100 000元，增值税税率为13%。工程人员应计工资为150 000元，支付的其他费用为50 000元。

（1）购入工程物资。

借：工程物资 565 000
　　贷：银行存款 565 000

（2）领用工程物资。

借：在建工程 565 000
　　贷：工程物资 565 000

（3）工程领用本企业生产的水泥。

借：在建工程 97 000
　　贷：库存商品 80 000
　　　　应交税费——应交增值税（销项税额） 10 400

（4）分配工程人员工资。

借：在建工程 150 000
　　贷：应付职工薪酬 150 000

（5）支付工程发生的其他费用。

借：在建工程　　　　　　　　　　　　　　　　　　　　　　50 000

　　贷：银行存款　　　　　　　　　　　　　　　　　　　　　　50 000

（6）工程竣工结算时，计算并结转工程成本。

借：固定资产　　　　　　　　　　　　　　　　　　　　　　862 000

　　贷：在建工程　　　　　　　　　　　　　　　　　　　　　862 000

2. 出包工程

出包工程是指企业委托建筑承包商组织施工的建筑工程和安装工程。工程成本由建造该固定资产达到预定可使用状态前所发生的必要支出构成，通常由建造承包商核算，出包企业只需按出包合同规定向承包商支付工程价款。出包工程，按照工程进度和合同规定结算的工程价款，借记"在建工程"科目，贷记"银行存款""预付账款"科目。工程完工，收到承包单位提供的账单，借记"固定资产"科目，贷记"在建工程"科目。

【例6-4】某企业将一幢厂房的建筑工程出包给建筑公司承建，合同总金额为 1 800 000元。按承包合同，公司预付建筑公司的工程价款为 1 000 000 元，工程完工时补付工程款800 000 元。

（1）企业按规定预付建筑公司的工程价款。

借：预付账款　　　　　　　　　　　　　　　　　　　　1 000 000

　　贷：银行存款　　　　　　　　　　　　　　　　　　　　1 000 000

（2）工程完工时，办理工程价款结算，补付工程价款。

借：在建工程　　　　　　　　　　　　　　　　　　　　1 800 000

　　贷：银行存款　　　　　　　　　　　　　　　　　　　　　800 000

　　　　预付账款　　　　　　　　　　　　　　　　　　　　1 000 000

（3）工程达到预定可使用状态时，计算并结转工程成本：

借：固定资产　　　　　　　　　　　　　　　　　　　　1 800 000

　　贷：在建工程　　　　　　　　　　　　　　　　　　　　1 800 000

（三）投资者投入的固定资产

投资者投入固定资产的成本，应当按照评估价值和相关税费，借记"固定资产"或"在建工程"科目，贷记"实收资本""资本公积"科目。

【例6-5】某小企业收到 H 公司作为资本投入的设备一台。该设备评估价值为 80 000 元，核定的注册资本额为 60 000 元。其会计处理如下。

借：固定资产　　　　　　　　　　　　　　　　　　　　　80 000

　　贷：实收资本　　　　　　　　　　　　　　　　　　　　　60 000

　　　　资本公积　　　　　　　　　　　　　　　　　　　　　20 000

（四）融资租入的固定资产

融资租入的固定资产，应当在"固定资产"科目下单设明细科目进行核算。小企业应在租赁期开始日，按照租赁协议或者合同确定的价款、运输费、途中保险费、安装调试费以及融资租入固定资产办理竣工决算前发生的借款费用等付款总额，借记"固定资产"或"在建工程"科目，按租赁协议或者合同确定的设备价款，贷记"长期应付款——应付融资租赁款"科目，按支付的其他费用，贷记"银行存款"等科目。租赁期满，如合同规定将固定资产所有权转归承租企业，应进行转账，将固定资产从"融资租入固定资产"明细科目转入有关明细科目。

【例6-6】甲小企业采用融资租赁方式租入生产线一条，按租赁协议确定的租赁价款为800 000元。设备运输费、途中保险费15 000元，安装调试费6 000元，租赁期8年。按租赁协议规定，租赁期满，甲小企业取得该生产线的所有权。

（1）租入时，会计处理如下。

借：固定资产——融资租入固定资产　　　　　　　　　　　　　　821 000
　　贷：长期应付款——应付融资租赁款　　　　　　　　　　　　800 000
　　　　银行存款　　　　　　　　　　　　　　　　　　　　　　21 000

（2）每期支付租金时，会计处理如下。

借：长期应付款——应付融资租赁款　　　　　　　　　　　　　100 000
　　贷：银行存款　　　　　　　　　　　　　　　　　　　　　100 000

（3）租赁期满时，会计处理如下。

借：固定资产——生产经营用固定资产　　　　　　　　　　　　821 000
　　贷：固定资产——融资租入固定资产　　　　　　　　　　　821 000

（五）盘盈的固定资产

盘盈的固定资产，按照同类或类似固定资产的市场价格或评估价值扣除按照新旧程度估计的折旧后的余额，借记"固定资产"科目，贷记"待处理财产损溢——待处理非流动资产损溢"科目。

【例6-7】甲小企业在财产清查中盘盈一台设备，该设备同类市场价位50 000元，估计已损耗20 000元。

（1）盘盈时，会计处理如下。

借：固定资产　　　　　　　　　　　　　　　　　　　　　　　30 000
　　贷：待处理财产损溢——待处理非流动资产损溢　　　　　　30 000

（2）确认盘盈收益时，会计处理如下。

借：待处理财产损溢——待处理非流动资产损溢　　　　　　　　30 000
　　贷：营业外收入——盘盈收益　　　　　　　　　　　　　　30 000

第三节　固定资产折旧

一、固定资产折旧概述

固定资产折旧是指在固定资产使用寿命内，按照确定的方法对应计折旧额进行系统分摊。应计折旧额是指应当计提折旧的固定资产原价（成本）扣除其预计净残值后的余额。

小企业取得的固定资产是为了生产经营活动服务的，而这种服务潜力随着资产的不断使用会逐渐衰减直至消失，固定资产在使用过程中发生的各种损耗分为有形损耗和无形损耗。有形损耗是指固定资产在使用过程中，由于正常使用和自然力的作用而引起的实物损耗。无形损耗是指由于技术进步和劳动生产率的提高而引起的损耗，如因新技术的出现使现有的资产技术水平相对陈旧，市场需求变化使产品过时等。

固定资产折旧的过程，实质就是将固定资产的取得成本在其经济使用寿命内进行合理分配，使之与各期的收入相配比，以正确确认企业的损益，所以固定资产折旧费就成为产品成本和费用的一个组成部分。

二、影响固定资产折旧的因素

影响固定资产折旧的因素有以下几个方面。

(1) 固定资产原始价值,简称原价或原值,是指固定资产的成本,它是计算固定资产折旧的基础。

(2) 预计净残值,是指固定资产预计使用寿命已满,小企业从该项固定资产处置中获得的扣除预计处置费用后的金额。其计算公式如下:

$$预计净残值 = 预计残值收入 - 预计清理费用$$

实务中也可根据净残值率计算。净残值率是指预计净残值占固定资产原值的比率。我国企业所得税法规定了固定资产净残值比例应在其原值的5%以内,具体比例由企业自行确定。

(3) 固定资产的使用寿命,是指企业使用固定资产的预计期间,或者该固定资产所能生产产品或提供劳务的数量。企业确定固定资产使用寿命时,应当考虑下列因素:①预计生产能力或实际产量;②预计有形损耗和无形损耗;③法律或类似规定对资产使用的限制。

《小企业会计准则》规定,小企业应当根据固定资产的性质和使用情况,并考虑税法的规定,合理确定固定资产的使用寿命和预计净残值,并根据科技发展、环境及其他因素,选择合理的固定资产折旧方法,作为计提折旧的依据。小企业已经确定的有关固定资产预计使用年限、预计净残值、折旧方法等,一经确定,不得随意变更。

三、固定资产折旧的范围和折旧期限

《小企业会计准则》中的折旧指在固定资产使用寿命内,按照确定的方法对应计折旧额进行系统分摊。除以下情况外,小企业应当对所有的固定资产计提折旧。

(1) 已提足折旧仍继续使用的固定资产。

(2) 单独计价入账的土地。

在确定计提折旧范围时,还应注意以下几点。

(1) 固定资产应当按月计提折旧。当月增加的固定资产,当月不提折旧,从下月起计提折旧;当月减少的固定资产,当月仍计提折旧,从下月起不提折旧。

(2) 固定资产提足折旧后,不论能否继续使用,均不再计提折旧;提前报废的固定资产,也不再补提折旧。所谓提足折旧,是指已经提足该项固定资产的应计折旧额。

(3) 已达到预定使用状态但尚未办理竣工决算的固定资产应当按照估计价值确定其成本,并计提折旧;待办理竣工决算后,再按实际成本调整原来的暂估价值,但不需要调。

(4) 因更新改造而停用的固定资产,应将其账面价值转入在建工程,不再计提折旧;因进行大修理而停用固定资产,应照提折旧。

四、固定资产的折旧方法

小企业应当按照年限平均法(即直线法)计提折旧。小企业的固定资产由于技术进步等原因,确需加速折旧的,可采用双倍余额递减法和年数总和法。折旧方法一经确定,不得随意变更。

（一）年限平均法

年限平均法，也称直线法，是将固定资产的应计折旧额均衡地分摊在固定资产预计使用寿命内的一种折旧方法。采用这种方法计算的每期折旧额是相等的。其计算公式如下：

$$预计净残值率 = 预计净残值 / 固定资产原价 \times 100\%$$

在实务中，固定资产折旧额是根据固定资产原价乘以折旧率计算的。折旧率是指折旧额占原价的比率，用公式表示如下：

$$年折旧率 = 年折旧额 / 固定资产原价 \times 100\%$$

或

$$= （1 - 预计净残值率）/ 预计使用寿命 \times 100\%$$

$$月折旧率 = 年折旧率 \div 12$$

$$月折旧额 = 固定资产原价 \times 月折旧率$$

【例6-8】某公司一机床原始价值为100 000元，预计使用寿命为5年，预计净残值率为4%。其折旧额的计算如下：

$$年折旧率 = （1 - 4\%）\div 5 \times 100\% = 19.2\%$$

$$月折旧率 = 19.2\% \div 12 = 1.6\%$$

$$年折旧额 = 100\ 000 \times 19.2\% = 19\ 200（元）$$

$$月折旧额 = 100\ 000 \times 1.6\% = 1\ 600（元）$$

（二）工作量法

工作量法，是指以固定资产预计可完成的工作总量为分摊标准，根据各期实际完成的工作量计算折旧的一种方法。其计算公式如下：

$$单位工作量折旧 = 原始价值 \times （1 - 预计净残值率）/ 预计总工作量$$

$$月折旧额 = 该项固定资产当月工作量 \times 单位工作量折旧额$$

采用工作量法，不同固定资产应按不同的工作量标准计算折旧，如机器设备应按工作小时计算，运输工具应按行驶里程计算，建筑施工机械应按工作台班时数计算等。

【例6-9】某公司一辆货车，原始价值为560 000元，预计净残值率为5%，预计总行驶里程为400 000千米，本月行驶3 000千米。该货车的月折旧额计算如下：

$$每千米折旧额 = 560\ 000 \times （1 - 5\%）\div 400\ 000 = 1.33（元 / 千米）$$

$$本月折旧额 = 3\ 000 \times 1.33 = 3\ 990（元）$$

（三）双倍余额递减法

双倍余额递减法，是指在不考虑固定资产预计净残值的情况下，根据每期期初固定资产原始价值减去累计折旧后的金额和双倍的直线法折旧率计算固定资额的一种方法。其计算公式如下：

$$年折旧率 = 1 / 预计使用寿命$$

$$年折旧额 = 该年年初固定资产账面净值 \times 年折旧率$$

需要注意的是，在固定资产使用寿命到期前两年内，将固定资产账面价值扣除预计净残值后的净值，用直线法平均摊销，以避免固定资产账面余额降低到其预计净残值以下。

【例6-10】某公司一台设备原始价值为100 000元，预计使用寿命为5年，预计净残值为4 000元，各年折旧额计算如下：

$$年折旧率 = 2 \div 5 \times 100\% = 40\%$$

$$第一年折旧额 = 100\ 000 \times 40\% = 40\ 000（元）$$

$$第二年折旧额(100\ 000 - 40\ 000) \times 40\% = 24\ 000（元）$$

第三年折旧额 = (60 000-24 000) ×40% = 14 400 (元)

从第四年起改用年限平均法 (直线法) 计提折旧。

第四、五年的年折旧额 = [(36 000-14 400) -4 000] ÷2 = 8 800 (元)

每年各月折旧额根据年折旧额除以 12 来计算。

(四) 年数总和法

年数总和法，又称年限合计法，是指将固定资产的原价减去预计净残值后的余额，乘以一个逐年递减的分数 (折旧率) 计算每年的折旧额的一种方法。这个分数的分子代表固定资产尚可使用寿命，分母代表预计使用寿命逐年数字总和。其计算公式如下：

年折旧率 = (预计使用寿命-已使用年限) /预计使用寿命× (预计使用寿命+1) /2×100%

或　　　　　　　年折旧率 = 尚可使用年限/预计使用寿命总和×100%

年折旧额 = (原价-预计净残值) ×年折旧率

【例 6-11】甲小企业一项固定资产原值为 100 000 元，预计使用年限为 5 年，预计净残值为 5 000 元，采用年数总和法计算各年的折旧额。

各年折旧率分别为 5/15、4/15、3/15、2/15、1/15。

第一年的年折旧额 = (100 000-5 000) ×5/15 = 31 667 (元)

第二年的年折旧额 = (100 000-5 000) ×4/15 = 25 333 (元)

第三年的年折旧额 = (100 000-5 000) ×3/15 = 19 000 (元)

第四年的年折旧额 = (100 000-5 000) ×2/15 = 12 667 (元)

第五年的年折旧额 = (100 000-5 000) ×1/15 = 6 333 (元)

【涉税法规链接及提示】

《中华人民共和国企业所得税法》第三十二条规定，企业的固定资产由于技术进步等原因，确需加速折旧的，可以采取缩短折旧年限或者采取加速折旧的方法。《中华人民共和国企业所得税法实施条例》第九十八条规定，可以采取缩短折旧年限或者采取加速折旧方法的固定资产包括：①由于技术进步，产品更新换代较快的固定资产；②常年处于强震动、高腐蚀状态的固定资产。采取缩短折旧年限方法的，最低折旧年限不得低于本条例第六十条规定折旧年限的 60%；采取加速折旧方法的，可以采取双倍余额递减法或者年数总和法。

在固定资产价值一定的情况下，不论企业采用什么折旧方法，应计折旧总额是相等的，加速折旧法各年折旧额是递减的，在使用设备的早期，资产和利润均较低，符合谨慎性原则和配比原则，可以降低固定资产使用风险，固定资产使用成本 (折旧+修理费用) 比较均衡，可以推迟纳税，有利于固定资产更新。加速折旧法比较适用于技术进步较快的设备。

五、固定资产折旧的核算

在会计实务中，小企业一般都是按月计提固定资产折旧。为了简化核算，企业各月计提折旧额可在上月计提的折旧额的基础上，加上上月增加的固定资产应计提的折旧额，减去上月减少的固定资产应计提的折旧额。计提的折旧应当计入"累计折旧"科目，并根据固定资产的受益对象计入相关资产成本或当期损益。例如，基本生产车间使用的固定资产，其计提的折旧应计入制造费用；管理部门使用的固定资产，其计提的折旧额应计入管理费用；销售部门使用的固定资产，其计提的折旧额应计入销售费用；经营出租的固定资产，其计提的折旧额应计入其他业务成本；未使用的固定资产，其计提的折旧额应计入管理费用等。

【例6-11】甲小企业本月计提折旧的资料如下：基本生产车间折旧为20 000元；厂部管理部门折旧为18 000元。其会计处理如下。

借：制造费用 20 000
 管理费用 18 000
 贷：累计折旧 38000

企业一般通过编制"固定资产折旧计算表"进行折旧的计算和分配，并以此作为折旧核算的原始凭证。

【涉税法规链接及提示】

《中华人民共和国企业所得税法实施条例》第五十九条规定，企业应当自固定资产投入使用月份的次月起计算折旧；停止使用的固定资产，应当自停止使用月份的次月起停止计算折旧。固定资产的折旧费应当根据固定资产的受益对象计入相关资产成本或者当期损益。

六、固定资产的后续支出

固定资产的后续支出是指固定资产在使用过程中发生的改扩建支出、修理费用等。

（一）资本化的后续支出

固定资产的改扩建支出等后续支出，满足固定资产确认条件的，应当计入固定资产成本。小企业一般应将该固定资产的原价、已计提的累计折旧转销，将固定资产的账面价值转入在建工程，并停止计提折旧。发生的改扩建支出通过"在建工程"科目核算；工程完工达到预定可使用状态时，再由在建工程转为固定资产，并按重新确定的使用寿命、预计净残值和折旧方法计提折旧。如有被替换的部分，应同时将被替换部分的账面价值从该固定资产原账面价值中扣除。

已提足折旧的固定资产和经营租入的固定资产发生的改建支出应当计入长期待摊费用。

【例6-12】某公司因生产产品的需要，对现有生产线进行政扩建该生产线原价为300 000元，累计折旧为50 000元。改扩建中，共发生支出70 000元，均通过银行存款支付。

（1）生产线转入改扩建，转销其原价、累计折旧时，会计处理如下。

借：在建工程 250 000
 累计折旧 50 000
 贷：固定资产 300 000

（2）支付改扩建支出时，会计处理如下。

借：在建工程 70 000
 贷：银行存款 70 000

（3）生产线改扩建工程达到预定可使用状态时，会计处理如下。

借：固定资产 320 000
 贷：在建工程 320 000

（二）费用化的后续支出

不满足固定资产确认条件的固定资产修理费用等，应当在发生时按照受益对象，计入相关资产成本或当期损益。生产车间和行政管理部门等部门发生的修理费，分别计入"制造费用""管理费用"科目；专设销售机构发生的修理费，计入"销售费用"科目。

固定资产的大修理支出，计入"长期待摊费用"科目。

第四节 固定资产处置与清查

一、固定资产的处置

固定资产处置包括固定资产的出售、报废，毁损，对外投资、非货币性资产交换、债务重组等。

固定资产满足下列条件之一的，应当予以终止确认：

（1）该固定资产处于处置状态。

（2）该固定资产预期通过使用或处置不能产生经济利益。

小企业处置固定资产，应将处置收入扣除账面价值和相关税费后的金额计入营业外收入或营业外支出。固定资产处置应通过"固定资产清理"科目核算，具体包括以下几个环节：

（1）固定资产转入清理。固定资产转入清理时，按固定资产的账面价值，借记"固定资产清理"科目，按已计提的累计折旧，借记"累计折旧"科目；按其账面原价，贷记"固定资产"科目。

（2）发生的清理费用。固定资产清理过程中发生的相关税费及其他费用，借记"固定资产清理"科目，贷记"银行存款""应交税费"等科目，

（3）出售收入、残料和变价收入或保险赔偿等，借记"银行存款""原材料""其他应收款"等科目，贷记"固定资产清理""应交税费——应交增值税（销项税额）"科目。

（4）清理净损益的处理。固定资产清理完成后，若"固定资产清理"科目出现贷方余额，表示清理净收益，借记"固定资产清理"科目，贷记"营业外收入——处置非流动资产净收益"科目，若出现借方余额，表示清理净损失，属于生产经营期间正常的处理损失，借记"营业外支出——处置非流动资产损失"科目；属于自然灾害等非正常原因造成的损失，借记"营业外支出——非常损失"目；贷记"固定资产清理"科目。

根据《中华人民共和国增值税暂行条例》规定，企业出售已使用过的固定资产时，应区别不同情形征收增值税：①企业出售已使用过的 2009 年 1 月 1 日以后购进或自制的固定资产，按适用税率征收增值税。②2008 年 12 月 31 日以前未纳入扩大增值税抵扣范围试点的纳税人，销售自己使用过的 2008 年 12 月 31 日以前购进或自制的固定资产，按照 4% 的征收率减半征收增值税。③2008 年 12 月 31 日以前已纳入扩大增值税抵扣范围试点的纳税人，销售自己使用过的在本地区扩大增值税抵扣范围试点"前购进或自制的固定资产，按照 4% 的征收率减半征收增值税；销售自己使用过的在本地区扩大增值税抵扣范围试点以后购进或自制的固定资产，按照适用税率征收增值税，

【例 6-13】某小企业出售一座建筑物，原价为 300 000 元，已提折旧 120 000 元，实际出售价格为 220 000 元。增值税税税率为 9%，增值税税额为 19 800 元，价款已收存入银行。

（1）将出售固定资产转入清理时，会计处理如下。

借：固定资产清理   180 000

  累计折旧   120 000

   贷：固定资产   300 000

（2）收到价款时，会计处理如下。

借：银行存款　　　　　　　　　　　　　　　　　　　　　239 800
　　贷：固定资产清理　　　　　　　　　　　　　　　　　　220 000
　　　　应交税费——应交增值税（销项税额）　　　　　　　19 800

（3）结转出售非流动资产净收益时，会计处理如下。

借：固定资产清理　　　　　　　　　　　　　　　　　　　　40 000
　　贷：营业外收入——处置非流动资产净收益　　　　　　　40 000

假设上例题出售的是 2009 年购入的生产设备，适用的增值税税率为 17%，应交增值税税额为 37 400 元。

（1）将出售固定资产转入清理时，会计处理如下。

借：固定资产清理　　　　　　　　　　　　　　　　　　　180 000
　　累计折旧　　　　　　　　　　　　　　　　　　　　　　120 000
　　贷：固定资产　　　　　　　　　　　　　　　　　　　　300 000

（2）收到价款时，会计处理如下。

借：银行存款　　　　　　　　　　　　　　　　　　　　　257 400
　　贷：固定资产清理　　　　　　　　　　　　　　　　　　220 000
　　　　应交税费——应交增值税（销项税额）　　　　　　　37 4000

（3）结转出售固定资产净收益时，会计处理如下。

借：固定资产清理　　　　　　　　　　　　　　　　　　　　40 000
　　贷：营业外收入——处置非流动资产净收益　　　　　　　40 000

【例 6-14】某小企业一台设备因市场需求的变化，生产的产品滞销而需要提前报废，原价为 150 000 元，已提折旧 80 000 元。报废时的残料变价收入为 10 000 元，发生清理费用 2 000 元。

（1）将报废设备转入清理时时，会计处理如下。

借：固定资产清理　　　　　　　　　　　　　　　　　　　　70 000
　　累计折旧　　　　　　　　　　　　　　　　　　　　　　80 000
　　贷：固定资产　　　　　　　　　　　　　　　　　　　　150 000

（2）收到残料变价收入时时，会计处理如下。

借：银行存款　　　　　　　　　　　　　　　　　　　　　　10 000
　　贷：固定资产清理　　　　　　　　　　　　　　　　　　10 000

（3）支付清理费用时，会计处理如下。

借：固定资产清理　　　　　　　　　　　　　　　　　　　　2 000
　　贷：银行存款　　　　　　　　　　　　　　　　　　　　2 000

（4）结转报废固定资产净损失时，会计处理如下。

借：营业外支出——处置非流动资产损失　　　　　　　　　　62 000
　　贷：固定资产清理　　　　　　　　　　　　　　　　　　62 000

二、固定资产清查

为了保证小企业固定资产的安全和完整，挖掘现有固定资产的潜力，做到账实相符，小企业应定期或不定期（至少每年一次）对固定资产进行清查盘点。盘点前，财会部门要核对固定资产的账目，然后再与使用或保管部门的实物相核对。清查时应成立专门的清查机构，清查过程中，如果发现盘盈、盘亏的固定资产，应及时查明原因，填制固定资产盘盈盘亏报告表，并按照规定程序报批处理。

（一）固定资产盘盈的核算

小企业在财产清查中盘盈的固定资产，应按照同类或类似固定资产的市场价格或评估价值扣除按照新旧程度估计的折旧后的余额，借记"固定资产"科目，贷记"待处理财产损溢——待处理非流动资产损溢"科目，报经批准后，转入"营业外收入"科目。

【例6-15】 某小企业在财产清查中，发现一台未入账的设备，同类设备的市场价格为20 000元，八成新。该公司适用的所得税税率为25%，按净利润的10%计提盈余公积。

（1）盘盈设备时，会计处理如下。

借：固定资产   16 000
    贷：待处理财产损溢——待处理非流动资产损溢   16 000

（2）报经批准后，会计处理如下。

借：待处理财产损溢——待处理非流动资产损溢   16 000
    贷：营业外收入   16 000

（二）固定资产盘亏的核算

对于盘亏的固定资产，报经批准之前，应将其账面价值转入"待处理财产损溢——待处理非流动资产损溢"科目，报经批准后，按扣除保险公司或责任人赔偿后的金额，转入"营业外支出"科目。

【例6-16】 某小企业在财产清查中发现盘亏一台设备，原价为10 000元，已提折旧6 000元。

（1）盘亏固定资产时，会计处理如下。

借：待处理财产损溢——待处理非流动资产损溢   4 000
    累计折旧   6 000
    贷：固定资产   10 000

（2）报经批准后，会计处理如下。

借：营业外支出   4 000
    贷：待处理财产损溢——待处理非流动资产损溢   4 000

复习思考题

一、单项选择题

1. 小企业购入需要安装的固定资产，不论采用何种安装方式，固定资产的全部安装成本（包括固定资产买价以及包装运杂费和安装费）均应通过（　　）科目进行核算。

A. 固定资产   B. 在建工程   C. 工程物资   D. 长期投资

2. 某小企业2022年2月购入机器一台，取得的增值税专用发票注明价款85 000元，增值税税额11 050元，支付运杂费2 500元，则该小企业设备入账的原值为（　　）元。

A. 84 100   B. 98 550   C. 98 445   D. 96 050

3. 下列各项中应计提固定资产折旧的是（　　）。

A. 当月增加的固定资产   B. 已提足折旧继续使用的固定资产

C. 以经营租赁方式租入的固定资产　　　　D. 以融资租赁方式透入的固定资产

4. 某项固定资产的原值为 10 000 元，预计使用年限 5 年，预计净残值 1 000 元，在年数总和法下第二年的折旧额为(　　)元

    A. 2 000　　　　　　　B. 2 400　　　　　　　C. 1 800　　　　　　　D. 1 600

5. 计提固定资产折旧时，可以先不考虑固定资产残值的方法是(　　)

    A. 年限平均法　　　B. 工作量法　　　C. 双倍余额递减法　　　D. 年数总和法

6. 固定资产清理结束后，应将净损失转入(　　)科目。

    A. 管理费用　　　　B. 制造费用　　　C. 营业外支出　　　D. 营业外收入

7. 与年限平均法相比，采用年数总和法对固定资产计提折旧将使(　　)。

    A. 计提折旧的初期，企业利润减少，固定资产净值减少

    B. 计提折旧的初期，企业利润减少，固定资产原值减少

    C. 计提折旧的后期，企业利润减少，固定资产净值减少

    D. 计提折旧的后期，企业利润减少，固定资产原值减少

8. 小企业进行财产清查时盘亏设备一台，其账面原值 25 000 元，已提取折旧 18 000 元，则应记入"待处理财产损溢"科目的余额是(　　)元。

    A. 7 000　　　　　　　B. 12 000　　　　　　　C. 25 000　　　　　　　D. 30 000

9. 某小企业自建厂房过程中耗用工程物资的实际成本为 50 万元；在建工程人员薪酬 22.8 万元；支付的耕地占用税 1.18 万元；领用本企业生产经营用材料 6 万元，该批材料增值税为 0.78 万元。该厂房完工后，其入账价值为(　　)万元。

    A. 75.76　　　　　　　B. 78.56　　　　　　　C. 80.76　　　　　　　D. 79.58

10. 甲企业对一项原值为 120 万元、已提折旧 60 万元的固定资产进行改建，发生改建支出 50 万元，取得变价收入 10 万元。则改建后该项固定资产的入账价值为(　　)万元。

    A. 100　　　　　　　B. 145　　　　　　　C. 110　　　　　　　D. 150

11. 采用出包方式建造固定资产时，对于按照工程进度和合同规定结算的工程价款应贷记的会计科目是(　　)。

    A. 在建工程　　　　B. 固定资产　　　C. 工程物资　　　D. 预付账款

12. 企业接受投资者投入的一项固定资产，应按(　　)作为入账价值。

    A. 公允价值　　　　B. 投资方的账面原值

    C. 按照评估价值和相关税费　　　　D. 投资方的账面价值

13. 企业盘盈的固定资产，经批准转销后，应计入(　　)科目。

    A. 其他业务收入　　　B. 营业外支出　　　C. 资本公积　　　D. 营业外收入

二、多项选择题

1. 影响固定资产折旧的因素主要有(　　)。

    A. 固定资产原值　　　　　　　　B. 固定资产的使用年限

    C. 固定资产的净残值　　　　　　D. 固定资产计提折旧范围

2. 下列业务中通过"固定资产清理"科目核算的有(　　)。

    A. 出售固定资产　　　　　　　　B. 固定资产报废

    C. 固定资产毁损　　　　　　　　D. 固定资产对外投资

3. 第一年度提取折旧时，就需要考虑固定资产净残值的折旧方法有(　　)。

    A. 年限平均法　　　B. 工作量法　　　C. 双倍余额递减法　　　D. 年数总和法

4. 下列固定资产在购建时需记入"在建工程"科目的有(　　)。

A. 无需安装的固定资产　　　　　　B. 需要安装的固定资产

C. 固定资产的改扩建　　　　　　　D. 固定资产的新建工程

5. "固定资产清理"科目贷方登记的项目有(　　)。

A. 出售固定资产的价款　　　　　　B. 变价收入

C. 残料价值　　　　　　　　　　　D. 应由保险公司或过失人赔偿的损失

6. 双倍余额递减法和年数总和法的共同点有(　　)。

A. 属于加速折旧法　　　　　　　　B. 每期折旧率固定

C. 前期折旧高, 后期折旧低　　　　D. 不考虑净残值

7. 小企业结转固定资产清理净损益时, 可能涉及的会计科目有(　　)。

A. 管理费用　　　　B. 营业外收入　　　　C. 营业外支出　　　　D. 长期待摊费用

8. 下列业务中, 不通过"在建工程"科目核算的有(　　)。

A. 购入需要安装的设备　　　　　　　B. 购入不需要安装的设备

C. 在建工程在竣工决算前发生的借款利息　　D. 办理竣工决算后发生的利息费用

9. 下列固定资产中, 不计提折旧的固定资产有 (　　)。

A. 不需用的设备　　　　　　　　　　B. 当月增加的固定资产

C. 未提足折旧提前报废的固定资产　　D. 经营租入的固定资产

10. 下列各项中, 引起固定资产账面价值发生增减变化的有(　　)。

A. 购买固定资产时所支付的有关契税、耕地占用税

B. 发生固定资产日常修理支出

C. 发生固定资产改良支出

D. 对固定资产计提折旧

11. 下列税金中, 应该计入到固定资产入账价值的有(　　)。

A. 一般纳税企业购入固定资产按照税法规定可以抵扣的增值税进项税额

B. 契税

C. 耕地占用税

D. 车辆购置税

三、判断题

1. 小企业对经营租入和融资租入的固定资产均不拥有所有权, 故租入时均不必进行账务处理, 只需在备查簿中进行登记。　　　　　　　　　　　　　　　　　　　　(　　)

2. 承租人在签订融资租入的固定资产租赁合同过程中发生的, 可归属于租赁项目的手续费、律师费、印花税等初始直接费用, 应当计入当期费用。　　　　　　　　　　(　　)

3. 由于自然灾害造成的固定资产损失, 同自然报废产生的固定资产净损失一样, 都应列入"营业外支出"处理。　　　　　　　　　　　　　　　　　　　　　　　　(　　)

4. 以一笔款项购入多项没有单独标价的固定资产, 应当按照各项固定资产或类似资产的市场价格或评估价值比例对总成本进行分配, 分别确定各项固定资产的成本。　　(　　)

5. 企业购入的任何性质的工程物资, 其增值税进项税额都不能抵扣, 而应计入工程物资的成本。　　　　　　　　　　　　　　　　　　　　　　　　　　　　　　　(　　)

6. 企业以经营租赁方式将生产车间一台设备租给某单位使用, 该固定资产的所有权尚未转移。企业对该固定资产仍应计提折旧, 计提折旧时应计入"制造费用"科目。　(　　)

7. 工作量法计提折旧的特点是每期提取的折旧额相等。（　　）

8. 采用出包方式进行自建固定资产工程时，按照合同规定预付承包单位的工程价款，通过"预付账款"科目核算。（　　）

9. 企业将一台不需用的机床对外出售，在计算出售该固定资产的净损益时应考虑营业税。（　　）

10. 盘亏和盘盈的固定资产都应该通过"待处理财产损溢"科目核算。（　　）

11. 按照小企业会计准则的规定，已提足折旧的固定资产，不再提折旧；未提足折旧提前报废的固定资产仍然需要计提折旧，直至提足折旧为止。（　　）

12. 小企业在建工程在试运转过程中形成的产品、副产品或试车收入冲减在建工程成本。（　　）

13. 对于固定资产借款发生的利息支出，在竣工决算前发生的，应计入固定资产的建造成本；在办理竣工决算后发生的，则应作为当期费用处理。（　　）

14. 固定资产提足折旧后，不论能否继续使用，均不再计提折旧；提前报废的固定资产，也不再补提折旧。（　　）

15. 企业应当对所有固定资产计提折旧。（　　）

16. 固定资产折旧方法一经确定不得变更。（　　）

17. 小企业固定资产一经入账，其入账价值均不得做任何变动。（　　）

四、实务题

1. 某小企业自行建造仓库一座，购入为工程准备的各种物资 300 000 元，支付的增值税进项税额 39 000 元。建造过程中领用工程物资，同时还领用生产用的原材料一批，实际成本 20 000 元，增值税进项税额 2 600；领用产品一批，其成本为 25 000 元，计税价格为 30 000 元；计算应支付工程人员物资 80 000 元，计提工程人员的职工福利费 11 200 元；企业辅助生产车间为工程提供有关劳务支出 10 000 元，工程完工交付使用。

要求：根据以上经济业务，编制会计分录。

2. 某小企业一项固定资产原值为 300 000 元，预计使用年限为 5 年，预计净残值率为 5%。

要求：采用年限平均法、双倍余额递减法和年数总和法计算第二年和第五年的折旧额。

3. 某小企业报废一条设备生产线，该设备生产线账面原价 900 000 元，已提折旧 800 000 元；用银行存款支付清理费用 50 000 元，出售残值收入 160 000 元已存入银行。

要求：根据上述业务编制有关会计分录。

4. 某小企业 2022 年末购买设备一台，取得的增值税专用发票上注明价款 500 000 元，增值税税额 65 000 元，支付运杂费 3 000 元，均以银行存款支付。设备直接交付安装，安装时领用生产用材料 20 000 元，购进该批材料时支付的增值税税额为 2 600 元。支付安装工程人员工资 5 000 元。安装工程完工，交付使用。该设备预计使用 10 年，净残值率为 5%，企业采用年限平均法计提折旧。该设备于交付使用后第六年初出售，收到 327 600 元存入银行，用存款支付清理费 2 000 元。

要求：根据以上经济业务，编制会计分录。

5. 某小企业 2022 年发生下列固定资产经济业务：

（1）在年度财产清查中盘盈一台 6 成新的机器设备，该设备同类产品市场价格为 10 000 元。经批准，该盘盈的机器设备作为企业的营业外收入。

（2）在年度财产清查中发现盘亏一台设备，其账面原价为 20 000 元，已提折旧为 15 000 元。经批准，该盘亏的设备作为企业的营业外支出。

（3）接受 A 公司投入的一台设备，其评估价值为 200 000 元。

要求：根据以上经济业务，编制会计分录。

第七章

无形资产及其他资产

学习目的

通过本章学习，了解无形资产的特征和内容、生产性生物性资产和长期待摊费用的内涵；理解无形资产取得的计量、无形资产的摊销；掌握无形资产取得的核算、无形资产摊销的范围及摊销方法、无形资产处置的核算、生产性生物资产取得和减少的核算、长期待摊费用的摊销方法及摊销期限、长期待摊费用的核算。

第一节　无形资产及其核算

无形资产是指小企业为生产产品、提供劳务、出租或经营管理而持有的、没有实物形态的可辨认非货币性资产。小企业的无形资产包括土地使用权、专利权、商标权、著作权、非专利技术、特许权等。

一、无形资产的特征

相对于其他资产，无形资产具有以下特征。

（一）无形资产不具有实物形态

无形资产通常表现为某种权利、技术或获取超额利润的综合能力。它没有实物形态，却能够为小企业带来经济利益，或使企业获取超额收益。不具有实物形态是无形资产区别于其他资产的特征之一。某些无形资产的存在有赖于实物载体，如计算机软件需要存储在磁盘中，但这并没有改变无形资产本身不具有实物形态的特征。

（二）属于非货币性长期资产

无形资产区别于货币性资产的特征，就在于它属于非货币资产。无形资产和货币性资产均没有实物形态（如银行存款也没有实物形态），但无形资产能在超过小企业的一个经营周期内为企业创造经济利益，这是其主要特征。

（三）为了使用而非出售

小企业持有无形资产的目的不是为了出售，而是为了生产产品、提供劳务、出租或经营管理。

（四）具有可辨认性

无形资产能够从小企业中分离或者划分出来，并能单独或者与相关合同、资产或负债一起，用于出售、转让、授予许可、租赁或者交换。无形资产常常源自合同性权利或其他法定权利，无论这些权利是否可以从企业或者其他权利或义务中转移或者分离。

此外，无形资产往往与小企业的其他资产（如管理人员、企业的硬件设备、材料等）结合，才能为企业创造经济利益。无形资产创造经济利益的能力会较多地受外界因素的影响，如相关新技术更新换代的速度、利用无形资产所生产产品的市场接受程度等。

商誉的存在无法与企业自身分离，不具有可辨认性，因此不属于无形资产。

某个项目要确认为无形资产，首先应符合无形资产的定义，同时还要满足下列条件：

（1）与该无形资产有关的经济利益很可能流入企业。在实务工作中，要确定无形资产产生经济利益是否很可能流入企业，应当对无形资产在预计使用寿命内可能存在的各种经济因素做出合理估计，并且有明确的证据支持。

（2）该无形资产的成本能够可靠计量。成本能够可靠计量是确认资产的一项基本条件，对于无形资产而言，这个条件显得十分重要。例如，企业自创商誉、人力资源以及内部产生的品牌等，因其成本无法可靠计量，因此不作为无形资产确认。

二、无形资产的内容

无形资产包括土地使用权、专利权、非专利技术、商标权、著作权等。

（一）土地使用权

土地使用权，指国家准许某小企业在一定期间内对国有土地享有开发、利用、经营的权利。根据我国《土地管理法》的规定，我国土地实行公有制，任何单位和个人不得侵占、买卖或者以其他形式非法转让。小企业取得土地使用权的方式大致有以下几种：行政划拨、外购和投资者投入取得等。

需要特别说明的是，小企业取得的土地使用权应确认为无形资产。土地使用权用于自行开发建造厂房等建筑物，土地使用权的账面价值不与地上建筑物合并计算其成本，而仍作为无形资产进行核算，土地使用权与地上建筑物分别进行摊销和计提折旧。房地产开发小企业取得的土地使用权用于建造对外出售的房屋建筑物，相关的土地使用权应当计入所建造的房屋建筑物成本。小企业外购的房屋建筑物，实际支付的价款中包括土地以及建筑物的价值，则应当对支付的价款按照合理的办法（例如，市场价格或评估价值）在土地和地上建筑物之间进行分配，如果确实无法在地上建筑物与土地使用权之间进行合理分配的，应当全部作为固定资产核算。

（二）专利权

专利权，是国家专利主管机关依法授予发明创造专利申请人，对其发明创造在法定期限内享有的专有权利，包括发明和专利权、实用新型专利权和外观设计专利权。专利权是允许其持有者独家使用或控制的特权，小企业不应将其所拥有的一切专利权都予以资本化，作为无形资产管理和核算。只有从外单位购入的专利或者自行开发，并按法律程序申请取得的专利，才能作为无形资产管理和核算。

（三）非专利技术

非专利技术，也称专有技术、技术秘密、技术诀窍。它是指先进的、未公开的、未申请专利、可以带来经济效益的技术及诀窍。主要内容包括以下三方面：一是工业专有技术，即在生产上已经采用，仅限于少数人知道，不享有专利权或者发明权的生产、装配、修理、工艺或加工方法的技术知识；二是商业（贸易）专有技术，即具有保密性质的市场情报、原材料价格情报以及用户、竞争对象的情况和有关知识；三是管理专有技术，即生产组织的经营方式、管理方式、培训职工方法等保密知识。非专利技术并不是专利法的保护对象，专有技术所有人依靠自我保密的方式来维持其独占权，可以用于转让和投资。

（四）商标权

商标是用来辨认特定的商品或劳务的标记。商标权指专门在某类指定的商品或产品上使用特定的名称或图案的权利。商标经过注册登记，就获得了法律上的保护。《中华人民共和国商标法》明确规定，经商标局核准注册的商标为注册商标，商标注册人享有商标专用权，受法律的保护。商标权明确独占使用权和禁止权两个方面。独占使用权指商标权享有人在商标的注册范围内独家使用其商标的权利；禁止权指商标权享有人排除和禁止他人对商标独占使用权进行侵犯的权利。

商标可以转让，但受让人应保证使用该注册商标的产品质量。如果小企业购买他人的商标，一次性支出费用较大的，可以将其资本化，作为无形资产管理。但小企业自创的商标并将其注册登记，所花费用一般不大，是否将其资本化并不重要，一般不资本化。广告费一般不作为商标权的成本，二是在发生时直接计入销售费用。

（五）著作权

著作权又称版权，是指制作者对其创作的文学、科学和艺术作品依法享有的某种特殊权利。著作权包括两方面的权利，即精神权利（人身权利）和经济权利（财产权利）。前者指作品署名权、发表作品、确认作者身份、保护作品完整性、修改已经发表的作品等各项权利，包括发表权、署名权、修改权和保护作品完整权；后者指以出版、表演、广播、展览、录制唱片、摄制影片等方式使用作品以及因授权他人使用作品而获得经济利益的权利。

（六）特许权

特许权，又称特许经营权、专营权，指小企业在某一地区经营或销售某种特定商品的权利，是一家企业接受另一家企业使用其商标、商号、技术秘密等的权利。前者一般是由政策机构授权，准许企业使用或在一定地区享有经营某种业务的特权，如水、电、邮电通讯等专营权、烟草专卖权等；后者指企业间依照签订的合同，有限期或无限期使用另一家企业的某些权利，如连锁分店使用总店的名称等。

三、无形资产的核算

为了核算无形资产的取得摊销和处置等情况，企业应当设置"无形资产""累计摊销"等科目。

"无形资产"科目用于核算小企业持有的无形资产成本。本科目应按无形资产项目进行明细核算。

"累计摊销"科目属于"无形资产"的调整科目，用于核算小企业对使用寿命有限的无形资产计提的累计摊销，贷方登记企业计提的无形资产摊销，借方登记处置无形资产转出的累计摊销，期末贷方余额，反映小企业无形资产的累计摊销额。

"研发支出"科目，核算小企业进行研究与开发无形资产过程中发生的各项支出。借方登记小企业自行研究开发无形资产发生各种研发支出（含符合与不满足资本化条件的），贷方登记研究开发项目达到预定用途转入无形资产和月末费用化支出转入管理费用的金额，期末借方余额，反映小企业正在进行的无形资产开发项目满足资本化条件的支出。本科目应按照研究开发项目，分别"费用化支出""资本化支出"进行明细核算。

无形资产的成本扣减累计摊销后的金额，称为无形资产的账面价值，列示在资产负债表中。

（一）无形资产取得的核算

无形资产应当按照成本进行初始计量。企业取得无形资产的主要方式有外购、接受投资者投资、自行开发等。

1. 外购无形资产

其成本包括购买价款、相关税费以及直接归属于使该资产达到预定用途所发生的其他支出（含相关的利息费用），借记"无形资产"科目，贷记"银行存款""应付利息"等科目。其中，直接归属于使该资产达到预定用途所发生的其他支出，包括使无形资产达到预定用途所发生的专业服务费用、测试无形资产是否能够正常发挥作用的费用等，但不包括为引进新产品进行宣传发生的广告费、管理费用及其他间接费用，也不包括在无形资产已经达到预定用途后发生的费用。

【例7-1】某小企业于2022年6月购入一项专利权，支付价款为300 000元，增值税税额18 000元，以银行存款支付，法律保护期限为10年，企业估计使用寿命为8年，该专利用于产品的生产。

借：无形资产——专利权　　　　　　　　　　　　　　　　　300 000
　　应交税费——应交增值税（进项税额）　　　　　　　　　　18 000
　　　贷：银行存款　　　　　　　　　　　　　　　　　　　　　　　318 000

企业取得的土地使用权，通常应当按照取得时所支付的价款及相关税费确认为无形资产。土地使用权用于自行开发建造厂房等地上建筑物时，则单独作为无形资产核算，但房地产开发企业取得的土地使用权用于建造对外出售的房屋建筑物的，则土地使用权的价值应计入房屋建筑物成本。

自行开发建造厂房等建筑物，外购土地及建筑物支付的价款应当在建筑物与土地使用权之间按照合理的方法进行分配，其中属于土地使用权的部分，借记"无形资产"科目，贷记"银行存款"等科目。难以合理分配的，应当全部作为固定资产。

2. 投资者投入的无形资产

收到投资者投入的无形资产，应当按照评估价值和相关税费，借记"无形资产"科目，贷记"实收资本""资本公积"科目。

3. 自行开发的无形资产

小企业内部研究开发项目所发生的支出应区分研究阶段支出和开发阶段支出。小企业应设置"研发支出"科目，该科目属于成本类科目，核算小企业进行研究与开发无形资产过程中发生的各项支出，并按照研究开发项目，分别以"费用化支出""资本化支出"进行明细核算。期末，对于不满足资本化条件的研发支出，转入当期管理费用；符合资本化条件但尚未完成的开发费用，记入"研发支出"科目，待开发项目完成达到预定用途形成无形资产时，再将其成本转入无形资产，无法区分研究阶段和开发阶段的支出的，应在发生时作为管理费用，期求借方余额，反映小企业正在进行的无形资产开发项目满足资本化条件的支出。

小企业自行开发无形资产发生的支出，只有同时满足下列条件，才能将其确认为无形资产：

（1）完成该无形资产以使其使用或出售在技术上具有可行性。

（2）具有完成该无形资产并使用或出售的意图。

（3）能够证明运用无形资产产生的产品存在市场或无形资产自身存在市场，无形资产将在内部使用的，应当证明其有用性。

（4）有足够的技术、财务和其他资源支持，以完成该无形资产的开发，并有能力使用或出售该无形资产。

（5）归属于该无形资产开发阶段的支出能够可靠计量。

【例7-2】2021年，某小企业自行研究、开发一项非专利技术，研发过程中发生材料费用180 000元，人工费用320 000元，其他支出60 000元，共计560 000元。其中，符合资本化条件的支出为360 000元。2022年6月10日，该项目完成开发，并达到预定用途，该技术估计使用寿命为10年。

（1）2021年，发生研发支出时，会计处理如下。

借：研发支出——费用化支出　　　　　　　　　　　　　　　　　　200 000
　　　　——资本化支出　　　　　　　　　　　　　　　　　　360 000
　　贷：原材料　　　　　　　　　　　　　　　　　　　　　　　180 000
　　　　应付职工薪酬　　　　　　　　　　　　　　　　　　　　320 000
　　　　银行存款　　　　　　　　　　　　　　　　　　　　　　60 000

（2）2021年12月31日，结转费用化支出时，会计处理如下。

借：管理费用　　　　　　　　　　　　　　　　　　　　　　　　200 000
　　贷：研发支出——费用化支出　　　　　　　　　　　　　　　200 000

（3）2022年6月10日，该技术研发完成并达到预定用途时，会计处理如下。

借：无形资产——非专利技术　　　　　　　　　　　　　　　　　360 000
　　贷：研发支出——资本化支出　　　　　　　　　　　　　　　360 000

（二）无形资产摊销的核算

企业应当于取得无形资产时分析判断其使用寿命，无形资产应当在其使用寿命内采用年限平均法进行摊销。无形资产的摊销期自可供使用（即其达到预定用途）时开始至停止使用或出售时为止。有关法律规定或合同约定了使用寿命的，可以按照规定或合同约定的使用年限分期摊销。

无形资产自可供使用当月起开始按月摊销，处置当月不再摊销。小企业不能可靠估计无形资产使用寿命的，摊销期不得低于10年。

小企业按月采用年限平均法计提无形资产的摊销，应当按无形资产的受益对象计入相关资产的成本或当期损益。小企业自用的无形资产，其摊销金额计入管理费用；出租的无形资产，其摊销金额计入其他业务成本；无形资产包含的经济利益通过所生产的产品或其他资产实现的，其摊销金额应计入制造费用。

【例7-3】接【例7-1】和【例7-2】，2022年6月30日，摊销无形资产。

借：制造费用——专利权摊销（300 000÷8÷12）　　　　　　　　3 125
　　管理费用——非专利技术摊销（360 000÷10÷12）　　　　　3 000
　　贷：累计摊销　　　　　　　　　　　　　　　　　　　　　6 125

（三）无形资产的处置和报废

因出售、报废、对外投资等原因处置无形资产，处置收入扣除其账面价格、相关税费等后的净额，应当计入营业外收入或营业外支出。

小企业因出售、报废、对外投资等原因处置无形资产的，应当按照取得的出售无形资产价款等处置收入，借记"银行存款"等科目；按照其已计提的累计摊销，借记"累计摊销"科目；按照应支付的相关税费及其他费用，贷记"应交税费——应交增值税""银行存款"等科目；按照其成本，贷记"无形资产"科目；按其差额，贷记"营业外收入——非流动资产处置净收益"科目或借记"营业外支出——非流动资产处置净损失"科目。

【例7-4】某小企业将其拥有的某项商标权出售，该商标权的成本为300 000元。已摊销120 000元，取得出售收入250 000元，应交增值税为15 000元。

```
借：银行存款                                    265 000
    累计摊销                                    120 000
    贷：无形资产                                          300 000
        应交税费——应交增值税（销项税额）                 15 000
        营业外收入——非流动资产处置净收益                 70 000
```

如果无形资产预期不能为企业带来经济利益，则应将其报废并予以转销，其账面价值转入当期营业外支出。

假设上例中的商标权报废，则其会计处理如下。

```
借：营业外支出——非流动资产处置净损失             180 000
    累计摊销                                    120 000
    贷：无形资产                                          300 000
```

（四）无形资产的出租

小企业无形资产出租形成的租金收入和发生的相关费用，分别确认为其他业务收入和其他业务成本。取得租金收入时，借记"银行存款"科目，贷记"其他业务收入""应交税费——应交增值税（销项税额）"科目；摊销出租无形资产的成本并发生与转让有关的各种费用支出时，借记"其他业务成本"科目，贷记"累计摊销"科目。

【例7-5】甲公司将一项专利技术出租给乙公司使用，该专利技术的账面余额为300 000元，摊销期限为10年，出租合同规定，承租方每销售1件用该专利生产的产品，必须付给出租方10 000元专利技术使用费，租金收入适用的增值税税率为6%，假定承租方当年销售该产品10件，甲公司的账务处理如下。

（1）取得该项专利技术使用费收入时，会计处理如下。

```
借：银行存款                                    106 000
    贷：其他业务收入                                      100 000
        应交税费——应交增值税（销项税额）                  6 000
```

（2）按年对该项专利技术进行摊销时，会计处理如下。

```
借：其他业务成本                                 30 000
    贷：累计摊销                                           30 000
```

第二节　其他资产

其他资产是指除流动资产、长期股权投资、固定资产、无形资产等以外的资产，如生产性生物资产、长期待摊费用等。

一、生产性生物资产

（一）生产性生物资产概述

生产性生物资产，是指小企业（农、林、牧、渔业）为生产农产品、提供劳务或出租等目的而持有的生物资产。生产性生物资产具备自我生长性，能够在持续的基础上予以消耗并在未来的一段时间内保持其服务能力或未来经济利益，属于劳动手段，包括经济林、薪炭林、产畜和役畜等。

一般而言，生产性生物资产通常需要生长到一定阶段才开始具备生产的能力。根据其是否具备生产能力（是否达到预定生产经营目的），可以对生产性生物资产进行进一步的划分。所谓达到预定生产经营目的，是指生产性生物资产进入正常生产期，可以多年连续稳定产出农产品、提供劳务或出租。由此，生产性生物资产可以划分为未成熟和成熟两类。前者是指尚未达到预定生产经营目的，还不能多年连续稳定产出农产品、提供劳务或出租。例如尚未开始挂果的果树、尚未开始产奶的奶牛等。后者是指已经达到生产经营目的的生产性生物资产。

（二）生产性生物资产的初始计量

外购的生产性生物资产的成本，包括购买价款、相关税费、运输费、保险费以及可直接归属于购买该资产的其他支出（场地整理费、装卸费栽植费、专业人员服务费等）。

小企业外购的生物资产，应当按照购买价款和相关税费等，借记"生产性生物资产"科目，货记"银行存款"等科目。

【例7-6】ABC畜牧养殖企业从市场上购买50头奶牛，支付90 000元货款，发生运输费1 000元，装卸费500元。奶牛作为生产性生物资产，其会计处理如下。

借：生产性生物资产——奶牛　　　　　　　　　　　　　　　　　91 500
　　贷：银行存款　　　　　　　　　　　　　　　　　　　　　　　　91 500

自行营造或繁殖的生产性生物资产的成本，应当按照下列规定确定。

（1）自行营造的林木类生产性生物资产的成本，包括达到预定生产经营目的前发生的造林费、抚育费、营林设施费、良种试验费、调查设计费和应分摊的间接费用等必要支出。

（2）自行繁殖的产畜和役畜的成本。包括达到预定生产经营目的前发生的饲料费、人工费和应分摊的间接费用等必要支出。

【例7-7】A农业企业购买蓝莓树苗10 000株，支付价款150 000元，用于生产蓝莓。蓝莓生长3年后方进入成熟期结果。支出造林费2 000元，抚育费等10 000元，土地租赁费摊销费20 000元，其会计处理如下。

借：生产性生物资产——蓝莓（未成熟）　　　　　　　　　　　182 000
　　贷：银行存款　　　　　　　　　　　　　　　　　　　　　　　182 000

成熟时，按其账面余额结转明细科目

借：生产性生物资产——蓝莓（成熟）　　　　　　　　　　　　182 000
　　贷：生产性生物资产——蓝莓（未成熟）　　　　　　　　　　　182 000

（三）生产性生物资产的后续计量

成熟的生产性生物资产应当按照年限平均法计提折旧。

小企业（农、林、牧、渔业）应当根据生产性生物资产的性质和使用情况，并考虑税法的规定，合理确定生产性生物资产的使用寿命和预计净残值。

生产性生物资产的折旧方法、使用寿命、预计净残值一经确定，不得随意变更。

小企业（农、林、牧、渔业）应当自生产性生物资产投入使用月份的下月起按月计提折旧；停止使用的生产性生物资产，应当自停止使用月份的下月起停止计提折旧。

小企业按期（月）计提成熟生产陆生物资产的折旧，并根据受益对象分别计入收获的农产品成本、劳务成本、出租费用等。对成熟生产性生物资产按期计提折旧时，借记"生产成本""管理费用"等科目。贷记"生产性生物资产累计折旧"科目。

处置生产性生物资产还应同时结转生产性生物资产累计折旧，将处置损益记人营业外收入"或"营业外支出"科目。

【例7-8】接【例7-6】，50头奶牛投入生产，开始产奶。ABC企业按5年计提折旧，每月计提折旧1 525元，其会计处理如下。

借：生产成本 1 525
　　贷：生产性生物资产累计折旧 1 525

假设第3年初企业出售10共奶牛，收取价款15 0 000元，其会计处理如下。

借：银行存款 15 000
　　生产性生物资产累计折旧 7 320
　　贷：生产性生物资产 18 300
　　　　营业外收入 4 020

二、长期待摊费用

（一）长期待摊费用概述

小企业的长期待摊费用是指企业已经发生但应由本期和以后各期负担的分摊期限在1年以上的各项费用，主要包括已提足折旧的固定资产的改建支出、经营租入固定资产的改建支出、固定资产的大修理支出和其他长期待摊费用等。

1. 已提足折旧的固定资产的改建支出

固定资产已提足折旧，说明其账面价值仅剩下预计净残值，这个时候再发生改建支出不能计入固定资产的成本，因为此时这些支出已经失去了可以附着的载体。所以已提足折旧的固定资产的改建支出，仅指改变房屋或者建筑物结构、延长使用年限等发生的支出。否则发生的相关支出不得作为长期待摊费用，而应直接记入发生当期的管理费用或销售费用。

2. 经营租入固定资产的改建支出

小企业经营租入固定资产仅拥有其使用权，经营租入固定资产的改建支出不能计入固定资产。《小企业会计准则》规定的经营租入固定资产的改建支出，仅指改变房屋或者建筑物结构、延长使用年限等发生的支出。否则发生的相关支出不得作为长期待摊费用，而应直接记入发生当期的管理费用或销售费用。

3. 固定资产的大修理支出

固定资产的修理支出包括日常修理和大修理。固定资产的大修理支出是指同时符合下列条件的支出：①修理支出达到取得固定资产时计税基础的50%以上；②修理后固定资产的使用寿命延长2年以上。两个条件必须同时满足，缺一不可。不符合大修理条件的修理支出均作为日常修理，应在发生时直接记入当期损益。《小企业会计准则》对固定资产的大修理支出的规定同税法。计税基础就是固定资产的成本或原价。

4. 其他长期待摊费用

这一类指小企业已足额提取折旧的固定资产的改建支出、租入固定资产的改建支出、固定资产的大修理支出以外的其他情况。

（二）长期待摊费用的摊销

1. 摊销方法

《小企业会计准则》规定，长期待摊费用应当在其摊销期限内采用年限平均法进行摊销，根据其受益对象计入相关资产的成本或者管理费用，并冲减长期待摊费用。也就是说长期待摊费用的摊销方法只能采用年限平均法，并按照受益对象进行分摊。如果用于生产产品或自行开发无形资产，其摊销额应计入该产品的成本或无形资产的成本，否则摊销额全部计入管理费用。

2. 摊销期限的确定

长期待摊费用应从发生月份的下月起开始摊销，其计算方法同固定资产。不同的长期待摊费用摊销期限的确定具体如下：

（1）已提足折旧的固定资产的改建支出，按照固定资产预计尚可使用年限分期摊销。

（2）经营租入固定资产的改建支出，按照合同约定的剩余租赁期限分期摊销。

（3）固定资产的大修理支出，按照固定资产尚可使用年限分期摊销。

（4）其他长期待摊费用，自支出发生月份的下月起分期摊销，摊销期不得低于 3 年。

（三）长期待摊费用的核算

小企业应设置"长期待摊费用"科目，并按支出项目进行明细核算。发生的长期待摊费用，借记"长期待摊费用"科目，贷记"银行存款""原材料"等科目。按月采用年限平均法摊销长期待摊费用应当按受益对象，借记"制造费用""管理费用"等科目，贷记本科目。期末余额在借方，反映小企业尚未摊销完毕的长期待摊费用。

【例 7-9】2022 年 4 月 1 日，甲小企业将一台已提足折旧的房屋进行改建，发生以下有关支出：领用材料 60 000 元，购进材料时支付的增值税进项税额为 7 800 元，有关工程人员的职工薪酬为 55 800 元。2022 年 12 月 1 日，该房屋改建完工，达到预定可使用状态并交付使用，预计尚可使用 5 年。

（1）改建领用原材料时，会计处理如下。

借：长期待摊费用　　　　　　　　　　　　　　　　　　　　　　　67 800
　　贷：原材料　　　　　　　　　　　　　　　　　　　　　　　　60 000
　　　　应变税费——应交增值税（进项税额转出）　　　　　　　　7 800

（2）确认工程人员职工薪酬时，会计处理如下。

借：长期待摊费用　　　　　　　　　　　　　　　　　　　　　　　55 800
　　贷：应付职工薪酬　　　　　　　　　　　　　　　　　　　　　55 800

（3）改建支出时，会计处理如下。

每月摊销改建支出＝（67 800＋55 800）÷5÷12＝2 060（元）

借：管理费用　　　　　　　　　　　　　　　　　　　　　　　　　2 060
　　贷：长期待摊费用　　　　　　　　　　　　　　　　　　　　　2 060

复习思考题

一、单项选择题

1. 对出租的无形资产进行摊销时，其摊销的价值应当计入（　　　）。

A. 管理费用   B. 其他业务成本   C. 营业外支出   D. 销售费用

2. 小企业出售无形资产发生的净损失，应当计入（ ）科目。

A. 主营业务成本   B. 其他业务成本   C. 管理费用   D. 营业外支出

3. 小企业出租无形资产取得的收入，应当计入（ ）科目。

A. 主营业务收入   B. 其他业务收入   C. 投资收益   D. 营业外收入

4. 由投资者投资转入的无形资产，应按照评估价值和相关税费，借记"无形资产"科目，按照其在注册资本中所占的份额，贷记"实收资本"科目，按照其差额贷记的科目是（ ）。

A. 资本公积   B. 营业外收入   C. 盈余公积   D. 最低租赁付款额

5. 某小企业 2022 年 3 月 1 日开始自行开发非专利技术，在研究阶段发生费用 10 万元，开发阶段支付开发人员薪酬 50 万元，支付其他费用 20 万元。开发阶段的支出符合无形资产资本化条件。则"研发支出—资本化支出"科目的金额应为（ ）万元。

A. 80   B. 70   C. 60   D. 50

6. 小企业在无形资产研发阶段发生的支出应先计入（ ）科目。

A. 无形资产   B. 管理费用   C. 研发支出   D. 累计摊销

7. 小企业自行开发建造厂房等建筑物，外购土地及建筑物支付的价款应当在建筑物与土地使用权之间按照合理的方法进行分配，其中属于土地使用权的部分，通常作为（ ）科目核算。

A. 固定资产   B. 在建工程   C. 无形资产   D. 长期待摊费用

8. "无形资产"科目期末借方余额，反映小企业无形资产的（ ）。

A. 成本   B. 摊余价值   C. 账面价值   D. 可收回金额

9. 2022 年 1 月 1 日，某企业将一项专利权的使用权转让给甲公司，每年收取租金 5 万元，适用的增值税税率为 6%。该专利权系企业 2021 年 1 月 1 日购入的，初始成本为 10 万元，预计使用年限为 5 年。该无形资产按年限平均法摊销。假定不考虑其他因素，乙公司 2022 年度因该专利权形成的其他业务利润为（ ）万元。

A. 2   B. 2.75   C. 3   D. 4.5

10. 甲公司出售所拥有的一项非专利技术，取得收入 30 万元，增值税税率 6%。该项非专利技术取得时实际成本为 40 万元，已摊销 12 万元。甲公司出售该项无形资产应计入当期损益的金额为（ ）万元。

A. 0.2   B. 0.3   C. 0.4   D. 0.5

11. 根据企业所得税法的规定，下列对生物资产的税务处理正确的是（ ）。

A. 企业应当自生产性生物资产投入使用月份的当月起计算折旧

B. 停止使用的生产性生物资产，应当自停止使用月份的当月停止计算折旧

C. 畜类生产性生物资产，折旧年限不得超过 3 年

D. 畜类生产性生物资产，折旧年限不得短于 3 年

12. 2022 年 4 月，某养殖企业自行繁殖的 1 000 头种猪转为育肥猪，此批种猪的账面原价为 500 000 元，已经计提的累计折旧为 200 000 元。则产畜或役畜淘汰转为育肥畜时的处理正确的是（ ）。

A. 借：消耗性生物资产——育肥猪   500 000

         贷：生产性生物资产——成熟生产性生物资产   500 000

B. 借：消耗性生物资产——育肥猪　　　　　　　　　　　　270 000

　　贷：生产性生物资产——成熟生产性生物资产　　　　　　270 000

C. 借：消耗性生物资产——育肥猪　　　　　　　　　　　　500 000

　　贷：生产性生物资产累计折旧　　　　　　　　　　　　200000

　　　　生产性生物资产——成熟生产性生物资产　　　　　　300 000

D. 借：消耗性生物资产——育肥猪　　　　　　　　　　　　300 000

　　　　生产性生物资产累计折旧　　　　　　　　　　　　200 000

　　贷：生产性生物资产——成熟生产性生物资产　　　　　　500 000

13. 某林场外购一批柿子树，支付价款 20 万元，依据企业所得税相关规定，税前扣除方法为(　　　)。

A. 一次性在税前扣除

B. 按柿子树寿命在税前分期扣除

C. 按直线法以不低于 3 年折旧年限计算折旧税前扣除

D. 按直线法以不低于 10 年折旧年限计算折旧税前扣除

14. 企业发生的符合条件的固定资产资产大修理支出，应借记的科目是 (　　　)

A. 管理费用　　　　　　B. 在建工程　　　　C. 长期待摊费用　　　D. 制造费用

15. 长期待摊费用科目余额一般在借方，表示 (　　　)

A. 已经摊销的费用　　　　　　　　　　B. 尚未支付的费用

C. 实际发生的费用　　　　　　　　　　D. 尚未摊销完毕的长期待摊费用

二、多项选择题

1. 下列各项中，属于无形资产的有 (　　　)。

A. 企业自行开发建造厂房等建筑物　　　B. 尚未注册的商标

C. 企业外购的土地使用权　　　　　　　D. 企业外购的商标权

2. 下列各项支出中，可以计入无形资产价值的有 (　　　)。

A. 外购专利权的买价　　　　　　　　　B. 外购专利权支付相关的其他支出

C. 外购专利权支付的相关税金　　　　　D. 外购专利权相关的借款费用

3. 下列情况中，应贷记"无形资产"科目的有 (　　　)。

A. 出租无形资产　　　B. 报废无形资产　　　C. 出售无形资产　　　D. 无形资产摊销

4. 外购无形资产的成本，包括 (　　　)

A. 购买价款　　　　B. 相关的其他支出　　　C. 相关税费　　　D. 相关的借款费用

5. 下列有关土地使用权的会计处理，正确的是 (　　　)

A. 企业外购的土地使用权通常应确认为无形资产

B. 自行开发建造厂房等建筑物，相关的土地使用权与建筑物应当分别进行处理。

C. 外购土地及建筑物支付的价款应当在建筑物与土地使用权之间按照合理的方法进行分配；难以合理分配的，应当全部作为固定资产。

D. 外购土地及建筑物支付的价款应当在建筑物与土地使用权之间按照合理的方法进行分配；难以合理分配的，应当全部作为无形资产。

6. 小企业自行开发无形资产发生的支出，同时满足下列条件的 (　　　)，才能确认为无形资产。

A. 完成该无形资产以使其能够使用或出售在技术上具有可行性。

B. 具有完成该无形资产并使用或出售的意图

C. 能够证明运用该无形资产生产的产品存在市场或无形资产自身存在市场，无形资产将在内部使用的，应当证明其有用性。

D. 有足够的技术、财务资源和其他资源支持，以完成该无形资产的开发，并有能力使用或出售该无形资产。

E. 归属于该无形资产开发阶段的支出能够可靠地计量

7. 小企业的长期待摊费用包括（　　　）。

A. 已提足折旧的固定资产的改建支出
B. 经营租入固定资产的改建支出
C. 固定资产的大修理支出
D. 其他长期待摊费用

8. 小企业会计准则所指固定资产的大修理支出，是指同时符合下列条件的支出，下列描述正确的有（　　　）。

A. 修理支出达到取得固定资产时的计税基础50%以上

B. 修理支出达到取得固定资产时的账面余值50%以上

C. 修理后固定资产的使用年限延长1年以上

D. 修理后固定资产的使用寿命延长2年以上

9. 长期待摊费用摊销期限的规定，下列说法中正确的有（　　　）

A. 已提足折旧的固定资产的改建支出，按照固定资产预计尚可使用年限分期摊销

B. 经营租入固定资产的改建支出，按照合同约定的剩余租赁期限分期摊销

C. 固定资产的大修理支出，按照固定资产尚可使用年限分期摊销。

D. 其他长期待摊费用，自支出发生月份的下月起分期摊销，摊销期不得低于3年。

三、判断题

1. 无形资产，是指小企业为生产产品、提供劳务、出租或经营管理而持有的、没有实物形态的非货币性资产。　　　　　　　　　　　　　　　　　　　　　　　　（　　　）

2. 某企业以50万元外购一项专利权，同时还发生相关费用3万元，那么该外购专利权的成本为53万元。　　　　　　　　　　　　　　　　　　　　　　　　　　　　（　　　）

3. 无形资产在取得的当月开始摊销，处置无形资产的当月不再摊销。　　（　　　）

4. 不论无形资产的用途如何，其摊销价值一律记入"管理费用"科目。　（　　　）

5. 小企业出租的无形资产，应当按照有关收入确认原则确认所取得的租金收入；同时，确认出租无形资产的相关费用，并同时结转无形资产的价值。　　　　　　　　（　　　）

6. 小企业出售无形资产，应将所得价款与该项无形资产的成本之间的差额，计入当期其他业务利润。　　　　　　　　　　　　　　　　　　　　　　　　　　　　　（　　　）

7. 无形资产摊销时，应该冲减无形资产的成本。　　　　　　　　　　（　　　）

8. "无形资产"科目的期末借方余额，反映企业无形资产的账面价值。　（　　　）

9. 对自行开发并按法律程序申请取得的无形资产，按在研究与开发过程中发生的材料费用、直接参与开发人员的工资及福利费、开发过程中发生的租金、借款费用，以及注册费、聘请律师费等费用作为无形资产的实际成本。　　　　　　　　　　　　　　（　　　）

10. 小企业出售无形资产应交纳的营业税，应通过"营业税金及附加"科目核算。

（　　　）

11. 固定资产改扩建支出均应通过"长期待摊费用"核算。　　　　　（　　　）

12. 长期待摊费用不能全部计入当年损益，应当在以后年度内分期摊销。（　　　）

四、实务题

某小企业发生无形资产的经济业务如下。

1. 用银行存款从技术市场购入一项专利权，购买价为 300 000 元，另外支付咨询费、手续费、税金等 12 000 元。该项专利权购入后立即投入使用。

2. 接受甲公司以某项商标权向本企业投资，评估价值为 150 000 元。该项商标权已投入使用。

3. 企业自行研究和开发一项非专利技术，2022 年 1~9 月发生的各项研究、调查、试验等费用 50 万元，此时该项非专利技术经证实必然开发成功，并符合无形资产资本化条件。2022 年 10~12 月发生研究试验费共 62 万元，其中领用库存原材料 12 万元，应付人员工资 10 万元，以银行存款支付其他费用 40 万元。2022 年 12 月末该项非专利技术完成，达到了预定可使用状态。

4. 2022 年 12 月份企业无形资产的摊销资料如下：

无形资产摊销计算表

2022 年 12 月　　　　　　　　　　　　　　　　　　　　　　单位：元

项　目	受益对象	账面余额	摊销期限（年）	每月摊销额
专利权	制造车间	36 0000	15	2 000
非专利技术	制造车间	115 200	8	1 200
商标权	管理部门	384 000	10	3 200
合　计		859 200	—	6 400

5. 企业出租一项商标权，取得收入 40 000 元存入银行，以银行存款支付出租无形资产的相关费用 5 000 元，累计摊销额 5 000 元。

要求：根据以上经济业务，编制会计分录。

6. 某农业企业从市场上一次性购买了 20 头种牛，支付价款计 80 000 元，此外，发生的运输费为 5 000 元，装卸费为 3 000 元，款项全部以银行存款支付。

要求：根据以上经济业务，编制会计分录。

7. 某林业企业自 2022 年开始自行营造 100 公顷橡胶树，当年发生种苗费 20 万元，平整土地和定植所需的机械作业费 6 万元，定植当年抚育发生肥料及农药费 25 万元、员工工资等 45 万元。该橡胶树达到正常生产期为 6 年，从定植后至 2×19 年共发生管护费 260 万元，以银行存款支付。

要求：根据以上经济业务，编制会计分录。

8. 某农场自行营造的 100 亩苹果树，从 2022 年开始进入成熟期。其账面成本为 120 万元。该苹果树预期经济收费经济寿命 10 年，采用年限平均法计提折旧，假定该苹果树期满无残值。

要求：根据以上经济业务，计算 2022 年度折旧额并编制会计分录。

9. 2022 年 4 月，某养猪企业自行繁殖的 50 头种猪转为育肥猪，此批种猪的账面原价为 10 万元，已经计提的累计折旧为 2 万元。

要求：根据以上经济业务，编制会计分录。

10. 2022 年 3 月 31 日，某小企业对经营租入的某生产用设备进行改良。2022 年 4 月 30 日，改良工程达到预定可使用状态，发生累计支出 60 万元，全部用银行存款支付。该经营租入固定资产剩余租赁期为 4 年，采用年限平均法摊销。

要求：根据上述业务编制会计分录。

第八章

负 债

学习目的

本章主要介绍了短期借款、应付票据、应付账款、预收账款、应付职工薪酬、应交税费等流动负债，以及长期借款等非流动负债的会计处理；简单介绍了应付利息、应付股利、其他应付款、应付债券的会计处理。本章的学习重点是中小企业日常活动（如借款、采购、纳税、工资）和会计岗位（资金岗位、采购和应付账款岗位、工资核算岗位等）涉及的负债要素的核算。

负债是指由小企业过去的交易或者事项形成的、预期会导致经济利益流出企业的现时义务。负债通常具有以下几个特征：①负债的清偿预期会导致经济利益流出小企业。预期会导致经济利益流出小企业是负债的本质特征。负债通常需要在未来某一特定时点用资产或劳务来偿付，从而引起经济利益流出。如用现金和非现金资产清偿各种债务等会导致现金和非现金资产流出小企业。②负债是小企业过去交易或事项而产生的。导致负债的交易或事项必须已经发生，如小企业向供应商购买材料会产生应付账款，从银行借入款项会产生还款的义务等。③负债是小企业承担的现时义务。所谓现时义务，是指小企业在现行条件下已承担的义务。未来发生的交易或事项形成的义务不属于现时义务，因此也不属于负债。此外的负债的发生往往伴随着资产或劳务的取得，或者费用或损失的发生。小企业的负债按照其流动性，可分为流动负债和非流动负债。

第一节　流动负债

小企业的流动负债，是指预计在1年内或者超过1年的一个正常营业周期内清偿的债务。小企业的流动负债包括短期借款、应付及预收款项、应付职工薪酬、应交税费、应付利息及应付利润等。各项流动负债，应按实际发生额入账。

一、短期借款

短期借款，是指小企业向银行或其他金融机构等借入的期限在1年以内（含1年）的各种借款。短期借款一般是小企业为维持正常的生产经营所需的资金而借入的或者为抵偿某项债务而借入的。

（一）短期借款的特点
小企业的短期借款有以下几个基本特点：一是其债权人不仅包括银行，还包括其他非银行金融机构，如小额贷款公司等；二是借款期限较短，一般为 1 年以下（含 1 年）；三是归还短期借款时，不仅要归还借款本金，还应支付相应的利息。

（二）短期借款的核算

企业向金融机构办理借款，均要提出借款申请书，并根据所需借款的具体情况，提供相应的证明材料。金融机构对企业的借款申请书及证明材料进行审查评估，经审核后，双方要签订借款合同。无论借入款项的来源如何，企业均需要按期偿还借款的本金及利息。在会计核算上，企业要及时如实地反映短期借款的借入、利息的发生和本金及利息的偿还情况。

企业应设置"短期借款"科目，用于核算短期借款的取得及偿还情况。本科目贷方登记取得借款的本金数额，借方登记偿还借款的本金数额；期末余额在贷方，表示尚未偿还的短期借款。本科目按借款种类、贷款人和币种进行明细核算。

小企业取得的各种短期借款，应借记"银行存款"科目，贷记"短期借款"科目，在实务工作中，银行一般于每季度末收取短期借款利息，因此，企业一般采用月末预提短期借款利息的方式进行核算。预提费用时，借记"财务费用"科目，贷记"应付利息"科目。支付已预提的利息时，借记"应付利息"科目，贷记"银行存款"科目。偿还本金时，借记"短期借款"科目，贷记"银行存款"科目。

【例 8-1】2022 年 2 月 1 日，某公司因生产经营需要向银行借入短期借款 300 000 元，期限为 5 个月，年利率为 8%。根据借款协议，本金到期一次偿还，按季度支付，利息分月预提。

（1）2022 年 2 月 1 日，借入短期借款时，会计处理如下。

借：银行存款　　　　　　　　　　　　　　　　　　300 000
　　贷：短期借款　　　　　　　　　　　　　　　　　　300 000

（2）2022 年 2 月末，计提应计利息 2000 元（300 000×8%÷12），会计处理如下。

借：财务费用　　　　　　　　　　　　　　　　　　　2 000
　　贷：应付利息　　　　　　　　　　　　　　　　　　　2 000

（3）2022 年 3 月末支付第一季度利息时，会计处理如下。

借：财务费用　　　　　　　　　　　　　　　　　　　2 000
　　应付利息　　　　　　　　　　　　　　　　　　　2 000
　　贷：银行存款　　　　　　　　　　　　　　　　　　　4 000

（4）2022 年 4 月、5 月、6 月末计提利息时，会计处理如下。

借：财务费用　　　　　　　　　　　　　　　　　　　2 000
　　贷：应付利息　　　　　　　　　　　　　　　　　　　2 000

（5）2022 年 7 月 1 日偿还借款本金及利息时，会计处理如下。

借：短期借款　　　　　　　　　　　　　　　　　　300 000
　　应付利息　　　　　　　　　　　　　　　　　　　6 000
　　贷：银行存款　　　　　　　　　　　　　　　　　　306 000

二、应付票据

应付票据，是指小企业购买材料、商品和接受劳务等日常生产经营活动开出、承兑的商业票据，包括商业承兑汇票和银行承兑汇票。

企业应设置"应付票据"科目核算应付票据的发生、偿付等情况。按科目贷方登记开出、承兑汇票的面值及带息票据的预提利息，借方登记支付票据的金额；期求余额在贷方，表示小企业开出、承兑的尚未到期的商业汇票的票面金额。

企业应当设置"应付票据备查簿"，详细登记商业汇票的种类、号数和出票日期、到期日、出票日期、票面金额、交易合同号和收款人姓名或单位名称以及付款日期和金额等资料。商业票据结清票款时，在备查簿中予以注销。

由于商业汇票的付款期限不超过 6 个月，时间较短，所以在会计实务中，一般按面值入账。企业支付的银行承兑汇票手续费应计入当期财务费用。商业汇票到期支付票款时应按账面余额予以结转。

【例 8-2】2022 年 4 月 1 日，某小企业购进材料一批，货款为 30 000 元，增值税税额为 3 900。企业开出一张银行承兑汇票，面值为 35 100 元，期限为 5 个月，支付银行手续费 17.55 元。

（1）购入材料开出商业汇票时，会计处理如下。

借：材料采购	30 000	
应交税费——应交增值税（进项税额）	3 900	
贷：应付票据		33 900

（2）支付手续费时，会计处理如下。

借：财务费用	17.55	
贷：银行存款		17.55

（3）8 月 1 日，商业汇票到期支付票款时，会计处理如下。

借：应付票据	33 900	
贷：银行存款		33 900

若到期企业无力支付票款时，则银行无条件地支付票款，同时对企业按逾期货款处理，会计处理如下。

借：应付票据	33 900	
贷：短期借款		33 900

若是商业承兑汇票，则银行不代付票款，而是将商业汇票退给收款人，自行处理，会计处理如下。

借：应付票据	33 900	
贷：应付账款		33 900

三、应付账款

应付账款是指小企业因购买材料、商品或接受劳务等日常经营活动应支付给供应单位的款项。应付账款一般出在与所购买物资所有权相关的主要风险和报酬已经转移，或者所购买的劳务已经接受时确认，在实务工作中，在物资和发票账单同时到达时，一般在验收入库后，再根据发票账单登记入账，确认应付账款。在所购物资已经验收入库，但发票账单未到时，企业可不进行会计处理；若月末仍未到，则需要以暂估价入账，待下月初编制相反的会计分录予以冲回。

企业应设置"应付账款"科目核算应付账款的发生、偿还、转销等情况，该科目贷方登记企业购买材料，物资和接受劳务等而发生的应付账款，借方登记偿还的应付账款，或以商业汇票抵付的应付账款，以及冲销的无法支付的应付账款；期末余额一般在贷方，表示小企业尚未支付的应付账款。该科目一般应按照对方单位（或个人）进行明细核算。

应付账款附有现金折扣条件的，应按总额法入账，在折扣期限内付款而获得的现金折扣，应冲减财务费用。

【例8-3】2022年6月6日，某小企业购入材料一批，货款为50 000元，增值税税额为6 500元，材料已验收入库（实际成本计价），款项尚未支付。购货协议规定了现金折扣条件为：2/10，n/30。6月15日，偿还货款。

（1）2022年6月6日。购买材料时，会计处理如下。

借：原材料　　　　　　　　　　　　　　　　　　　50 000
　　应交税费——应交增值税（进项税额）　　　　　6 500
　　　贷：应付账款　　　　　　　　　　　　　　　　　56 500

（2）2022年6月15日，偿还货款时，会计处理如下。

借：应付账款　　　　　　　　　　　　　　　　　　56 500
　　贷：银行存款　　　　　　　　　　　　　　　　　55 500
　　　　财务费用　　　　　　　　　　　　　　　　　1 000

（3）假设2022年6月30日偿还货款，会计处理如下。

借：应付账款　　　　　　　　　　　　　　　　　　56 500
　　贷：银行存款　　　　　　　　　　　　　　　　　56 500

【例8-4】某小企业确定一笔应付账款6 000无法支付，应予以转销。

借：应付账款　　　　　　　　　　　　　　　　　　6 000
　　贷：营业外收入　　　　　　　　　　　　　　　　6 000

四、预收账款

预收账款，是指小企业按照合同规定预收的款项，包括预收的购货款、工程款等。预收账款是在销售过程中形成的负债，将来以生产的产品或提供的劳务偿还。当产品出售或提供劳务时，即销售实现时确认收入，同时冲减预收账款。

企业应设置"预收账款"科目，用于核算预收账款的取得和偿付等情况、本科目贷方登记企业向购货单位预收的款项，借方登记销售实现时冲销的预收账款；余额一般在贷方，反映企业预收的款项，如为借方余额，则反映企业尚未转销的款项。企业应按购货单位设置明细科目进行明细核算。预收账款业务不多的企业也可以不设置本科目，将预收的款项直接记入"应收账款"科目的贷方。

【例8-5】某小企业销售产品货物共计80 000元，增值税税额为10 400元，根据购销合同预收货款50 000元存入银行，剩余货款在交货时付清。

（1）预收货款50 000元时，会计处理如下。

借：银行存款　　　　　　　　　　　　　　　　　　50 000
　　贷：预收账款　　　　　　　　　　　　　　　　　50 000

（2）企业发货时确认收入，收到剩余款时，会计处理如下。

借：预收账款　　　　　　　　　　　　　　　　　　90 400
　　贷：主营业务收入　　　　　　　　　　　　　　　80 000
　　　　应交税费——应变增值税（销项税额）　　　　10 400
借：银行存款　　　　　　　　　　　　　　　　　　40 400

  贷：预收账款   40 400

（3）假设企业只供货 40 000 元，则公司应退回预收款 4 800 元时，会计处理如下。

  借：预收账款   50 000

   贷：主营业务收入   40 000

    应交税费——应交增值税（销项税额） 5 200

    银行存款   4 800

五、应付职工薪酬

（一）职工薪酬的内容

职工薪酬，是指小企业为获得职工提供的服务而给予各种形式的报酬以及其他相关支出。其主要包括以下内容。

（1）职工工资、奖金、津贴和补贴，是指按照国家统计局的规定构成工资总额的计时工资、计件工资、支付给职工的超额劳动报酬和增收节支的劳动报酬、为了补偿职工特殊或额外的劳动消耗和因其他特殊原因支付给职工的津贴，以及为了保证职工资水平不受物价影响支付给职工的物价补贴等。

（2）职工福利费，是指企业向职工提供的生活困难补助、丧葬补助费、抚恤费、职工异地安家费、防暑降温费等职工福利支出。

（3）社会保险费，是指企业按照国家规定的基准和比例计算，向社会保险机构缴纳的医疗保险费、工伤保险费和生育保险费。

（4）住房公积金，是指企业按照国家规定的基准和比例计算，向住房公积金管理机构交存的住房公积金。

社会保险费和住房公积金简称"五险一金"。

（5）工会经费和职工教育经费，是指企业为了改善职工文化生活、提高职工业务素质，用于开展工会活动和职工教育及职业技能培训，根据国家规定的基准和比例，从成本费用中提取的金额。

（6）非货币性福利，是指企业以自产产品或其他资产发放给职工作为福利，将自己的资产无偿提供给职工使用，为职工无偿提供医疗保健服务等。

（7）因解除与职工的劳动关系给予的补偿，指由于分离办社会功能、实施主辅分离、辅业改制、重组、改组计划等原因，小企业在职工发劳动合同尚未到期之前解除与职工的劳动关系，或者为鼓励职工自愿接受裁减而提出补偿建议的计划中给予职工的经济补偿，即辞退福利。

（8）其他与获得职工提供的服务有关的各项支出，指除上述七种薪酬以外的其他为获得职工提供的服务而给予的薪酬。

（二）应付职工薪酬的核算

小企业应设置"应付职工薪酬"科目，核算小企业根据有关规定应付给职工的各种薪酬。小企业（外商投资）按照规定从净利润中提取的职工奖励及福利基金，也通过本科目核算，本科目贷方登记已分配记入有关成本费用项目的职工薪酬的数额，借方登记实际发放的职工薪酬、代垫款项、代缴的"三险一金"等；期末贷方余额反映企业应付未付的职工薪酬。本科目应按"职工工资""奖金、津贴和补贴""职工福利""社会保险费""住房公积金""工会经费""职工教育经费""非货币性福利""辞退福利"等进行明细核算。

1. 职工薪酬的确认原则

企业应当在职工为其提供服务期间，将应付的职工薪酬确认为负债，并根据职工提供服务的受益对象，将职工薪酬记入相关资产成本或损益科目。其中，生产部门、提供劳务人员的职工薪酬，记入"生产成本""制造费用""劳务成本"等科目；管理部门人员的职工薪酬和因解除与职工的劳动关系而给予的补偿，记入"管理费用"科目；销售人员的职工薪酬，记入"销售费用"科目；应由在建工程、无形资产开发项目负担的职工薪酬，记入"在建工程""研发支出"科目。

2. 职工薪酬的计量

（1）职工工资进行应付职工薪酬的核算，首先要计算应付职工的工资。应根据考勤记录、工时记录、产量记录、工资标准、工资等级计件工资单价以及其他资料，计算应付职工工资，再根据代扣款项凭证计算实际发放工资。一般情况下，应根据部门分别编制的"工资结算单"，企业可根据实际需要设计该表的格式和内容。为了总括反映企业职工工资结算情况，便于进行总分类核算，会计部门应汇总编制"工资结算汇总表"，同时，工资分配应编制"工资费用分配汇总表"。

【例8-6】2022年6月，某企业根据"工资结算汇总表"结算本月应付职工工资总额500 000元，代扣职工个人负担的社保费10 000元，代扣职工个人所得税6 000元，代垫职工医药费2 000元，实发工资482 000元。

①向银行提取现金时，会计处理如下。

借：库存现金　　　　　　　　　　　　　　　　　　　　482 000
　　贷：银行存款　　　　　　　　　　　　　　　　　　　　482 000

②发放工资时，会计处理如下。

借：应付职工薪酬——职工工资　　　　　　　　　　　　482 000
　　贷：库存现金　　　　　　　　　　　　　　　　　　　　482 000

③结转代扣、代垫款项时，会计处理如下。

借：应付职工薪酬——职工工资　　　　　　　　　　　　18 000
　　贷：其他应付款——个人社保费　　　　　　　　　　　　10 000
　　　　其他应收款——代垫医药费　　　　　　　　　　　　 2 000
　　　　应交税费——应交个人所得税　　　　　　　　　　　 6 000

④缴纳个人社保费、个人所得税时，会计处理如下。

借：其他应付款——个人社保费　　　　　　　　　　　　10 000
　　应交税费——应交个人所得税　　　　　　　　　　　　 6 000
　　贷：银行存款　　　　　　　　　　　　　　　　　　　　16 000

【例8-7】2022年6月，某企业应付工资总额为500 000元，根据"工资费用分配汇总表"，生产工人工资为250 00元，车间管理人员工资为80 000元，公司管理人员工资为100 000元，销售人员工资为20 000元，研发人员工资为50 000元。

借：生产成本　　　　　　　　　　　　　　　　　　　　250 000
　　制造费用　　　　　　　　　　　　　　　　　　　　 80 000
　　管理费用　　　　　　　　　　　　　　　　　　　　100 000
　　销售费用　　　　　　　　　　　　　　　　　　　　 20 000
　　研发支出　　　　　　　　　　　　　　　　　　　　 50 000

贷：应付职工薪酬——职工工资　　　　　　　　　　　　　　　　　500 000

（2）社会保险费、住房公积金、工会经费、职工教育经费。企业在计量应付职工薪酬时，国家规定了计提基础和计提比例的，应当按照国家规定的标准计提，例如，应向社会保险机构缴纳的"五险一金"，以及工会经费和职工教育经费，应根据工资总额的一定比例计算确定。

【例8-8】接【例8-7】，根据国家规定的计提标准计算，公司2022年6月按职工工资总额的10%、20%、1%、0.5%、0.8%、10%计提医疗保险费、养老保险费、失业保险费、工伤保险费、生育保险费和住房公积金，缴纳给当地社会保险经办机构，按照工资总额的2%和15%计提工会经费和职工教育经费，编制"五险一金"等计提表。

借：生产成本　　　　　　　　　　　　　　　　　　　　　　　114 500
　　制造费用　　　　　　　　　　　　　　　　　　　　　　　 36 640
　　管理费用　　　　　　　　　　　　　　　　　　　　　　　 45 800
　　销售费用　　　　　　　　　　　　　　　　　　　　　　　　9 160
　　研发支出　　　　　　　　　　　　　　　　　　　　　　　 22 900
　　贷：应付职工薪酬——医疗保险费　　　　　　　　　　　　 50 000
　　　　　　　　　　　——养老保险费　　　　　　　　　　　100 000
　　　　　　　　　　　——失业保险费　　　　　　　　　　　　5 000
　　　　　　　　　　　——工伤保险费　　　　　　　　　　　　2 500
　　　　　　　　　　　——生育保险费　　　　　　　　　　　　4 000
　　　　　　　　　　　——住房公积金　　　　　　　　　　　 50 000
　　　　　　　　　　　——工会经费　　　　　　　　　　　　 10 000
　　　　　　　　　　　——职工教育经费　　　　　　　　　　　7 500

以银行存款缴纳社会保险费和住房公积金时，会计处理如下。

借：应付职工薪酬——医疗保险费　　　　　　　　　　　　　　 50 000
　　　　　　　　　——养老保险费　　　　　　　　　　　　　100 000
　　　　　　　　　——失业保险费　　　　　　　　　　　　　　5 000
　　　　　　　　　——工伤保险费　　　　　　　　　　　　　　2 500
　　　　　　　　　——生育保险费　　　　　　　　　　　　　　4 000
　　　　　　　　　——住房公积金　　　　　　　　　　　　　 50 000
　　贷：银行存款　　　　　　　　　　　　　　　　　　　　　211 500

向工会部门和职工教育部门拨付工会经费和职工教育经费时，会计处理如下。

借：应付职工薪酬——工会经费　　　　　　　　　　　　　　　 10 000
　　　　　　　　　——职工教育经　　　　　　　　　　　　　　7 500
　　贷：银行存款　　　　　　　　　　　　　　　　　　　　　 17 500

（3）职工福利费，职工福利费是指企业向职工提供的生活困难补助、丧葬补助费、抚恤费、职工异地安家费、防暑降温费等职工福利支出。企业应当在实际发生时根据实际发生额计入当期损益或相关成本。

【例8-9】2022年6月，公司以现金500元支付管理部门的职工生活困难补助。

借：管理费用　　　　　　　　　　　　　　　　　　　　　　　　 500
　　贷：应付职工薪酬——职工福利　　　　　　　　　　　　　　　 500

借：应付职工薪酬——职工福利　　　　　　　　　　　　　　　　500
　　贷：库存现金　　　　　　　　　　　　　　　　　　　　　　　　500

（4）非货币性福利，企业以自产的产品发放给职工的，应视同产品销售，计算应交增值税。根据受益对象，按照产品的销售价格和相关税费，确认应付职工薪酬金额，并计入相关资产成本或当期损益。实际发放时，结转应付职工薪酬，同时确认销售收入，结转产品成本。

【例8-10】某公司是小家电生产企业，有职共100人，其中80人为生产工人，20人为管理人员。2022年6月，公司以其生产的热水器作为福利发放给职工，热水器的市场售价为每个200元，单位成本为160元，适用的增值税税率为13%。

①确认发放产品作为非货币性福利，会计处理如下。

借：生产成本　　　　　　　　　　　　　　　　　　　　　　18 080
　　管理费用　　　　　　　　　　　　　　　　　　　　　　　4 520
　　贷：应付职工薪酬——非货币性福利　　　　　　　　　　　　22 600
计入生产成本的金额=80×200×（1+13%）=18 080（元）
计入管理费用的金额=20×200×（1+13%）=4 520（元）

②实际发放产品，会计处理如下。

借：应付职工薪酬——非货币性福利　　　　　　　　　　　　22 600
　　贷：主营业务收入　　　　　　　　　　　　　　　　　　　20 000
　　　　应交税费——应交增值税（销项税额）　　　　　　　　　2 600
借：主营业务成本　　　　　　　　　　　　　　　　　　　　16 000
　　贷：库存商品　　　　　　　　　　　　　　　　　　　　　16 000

企业将拥有的房屋等资产无偿提供给职工使用的，应当根据受益对象将该房屋每月应计提的折旧计入相关成本或损益，同时按每期折旧费用金额确认应付职工薪酬。租赁房屋等资产供职工无偿使用的，应当根据受益对象，将每期应付的租金计入相关成本或损益，同时确认应付职工薪酬，实际支付租金时，结转应付职工薪酬。

【例8-11】某公司决定为每位部门经理免费提供轿车，同时为副总裁租赁一套住房免费使用，公司部门经理15人，副总裁5人假设每辆轿车月折旧额为300元，每套住房月租金为1 000元。

①确认轿车为非货币性福利时，会计处理如下。

借：应付职工薪酬——非货币性福利　　　　　　　　　　　　　4 500
　　贷：累计折旧　　　　　　　　　　　　　　　　　　　　　　4 500
月末计提轿车折旧时：
借：管理费用　　　　　　　　　　　　　　　　　　　　　　　4 500
　　贷：应付职工薪酬——非货币性福利　　　　　　　　　　　　　4 500

②确认租金费用时，会计处理如下。

借：管理费用　　　　　　　　　　　　　　　　　　　　　　　5 000
　　贷：应付职工薪酬——非货币性福利　　　　　　　　　　　　　5 000
支付租金时
借：应付职工薪酬——非货币性福利　　　　　　　　　　　　　5 000
　　贷：银行存款　　　　　　　　　　　　　　　　　　　　　　5 000

六、应交税费

小企业在生产经营活动中根据税法的规定应交纳的各种税费，包括增值税、消费税，企业所得税、资源税、土地增值税、城市维护建设税房产税、城镇土地使用税、车船税、教育费附加、矿产资源补偿费、排污费、小企业代扣代缴的个人所得税等。

小企业应设置"应交税费"科目，用于核算按照税法等规定计算应交纳的各种税费。本科目贷方登记应交纳的各种税费，借方登记实际交纳的税费；期末余额一般存贷方，反映企业尚未交纳的税费，期末如为借方余额，反映企业多交或尚未抵扣的税费。本科目应按照应交的税费项目进行明细核算。但印花税，耕地占用税等不需要预计应交数，不通过"应交税费"科目核算，印花税是对书立、领受购销合同等凭证行为征收的税款，实行由纳税人根据自行计算应纳税额、购买并一次贴足印花税票的缴纳办法。

（一）应交增值税的核算

1. 增值税概述

增值税是对我国境内销售货物、进口货物，或提供加工、修理修配劳务、销售服务、无形资产或者不动产的单位和个人，就其取得的增值额征收的一种流转税。

货物是指有形动产，包括电力、热力、气体在内。加工是指受托加工货物即委托方提供原料及主要材料，受托方按照委托方的要求制造货物并收取加工费的业务；修理修配是指受托对损伤和丧失功能的货物进行修复，使其恢复原状和功能的业务。

销售服务、无形资产或者不动产，是指有偿提供服务、有偿转让无形资产或不动产，但属于下列非经营活动的情形除外。

（1）行政单位收取的同时满足以下条件的政府性基金或者行政事业性收费。①由国务院或者财政部批准设立的政府性基金，由国务院或者省级人民政府及其财政、价格主管部门批准设立的行政事业性收费。②收取时开具省级以上（含省级）财政部门监（审）制的财政票据。③所收款项金额上缴财政。

（2）单位或者个体工商户聘用的员工为本单位或者雇主提供取得工资的服务。

（3）单位或者个体工商户为聘用的员工提供服务。

（4）财政部和国家税务总局规定的其他情形。

下列情形视同销售服务、无形资产或者不动产：①单位或者个体工商户向其他单位或者个人无偿提供服务，但用于公益事业或者以社会公众为对象的除外。②单位或者个人向其他单位或者个人无偿转让无形资产或者不动产，但用于公益事业或者以社会公众为对象的除外。

按照纳税人的经营规模及会计核算的健全程度，增值税纳税人分为一般纳税人和小规模纳税人。

2. 一般纳税人增值税的核算

一般纳税人应纳增值税额采用税款抵扣制，即根据当期销项税额减去当期进项税额计算确定。其计算公式如下。

$$应纳增值税 = 当期销项税额 - 当期进项税额$$

其中：

$$当期销项税额 = 当期销售额 \times 增值税税率$$

当期销项税额是纳税人销售货物或提供劳务、销售服务、无形资产或者不动产时，按照当期销售额和规定的增值税税率计算的，并向购买方收取的增值税税额。当期销售额为不含增值税的销售额，在增值税专用发票上销售额和增值税以价和税分别反映。如果销售额为含税销售额，应将其换算为不含税销售额。

$$不含税销售额 = 含税销售额 \div (1 + 增值税税率)$$

增值税税率是计算货物或应税劳务增值税税额的尺度，中国现行增值税属于比例税率，根据应税行为一共分为13%，9%，6%三档税率及5%，3%两档征收率。

纳税人销售或者进口货物，提供加工、修理、修配劳务税率为13%。

纳税人销售或者进口下列货物，税率为9%：粮食、食用植物油、自来水、暖气、冷气、热水、煤气、石油液化气、天然气、沼气、居民用煤炭制品、图书、报纸、杂志、饲料、化肥、农药、农机、农膜、农业产品、以及国务院规定的其他货物。

纳税人出口货物，税率为零；但是，国务院另有规定的除外。

一般纳税人自2016年5月1日后取得固定资产核算的不动产或者2016年5月1日取得不动产在建工程，其进项税额自取得之日起2年从销项税额中抵扣，第一年抵扣比例为60%，第二年抵扣比例为40%。借方登记"固定资产"或"在建工程"、"应交税费——应交增值税（进项税额）【当期可抵扣的增值税额】和——待抵扣进项税额【按以后期间可抵扣的增值税额】"，贷方登记"应付账款"或"银行存款"等科目。

小企业购入货物或接受劳务支付的进项税额，可从销项税额中抵扣。准予抵扣的进项税额的依据有：从销售方取得的增值税专用发票上注明的增值税税额；从海关取得的完税凭证上注明的增值税税额；购入免税农产品，按农产品收购发票或者销售发票上注明的农产品买价和10%的扣除率计算进项税额。

为了核算小企业应交增值税的发生、抵扣交纳退税及转出等情况，应设置"应交税费——应交增值税"多栏式明细账，并设置"进项税额""销项税额""出口退税""进项税额转出""已交税金"等专栏。

"进项税额"记录企业购入货物或接受劳务、服务等已经支付的增值税税额。退回所购货物，用红字冲销进项税额。

"销项税额"记录企业销售货物或提供应税劳务、销售服务、无形资产或者不动产等应收取的增值税税额。退回已销售货物，用红字冲销已入账的销项税额。

"出口退税"记录企业出口货物，适用零税率，向海关办理出口手续后，凭出口报关单等有关凭证，向税务机关申报办理出口退税，退回购进材料时支付的进项税额。

"进项税额转出"记录企业的购进货物、在产品、产成品等发生非正常损失以及其他原因而不应从销项税额中抵扣，按规定应转出的进项税额。

"已交税金"记录企业已经向税务局交纳的增值税税额。退回多交的增值税用红字冲销。

（1）一般购销业务小企业采购物资等，按照应计入采购成本的金额，借记"材料采购"或"在途物资""原材料""库存商品"等科目；按税法规定可抵扣的增值税进项税额，借记"应交税费——应交增值税（进项税额）"科目；按照应付或实际支付的金额，贷记"应付账款""银行存款"等科目。购入物资发生退货的，编制相反的会计分录。

【例8-12】甲公司为增值税一般纳税企业，购入原材料一批，取得的增值税专用发票上注明的货款为40 000元，增值税税额为5 200元，款项已支付，材料尚未到达，该公司材料采用实际成本计价。

借：在途物资　　　　　　　　　　　　　　　　　　　　　　40 000

　　应交税费——应交增值税（进项税额）　　　　　　　　　　5 200

贷：银行存款 　　　　　　　　　　　　　　　　　　　　　　　45 200

依据规定，对农业生产者销售的自产农业产品、古旧图书等部分项目免征增值税。小企业销售免征增值税项目的货物，不能开具增值税专用发票，只能开具普通发票。小企业购进免税产品，一般情况下不能抵扣。

对于购入的免税农业产品等可以按买价或收购金额的一定比例计算进项税额，并准予从销项税额中抵扣。这里购入免税农业产品的买价是指小企业购进免税农业产品支付给农业生产者的价款，收购免税农产品的按收购凭证的10%扣税。

购进免税农产品，按照购入农产品的买价和税法规定的税率计算的进项税额，借记"应交税费——应交增值税（进项税额）"科目；按照买价减去进项税额后的差额，借记"材料采购"或"在途物资"等科目；按照应付或实际支付的价款，贷记"应付账款""库存现金""银行存款"等科目。

【例8-13】 甲公司收购农产品一批，价款为6 000元，扣除率为10%，贷款已支付，货物到达验收入库，该公司材料采用实际成本计价。

借：原材料 　　　　　　　　　　　　　　　　　　　　　　　5 460
　　应交税费——应交增值税（进项税额） 　　　　　　　　　　600
　　贷：银行存款 　　　　　　　　　　　　　　　　　　　　6 000

小企业销售商品（提供劳务），按收入金额和应收取的增值税销项税额，借记"应收账款""银行存款"等科目；按照税法规定应交纳的增值税销项税额，贷记"应交税费——应交增值税（销项税额）"科目；按确认的营业收入金额，贷记"主营业务收入""其他业务收入"等科目。发生销售退回的，编制相反的会计分录。

【例8-14】 甲企业销售产品一批，货款为50 000元，增值税税额为6 500元，款项已收到存入银行。该批产品的成本为40 000元。

借：银行存款 　　　　　　　　　　　　　　　　　　　　　56 500
　　贷：主营业务收入 　　　　　　　　　　　　　　　　　　50 000
　　　　应交税费——应交增值税（销项税额） 　　　　　　　86 500
借：主营业务成本 　　　　　　　　　　　　　　　　　　　40 000
　　贷：库存商品 　　　　　　　　　　　　　　　　　　　　40 000

【例8-15】 2022年6月，某运输公司实现运输收入200 000元，增值税税额为18 000元，款项已收到存入银行。

借：银行存款 　　　　　　　　　　　　　　　　　　　　　218 000
　　贷：主营业务收入 　　　　　　　　　　　　　　　　　　200 000
　　　　应交税费——应交增值税（销项税额） 　　　　　　　18 000

【例8-16】 某企业出售一项土地使用权，该土地使用权的账面余额为600 000元，出售价款为1 000 000元。增值税税额为90 000元，已存入银行。应交土地增值税为20 000元。

借：银行存款 　　　　　　　　　　　　　　　　　　　　　1 090 000
　　贷：无形资产——土地使用权 　　　　　　　　　　　　　600 000
　　　　应交税费——应交增值税（销项税额） 　　　　　　　90 000
　　　　　　　　——应交土地增值税 　　　　　　　　　　　20 000
　　　　营业外收入——非流动资产处置净收益 　　　　　　　380 000

（2）视同销售业务。企业的有些业务不是销售业务，不能确认销售收入，但是按照税法规定，应视同销售，开具增值税专用发票，计算应交增值税。视同销售业务包括：将自产或委托加工的货物用于非应税项目、集体福利或个人消费；将自产、委托加工或购买的货物作为投资、分配给股东或投资者、无偿赠送他人等。

（3）不予抵扣项目。企业购进的货物、在产品、产成品因盘亏、毁损、报废，被盗等非正常损失，以及购进物资改变用途（如用于非应税项目、集体福利或个人消费等）等原因，其进项税额应当转出，不予抵扣，借记"待处理财产损溢"等科目，贷记"应交税费——应交增值税（进项税额转出）"科目。不能取得增值税专用发票的，支付的增值税计入购入货物成本。

【例8-17】某公司建造厂房领用原材料10 000元，材料购入时支付的增值税为1 300元。

借：在建工程　　　　　　　　　　　　　　　　　　　　11 300
　　贷：原材料　　　　　　　　　　　　　　　　　　　　10 000
　　　　应交税费——应交增值税（进项税额转出）　　　　 1 300

【例8-18】某公司因火灾毁损库存商品一批，实际成本为30 000元，所含外购材料的增值税为3 400元。

借：待处理财产损溢　　　　　　　　　　　　　　　　　32 600
　　贷：库存商品　　　　　　　　　　　　　　　　　　　30 000
　　　　应交税费——应交增值税（进项税额转出）　　　　 2 600

【例8-19】某公司购入水泥等工程用物资，价款为30 000元，增值税税额为3 900元，款项已支付。

借：工程物资　　　　　　　　　　　　　　　　　　　　30 000
　　应交税费——应交增值税（进项税额）　　　　　　　　 3 900
　　贷：银行存款　　　　　　　　　　　　　　　　　　　33 900

（4）出口退税。企业出口产品适用零税率，不计算销售收入应交纳的增值税，但应办理出口货物进项税额的退税手续。

实行"免、抵、退"管理办法的小企业，按照税法规定计算的当期出口产品不于免征、抵扣和退税的增值税税额，借记"主营业务成本"科目，贷记"应交税费——应交增值税（进项税额转出）"科目；按照税法规定计算的当前应予抵扣的增值税税额，借记"应交税费——应交增值税（出订抵减内销产品应纳税额）"科目，贷记"应交税费——应交增值税（出口退税）"科目。出口产品按照税法规定应予退同的增值税税额，借记"其他应收款"科目，贷记"应交税费——应交增值税（出口退税）"科目。

未实行"免、抵、退"管理办法的小企业，出口产品实现销售收入时，应当按照应收的金额，借记"应收账款"等科目；按照税费规定应收的出口退税，借记"其他应收款"科目；按照税法规定不予退回的增值税税额，借记"主营业务成本"科目；按照确认的销售商品收入，贷记"主营业务收入"科目；按照税法规定应交纳的增值税额，贷记"应交税费——应交增值税（销项税额）"科目。

【例8-20】甲企业是自营出口生产企业，为增值税一般纳税人，适用的增值税税率为13%，退税率为9%。2022年5月，该企业外购原材料支付价款100万元，允许抵扣的进项税额为17万元，内销货物确定不含税销售额为30万元，出口销售货物销售额折合人民币为50万元。

1）采购材料时，会计处理如下。

借：原材料 1 000 000

    应交税费——应交增值税（进项税额） 130 000

      贷：银行存款 1 130 000

2）外销产品时，会计处理如下。

借：银行存款 500 000

      贷：主营业务收入 500 000

3）内销产品时，会计处理如下。

借：银行存款 339 000

      贷：主营业务收入 300 000

        应交税费——应交增值税（销项税额） 39 000

4）计算当月出口产品不得免征和抵扣税额。

不得免征和抵扣税额 = 50 × （13% - 9%） = 2（万元）

借：主营业务成本 20 000

      贷：应交税费——应交增值税（进项税额转出） 20 000

5）计算应纳税额。

应纳税额 = 30 × 13% - （13 - 2） = 3.9 - 11 = -7.1（万元）

6）计算免抵退税额。

免抵退税额 = 50 × 9% = 4.5 万元 < 7.1 万元

7）应退税额 = 2.6 万元

（5）缴纳增值税。

【例 8-21】甲企业以银行存款缴纳本月增值税税额 110 000 元。

借：应交税费——应交增值税（已交税金） 10 000

      贷：银行存款 10 000

3. 小规模纳税人增值税的核算

（1）小规模纳税人的标准。2018 年 4 月 4 日，国家税务总局出台《关于统一增值税小规模纳税人标准的通知》，将增值税小规模纳税人标准统一为年应征增值税销售额 500 万元及以下。

年应税销售额超过小规模纳税人标准的其他个人按小规模纳税人纳税；非企业性单位、不经常发生应税行为的企业可选择按小规模纳税人纳税。

（2）应纳增值税额的计算。小规模纳税企业销售货物或提供劳务，实行简易办法计算应纳税额，即按照不含税销售额和 3% 的征收率计算，进项税额不能抵扣，购进货物或接受劳务支付的增值税直接计入货物或劳务成本。应纳税额计算公式为：

不含税销售额 = 含税销售额 × （1 + 3%）

小规模纳税企业销售货物或提供劳务时，只能开具普通发票，不能开具增值税专用发票，也不能在发票上注明税款，发票中的销售额是含税销售额。因此，纳税人应将含税销售额换算为不含税销售额，其计算公式为：

不含税销售额 = 含税销售额 ÷ （1 + 3%）

小规模纳税企业应设置"应交税费——应交增值税"明细科目，不需设置专栏，格式采用三栏式。该科目贷方记应交纳的增值税，借方登记已交纳的增值税；期末贷方余额为尚未交纳的增值税，借方余额为多交纳的增值税。

【例8-22】某小规模纳税企业购入材料一批，取得的专用发票中注明的货款为8 800元，增值税税额为1 496元，款项已支付，材料已验收入库。材料接实际成本计价。

借：原材料　　　　　　　　　　　　　　　　　　　　　　　　10 296
　　贷：银行存款　　　　　　　　　　　　　　　　　　　　　　10 296

【例8-23】某小规模纳税企业销售产品一批，货款（含税）为22 660元，增值税征收率为3%款项已收到。

不含税销售额=22 660÷（1+3%）=22 000（元）

应纳增值税=22 000×3%=660（元）

借：银行存款　　　　　　　　　　　　　　　　　　　　　　　22 660
　　贷：主营业务收入　　　　　　　　　　　　　　　　　　　　22 000
　　　　应交税费——应交增值税　　　　　　　　　　　　　　　　660

【例8-24】该企业月末交纳增值税为660元。

借：应交税费——应交增值税　　　　　　　　　　　　　　　　　660
　　贷：银行存款　　　　　　　　　　　　　　　　　　　　　　　660

（二）应交消费税的核算

1. 消费税概述

消费税是国家对我国境内生产、委托加工和进口应税消费品的单位和个人，在普遍征收增值税的基础上再征收的一种流转税，如烟、酒和酒精、化妆品、护发护肤品、贵重首饰和珠宝宝石、鞭炮和烟火、汽油、柴油、摩托车、小汽车等。

消费税实行价内征收，有从价定率、从量定额和从价定律与从量定额相结合三种征收方法。其计算公式为：

应纳税额 = 销售额×比例税率【从价定率】

应纳税额 = 销售数量× 定额税率【从量定额】

应纳税额 = 应税销售额× 比例税率+ 应税销售数量×定额税率【复合计征】

公式中的"销售额"包括以下几方面。

（1）对外销售的应税消费品。其销售额为向购买方收取的全部价款和价外费用，但不包括收取的增值税。若销售额为含增值税的，应将其换算为不含增值税的销售额。

（2）自产自用的应税消费品。以纳税人生产的同类消费品的销售价格作为销售额。

（3）委托加工的应税消费品。以受托方同类消费品的销售价格作为销售额，或按照组成计税价格作为销售额：

组成计税价格 =（材料成本+加工费）÷（1-消费税税率）

（4）进口的应税消费品。以组成计税价格作为销售额：

组成计税价格：（关税完税价格+关税）÷（1-消费税税率）

2. 消费税的账务处理

小企业应在"应交税费"科目下设置"应交消费税"明细科目，核算消费税的发生、交纳情况。该科目贷方登记应交纳的消费税，借方登记已交纳的消费税，期求贷方余额为尚未交纳的消费税，借方余额为多交的消费税。

（1）销售应税消费品。小企业销售应税消费品应交的消费税，应借记"税金及附加"科目，贷记"应交税费——应交消费税"科目。

【例8-25】某公司销售20辆生产的摩托车，价款（不含增值税）为40 000元，成本为

25 000 元。增值税税率为 13%，消费税税率为 10%，款项尚未收到。

①产品销售时，会计处理如下。

借：应收账款   45 200

 贷：主营业务收入   40 000

   应交税费——应变增值税（销项税额）   5 200

②结转产品成本时，会计处理如下。

借：主营业务成本   25 000

 贷：库存商品   25 000

③计算应交消费税时，会计处理如下。

$$应交消费税 = 4\,000 \times 10\% = 4\,000（元）$$

借：税金及附加   4 000

 贷：应变税费——应交消费税   4 000

（2）自产自用应税消费品。小企业将生产的应税消费品用于在建工程、非生产机构时，应视同销售，按规定应交纳的消费税，借记"在建工程""管理费用"等科目，贷记"应交税费——应交消费税"科目。

【例 8-26】某企业将自产的汽油用于在建工程，该批汽油的成本 30 000 元，计税价格为 45 000 元，增值税税率为 13%，消费税税率为 10%。

借：在建工程   40 350

 贷：库存商品   30 000

   应交税费——应交增值税（销项税额）   5 850

     ——应交消费税   4 500

（3）委托加工应税消费品。按税法规定，一般由受托方代收代缴消费税。委托加工物资收回后，直接用于销售的，其所纳税款计入委托加工的应税消费品的成本。委托加工收回后用于连续生产的，按规定准予抵扣的，其所纳税款不计入委托加工物资成本，而先记入"应交税费——应交消费税"科目的借方，可在连续加工后的应税消费品的应纳消费税中抵扣。

【例 8-27】甲企业委托乙企业加工应税消费品，公司提供的材料成本为 50 000 元，支付的加工费为 10 000 元（不含增值税），增值税税率为 13%，消费税税率为 10%。

1）委托加工物资收回后用于继续加工。

发出材料

借：委托加工物资   50 000

 贷：原材料   50 000

支付加工费、增值税、消费税

消费税的组成计税价 = （50 000+10 000）÷（1-10%）= 66 666.67（元）

委托方代收代缴的消费税 = 66 666.67×10% = 6 666.67（元）

借：委托加工物资   10 000

  应交税费——应交增值税（进项税额）   1 300

     ——应交消费税   6 666.67

 贷：银行存款   17 966.67

收回委托加工消费品

借：原材料   60 000

| | 贷：委托加工物资 | 60 000 |

2）委托加工物资收回后直接对外销售。

发出材料

借：委托加工物资　　　　　　　　　　　　　　50 000

　　贷：原材料　　　　　　　　　　　　　　　　　50 000

支付加工费、增值税、消费税

借：委托加工物资　　　　　　　　　　　　　16 666.67

　　应交税费——应变增值税（进项税额）　　 1 300

　　　　贷：银行存款　　　　　　　　　　　　　17 966.67

收回委托加工消费品

借：库存商品　　　　　　　　　　　　　　　66 666.67

　　贷：委托加工物资　　　　　　　　　　　　　66 666.67

对于乙企业代收代缴的消费税，按照应交税款，借记"应收账款""银行存款"等科目，贷记"应交税费——应交消费税"科目。

（三）应交所得税的核算

所得税是根据企业的生产经营所得和其他所得征收的一种税。所得税的应纳税额是根据所得税法的要求，按一定期间的应纳税所得额和适用所得税税率计算的当期应交所得税，用公式表示如下：

$$当期应交所得税＝应纳税所得额×所得税税率$$

$$应纳税所得额＝利润总额（会计利润）＋纳税调整增加额－纳税调整减少额$$

$$所得税费用＝当期所得税$$

所得税法和小企业会计准则是基于不同目的制定的，两者在资产与负债、收入与费用的确认原则等诸多方面存在着超差异。例如，税法规定业务招待费支出，按实际发生额的60%扣除，但最高不得超过当年销售收入的5‰，广告费和业务宣传费不超过当年销售收入的15%，公益性捐赠不超过年度利润总额的12%，职工福利费、工会经费和职工教育经费分别不超过工资薪金总额的14%、2%和2.5%的部分准予扣除等，而会计核算上均按实际发生额记入"管理费用""销售费用""营业外支出"等科目。按照税法规定，企业支付的税收滞纳金、违法经营的罚款、非公益性捐赠等不允许在所得税前扣除，在会计核算上作为营业外支出；企业购买的国债取得的利息收入、财政拨款，税法规定不属于应税收入，不交纳所得税，而会计核算上作为投资收益等。

这些差异在纳税时要按照税法规定的标准进行纳税调整。将利润总额调整为应纳税所得额，在此基础上计算当期应交所得税。因此，企业所得税是对小企业的应纳税所得额征税。

《中华人民共和国企业所得税法》规定企业所得税税率为25%。个人独资企业、合伙企业适用个人所得税税率。

小企业应在"应交税费"科目下设置"应交企业所得税"明细科目，核算所得税的计算和交纳情况，年度终了，小企业按企业所得税法规定计算当期应交纳的企业所得税，借记"所得税费用"科目，贷记"应交税费——应交企业所得税"科目。交纳的企业所得税，借记"应交税费——应交企业所得税"科目，贷记"银行存款"科目，所得税费用作为一项费用，当期计入损益，应从当期利润总额中扣除。

【例8-28】某企业适用的所得税税率为25%，2022年12月31日，"利润分配——未分配利润"科目的余额为 60 万元（贷方），2022 年利润总额为 100 万元，其中税收罚款 6 万元，国债利息收入 2 万元，业务招待费 10 万元。则 2022 年所得税费用的计算如下。

应纳税所得额 = 1 000 000+60 000-20 000+40 000 = 1 080 000（元）

当期应交所得税 = 1 080 000×25% = 270 000（元）

所得税费用 = 270 000 元

净利润 = 1 000 000-270 000 = 730 000（元）

借：所得税费用   270 000

    贷：应交税费——应交企业所得税   270 000

【例 8-29】假设某企业 2021 年亏损 30 万元，2022 年实现税前利润 100 万元，没有其他差异，则 2022 年所得税费用计算如下。

应纳税所得税 = 1 000 000-300 000 = 700 000（元）

应交所得税 = 700 000×25% = 175 000（元）

所得税费用 = 175 000 元

净利润 = 1 000 000-175 000 = 825 000（元）

借：所得税费用   175 000

    贷：应交税费——应交企业所得税   175 000

（四）其他税种的核算

其他税种包括资源税、城市维护建设税、教育费附加，土地增值税、房产税、城镇土地使用税、车船税、矿产资源补偿费等。

1. 应交资源税、城市维护建设税和教育费附加

资源税是对在我国境内开采矿产品或生产盐的单位和个人就其占用国有资源和取得的级差收入而征收的一种税，资源税的应纳税额按照应税产品的课税数量和规定的单位税额计算。城市维护建设税和教育费附加都是附加税，按照流转税（增值税、消费税）的一定比例计算缴纳。企业按规定计算的资源税、城市维护建设税和教育费附加，借记"税金及附加"科目，贷记"应交税费——应交资源税（或应交城市维护建设税、应交教育费附加）"等科目。小企业自产自用的物资应缴纳的资源税，借记"生产成本"科目，贷记"应交税费——应交资源税"科目。实际缴纳资源税、城市维护建设税和教育费附加时，借记"应交税费——应交资源税（或应交城市维护建设税、应交教育费附加）"科目，贷记"银行存款"科目。

【例 8-30】某煤矿企业销售煤 2 000 吨，每吨应交资源税 5 元。

借：税金及附加   10 000

    贷：应交税费——应交资源税   10 000

【例 8-31】某企业本期实际应缴纳的增值税为 25 000 元，消费税为 12 000 元。该公司适用的城市维护建设税税率为 7%，教育费附加征收车为 3%。

应交的城市维护建设税 = （25 000+12 000）×7% = 2 590（元）

应交教育费附加 = （25 000+12 000）×3% = 1 110（元）

借：税金及附加   3 700

    贷：应交税费——应交城市维护建设税   2 590

        ——应交教育费附加   1 110

2. 应交土地增值税

土地增值税是对小企业因有偿转让国有土地使用权、地上建筑物及其附着物，就其土地增值额征收的一种税。土地增值额是指转让收入减去规定扣除项目金额后的余额。转让收入包括货币收入、实物收入和其他收入。扣除项目主要包括取得土地使用权所支付的金额、开发土地的费用、新建及配套设施的成本、旧房及建筑物的评估价格等。

土地使用权与地上建筑物及其附着物并在"固定资产"科目核算的，转让时按应交土地增值税的金额，借记"固定资产清理"科目，贷记"应交税费——应交土地增值税"科目。土地使用权在"无形资产"科目核算的，按实际收到的金额，借记"银行存款"科目；按应交的土地增值税，贷记"应交税费——应交土地增值税"科目，同时，冲销土地使用权的账面价值，按已计提的累计摊销，借记"累计摊销"科目；按其成本，贷记"无形资产"科目；按其差额，借记"营业外支出——非流动资产处置净损失"科目或贷记"营业外收入——非流动资产处置净收益"科目。

小企业（房地产开发经营企业）销售房地产应缴纳的土地增值税，借记"税金及附加"科目，贷记"应交税费——应交土地增值税"科目。

3. 应交城镇土地使用税、房产税、车船税、矿产资源补偿费、排污费

城镇土地使用税是国家为了合理利用城镇土地，调节土地级差收入，提高土地使用效益，加强土地管理而开征的一种税，以纳税人实际占用的土地面积为计税依据，依照规定税额计算征收。房产税是对我国境内拥有房屋产权的单位和个人，按其房产价值或房产租金收入征收的一种税，房产税依照房产原值一次减除10%至30%后的余额计算交纳。车船税是对拥有并且使用车船的单位和个人征收的一种税。矿产资源补偿费是对在我国领域和管辖海域开采矿产资源而征收的费用，按照销售收入的一定比例计征。

小企业按规定应交纳的城镇土地使用税、房产税、车船税、矿产资源补偿费、排污费，借记"税金及附加"科目，贷记"应交税费——应交城镇土地使用税、房产税、车船税、矿产资源补偿费、排污费"等科目，实际缴纳城镇土地使用税、房产税、车船税、矿产资源补偿费、排污费时，借记"应交税费——应交城镇土地使用税、房产税、车船税、矿产资源补偿费、排污费"科目，贷记"银行存款"科目。

七、应付利息

（一）应付利息概述

应付利息是指小企业按照合同约定应支付的利息费用，反映小企业与资金提供者之间由于资金借贷而产生的资金成本承担和支付的关系。由于小企业使用了他人的资金，只要按照合同约定应负担利息费用，不论是银行等金融机构借款还是向第三方借款，也不论是长期借款还是短期借款，都应作为应付利息核算。

（二）应付利息的账务处理

小企业应设置"应付利息"账户核算按照合同约定应支付的利息费用。在应付利息日，小企业应当按照合同利率计算确定的利息费用，借记"财务费用""在建工程"等账户，贷记"应付利息"账户；实际支付的利息，借记"应付利息"账户，贷记"银行存款"等账户。本账户期末贷方余额，反映小企业应付未付的利息费用。该账户应按照贷款人等进行明细核算。

【例8-32】某小企业于2022年8月31日，计算应付长期借款利息3 200元、本月应付短期借款利息4 100元，9月1日，以银行存款支付上述借款利息费用。

计算应付利息借款

借：在建工程	3 200	
财务费用	4 100	
贷：应付利息		7 300

支出利息借款

| 借：应付利息 | 7 300 | |
| 贷：银行存款 | | 7 300 |

八、应付利润

（一）应付利润概述

应付利润是指小企业向投资者分配的利润，反映小企业与投资者之间分配与取得投资回报的关系。小企业根据相关法律法规的规定、投资协议或合同约定应向投资者分配利润，在未支付给投资者之前，形成了一项负债，应作为应付利润核算。

（二）应付利润的账务处理

小企业应设置"应付利润"账户核算其向投资者分配的利润。在应付利息日，小企业根据规定或协议确定的应分配给投资者的利润，借记"利润分配"账户，贷记"应付利润"账户；向投资者实际支付利润，借记"应付利润"账户，贷记"库存现金""银行存款"账户。该账户期末贷方余额，反映小企业应付未付的利润。该账户应按照投资者进行明细核算。

【例8-33】某小企业本期发生与应付利润有关的业务如下：

（1）2022年12月31日，企业本年实现净利润180 000元，根据投资协议约定，按照净利润40%分配当年利润。

（2）2023年1月18日，以银行存款支付应付利润72 000元。

任务处理如下。

（1）计算应付利润时，会计处理如下。

| 借：利润分配——应付利润 | 72 000 | |
| 贷：应付利润 | | 72 000 |

（2）支付应付利润，会计处理如下。

| 借：应付利润 | 72 000 | |
| 贷：银行存款 | | 72 000 |

九、其他应付款

（一）其他应付款概述

其他应付款是指小企业除应付票据、应付账款、预收账款、应付职工薪酬、应付股利、应付利息、应交税费等经营活动以外的其他各项应付、暂收的款项，如应付租入包装物租金、存入保证金等，并按照其他应付款的项目和对方单位（或个人）进行明细核算。具体包括如下几方面：

（1）应付租入固定资产的租金；

（2）应付租入包装物的租金；

（3）存入保证金；

（4）应付、暂收所属其他单位或个人的款项；

（5）其他应付、暂收款项。

（二）其他应付款的账务处理

为了核算和监督其他各项应付、暂收款项的增减变动及其结果，企业应设置"其他应付款"账户，本科目期末贷方余额，反映企业尚未支付的其他应付款项。

小企业发生其他各种应付、暂收款项时，借记"管理费用""银行存款"等科目，贷记"其他应付款"科目；支付的其他各种应付、暂收款项，借记"其他应付款"科目，贷记"银行存款"等科目。小企业发生无法支付的其他应付款时，借记"其他应付款"科目，贷记"营业外收入"科目。

【例8-34】黄山公司（增值税一般纳税人）发生有关业务如下：

（1）应付A公司出租给本公司生产经营设备租金4 800元；

（2）收到B公司支付的包装物押金1 000元（库存现金）；

（3）以银行存款支付固定资产租金4 800元；

（4）没收逾期包装物押金1 000元。

任务处理如下。

（1）应付固定资产租金时，会计处理如下。

借：制造费用 4 800

  贷：其他应付款——A公司 4 800

（2）收到B公司支付的包装物押金时，会计处理如下。

借：库存现金 1 000

  贷：其他应付款——B公司 1 000

（3）支付固定资产租金时，会计处理如下。

借：其他应付款——A公司 4 800

  贷：银行存款 4 800

（4）没收逾期包装物押金时，会计处理如下。

借：其他应付款——B公司 1 000

  贷：营业外收入 854.7

   应交税费——应交增值税（销项税额） 145.3

第二节　非流动负债

非流动负债，是指除流动负债以外的负债，主要包括长期借款、长期应付款等。

一、长期借款

长期借款，是指小企业向银行或其他金融机构借入的期限在1年以上的各种借款，一般用于固定资产的购建、改扩建工程、大修理工程、扩建企业经营规模等。企业应按贷款合同规定的用途使用借款，按约定的付息方式支付借款利息，以及按规定的期限归还借款本金。

小企业应设置"长期借款"科目，核算小企业向银行或其他金融机构借入的期限在1年以上的各种借款本金，该科目可按借款种类、贷款人和币种进行明细核算。

小企业借入长期借款，应按实际收到的金额，借记"银行存款"科目，贷记"长期借款"科目。

长期借款应当按照借款本金和借款合同利率计提利息费用，计入相关资产成本（在竣工决算前）或财务费用。企业在应付利息日计提利息费用时，借记"财务费用""在建工程""研发支出"等科目，贷记"应付利息"科目。

小企业偿还长期借款本金，借记"长期借款"科目，贷记"银行存款"科目；支付利息时，借记"应付利息"科目，贷记"银行存款"科目。

【例 8-35】某企业于 2022 年 7 月 1 日从银行借入 50 万元，期限为 3 年，年利率为 8%，到期还本，按年付息借款用于建造厂房，并于 2022 年 7 月 1 日开始动工建造，工期为 1 年。假设实际利率与合同利率相差较小。

（1）2022 年 7 月 1 日，取得借款时，会计处理如下。

借：银行存款 500 000
　　贷：长期借款——本金 500 000

（2）2022 年 7 月 1 日，购进工程物资成本为 350 000 元，并于当天领用，工程人员工资为 150 000 元，会计处理如下。

借：在建工程 500 000
　　贷：工程物资 350 000
　　　　应付职工薪酬 150 000

（3）2022 年 12 月 31 日，计算利息时，会计处理如下。

借：在建工程 20 000
　　贷：应付利息 20 000

（4）2023 年 7 月 1 日，支付利息时，会计处理如下。

借：应付利息 20 000
　　在建工程 20 000
　　贷：银行存款 40 000

工程达到预定可使用状态，结转工程成本，会计处理如下。

借：固定资产 540 000
　　贷：在建工程 540 000

（5）2023 年 12 月 31 日，计算利息，会计处理如下。

借：财务费用 20 000
　　贷：应付利息 20 000

（6）2023 年 7 月 1 日，支付利息时，会计处理如下。

借：应种利息 20 000
　　财务费用 20 000
　　贷：银行存款 40 000

（7）2023 年 12 月 31 日，计算利息时，会计处理如下。

借：财务费用 20 000
　　贷：应付利息 20 000

（8）2020 年 7 月 1 日，还本付息时，会计处理如下。

借：应付利息 20 000
　　财务费用 20 000
　　长期借款——本金 500 000

　　贷：银行存款　　　　　　　　　　　　　　　　　　　　540 000

二、长期应付款

　　长期应付款，是指小企业除长期借款以外的其他各种长期应付款，包括应付融资、租入固定资产的租赁费、以分期付款方式购入固定资产发生的应付款项等。

　　小企业应设置"长期应付款"科目，并按长期应付款的种类和债权人进行明细核算。

（一）小企业融资租入固定资产

　　在租赁期开始日，按照租赁合同约定的付款总额和在签订租赁合同过程中发生的相关税费等，借记"固定资产"或"在建工程"科目，贷记"长期应付款"科目。

　　【例8-36】甲企业以融资租赁方式租入不动产，按租赁协议确定的租赁费总额为360 000元，租赁期为5年，租赁价款分5年于每年年初支付。估计折旧年限为5年，采用直线法计提折旧，残值为0，租赁期满，该不动产转归承租企业所有。

　　（1）租入不动产时，会计处理如下。

　　借：固定资产——融资租入固定资产　　　　　　　360 000

　　　　贷：长期应付款——应付融资租赁费　　　　　　　　360 000

　　（2）每期支付融资租赁费时，会计处理如下。

　　借：长期应付款——应付融资租赁费　　　　　　　72 000

　　　　贷：银行存款　　　　　　　　　　　　　　　　　72 000

　　（3）按月计提固定资产折旧费时，会计处理如下。

　　借：管理费用　　　　　　　　　　　　　　　　　6 000

　　　　贷：累计折旧　　　　　　　　　　　　　　　　　6 000

（二）以分期付款方式购入固定资产

　　企业应当按照实际支付的购买价款和相关税费（不包括按照税法规定可抵扣的增值税进项税额），借记"固定资产"或"在建工程"科目；按照税法规定可抵扣的增值税进项税额，借记"成交税费——应交增值税（进项税额）"科目；贷记"长期应付款"科目。

　　【例8-37】兴旺公司发生融资租赁业务如下：

　　（1）2022年1月2日，采用融资租赁方式租入生产设备1台，价值300 000元，租赁期5年，租金与设备价值相等，合同约定每年年末等额支付租金60 000元。租赁期满后设备归承租方所有。该设备不需要安装，已经投入使用。

　　（2）该设备预计净残值6 000元，采用直线法计提折旧（假定按年计提）。

　　（3）2022年12月31日，支付第一期租金。

　　（4）租赁期满，设备转为本企业所有。

　　任务处理如下。

　　（1）2022年1月2日，融资租入设备时，会计处理如下。

　　借：固定资产——融资租入固定资产　　　　　　　300 000

　　　　贷：长期应付款　　　　　　　　　　　　　　　　300 000

　　（2）每年计提折旧时（假定按年计提）

　　借：制造费用　　　　　　　　　　　　　　　　　58 800

　　　　贷：累计折旧　　　　　　　　　　　　　　　　　58 800

　　（3）每年支付租金时，会计处理如下。

| 借：长期应付款 | 60 000 | |
| 贷：银行存款 | | 60 000 |

（4）租赁期满，设备转为本企业所有时，会计处理如下。

| 借：固定资产——生产用固定设备 | 300 000 | |
| 贷：固定资产——融资租入固定资产 | | 300 000 |

【涉税法规及事项】

《中华人民共和国企业所得税法实施条例》规定：

第四十七条　企业根据生产经营活动的需要以融资租赁方式租入固定资产发生的租赁费支出，按照规定构成融资租入固定资产价值的部分应当提取折旧费用，分期扣除。

第五十八条　融资租入的固定资产，以租赁合同约定的付款总额和承租人在签订租赁合同过程中发生的相关费用为计税基础，租赁合同未约定付款总额的，以该资产的公允价值和承租人在签订租赁合同过程中发生的相关费用为计税基础。

复习思考题

流动负债部分：

一、单项选择题

1. 短期借款是指小企业向银行或其他金融机构等借入的期限在（　　）内的各种借款。

A.3 个月　　　　B.6 个月　　　　C.9 个月　　　　D.1 年

2. "短期借款"科目贷方核算的内容是（　　）

A. 借款人的借款本金　　　　　　　　B. 预提的借款利息

C. 偿还的借款本金　　　　　　　　　D. 偿还的借款本金和利息

3. 按照《小企业会计准则》的规定，银行承兑汇票到期，小企业无力支付票款时（　　）。

A. 将应付票据的票面金额转入"应付账款"中

B. 将应付票据的票面金额转入"应付利息"中

C. 按照银行承兑汇票的票面金额转入"短期借款"中

D. 将应付票据的票面金额转入"预付账款"中

4. 小企业发生的短期借款利息，其会计核算方法是（　　）

A. 全部计入借款当月的财务费用中

B. 分月计入管理费用中

C. 全部计入还款月份的管理费用中

D. 在应付利息日，应当按照短期借款合同利率计算确定的利息费用计入财务费用中

5. 甲公司为筹集生产用资金，2022 年 1 月 1 日向南海公司借入期限为 9 个月、年利率为12% 的借款 200 000 元，借款合同约定每季度末支付利息。假定金融企业同期同类贷款利率为9.5%，则甲公司 2022 年按照《小企业会计准则》确认的利息费用和按照企业所得税法规定确认的利息费用分别是(　　)元。

A.18 000；18 000　　B.14 250；14 250　　C.14 250；14 250　　D.18 000；14 250

6. 大河公司于 2022 年 1 月 1 日向银行借入一笔生产用资金 100 000 元，期限 3 个月，年利率 6%。根据借款协议约定每月末支付利息。2022 年 1 月份大河公司对短期贷款利息应做

的会计处理为(　　)。

A. 借：财务费用 500
　　贷：银行存款 500

B. 借：财务费用 500
　　贷：短期借款 500

C. 借：财务费用 500
　　贷：应付利息 500

D. 借：财务费用 500
　　贷：应付账款 500

7. 银行承兑汇票到期，小企业无力支付票款时，正确的会计处理是将该应付票据(　　)。

A. 转作短期借款　　B. 转作应付账款　　C. 转作其他应付款　　D. 仅做备查登记

8. 小企业支付银行承兑汇票手续费时，应计入(　　)科目

A. 管理费用　　　　B. 应付票据　　　　C. 短期借款　　　　D. 财务费用

9. 小企业确定无法偿付的应付账款，应转作(　　).

A. 营业外收入　　　B. 未分配利润　　　C. 其他业务收入　　D. 资本公积

10. 小企业发生的下列业务中，应通过"应付账款"科目核算的是(　　)

A. 小企业开出的银行承兑汇票

B. 小企业接受供应单位提供劳务而发生的应付未付款项

C. 暂收所属单位的款项

D. 预收的包装物押金

11. 黄河公司在 2022 年 1 月 10 日从星星公司购入材料一批，取得的增值税专用发票上注明的价款为 60 000 元，增值税税额为 7 800 元，材料尚未验收入库，货款及增值税税额尚未支付。取得的运费结算单据上注明运输费 2 400 元，装卸费 200 元，已以银行存款支付。则黄河公司购买材料时应付账款的入账价值为 (　　) 元。

A.70 400　　　　　B.67 800　　　　　C.60 368　　　　　D.60 200

12. 甲公司于 2019 年 5 月 3 日从乙公司购入一批商品并已验收入库。取得的增值税专用发票上注明该批商品的价款为 40 万元，增值税税额 5.2 万元。合同中规定的现金折扣条件为 2/10，1/20，n/30，假定计算现金折扣时考虑增值税。甲企业在 2022 年 5 月 15 日付清货款，则甲企业购买该产品时应付账款的入账价值 (　　) 万元。

A.40　　　　　　　B.44.264　　　　　C.44.732　　　　　D.45.2

13. 如果小企业不设置"预收账款"科目，应将预收的货款计入 (　　)。

A. 应收账款科目的借方　　　　　　　B. 应收账款科目的贷方

C. 应付账款科目的借方　　　　　　　D. 应付账款科目的贷方

14. 下列各项中，应通过"其他应付款"科目核算的是(　　)。

A. 租入包装物支付的押金　　　　　　B. 应交教育费附加

C. 存入保证金　　　　　　　　　　　D. 应付销售人员工资

15. 小企业无法支付的其他应付款，应转入 (　　) 科目。

A. 营业外收入　　　B. 其他应收款　　　C. 其他业务收入　　D. 资本公积

16. 下列各项中，不属于应付职工薪酬核算内容的是 (　　)。

A. 住房公积金　　　　　　　　　　　B. 工会经费和职工教育经费

C. 职工因工出差的差旅费　　　　　　　　D. 因解除与职工的劳动关系给予的补偿

17. 小企业发生的职工福利费支出，不超过工资薪金总额的(　　)的部分，准予在企业所得税税前扣除。

A. 14%　　　　　　B. 12%　　　　　　C. 2.5%　　　　　　D. 2%

18. 小企业应由生产产品负担的职工薪酬，计入(　　)。

A. 产品成本　　　　B. 劳务成本　　　　C. 固定资产成本　　　D. 无形资产成本

19. 小企业应由在建工程负担的职工薪酬，计入(　　)。

A. 产品成本　　　　B. 劳务成本　　　　C. 固定资产成本　　　D. 无形资产成本

20. 小企业为职工缴纳社会保险费，应当在职工为其提供服务的会计期间，按照国家规定的基准和比例，根据(　　)的一定比例计算。

A. 销售收入　　　　B. 利润总额　　　　C. 工资总额　　　　D. 基本工资

21. 《小企业会计准则》和企业所得税法关于工会经费的拨缴比例分别是(　　)。

A. 2%；2%　　　　B. 2%；1.5%　　　　C. 1.5%；2%　　　　D. 2.5%；2%

22. 假设月华公司 2022 年的工资总额为 1 260 000 元，公司按工资总额的 2.5% 计提了 31 500 元职工教育经费，2022 年实际发生了 30 000 元。则按照企业会计准则和企业所得税法的规定，月华公司 2022 年关于职工教育经费的处理，下列说法正确的是(　　)。

A. 月华公司按实际发生额 30 000 元列入成本费用开支

B. 月华公司允许企业所得税税前扣除 31 500 元

C. 月华公司允许企业所得税税前扣除 30 000 元，多提的 1 500 元调增当年应纳税所得额

D. 月华公司允许企业所得税税前扣除 30 000 元，超过的 1 500 元准予在以后纳税年度结转扣除

23. 小企业从职工工资中代扣代缴的职工个人所得税，应借记的会计科目是(　　)。

A. 其他应付款　　　　　　　　　　　　　B. 应付职工薪酬

C. 银行存款　　　　　　　　　　　　　　D. 应交税费——应交所得税

24. 小企业支付工会经费和职工教育经费用于工会活动和职工培训，应借记的会计科目是(　　)。

A. 其他应付款　　　　B. 应付职工薪酬　　　　C. 财务费用　　　　D. 管理费用

25. 小企业以其自产产品作为非货币性福利发放给职工的，应当根据收益对象，按照该产品的(　　)计入相关资产成本或当期损益，同时确认应付职工薪酬。

A. 成本　　　　　　B. 销售价格　　　　C. 重置价值　　　　D. 组成计税价格

26. 长江饮料厂为增值税一般纳税人，2022 年 4 月将本厂生产的一批饮料发放给职工作为福利。该饮料市场售价为 10 万元(不含增值税)，增值税适用税率 13%，实际成本为 8 万元。假定不考虑其他因素，该企业应确认的应付职工薪酬为(　　)元。

A. 80 000　　　　B. 100 000　　　　C. 113 600　　　　D. 113 000

27. A 公司为生产企业，增值税一般纳税人，共有职工 50 人。公司以其生产的每件成本为 400 元的产品作为福利发放给每个职工。假设该产品不含税售价 500 元，适用增值税税率 13%，不考虑其他相关税费，则下列会计分录中正确的是(　　)。

A. 借：应付职工薪酬　　　　　　　　　　　　　　　　　28 250

　　　贷：主营业务收入　　　　　　　　　　　　　　　　25 000

　　　　　应交税费——应交增值税(销项税额)　　　　　3 250

B. 借：应付职工薪酬　　　　　　　　　　　　　　　　　　　20 000
　　　贷：库存商品　　　　　　　　　　　　　　　　　　　　　　　20 000

C. 借：应付职工薪酬　　　　　　　　　　　　　　　　　　234 250
　　　贷：库存商品　　　　　　　　　　　　　　　　　　　　　　　20 000
　　　　　应交税费——应交增值税（销项税额）　　　　　　　　　　3 250

D. 借：应付职工薪酬　　　　　　　　　　　　　　　　　　　23 400
　　　贷：库存商品　　　　　　　　　　　　　　　　　　　　　　　20 000
　　　　　应交税费——应交增值税（进项税额转出）　　　　　　　　2 600

28. 因解除与职工的劳动关系给予的补偿，应借记（　　　）科目，贷记"应付职工薪酬"科目。

A. 在建工程　　　　B. 研发支出　　　　C. 销售费用　　　　D. 管理费用

29. 思华公司共有职工51人，其中生产工人29人，工程部门职工5人，管理部门职工11人，销售部门人员6人。假设思华公司2022年的工资总额为1 346 400元，其中：生产工人工资765 600元，在建工程工人工资132 000元，管理人员工资290 400元（其中包括发放给未在本企业任职的股东张某工资10 000元），产品销售人员工资158 400元。会计上工资构成与税法上工资薪金的内容一致，本年"应付职工薪酬——职工工资"科目无余额，则思华公司在2022年企业所得税汇算时允许扣除的工资是（　　　）元。

A. 1 346 400　　　B. 1 214 400　　　C. 1 204 400　　　D. 765 600

30. 小企业按照税法等规定计算缴纳的下列税金，不通过"应交税费"科目核算的是（　　　）。

A. 个人所得税　　　B. 印花税　　　C. 土地增值税　　　D. 城镇土地使用税

31. 某饮料厂为增值税一般纳税人，2022年2月外购原材料取得防伪税控系统开具的增值税专用发票注明进项税额26 000元，并通过主管税务机关认证；购货过程中支付运费5 000元、建设基金500元、杂费500元，取得运费结算单据。该饮料厂2月允许抵扣的增值税进项税额为（　　　）元。

A. 26 000　　　B. 34 350　　　C. 34 385　　　D. 34 420

32. 东南公司2022年3月从国外进口一批原材料，海关审定的关税完税价格为500 000元，该批原材料分别按10%和13%的税率向海关缴纳了关税和进口环节增值税，并取得了相关完税凭证。该公司进口环节应缴纳增值税（　　　）元。

A. 135 000　　　B. 71 500　　　C. 85 000　　　D. 50 000

33. 小企业购进农产品，除取得增值税专用发票或者海关进口增值税专用缴款书外，按照农产品收购发票或者销售发票上注明的农产品买价和（　　　）的扣除税率计算的进项税额。

A. 13%　　　B. 6%　　　C. 9%　　　D. 7%

34. 某增值税一般纳税人购进玉米一批，支付给某农业开发基地收购价格为50 000元，取得农产品收购发票，并支付运费1 500元，装卸费300元，取得货运企业开具的运费发票。则该项业务准予抵扣的进项税额为（　　　）元。

A. 6 605　　　B. 8 605　　　C. 5 105　　　D. 6 650

35. A企业为增值税一般纳税人，增值税税率为13%，2022年5月发生如下业务：销售产品，开具的增值税专用发票上注明的销售款100万元，增值税税额为13万元；用本企业生产的产品发放给职工个人作为非货币性福利，同类产品售价为 10 万元；因改造厂房领用本企业外购材料，该材料成本 15 万元。则 A 企业本月增值税销项税额是(　　)万元。

    A. 21.25 　　　　　　　B. 14.3 　　　　　　　C. 19.55 　　　　　　　D. 12.75

36. 某生产企业为增值税一般纳税人，2022 年 3 月外购原材料取得防伪税控系统开具的增值税专用发票上注明进项税额 140 000 元，并通过主管税务机关认证；购货过程中支付运费 6 000 元、建设基金 600 元、杂费 600 元。原购进原材料由于管理不善发生霉烂，账面成本为 20 000 元。当月销售自产应税药品取得不含税销售额 1 200 000 元。该生产企业 3 月应纳增值税为(　　)元。

    A. 63 538 　　　　　　B. 64 000 　　　　　　C. 66 938 　　　　　　D. 67 400

37. 按照《小企业会计准则》规定，实行"免、抵、退"管理办法的生产型小企业，按照税法规定计算的当期出口产品不予免征、抵扣和退税的增值税额，应借记(　　)科目，贷记"应交税费——应交增值税（进项税额转出）"科目。

    A. 主营业务成本　　　　B. 其他业务成本　　　　C. 产品销售成本　　　　D. 营业外支出

38. 按照《小企业会计准则》规定，实行"免、抵、退"管理办法的生产型小企业，出口产品按照税法规定应予退还的增值税款，应借记(　　)科目，贷记"应交税费——应交增值税（出口退税）"科目。

    A. 其他应收款　　　　　B. 应收账款　　　　　C. 预收账款　　　　　D. 银行存款

39. 下列各项中，属于增值税视同销售行为应当计算销项税额的是(　　)。

    A. 将自产的货物用于分配给股东　　　　　B. 将购买的货物用于在建工程

    C. 将购买的货物用于职工福利　　　　　　D. 将购买的货物奖励给内部员工

40. 下列交易或事项中，涉及增值税销项税额的是(　　)。

    A. 将货物交付他人代销

    B. 设有两个以上机构并实行统一核算的纳税人，将货物从一个机构移送其他机构用于装配

    C. 外购的货物发生非正常损失

    D. 外购的货物用于个人消费

41. 永祥公司将本企业生产的产品一批用于本企业建造厂房，该批产品成本为 10 000 元，售价 12 000 元，增值税税率 13%。则该业务正确的账务处理为(　　)。

    A. 借：在建工程　　　　　　　　　　　　　　　　　　　　　10 000

           贷：库存商品　　　　　　　　　　　　　　　　　　　　　　　　10 000

    B. 借：在建工程　　　　　　　　　　　　　　　　　　　　　14 040

           贷：主营业务收入　　　　　　　　　　　　　　　　　　　　　12 000

              应交税费——应交增值税（销项税额）　　　　　　　　　2 040

    C. 借：在建工程　　　　　　　　　　　　　　　　　　　　　12 040

           贷：库存商品　　　　　　　　　　　　　　　　　　　　　　　10 000

              应交税费——应交增值税（销项税额）　　　　　　　　　2 040

    D. 借：在建工程　　　　　　　　　　　　　　　　　　　　　12 000

           贷：库存商品　　　　　　　　　　　　　　　　　　　　　　　12 000

42. 2022 年 2 月 15 日，某一般纳税人外购生产用配件一批，取得普通发票一张，则该业务正确的会计处理为(　　)。

A. 借：原材料

应交税费——应交增值税（进项税额）

贷：银行存款

B. 借：原材料

贷：银行存款

C. 借：原材料

贷：银行存款

应交税费——应交增值税（进项税额转出）

D. 借：原材料

应交税费——待抵扣进项税额

贷：银行存款

43. 丙企业 2022 年 3 月由于管理不善损毁产品一批，已知损失产品账面价值为 8 000 元，市场销售价格 10 000 元；当期总的生产成本为 42 000 元。其中耗用外购材料、低值易耗品等价值为 30 000 元，外购货物均适用 13%增值税税率，则以下会计处理正确的是(   )。

A. 借：主营业务成本　　　　　　　　　　　　　　　10 971.43

贷：库存商品　　　　　　　　　　　　　　　　10 000

应交税费——应交增值税（进项税额转出）　　971.43

B. 借：待处理财产损溢　　　　　　　　　　　　　　11 300

贷：库存商品　　　　　　　　　　　　　　　　10 000

应交税费——应交增值税（销项税额）　　　　1 300

C. 借：营业外支出　　　　　　　　　　　　　　　　9 700

贷：库存商品　　　　　　　　　　　　　　　　8 000

应交税费——应交增值税（销项税额）　　　　1 300

D. 借：待处理财产损溢　　　　　　　　　　　　　　8 971.43

贷：库存商品　　　　　　　　　　　　　　　　8 000

应交税费——应交增值税（进项税额转出）　　971.43

44. 鸿运公司在建职工食堂，领用库存原材料成本 20 万元，市场公允价值 22 万元，适用的增值税税率为 13%，则职工食堂领用库存原材料的入账价值为(   )万元。

A. 20　　　　　　　B. 23.74　　　　　　　C. 23.4　　　　　　　D. 25.74

45. 某小企业（增值税一般纳税人）因地震毁损库存材料一批，该批原材料实际成本为 4 000 元，市场售价 5 000 元，收回残料价值 80 元，保险公司赔偿 4 320 元。该企业购入材料的增值税税率为 13%，由于损毁原材料应转出的增值税进项税额为(   )元。

A. 0　　　　　　　B. 3 808　　　　　　　C. 4 250　　　　　　　D. 4 300

46. B 企业为小规模纳税人，2022 年 2 月销售货物取得银行存款 9 000 元，当月购入货物 7 000 元，该小规模纳税人当月有关增值税的会计处理正确的是(   )。

A. 借：银行存款　　　　　　　　　　　　　　　　　9 000

贷：主营业务收入　　　　　　　　　　　　　9 000

B. 借：银行存款　　　　　　　　　　　　　　　　　9 000

贷：主营业务收入　　　　　　　　　　　　　8 460

应交税费——应交增值税　　　　　　　　　540

C. 借：银行存款　　　　　　　　　　　　　　　　　　　9 000

　　贷：主营业务收入　　　　　　　　　　　　　　　8737.86

　　　　应交税费——应交增值税　　　　　　　　　　262.14

D. 借：银行存款　　　　　　　　　　　　　　　　　　　9 000

　　贷：主营业务收入　　　　　　　　　　　　　　　8653.85

　　　　应交税费——应交增值税　　　　　　　　　　346.15

47. 某小规模纳税人，2022年3月销售自己使用过的一台设备，开具普通发票注明价款45 000元，则该项业务应纳增值税(　　　　)元。

A. 2700　　　　　　B. 1350　　　　　　C. 1310.7　　　　　D. 873.79

48. 小企业出租、出借包装物逾期未收回没收的押金应交的消费税，应借记(　　　)科目，贷记"应交税费——应交消费税"科目。

A. 营业税金及附加　　B. 营业外支出　　C. 其他业务成本　　D. 主营业务成本

49. 下列各项中，应计算缴纳消费税的是(　　　)。

A. 小企业外购应税消费品对外投资

B. 小企业将自产应税消费品用于本企业职工福利

C. 小企业将委托加工应税消费品收回后直接对外销售

D. 小企业外购应税消费品发生的非正常损失

50. 小企业委托加工应纳消费税的物资收回后用于连续生产应税消费品的，由受托方代收代缴的消费税，应计入(　　　)科目的借方。

A. 应交税费——应交消费税　　　　　　B. 管理费用

C. 委托加工物资　　　　　　　　　　　D. 营业税金及附加

51. 某生产应税消费品的小企业，购进材料委托其他企业生产应税消费品的包装盒，则以下会计处理中错误的是(　　　)。

A. 借：委托加工物资

　　贷：原材料

B. 借：应交税费——应交消费税

　　贷：银行存款

C. 借：委托加工物资

　　　应交税费——应交增值税（进项税额）

　　贷：银行存款

D. 借：原材料

　　贷：委托加工物资

52. 有金银首饰零售业务的小企业，在营业收入实现时，按照应交的消费税，借记(　　　)科目，贷记"应交税费——应交消费税"科目。

A. 营业税金及附加　　B. 营业外支出　　C. 其他业务成本　　D. 主营业务成本

53. 华夏公司将自产的一批应税消费品（非金银首饰）用于本公司在建工程（房产）。该批消费品成本为80万元，计税价格为100万元。该批应税消费品适用的增值税税率为13%，消费税税率为10%。据此计算，华夏公司应记入在建工程成本的金额为(　　　)万元。

A. 80　　　　　　　B. 90　　　　　　　C. 97　　　　　　　D. 107

54. 华宇公司从国外进口一批应税消费品，关税完税价格为200 000元，关税10 000元，从海关取得海关进口增值税专用缴款书。款已支付，增值税税率为13%，消费税税率为30%，则华宇公司应纳进口环节消费税(　　)元。

    A. 51 000　　　　　B. 60 000　　　　　C. 63 000　　　　　D. 90 000

55. 城市维护建设税按纳税人所在地的不同，设置了三档地区差别比例税率，即纳税人所在地为市区的，税率为(　　)。

    A. 1%　　　　　　B. 5%　　　　　　C. 7%　　　　　　D. 10%

56. 西南公司2022年1月实际缴纳增值税30 000元，缴纳消费税50 000元，城市维护建设税税率为5%，教育费附加率为3%，则西南公司2022年1月应纳城市维护建设税和教育费附加为(　　)元。

    A. 1 600　　　　　B. 2 400　　　　　C. 4 000　　　　　D. 6 400

57. 小企业按照税法规定应缴纳的城市维护建设税、教育费附加，应借记(　　)科目。

    A. 营业税金及附加　　B. 营业外支出　　C. 其他业务成本　　D. 主营业务成本

58. 小企业按照税法规定应交的企业所得税，借记(　　)科目，贷记"应交税费——应交所得税"科目。

    A. 所得税费用　　　　B. 管理费用　　　　C. 营业税金及附加　　D. 其他业务成本

59. 小企业自产自用的物资应缴纳的资源税，借记(　　)科目，贷记"应交税费——应交资源税"科目。

    A. 生产成本　　　　B. 营业税金及附加　　C. 原材料　　　　D. 材料采购

60. 华东油田2022年1月生产原油100吨，其中已销售80吨，销售单价（不含增值税）3 500元/吨，已自用15吨，剩余5吨待销售。该油田适用的资源税税率为6%，则1月份该油田应纳资源税(　　)元。

    A. 16 800　　　　　B. 17 850　　　　　C. 19 950　　　　　D. 21 000

61. 小企业收购未税矿产品，按照规定代扣代缴的资源税，应借记"材料采购"或"在途物资"等科目，贷记(　　)科目。

    A. 应交税费——应交资源税　　　　　　B. 税金及附加

    C. 银行存款　　　　　　　　　　　　　D. 应付账款

62. 小企业转让土地使用权，若土地使用权与地上建筑物及其附着物一并在"固定资产"科目核算的，其应缴纳的土地增值税，应借记(　　)科目，贷记"应交税费——应交土地增值税"科目。

    A. 固定资产　　　　B. 税金及附加　　　C. 固定资产清理　　D. 营业外支出

63. 小企业（房地产开发经营）销售房地产应缴纳的土地增值税，应借记(　　)科目，贷记"应交税费——应交土地增值税"科目。

    A. 固定资产　　　　B. 税金及附加　　　C. 固定资产清理　　D. 营业外支出

64. 小企业按照规定应缴纳的城镇土地使用税、房产税、车船税、矿产资源补偿费、排污费，应计入(　　)科目。

    A. 管理费用　　　　B. 税金及附加　　　C. 其他业务成本　　D. 营业外支出

65. 小企业按照税法规定应代扣代缴的职工个人所得税，借记(　　)科目，贷记"应交税费——应交个人所得税"科目。

    A. 管理费用　　　　B. 税金及附加　　　C. 其他业务成本　　D. 应付职工薪酬

66. 小企业按照规定在实际收到返还的企业所得税、增值税（不含出口退税）、消费税、营业税等时，应借记"银行存款"科目，贷记(　　)科目。

　　A. 资本公积　　　　　B. 其他业务收入　　　C. 营业外收入　　　D. 其他应付款

二、多项选择题

1. 下列属于流动负债的有(　　)。

　　A. 短期借款　　　　　B. 应付职工薪酬　　　C. 应付利息　　　　D. 长期应付款

2. 小企业在生产经营活动中发生的下列利息支出，准予在企业所得税税前扣除的有(　　)。

　　A. 小企业向金融企业借款的利息支出

　　B. 小企业向非金融企业借款的利息支出，不超过按照金融企业同期同类贷款利率计算的数额的部分

　　C. 小企业向关联方借款的利息支出

　　D. 小企业向股东借款的利息支出

3. 关于短期借款，下列说法正确的有(　　)。

　　A. 短期借款是指小企业向银行或其他金融机构等借入的期限在1年内的各种借款

　　B. 小企业在应付利息日，应当按照短期借款合同利率计算确定的利息费用，借记"财务费用"科目，贷记"应付利息"等科目

　　C. 小企业持未到期的商业汇票向银行贴现，贴现息，借记"管理费用"科目

　　D. 小企业短期借款到期偿还本金时，借记"短期借款"科目，贷记"银行存款"科目

4. 下列关于应付票据处理的表述中，正确的有(　　)。

　　A. 小企业开出、承兑商业汇票抵付货款时，应贷记"应付票据"科目

　　B. 应付票据到期，支付票款时，借记"应付票据"科目，贷记"银行存款"科目

　　C. 小企业支付的银行承兑手续费，应借记"财务费用"科目

　　D. 小企业到期无力支付的银行承兑汇票，应按票面金额转入"应付账款"科目

5. 下列关于应付账款的表述中，正确的有(　　)。

　　A. 小企业购入材料未验收入库，货款尚未支付时，应借记"在途物资"科目，借记"应交税费——应交增值税（进项税额）"科目，贷记"应付账款"科目

　　B. 小企业开出承兑商业汇票抵付应付账款，应借记"应付账款"科目，贷记"应付票据"科目

　　C. 小企业开出承兑商业汇票抵付应付账款，应借记"应付账款"科目，贷记"短期借款"科目

　　D. 小企业确实无法偿付的应付账款，应借记"应付账款"科目，贷记"营业外收入"科目

6. 下列关于预收账款的账务处理中，正确的有(　　)。

　　A. 小企业向购货单位预收的款项，借记"银行存款"等科目，贷记"预收账款"科目

　　B. 小企业销售实现时，按实现的收入，借记"银行存款"科目，贷记"主营业务收入"科目；涉及增值税销项税额的，还应贷记"应交税费——应交增值税（销项税额）"科目

　　C. 小企业收到购货单位补付的款项时，借记"银行存款"等科目，贷记"预收账款"科目

　　D. 小企业向购货单位退回其多付的款项时，借记"预收账款"科目，贷记"银行存款"科目

7. 下列项目中，应通过"其他应付款"科目核算的有(　　)。

A. 应付租入包装物的租金

B. 应付经营租入固定资产的租金

C. 应付融资租入固定资产的租赁费

D. 分期付款方式购入固定资产发生的应付款项

8. 下列项目，属于职工薪酬的有(　　)。

A. 职工工资、奖金、津贴和补贴

B. 失业保险费

C. 住房公积金

D. 因解除与职工的劳动关系给予的补偿

9. 按照《小企业会计准则》和企业所得税法规定，下列关于职工福利费，说法正确的有(　　)。

A. 小企业职工福利费包括非货币性集体福利

B. 小企业给职工发放的节日补助应作为职工福利费管理

C. 小企业发生的职工福利费支出，不超过工资薪金总额14%的部分，准予在企业所得税税前扣除

D. 小企业职工福利费包括离退休人员统筹外费用

10. 按照《小企业会计准则》和企业所得税法规定，下列关于职工工资的处理，说法正确的有(　　)。

A. 小企业应当在职工为其提供服务的会计期间，将应付的职工工资确认为负债，根据职工提供服务的受益对象进行分配

B. 工资总额由计时工资、计件工资、奖金、津贴和补贴、加班加点工资以及特殊情况下支付的工资（如因病、工伤、产假等特殊情况下，按比例支付的工资）组成

C. 企业按照股东大会、董事会、薪酬委员会或相关管理机构制定的工资薪金制度规定计入成本费用的工资薪金，准予在企业所得税税前扣除

D. 企业安置残疾人员的，在按照支付给残疾职工工资据实扣除的基础上，可以在计算应纳税所得额时按照支付给残疾职工工资的100%加计扣除

11. 下列关于职工薪酬的表述，正确的有(　　)

A. 职工薪酬是指小企业为获得职工提供的服务而应付给职工的各种形式的报酬以及其他相关支出

B. 职工薪酬主要包括职工工资、职工福利费、住房公积金、非货币性福利等

C. 小企业应当在职工为其提供服务的会计期间，将应付的职工薪酬确认为负债，除因解除与职工的劳动关系给予的补偿外，应当根据职工提供服务的受益对象进行分配

D. 根据企业年金计划缴纳的补充养老保险费不属于职工薪酬

12. 关于职工薪酬的确认，说法正确的有(　　)。

A. 应由生产产品负担的职工薪酬，计入产品成本

B. 应由在建工程负担的职工薪酬，计入建造固定资产成本

C. 应由提供劳务负担的职工薪酬，计入劳务成本

D. 应由无形资产负担的职工薪酬，计入当期损益

13. 华联公司共有职工人数60人，假设2022年的工资总额1 440 000元。公司按工资总额的2%和2.5%提取了工会经费和职工教育经费。假设按照《小企业会计准则》确定的工资总额等于按企业所得税法确定的工资薪金总额，则华联公司的下列处理中，说法正确的

有(   )。

  A. 公司按工资总额的 2.5% 提取的 36 000 元职工教育经费列入成本开支

  B. 公司按工资总额的 2.5% 提取的 36 000 元职工教育经费准予在企业所得税税前扣除

  C. 公司按工资总额的 2% 提取的工会经费 28 800 元准予在企业所得税税前扣除

  D. 公司按工资总额的 2% 向工会拨缴工会经费 28 800 元，凭工会组织开具的《工会经费收入专用收据》在税前扣除

  14. 关于非货币性职工薪酬，下列说法正确的有(   )。

  A. 非货币性福利是指小企业以自产产品或外购商品发放给职工，小企业将拥有的资产无偿提供给职工使用以及为职工无偿提供医疗保健服务等不属于非货币性职工福利。

  B. 非货币性福利是指企业以自产产品或外购商品发放给职工，将企业拥有的资产无偿提供给职工使用，为职工无偿提供医疗保健服务等作为福利。

  C. 小企业以其自产产品作为非货币性福利发放给职工的，应当根据受益对象，按照该产品的销售价格计入相关资产成本或当期损益，同时确认应付职工薪酬。

  D. 小企业以其自产产品作为非货币性福利发放给职工的，应当根据受益对象，按照该产品的账面价值计入相关资产成本或当期损益，同时确认应付职工薪酬。

  15. 下列关于非货币性职工薪酬的税务处理，说法正确的有(   )

  A. 企业将自产的货物用于集体福利应视同销售货物，按规定计算缴纳增值税。

  B. 企业将外购的货物用于集体福利应视同销售货物，按规定计算缴纳增值税。

  C. 企业将自产的货物用于职工福利应视同销售货物，按规定计算缴纳企业所得税。

  D. 企业将外购的货物用于职工福利应视同销售货物，按规定计算缴纳企业所得税。

  16. 甲公司为生产企业，增值税一般纳税人，共有职工 100 人。2022 年 4 月 10 日公司以其生产的每件成本为 800 元的产品作为福利发放给每位职工。假设该产品的不含税售价为 1 000 元，适用增值税税率 13%，不考虑其他相关税费，则甲公司对该项业务的下列处理中，正确的有(   )。

  A. 甲公司应确认应付职工薪酬 113 000 元   B. 甲公司应确认应付职工薪酬 93 600 元

  C. 甲公司应计提销项税额 13 000 元   D. 甲公司应计提销项税额 13 600 元

  17. 下列关于职工薪酬的会计处理，正确的有(   )。

  A. 生产部门人员的职工薪酬，借记"生产成本"科目，贷记"应付职工薪酬"科目

  B. 管理部门人员的职工薪酬，借记"管理费用"，贷记"应付职工薪酬"科目

  C. 因解除与职工的劳动关系给予的补偿，借记"生产成本"科目，贷记"应付职工薪酬"科目

  D. 销售人员的职工薪酬，借记"销售费用"科目，贷记"应付职工薪酬"科目

  18. 下列税金中，应通过"应交税费"科目核算的有 (   )

  A. 土地使用税   B. 教育费附加   C. 印花税   D. 房产税

  19. 下列税金中，不通过"应交税费"科目核算的有 (   )。

  A. 耕地占用税   B. 土地增值税   C. 印花税   D. 契税

  20. 按照《小企业会计准则》规定，小企业（增值税一般纳税人企业）应在"应交税费——应交增值税"明细科目下分别设置(   )等专栏，核算应交增值税的发生、抵扣、缴纳、退税及转出等情况。

  A. 进项税额   B. 销项税额   C. 出口退税   D. 进项税额转出

21. 关于增值税简易征收，下列说法正确的有（　　）。

A. 一般纳税人销售自产的建筑用和生产建筑材料所用的砂、土、石料，可选择按照简易办法依照 6% 征收率计算缴纳增值税

B. 一般纳税人销售自己使用过的按规定不得抵扣且未抵扣进项税额的固定资产，按简易办法依 4% 征收率减半征收增值税

C. 对属于一般纳税人的自来水公司销售自来水，按简易办法依照 6% 征收率征收增值税，不得抵扣其购进自来水取得增值税扣税凭证上注明的增值税税款

D. 一般纳税人销售自己使用过的除固定资产以外的物品，按简易办法依 4% 征收率征收增值税

22. 泰隆公司 2022 年 2 月份销售一台机器设备，开具普通发票，价款 105 000 元。该设备系 2019 年 1 月份购进，购进时取得的增值税专用发票上注明价款 120 000 元，增值税额 20 400 元，且已抵扣进项税额。该设备已提折旧 24 000 元，未计提减值准备。假设不考虑其他相关税费，泰隆公司对此项业务的下列处理中，正确的有（　　）。

A. 该项业务应按照 13% 的税率征收增值税 15 256 元

B. 该项业务应按照 17% 的税率征收增值税 17 850 元

C. 该项业务应确认处置固定资产损失 6 254 元

D. 该项业务应确认处置固定资产损失 8 850 元

23. 按照《小企业会计准则》规定，实行"免、抵、退"管理办法的生产型小企业出口货物时，下列账务处理正确的有（　　）。

A. 按照税法规定计算的当期出口产品不予免征、抵扣和退税的增值税额，应借记"应交税费——应交增值税（进项税额转出）"科目

B. 按照税法规定计算的当期出口产品不予免征、抵扣和退税的增值税额，计入出口货物的成本

C. 按照税法规定计算的当期免抵税额应贷记"应交税费——应交增值税（出口退税）"科目

D. 按规定计算的当期应退税额，应借记"其他应收款"科目

24. 下列各项，属于增值税视同销售的有（　　）。

A. 将外购的货物用于个人消费　　　　B. 将委托加工的货物用于对外投资

C. 将自产的货物用于职工福利　　　　D. 将外购的材料用于在建工程

25. 下列关于小企业视同销售业务的账务处理，正确的有（　　）。

A. 小企业将自产的产品等用作福利发放给职工，应借记"应付职工薪酬"科目，贷记"主营业务收入""应交税费——应交增值税（销项税额）"科目

B. 小企业将自产的产品等用作福利发放给职工，应借记"应付职工薪酬"科目，贷记"库存商品""应交税费——应交增值税（销项税额）"科目

C. 小企业由于工程而使用本企业的产品或商品，应借记"在建工程"科目，贷记"主营业务收入""应交税费——应交增值税（销项税额）"科目

D. 小企业由于工程而使用本企业的产品或商品，应借记"在建工程"科目，贷记"库存商品""应交税费——应交增值税（销项税额）"科目

26. 下列经济业务发生后，需要通过"应交税费——应交增值税（进项税额转出）"科目核算的有（　　）。

A. 一般纳税人将外购货物用于集体福利　　B. 一般纳税人将自产产品用于在建工程

C. 一般纳税人将自产产品用于股东分配　　D. 一般纳税人外购货物发生非正常损失

27. 一般纳税人在购入下列资产时即可确认为进项税额抵扣项目的有(　　)。

A. 购入生产用设备　　　　　　　　　　　B. 收回委托加工物资支付的增值税

C. 购入物资用于集体福利　　　　　　　　D. 商品流通企业购入商品

28. 关于小规模纳税人，下列说法正确的有(　　)。

A. 小规模纳税人销售货物或者应税劳务，实行按照销售额和征收率计算应纳税额的简易办法，并不得抵扣进项税额

B. 小规模纳税人增值税征收率为3%

C. 小规模纳税人销售自己使用过的固定资产，按2%征收率征收增值税

D. 小规模纳税人企业销售货物或者提供应税劳务，可以开具专用发票

29. 下列有关消费税的会计处理，正确的有(　　)。

A. 小企业对外销售产品应缴纳的消费税，计入"税金及附加"科目

B. 小企业进口应税消费品应交消费税，不计入资产成本

C. 小企业委托加工应税消费品，收回后直接销售的，其消费税计入委托加工存货成本

D. 小企业委托加工应税消费品，收回后用于连续生产应税消费品按规定准予抵扣的，计入应交消费税科目的借方

30. 小企业委托加工应税消费品收回后直接用于销售的，在进行消费税会计处理时，正确的有(　　)。

A. 受托方代收消费税时

借：银行存款

　　贷：应交税费——应交消费税

B. 受托方代收消费税时

借：主营业务收入

　　贷：应交税费——应交消费税

C. 委托方向受托方支付消费税时

借：委托加工材料

　　贷：银行存款

D. 委托方向受托方支付消费税时

借：应交税费——应交消费税

　　贷：银行存款

31. 下列关于小企业金银首饰零售业务消费税的会计处理，正确的有(　　)。

A. 有金银首饰零售业务的小企业，在营业收入实现时，应借记"营业税金及附加"科目

B. 有金银首饰零售业务的小企业因受托代销金银首饰按照税法规定应缴纳的消费税，应借记"其他业务成本"科目

C. 有金银首饰批发业务的小企业将金银首饰用于馈赠、赞助、广告、职工福利、奖励等方面的，应于移送时，按应交消费税，借记"营业外支出""销售费用""应付职工薪酬"等科目

D. 随同金银首饰出售并单独计价的包装物，按规定应缴纳的消费税，借记"其他业务成本"科目

32. A企业为增值税一般纳税人，委托外单位加工一批材料（属于应税消费品，且不属于

金银首饰)。该批原材料加工收回后用于连续生产应税消费品。A企业发生的下列各项支出中，应计入收回委托加工材料实际成本的有(　　)。

A. 支付的加工费　　B. 支付的增值税　　C. 负担的运杂费　　D. 支付的消费税

33. 城市维护建设税和教育费附加是国家对纳税人实际缴纳的(　　)税额为计税依据征收的一种税。

A. 增值税　　　　　B. 消费税　　　　　C. 营业税　　　　　D. 企业所得税

34. 下列关于资源税的会计处理，正确的有(　　)。

A. 小企业销售商品按照税法规定应缴纳的资源税，计入"营业税金及附加"科目

B. 小企业自产自用的物资应缴纳的资源税，计入"生成成本"科目

C. 小企业外购液体盐加工固体盐，在购入液体盐时，按照税法规定所允许抵扣的资源税，计入"税金及附加"科目

D. 小企业收购未税矿产品，按照实际支付的价款，计入"材料采购"或"在途物资"等科目

35. 下列关于土地增值税的会计处理，正确的有(　　)。

A. 小企业转让土地使用权应缴纳的土地增值税，若土地使用权与地上建筑物及其附着物一并在"固定资产"科目核算的，计入"固定资产清理"科目

B. 小企业转让土地使用权应缴纳的土地增值税，若土地使用权与地上建筑物及其附着物一并在"固定资产"科目核算的，计入"固定资产"科目

C. 小企业(房地产开发经营)销售房地产应缴纳的土地增值税，计入"营业税金及附加"科目

D. 小企业(房地产开发经营)销售房地产应缴纳的土地增值税，计入"营业外支出"科目

36. 下列各项税金中，应计入"税金及附加"科目的有(　　)。

A. 土地增值税　　B. 消费税　　　　C. 城市维护建设税　　D. 耕地占用税

37. 关于个人所得税，下列说法正确的有(　　)。

A. 个人所得税是对个人取得的各项应税所得征收的一种税

B. 个人所得税实行代扣代缴和纳税人自行申报相结合的征收方式

C. 工资、薪金所得，适用超额累进税率，税率为3%~45%

D. 劳务报酬所得，适用比例税率，税率为10%

三、判断题

1. 流动负债是指小企业预计在1年内或者超过1年的一个正常营业周期内清偿的债务。（　　）

2. 短期借款利息在计提时应通过"短期借款"科目核算。（　　）

3. 小企业向内部职工借款支付的利息支出，不得在企业所得税税前扣除。（　　）

4. "应付票据"科目核算小企业因购买材料、商品和接受劳务等日常生产经营活动开出、承兑的商业汇票(银行承兑汇票和商业承兑汇票)。（　　）

5. 《小企业会计准则》和企业所得税法对于小企业确实无法偿付的应付款项处理是一致的，即均作为收入来处理，因此，对应纳税所得额的影响是一致的。（　　）

6. 小企业预收账款情况不多的，也可以不设置"预收账款"科目，将预收的款项直接记入"应付账款"科目。（　　）

7. 小企业发生的其他各种应付、暂收款项，应借记"管理费用"等科目，贷记"其他应付款"科目。　　　　　　　　　　　　　　　　　　　　　　　　　　　（　　）

8. 小企业无法支付的其他应付款，借记"其他应付款"科目，贷记"资本公积"科目。　　　　　　　　　　　　　　　　　　　　　　　　　　　　　　　　（　　）

9. 《小企业会计准则》规定的职工薪酬的内容与企业所得税法规定的工资薪金的内容是一致的。　　　　　　　　　　　　　　　　　　　　　　　　　　　　　　（　　）

10. 小企业安置残疾人员的，在按照支付给残疾职工工资据实扣除的基础上，可以在计算应纳税所得额时按照支付给残疾职工工资的100%加计扣除。　　　　　　　（　　）

11. 《企业所得税法实施条例》所称的"合理工资薪金"，是指企业按照股东大会、董事会、薪酬委员会或相关管理机构制定的工资薪金制度规定的计入成本费用的工资薪金。　　　　　　　　　　　　　　　　　　　　　　　　　　　　　　　　　　（　　）

12. 小企业为职工提供的交通、住房、通讯待遇，已经实行货币化改革的，按月按标准发放或支付的住房补贴、交通补贴或者车改补贴、通讯补贴，应作为职工福利费管理，应当纳入职工工资总额。　　　　　　　　　　　　　　　　　　　　　　　　（　　）

13. 离退休人员统筹外费用不属于小企业职工福利费的范围。　　　　　　　（　　）

14. 小企业发生的职工福利费支出，不超过工资薪金总额14%的部分，准予在企业所得税税前扣除。　　　　　　　　　　　　　　　　　　　　　　　　　　　　（　　）

15. 小企业依照国务院有关主管部门或者省级人民政府规定的范围和标准为职工缴纳的基本养老保险费，准予在企业所得税税前扣除。　　　　　　　　　　　　　（　　）

16. 住房公积金不属于职工薪酬。　　　　　　　　　　　　　　　　　　　（　　）

17. 《小企业会计准则》与企业所得税法规定的职工教育经费的计提比例均为1.5%。　　　　　　　　　　　　　　　　　　　　　　　　　　　　　　　　　　　　（　　）

18. 大华公司2022年按工资总额（假设等于工资薪金总额）的2.5%计提了职工教育经费86 000元，2022年实际发生了90 000元。则在2022年允许税前扣除的职工教育经费为86 000元，超过的4 000元，准予在以后纳税年度结转扣除。　　　　　　　（　　）

19. 应由生产产品、提供劳务负担的职工薪酬，计入当期损益。　　　　　（　　）

20. 小企业因解除与职工的劳动关系给予的补偿，计入产品成本。　　　　（　　）

21. 小企业支付工会经费，应借记"应付职工薪酬"科目，贷记"银行存款"等科目。　　　　　　　　　　　　　　　　　　　　　　　　　　　　　　　　　　（　　）

22. 小企业以其自产产品发放给职工的，按照其账面价值，借记"应付职工薪酬"科目，贷记"库存商品"科目，贷记"应交税费——应交增值税（销项税额）"科目。　　（　　）

23. 小企业将自产的货物用于集体福利的应当视同销售货物，按规定计算缴纳增值税、企业所得税。　　　　　　　　　　　　　　　　　　　　　　　　　　　　　（　　）

24. 小企业根据辞退计划计提的辞退福利允许在企业所得税税前扣除。　　（　　）

25. 小企业缴纳的印花税，不通过"应交税费"账户核算。其中，小企业缴纳的印花税应计入"管理费用"科目。　　　　　　　　　　　　　　　　　　　　　　　（　　）

26. "应交税费——增值税检查调整"账户贷方登记检查后应调减账面进项税额或调增销项税额和进项税额转出的金额；借方登记检查后应调增账面进项税额或调减销项税额和进项税额转出的金额。　　　　　　　　　　　　　　　　　　　　　　　（　　）

27. 小企业购入材料等按照税法规定不得从增值税销项税额中抵扣的进项税额，其进项税额应计入材料等的成本，借记"材料采购"或"在途物资"等科目，贷记"银行存款"等科目，同时贷记"应交税费——应交增值税（进项税额）"科目。（　　）

28. 增值税一般纳税人取得 2010 年 1 月 1 日以后开具的增值税专用发票，应在开具之日起 90 日内到税务机关办理认证，并在认证通过的次月申报期内，向主管税务机关申报抵扣进项税额。（　　）

29. 小企业购进免税农业产品，按照购入农业产品的买价和税法规定的税率计算的增值税进项税额，借记"应交税费——应交增值税（进项税额）"科目，按照买价借记"材料采购"或"在途物资"等科目，按照应付或实际支付的价款，贷记"应付账款""库存现金""银行存款"等科目。（　　）

30. 一般纳税人销售自己使用过的除固定资产以外的物品，应当按照适用税率征收增值税。（　　）

31. 一般纳税人以自己采掘的砂、土、石料或其他矿物连续生产砖、瓦、石灰（不含黏土、实心砖、瓦）的，可选择按照简易办法依照 4% 征收率计算缴纳增值税。（　　）

32. 对属于一般纳税人的自来水公司销售自来水按简易办法依照 6% 征收率征收增值税，不得抵扣其购进自来水取得增值税扣税凭证上注明的增值税税款。（　　）

33. 纳税人购进或者自制固定资产时为小规模纳税人，认定为一般纳税人后销售该固定资产，可按简易办法依 4% 征收率征收增值税，同时不得开具增值税专用发票。（　　）

34. 实行"免、退"管理办法的贸易型小企业，按照税法规定计算的应收出口退税，借记"其他应收款"科目，贷记"应交税费——应交增值税（出口退税）"科目。（　　）

35. 小企业由于工程而使用本企业的产品或商品，应借记"在建工程"科目，贷记"库存商品""应交税费——应交增值税（销项税额）"科目。（　　）

36. 单位或个体经营者将自产、委托加工或购买的货物用于非应税项目应视同销售货物。（　　）

37. 增值税暂行条例实施细则所称非正常损失，是指因自然灾害造成的损失以及因管理不善造成被盗、丢失、霉烂变质的损失。（　　）

38. 小企业购进的物资因盘亏、损毁、报废、被盗等原因按照税法规定不得从增值税销项税额中抵扣的进项税额，其进项税额应转入有关科目，借记"待处理财产损溢"等科目，贷记"应交税费——应交增值税（进项税额转出）"科目。（　　）

39. 增值税纳税人 2015 年 12 月 1 日以后初次购买增值税税控系统专用设备（包括分开票机）支付的费用，可凭购买增值税税控系统专用设备取得的增值税专用发票，从进项税额中全额抵减（抵减额为价税合计额），不足抵减的可结转下期继续抵减。（　　）

40. 小规模纳税人企业应当按照不含税销售额和规定的增值税征收率计算缴纳增值税，销售货物或提供应税劳务时只能开具普通发票，不能开具增值税专用发票。（　　）

41. 小规模纳税人销售自己使用过的固定资产，应开具普通发票，但可以由税务机关代开增值税专用发票。（　　）

42. 小企业销售需要缴纳消费税的物资应交的消费税，借记"营业税金及附加"等科目，贷记"应交税费——应交消费税"科目。（　　）

43. 有金银首饰批发、零售业务的小企业将金银首饰用于馈赠、赞助、广告、职工福利、奖励等方面的，应于物资移送时，按照应交的消费税，借记"税金及附加"等科目，贷记"应交税费——应交消费税"科目。（　　）

44. 小企业进口应税消费品，其缴纳的消费税应计入该项物资的成本。 （　　）

45. 小企业（生产性）直接出口或通过外贸企业出口的物资，按照税法规定直接予以免征消费税的，可不计算应交消费税。 （　　）

46. 城市维护建设税按纳税人所在地的不同，设置了三档地区差别比例税率，分别是1%、3%和7%。 （　　）

47. 核定征收企业可以适用小型微利企业适用税率。 （　　）

48. 小企业外购液体盐加工固体盐，按照购买价款减去允许抵扣资源税后的数额，计入"材料采购"或"在途物资""原材料"等科目。 （　　）

49. 纳税人开采或者生产应税产品，自用于连续生产应税产品的，不缴纳资源税；自用于其他方面的，视同销售，依照本条例缴纳资源税。 （　　）

50. 资源税的应纳税额，按照从价定率的办法计算。 （　　）

51. 纳税人按规定预缴土地增值税后，清算补缴的土地增值税，在主管税务机关规定的期限内补缴的，不加收滞纳金。 （　　）

52. 房产税依照房产原值计算缴纳。 （　　）

53. 小企业按照规定应缴纳的城镇土地使用税、房产税、车船税、矿产资源补偿费、排污费，计入"管理费用"科目。 （　　）

54. 小企业按照税法规定应代扣代缴的职工个人所得税，借记"应付职工薪酬"科目，贷记"应交税费——应交个人所得税"科目。 （　　）

55. 工资、薪金所得，以每月收入额减除费用3 000元后的金额，为应纳税所得额。 （　　）

四、实务题

1. 滨海公司为增值税一般纳税人，2022年12月发生下列经济业务。

（1）1日，从大华公司购进甲原料一批，取得增值税专用发票上注明价款300 000元，增值税税额39 000元。甲材料已验收入库，价、税款尚未支付。发票已通过认证。

（2）1日，向临江公司借入生产经营周转借款300 000元，期限为6个月，年利率为15%，假定金融企业同期同类贷款利率为7.5%。

（3）3日，销售A商品一批，价款600 000元，增值税税率为13%。开出增值税专用发票，A商品已发出，价、税款已收存银行。

（4）6日，开出并承兑为期3个月的商业承兑汇票一张，用以抵付前欠大华公司所购甲材料价、税款339 000元。

（5）10日，开出现金支票，从银行提取现金102 000元，用以支付本月职工工资。

（6）15日，将自产的B商品向长江公司投资，B商品的评估价值为50 000元（与计税价格一致），增值税税率为13%。

（7）16日，发生福利费180 000元。其中：生产部门人员福利费124 200元，车间管理人员福利费21 600元，行政管理人员福利费21 600元，专设销售机构人员福利费7 200元，基建部门人员福利费5 400元。（会计与税法关于福利费发生内容一致）

（8）18日，按照本月工资总额的2%和2.5%计提工会经费和职工教育经费。（已知全年工资总额1 200 000元，会计上工资构成与税法上工资薪金的内容一致。全年计提并拨缴的工会经费有合法凭证，全年共计提职工教育经费30 000元，实际发生25 000元）

（9）31日，计提应由本月负担的短期借款利息。

（10）31 日，分配本月工资：生产车间直接生产工人工资 69 000 元，车间管理人员工资 12 000 元，行政管理人员工资 14 000 元，专设销售机构人员工资 4 000 元，基建部门人员工资 3 000 元。

（11）31 日，公司按照本月职工工资总额 100 000 元的 10%、12%、2% 和 10% 分别计提医疗保险费、养老保险费、失业保险费和住房公积金。

（12）31 日，结转本月销售 A 商品的成本 400 000 元。

（13）31 日，将本月应缴未缴增值税予以结转。

（14）31 日，按本月应交增值税的 7%、3%，分别计提应缴未缴的城市维护建设税、教育费附加。

要求：根据以上资料，编制相关业务的会计分录；做出相关业务的税务处理。

2. 泰丰公司为增值税一般纳税人，原材料按实际成本核算，购销货物适用的增值税税率均为 13%。2022 年 1 月，泰丰公司发生如下有关税金核算的经济业务。

（1）向甲公司购进 A 材料一批，取得的增值税专用发票上注明价款 60 000 元，税款 7 800 元。A 材料在运输过程中发生运费 2 000 元，其他运输杂费 80 元，取得运费结算单据。A 材料已验收入库，款项尚未支付，相关票据均通过认证。

（2）向小规模纳税人购进并已验收入库的 B 材料 50 000 元，已取得普通发票，款项以银行存款支付。

（3）销售应税消费品一批，开具的增值税专用发票上注明价款 100 000 元，增值税额 13 000 元，款项均已收存银行。

（4）将自制产品一批无偿赠送给客户，成本价 20 000 元，计税价格为 24 000 元。

（5）将上月购进的 10 000 元（不含增值税）A 原材料用于职工福利。

（6）收取出租房屋租金 8 000 元存入银行。

（7）收取转让土地使用权转让金 80 000 元存入银行。

（8）结转本月应缴未缴增值税额。

（9）按消费税税率 10% 计提本月应缴未缴消费税。

（10）按房屋租金收入的 12% 计提本月应缴未缴的房产税。

（11）按城市维护建设税税率 7% 计提本月应缴未缴的城市维护建设税。

（12）按教育费附加率 3% 计提本月应缴未缴教育费附加。

要求：根据以上材料，编制泰丰公司 2×13 年 1 月份相关业务的会计分录。

3. 胜利股份有限公司 2019 年 4 月发生部分业务如下。

（1）3 月 1 日，收到甲公司发来的材料一批并验收入库，取得的增值税专用发票注明货款 100 000 元，增值税 13 000 元，其款项上年已预付。公司材料采用实际成本核算。

（2）3 月 10 日，公司因引进两条自动化生产线而制定了一项辞退计划。拟辞退车间主任两名，共补偿 250 000 元；高级技工两名，共补偿 300 000 元；一般技工 8 名，共补偿 400 000 元。

（3）3 月 28 日，辞退 5 名技工，实际补偿 250 000 元。

要求：编制上述业务的会计分录；做出相关业务的税务处理。

非流动负债部分：

一、单项选择题

1. 下列项目属于非流动负债的是（　　　）。

A. 长期应付款　　　　B. 应付票据　　　　C. 应付账款　　　　D. 应付职工薪酬

2. 小企业借入长期借款在按照借款本金和借款合同利率计提利息时，贷方应计入(　　)科目。

A. 财务费用　　　　B. 银行存款　　　　C. 其他应付款　　　　D. 应付利息

3. 甲公司 2022 年 1 月 1 日从银行借入资金 100 万元，借款期限为 2 年，年利率为 6%，利息从 2022 年开始每年年初支付，到期时归还本金及最后 1 年利息。2022 年 12 月 31 日，该长期借款的账面价值为(　　)万元。

A. 6　　　　　　　　B. 100　　　　　　　C. 106　　　　　　　D. 112

4. 小企业融资租入固定资产时，应在租赁期开始日，将租赁资产的(　　)作为租入资产的入账价值。

A. 公允价值　　　　　　　　　　　　B. 最低租赁付款额

C. 最低租赁付款额现值　　　　　　　D. 付款总额和相关税费等

5. 下列项目应通过"长期应付款"账户核算的是(　　)。

A. 暂收的所属单位的款项　　　　　　B. 收取包装物押金

C. 应付融资租入固定资产的租赁费　　D. 应付经营租入固定资产租金

二、多项选择题

1. 长期借款计提利息所涉及的账户有(　　)。

A. 其他应付款　　　B. 财务费用　　　　C. 在建工程　　　　D. 应付利息

2. 关于长期借款，下列说法正确的有(　　)。

A. 长期借款是小企业向银行或其他金融机构借入的期限在 1 年以上（含 1 年）的各项借款本金

B. 小企业借入长期借款时，借记"银行存款"科目，贷记"长期借款"科目

C. 在应付利息日，小企业应当按照借款本金和借款合同利率计提利息费用，借记"财务费用""在建工程"等科目，贷记"应付利息"科目

D. 小企业偿还长期借款本金时，借记"长期借款"科目，贷记"银行存款"科目

3. 下列业务应通过"长期应付款"科目核算的有(　　)。

A. 以分期付款方式购入固定资产发生的应付款

B. 应付经营租入固定资产租金

C. 以分期付款方式购入存货发生的应付款

D. 应付融资租入固定资产的租赁费

4. 下列项目属于非流动负债的有(　　)。

A. 长期应付款　　　B. 应付票据　　　　C. 应付账款　　　　D. 长期借款

三、判断题

1. 长期借款是小企业向银行或其他金融机构借入的期限在 1 年以上（含 1 年）的各项借款本金。　　　　　　　　　　　　　　　　　　　　　　　　　　　　(　　)

2. 小企业借入长期借款，在应付利息日，应当按照借款本金和借款合同利率计提利息费用。　　　　　　　　　　　　　　　　　　　　　　　　　　　　　　　　　(　　)

3. 根据企业所得税法实施条例规定，企业为购置、建造固定资产、无形资产，在有关资产购置、建造期间发生的合理的借款费用，应当作为资本性支出计入有关资产的成本；企业

经过12个月以上的建造才能达到预定可销售状态的存货发生借款的，借款费用计入财务费用。

（　　）

4. 小企业融资租入固定资产，在租赁期开始日，按照租赁合同约定的付款总额和在签订租赁合同过程中发生的相关税费等计入"长期应付款"科目的贷方。（　　）

5. 根据企业所得税法实施条例规定，融资租入的固定资产，以租赁合同约定的付款总额和承租人在签订租赁合同过程中发生的相关费用为计税基础，租赁合同未约定付款总额的，以该资产的公允价值和承租人在签订租赁合同过程中发生相关费用为计税基础。（　　）

四、实务题

祥云公司为建造厂房，于2022年1月1日向工商银行借入3年期借款800 000元，年利率7%，每年年末分期归还借款利息，到期一次还本。款项已存入银行。该工程于第二年末竣工并办理结算。

要求：根据以上资料，编制相关业务的会计分录；做出相关业务的税务处理。

第九章

所有者权益

学习目的

本章主要阐述了实收资本、资本公积、留存收益的概念和核算，简单介绍了股份有限公司发行股票的核算。本章的学习重点是小企业所有者权益的组成内容及其会计核算。

所有者权益，是指小企业资产扣除负债后由所有者享有的剩余权益。所有者权益不像负债那样需要偿还，除非小企业发生减资、清算，否则小企业不需要将所有者权益返还给其投资者。小企业清算时，优先偿还负债，所有者权益只有在负债得到偿还后才能偿还。所有者权益能够分享利润，是所有者对小企业资产的剩余索取权。

小企业的所有者权益包括实收资本（或股本，下同）、资本公积、盈余公积和未分配利润。

第一节　实收资本

实收资本，是指投资者按照合同协议约定或相关规定投入小企业、构成小企业注册资本的部分。在我国，投资者设立企业首先必须投入与其生产经营或服务规模相适应的资本。小企业必须按照小企业会计准则的规定进行实收资本（或股本）的核算，真实地反映所有者投入资本的情况，维护所有者在小企业的权益。

小企业收到所有者投入资本后，应根据有关投资清单、银行收账通知等原始凭证，分别以不同的出资方式进行会计处理。投资者投资方式可以有多种，如货币投资、实物投资、无形资产投资等。其中，货币投资额不得低于注册资本的30%，企业收到投资者投入资本时，必须聘请注册会计师验资，出具验资报告，并由企业签发出资证明书。

企业应设置"实收资本"科目，在股份有限公司设置"股本"科目，核算小企业收到投资者按照合同协议约定或相关规定投入的、构成注册资本的增减变动情况，并按不同的投资者分别设置"国家资本""法人资本"（投资单位名称）"个人资本"（投资人姓名）等明细科目。该科目的贷方登记企业收到的各种资本额，借方登记依法批准减少的资本额，期末贷方余额反映企业实收资本或股本总额。

企业接受非现金资产投资时，应当按照评估价值和相关税费确定该资产的成本，同时按照投资者在本企业注册资本金所占的份额计入实收资本或股本，超出的部分，应当计入资本公积。

一、一般企业接受投资的核算

【例9-1】宏伟有限责任公司于2022年5月10日创立，当时A、B两位投资者各投资100万元，注册资本总额为200万元。A投资100万元现款，B投资不需安装设备和土地使用权。设备和土地使用权的评估价值分别为40万元、60万元。

```
借：银行存款                                           1 000 000
    固定资产——设备                                     400 000
    无形资产——土地使用权                               600 000
    贷：实收资本——A                                             1 000 000
              ——B                                             1 000 000
```

【例9-2】红利有限责任公司于设立时收到C公司投入原材料一批，原材料的评估价值（不含增值税）为200 000元，增值税进项税额为26 000元，C公司已开具了增值税专用发票。

```
借：原材料                                             200 000
    应交税费——应交增值税（进项税额）                    26 000
    贷：实收资本——C公司                                         226 000
```

一般情况下，小企业的实收资本应保持不变，但是在特定情况下，实收资本可能发生增减变化。例如，投资者增加投入资本，盈余公积转增资本，资本公积转增资本等而增加实收资本；因资本过剩而减少资本，发生重大亏损而减少资本，投资者按规定转让出资而减少实收资本。增资应符合条件，并经有关部门批准，减资按法定程序报经批准，在办理手续后，进行会计处理。

二、股份有限公司发行股票的核算

股份有限公司与一般企业相比，其显著特点在于将企业资本划分为等额股份，并通过发行股票来筹集资本。股份有限公司发行股票时，既可以按面值发行，也可以溢价发行（我国目前不允许折价发行）。在核定的股本总额及股份总额的范围内发行股票时，应在实际收到现金资产时进行会计处理。

【例9-3】北方股份有限公司发行股票2 000 000股，每股面值为1元，每股价格为7元。股款14 000 000元已全部收到，不考虑发行过程中的税费。

```
借：银行存款                                           14 000 000
    贷：股本                                                    2 000 000
        资本公积——股本溢价                                     12 000 000
```

【知识链接】

按照财产的组织形式和所承担的法律责任不同，企业可分为独资企业、合伙企业和公司企业。独资企业的特点是所有权与经营权均为出资者一人享有，不具有法人资格，出资者对企业债务承担无限责任，只能作为会计主体，缴纳个人所得税。

我国的个体户和私营企业很多属于独资企业。合伙企业，是由两个或两个以上合伙人共同出资，共同承担企业经营风险，对企业债务承担无限连带责任，合伙人共同决定企业事务，不具有法人资格，只能作为会计主体，缴纳个人所得税。公司企业的特点是，所有权和经营权分离，出资者按出资额对公司债务承担有限责任。《公司法》规定，公司是指依照本法在中国设立的有限责任公司和股份有限公司。有限责任公司，不通过发行股票，而由为数不多的股东集资组建的公司，公司资本不分为等额股份，不对外公开发行股票，股东仅就其出资额承担公司债务。股份有限公司，全部资本由等额股份构成，通过发行股票筹集资本。公司既是会计主体，也是法律主体，缴纳企业所得税。

第二节　资本公积

资本公积，是指企业收到投资者出资超出其在注册资本中所占份额的投资。资本公积属于投资范畴，不属于注册资本，但由投资者共同享有的资本，资本公积主要来源于资本溢价（或股本溢价）。

小企业应设置"资本公积"科目对资本公积进行核算，并按"资本溢价（股本溢价）"设置明细科目。

一、资本溢价（股本溢价）的核算

（一）资本溢价

一般企业创立时投资者认缴的出资额与注册资本一致，全部记入"实收资本"科目，一般不会产生资本溢价。而在企业重组或有新的投资者加入时，出资额往往要大于其享有的注册资本的份额，产生资本溢价，因为同样数量的投资额，出资时间不同，对企业的影响程度不同，在企业正常经营时的获利能力通常要高于其在初创阶段时的获利能力。

另外，企业内部积累形成了留存收益，新投资者加入企业后，也将分享这部分积累，所以新投资者要付出大于原投资者的投资额，才能取得与原投资者相同的投资比例。投资者投入的资本中，按其投资比例计算的出资额部分计入"实收资本"科目，大于按其投资比例计算的出资额部分应计入"资本公积——资本溢价"科目。

【例9-4】接【例9-1】，宏伟有限责任公司经营3年后，留存收益积累了100万元。这时有D投资者将加入该公司，按照协议，需要缴入现金150万元，享有该公司1/3的股份。

借：银行存款　　　　　　　　　　　　　　　　　　　1 500 000
　　贷：实收资本——D　　　　　　　　　　　　　　　　1 000 000
　　　　资本公积——资本溢价　　　　　　　　　　　　　　500 000

（二）股本溢价

股份有限公司是以发行股票的方式筹集股本的，股票是公司签发的证明股东按其所持股份享有权利和承担义务的书面证明，公司股本总额按股票面值与股份总数的乘积计算，并与注册资本相等。股票按面值发行时，企业发行股票取得的收入，应全部计入"股本"科目；溢价发行股票时，企业发行股票取得的收入，相当于股票面值的部分计入"股本"科目，溢价收入部分计入"资本公积——股本溢价"科目，发行股票相关的手续费、佣金等交易费用，如果是溢价发行股票的，应从溢价中抵扣，冲减资本公积（股本溢价）。

【例9-5】某股份有限公司定向发行普通股300 000股，每股面值为1元，发行价格为5元，手续费为发行收入的3%，从发行收入中扣除。

发行股票收到的款项 = 300 000×5×（1-3%）= 1 455 000（元）

股票溢价＝300 000×4－300 000×5×3%＝1 200 000－45 000＝1 155 000（元）

借：银行存款　　　　　　　　　　　　　　　　　　　　　1 455 000
　　贷：股本　　　　　　　　　　　　　　　　　　　　　　　300 000
　　　　资本公积——股本溢价　　　　　　　　　　　　　　1 155 000

二、资本公积转增资本的核算

资本公积的主要用途是转增资本，按照我国法律法规的规定，我国企业实行的是注册资金制度，注册资本应当与实收资本一致当实收资本增加或减少的幅度超过20%时，应向原登记主管机关申请变更登记经股东大会或类似机构决议，用资本公积转增资本时，应冲减资本公积，同时按照转增前的实收资本（或股本）的结构或比例，将转增的金额计入"实收资本（或股本）"科目下各所有者的明细账户中。小企业的资本公积不得用于弥补亏损。

【例9-6】接【例9-4】，宏伟有限责任公司因扩大经营规模，经批准按原出资比例将资本公积600 000元转增为资本。

借：资本公积　　　　　　　　　　　　　　　　　　　　　600 000
　　贷：实收资本——A　　　　　　　　　　　　　　　　　200 000
　　　　　　　　——B　　　　　　　　　　　　　　　　　200 000
　　　　　　　　——D　　　　　　　　　　　　　　　　　200 000

第三节　留存收益

留存收益，是指企业从历年实现的利润中提取或形成的留存于企业的内部积累。留存收益来源于企业生产经营活动中所实现的净利润，不是投资者投入的，包括盈余公积和未分配利润，而实收资本和资本公积主要来源于投资者的资本投入。

一、盈余公积

（一）盈余公积概述

盈余公积，是指小企业（公司制）按规定从税后利润中提取的积累资金，公司制企业的盈余公积包括法定盈余公积和任意盈余公积。两者的区别在于各自计提的依据不同。公司制企业以国家的法律法规为依据，按净利润（减弥补以前年度亏损，下同）的10%提取法定盈余公积，但累计额达到注册资本的50%时可以不再提取；任意盈余公积金由企业自行决定，一般股份有限公司按股东大会决议提取。非公司制企业法定盈余公积的提取比例可超过净利润的10%。

（二）盈余公积的主要用途

1. 弥补亏损

企业亏损弥补途径和顺序如下：

（1）用以后年度所得税前利润弥补，但弥补期不得超过5年；

（2）用以后年度税后利润弥补；

（3）用盈余公积弥补。

2. 转增资本或股本

企业用盈余公积转增资本时，应注意以下问题：

（1）先办理增资手续；

（2）按原有资本或股本比例进行增资；

（3）转增资本后留存的盈余公积不得少于转增资本前注册资本的25%。

3. 发放现金股利或利润

在股份公司中，如企业亏损，原则上可不分派股利，但为了维护企业信誉，经股东大会决议，也可用盈余公积发放股利。其分配原则如下：

（1）企业如有未弥补亏损，弥补亏损后仍有结余，才可发放股利；

（2）发放股利后，法定盈余公积不得低于注册资本的25%。

（三）盈余公积的核算

小企业应设置"盈余公积"科目，核算盈余公积的形成和使用情况，并按其种类分别设置"法定盈余公积""任意盈余公积"明细科目进行明细核算。小企业（外商投资）按照法律规定在税后利润中提取储备基金和企业发展基金也在本科目核算。小企业（外商投资）还应分别"储备基金""企业发展基金""职工奖励及福利基金"进行明细核算。小企业（中外合作经营）根据合同规定在合作期间归还投资者的投资，应在本科目下设置"利润归还投资"明细科目进行核算"盈余公积"科目贷方登记按规定提取的盈余公积、借方登记使用的盈余公积、期末贷方余额反映盈余公积的结余数。

1. 提取盈余公积

小企业按规定从净利润中提取盈余公积，属于利润分配的内容，应通过"利润分配"科目核算。

【例9-7】某公司当年实现净利润500 000元，按净利润的10%提取法定盈余公积，按净利润的5%提取任意盈余公积。

```
借：利润分配——提取法定盈余公积            50 000
          ——提取任意盈余公积            25 000
    贷：盈余公积——法定盈余公积                    50 000
          ——任意盈余公积                    25 000
```

2. 盈余公积补亏

【例9-8】某公司本年度发生亏损300 000元，经股东大会或类似权力机构决议，用盈余公积100 000元弥补部分亏损，剩余亏损留待以后年度实现利润弥补。

```
借：盈余公积                              100 000
    贷：利润分配——盈余公积补亏                   100 000
```

3. 盈余公积转增资本

【例9-9】某公司因扩大经营规模，经股东大会批准，将盈余公积400 000元转增资本。

```
借：盈余公积——法定盈余公积                 400 000
    贷：实收资本                                400 000
```

4. 小企业（外商投资）按合同规定提取储备基金和企业发展基金

【例9-10】某公司为外商投资企业，按合同规定，按净利润的10%分别提取储备基金和企业发展基金，当年公司实现净利润80 000元。

```
借：利润分配——提取储备基金                 80 000
          ——提取企业发展基金             80 000
    贷：盈余公积——储备基金                        80 000
          ——企业发展基金                    80 000
```

5. 小企业（中外合作经营）根据合同规定在合作期间归还投资者的投资

【例 9-11】 甲公司是中外合作经营企业，根据合同约定，本年归还投资者投资 200 000 元。

借：实收资本——已归还投资　　　　　　　　　　　　　　　　200 000
　　贷：银行存款　　　　　　　　　　　　　　　　　　　　　　　　200 000
借：利润分配——利润归还投资　　　　　　　　　　　　　　　　200 000
　　贷：盈余公积——利润归还投资　　　　　　　　　　　　　　　　200 000

二、未分配利润

未分配利润，是指小企业实现的净利润，经过弥补亏损、提取法定公积金和任意公积金，向投资者分配利润后，留存在本企业的、历年结存的利润，它是小企业尚未指定用途的留存收益。小企业对它的使用有较大的自主权。从数量上来说，未分配利润是期初未分配利润，加上本期实现的净利润并减去提取盈余公积和向投资者分配利润后的余额。因此，未分配利润实质是利润分配后的剩余利润。它的核算与利润分配紧密相关。

企业当期实现的净利润，加上年初未分配利润（或减去年初未弥补亏损）后的余额，为可供分配的利润，一般按下列顺序分配：

（1）提取法定盈余公积。法定盈余公积是指根据公司法规定，按净利润的 10% 提取的盈余公积。法定盈余公积累计金额超过企业注册资本的 50% 以上时，可以不再提取。

（2）提取任意盈余公积。任意盈余公积是指股份有限公司按股东大会决议提取的盈余公积。

（3）向投资者分配利润。

小企业应设置"利润分配"科目，核算小企业利润的分配（或亏损的弥补）和历年分配（或弥补）后的未分配利润（或未弥补亏损）。该科目应按"提取法定盈余公积""提取任意盈余公积""应付利润""盈余公积补亏""未分配利润"等进行明细核算。小企业（外商投资）还应分别"提取储备基金""提取企业发展基金""提取职工奖励及福利基金"进行明细核算。小企业（中外合作经营）根据合同规定在合作期间归还投资者的投资，应在本科目设置"利润归还投资"明细科目进行核算。

小企业未分配利润通过"利润分配——未分配利润"明细科目进行核算。年度终了，企业应将全年实现的净利润或发生的净亏损，自"本年利润"科目转入"利润分配——未分配利润"科目，并将"利润分配"科目所属的其他明细科目的余额转入"分配——未分配利润"科目。结转后除"未分配利润"明细科目外，其他科目应无余额。"利润分配——未分配利润"科目的贷方余额表示未分配利润。如为借方余额，则表示未弥补的亏损。

【例 9-12】 某公司 2022 年年度"利润分配——未分配利润"科目余额为 100 000 元（贷方），2022 年实现净利润 500 000 元，提取法定盈余公积 50 000 元，向投资者分配利润 300 000 元。

（1）结转本年利润时，会计处理如下。

借：本年利润　　　　　　　　　　　　　　　　　　　　　　500 000
　　贷：利润分配——未分配利润　　　　　　　　　　　　　　　　500 000

（2）提取法定盈余公积、向投资分配利润时，会计处理如下。

借：利润分配——提取法定盈余公积　　　　　　　　　　　　　　50 000
　　　　　　　——应付利润　　　　　　　　　　　　　　　　　300 000

贷：盈余公积——法定盈余公积	50 000
应付利润	300 000

（3）结转利润分配时，会计处理如下。

借：利润分配——未分配利润	350 000
贷：利润分配——提取法定盈余公积	50 000
——应付利润	300 000

本例核算结果，"利润分配——未分配利润"明细科目为贷方余额 250 000 元（100 000+500 000-50 000-300 000），表示累积未分配利润，将列示在年末资产负债表的未分配利润项目中。

小企业以当年实现的利润弥补以前年度亏损时，不需专门做账务处理，只需在年末结账时将实现的利润转至"利润分配——未分配利润"科目的贷方，结转后自然抵减借方的未弥补亏损。

【例 9-13】 2017 年，甲小企业发生亏损 80 万元，适用的所得税税率为 20%，2018 年至 2022 年实现税前利润均为 10 万元。其账务处理如下：

（1）2017 年，发生亏损时，会计处理如下。

借：利润分配——未分配利润	800 000
贷：本年利润	800 000

（2）2018 至 2022 年实现税前利润时，会计处理如下。

借：本年利润	100 000
贷：利润分配——未分配利润	100 000

2022 年年末"利润分配——未分配利润"科目余额 = -80+50 = -30（万元）

（3）2022 年实现税前利润 10 万元时，会计处理如下。

应交所得税 = 10×20% = 2（万元）

借：所得税费用	20 000
贷：应交税费——应交所得税	20 000
借：本年利润	20 000
贷：所得税费用	20000

结转本年利润，弥补以前年度亏损，会计处理如下

借：本年利润	80 000
贷：利润分配——未分配利润	80000

2022 年末，"利润分配——未分配利润"科目余额 = -30+8 = -22（万）

复习思考题

一、单项选择题

1. 小企业收到投资者出资超过其在注册资本中所占份额的部分，应通过（　　）科目核算。

A. 资本公积　　　　B. 盈余公积　　　　C. 实收资本　　　　D. 未分配利润

2. 黄河有限责任公司由甲、乙、丙三方各出资 200 万元组建。两年后，经与甲、乙、丙协商一致，投资者丁愿以银行存款投入资产 260 万元，占黄河公司注册资本的 1/4。黄河公

司收到投资者丁投入的资本时应做的会计处理是(　　)。

A. 借：银行存款　　　　　　　　　　　　　　　　　　　　2 600 000

　　贷：实收资本　　　　　　　　　　　　　　　　　　　　　260 000

B. 借：银行存款　　　　　　　　　　　　　　　　　　　　2 600 000

　　贷：实收资本　　　　　　　　　　　　　　　　　　　2 000 000

　　　　资本公积——资本溢价　　　　　　　　　　　　　　600 000

C. 借：银行存款　　　　　　　　　　　　　　　　　　　　2 600 000

　　贷：实收资本　　　　　　　　　　　　　　　　　　　2 400 000

　　　　资本公积——资本溢价　　　　　　　　　　　　　　200 000

D. 借：银行存款　　　　　　　　　　　　　　　　　　　　2 600 000

　　贷：股本　　　　　　　　　　　　　　　　　　　　　2 000 000

　　　　资本公积——股本溢价　　　　　　　　　　　　　　600 000

3. 小企业（中外合作经营）根据合同规定在合作期间归还投资者的投资，应当按照实际归还投资的金额，借记"实收资本——已归还投资"科目，贷记"银行存款"等科目；同时，借记"利润分配——利润归还投资"科目，贷记(　　)科目。

A. 资本公积　　　　　　　　　　　　B. 盈余公积——利润归还投资

C. 实收资本　　　　　　　　　　　　D. 未分配利润

4. 关于实收资本，下列说法错误的是(　　)。

A. 实收资本是指投资者按照合同协议约定或相关规定投入小企业、构成小企业注册资本的部分

B. 实收资本在一般情况下无需偿还，可以长期周转使用

C. 小企业根据有关规定增加注册资本，应贷记"实收资本"科目

D. 小企业收到投资者的出资，按照其在注册资本中所占的份额，贷记"实收资本"科目，按照其差额，贷记"盈余公积"科目

5. 小企业根据有关规定用资本公积转增资本，应借记"资本公积"科目，贷记(　　)科目。

A. 银行存款　　　　　B. 盈余公积　　　　　C. 实收资本　　　　　D. 未分配利润

6. 关于资本公积，下列说法错误的是(　　)。

A. 资本公积是指小企业收到投资者出资超出其在注册资本中所占份额的部分

B. 资本公积由全体股东享有，其形成主要来源于企业的净利润

C. 小企业的资本公积不得用于弥补亏损

D. 小企业根据有关规定用资本公积转增资本，借记"资本公积"科目，贷记"实收资本"科目

7. 下列关于盈余公积的会计处理，不正确的是(　　)。

A. 小企业用盈余公积弥补亏损时，会计处理如下。

借：盈余公积

　　贷：利润分配——盈余公积补亏

B. 小企业用盈余公积转增资本时，会计处理如下。

借：盈余公积

　　贷：实收资本

C. 小企业（外商投资）按照规定提取职工奖励及福利基金时，会计处理如下。

借：利润分配——提取职工奖励及福利基金

　　贷：盈余公积——职工奖励及福利基金

D. 小企业（外商投资）按照规定提取储备基金时，会计处理如下。

借：利润分配——提取储备基金

　　贷：盈余公积——储备基金

8. 关于盈余公积，下列说法错误的是（　　）。

A. 盈余公积是指小企业按照法律规定在税后利润中提取的法定公积金和任意公积金

B. 小企业（外商投资）按照法律规定在税后利润中提取储备基金、企业发展基金和职工奖励及福利基金，通过"盈余公积'科目核算

C. 小企业用盈余公积弥补亏损或者转增资本，应当冲减盈余公积

D. 小企业的盈余公积可以用于扩大生产经营

9. 关于留存收益，下列说法错误的是（　　）。

A. 留存收益包括资本公积和未分配利润

B. 盈余公积科目应当分别"法定盈余公积""任意盈余公积"进行明细核算

C. 未分配利润是留存在本企业的、历年结存的利润

D. 年末"利润分配——盈余公积补亏"明细科目的余额应转入"利润分配——未分配利润"

10. 甲企业年初未分配利润为 10 万元，盈余公积 4 万元。本年净利润为 100 万元，按 10% 计提法定盈余公积，按 10% 计提任意盈余公积。该企业期末留存收益的金额为（　　）万元

A. 80　　　　　　　B. 94　　　　　　　C. 100　　　　　　　D. 114

二、多项选择题

1. 所有者权益的来源包括（　　）。

A. 投资者投入企业的资本

B. 投资者投入企业的资本超过注册资本中所占份额的部分

C. 小企业按照法律规定在税后利润中提取的法定公积金和任意公积金

D. 未分配利润

2. 甲股份有限公司收到乙企业作为资本投入的一批原材料，该原材料成本为 200 万元，公允价值 300 万元，适用的增值税税率为 13%。甲公司在入账时，下列说法中不正确的有（　　）。

A. 甲公司应按 200 万元来确定乙企业在注册资本中享有的份额

B. 甲公司应按 300 万元来确定乙企业在注册资本中享有的份额

C. 甲公司应按 300 万元来确定原材料的入账金额，按 351 万元来确定乙企业在注册资本中享有的份额

D. 甲公司应按 300 万元来确定原材料的入账金额，按 200 万元来确定乙企业在注册资本中享有的份额

3. 关于资本公积，下列说法正确的有（　　）。

A. 资本公积由全体股东享有，其形成有其特定的来源，与企业的净利润无关

B. 小企业用资本公积转增资本，应当冲减资本公积

C. 小企业的资本公积可以用于弥补亏损

D. 资本公积是指小企业收到投资者出资超出其在注册资本中所占份额的部分

4. 下列各项，构成企业留存收益的有（　　　）。

A. 资本溢价　　　　B. 未分配利润　　　　C. 任意盈余公积　　　D. 法定盈余公积

5. 下列关于盈余公积的会计处理，正确的有（　　　）。

A. 小企业用盈余公积弥补亏损时，会计处理如下。

借：盈余公积

　　贷：利润分配——盈余公积补亏

B. 小企业用盈余公积转增资本时，会计处理如下。

借：盈余公积

　　贷：实收资本

C. 小企业（外商投资）按照规定提取职工奖励及福利基金时，会计处理如下。

借：利润分配——提取职工奖励及福利基金

　　贷：盈余公积——职工奖励及福利基金

D. 小企业（外商投资）按照规定提取储备基金时，会计处理如下。

借：利润分配——提取储备基金

　　贷：盈余公积——储备基金

三、判断题

1. 小企业收到投资者出资超过其在注册资本中所占份额的部分，作为资本溢价，通过"实收资本"科目核算。　　　　　　　　　　　　　　　　　　　　　　（　　　）

2. 投资者投入的资本，不得变动。　　　　　　　　　　　　　　　　　（　　　）

3. 被投资企业将股权（票）溢价所形成的资本公积转为股本的，不作为投资方企业的股息、红利收入，投资方企业也不得增加该项长期投资的计税基础。　　　　（　　　）

4. 股份制企业用资本公积金转增股本不属于股息、红利性质的分配，对个人取得的转增股本数额，不作为个人所得，不征收个人所得税。　　　　　　　　　　（　　　）

5. 小企业用资本公积转增资本，无需做账务处理。　　　　　　　　　　（　　　）

6. 小企业的盈余公积不得用于弥补亏损。　　　　　　　　　　　　　　（　　　）

7. 小企业用盈余公积转增资本或弥补亏损，均不影响所有者权益总额的变化。（　　　）

四、实务题

1. 银华有限责任公司 2022 年 1 月 1 日由甲、乙两个投资者各出资 200 000 元成立。10 月 30 日"资本公积——资本溢价"贷方余额 4 000 元。11 月份发生如下有关业务（所涉及款项全部以银行存款收支）：

（1）1 月 1 日甲、乙决定吸收丙、丁两位新投资者加入银华公司。经有关部门批准后，银华公司实施增资，将注册资本增加到 800 000 元。经四方协商，一致同意，完成下述投入后，各占银华公司 1/4 的股份。各投资者的出资情况如下：

投资者丙以 360 000 元投入银华公司，11 月 11 日收到款项并存入银行；

（2）投资者丁以一批原材料投入银华公司作为增资，开具的增值税专用发票注明价款 320 000 元，税款 41 600 元。

要求：

编制银华公司 11 月份发生的会计分录；

计算资本公积的期末余额。

2. 海河公司 2022 年度的有关资料

（1）年初未分配利润为 30 万元，本年利润总额为 90 万元，适用的企业所得税税率为 25%。经查，海河公司当年营业外支出中有 10 万元为税款滞纳金及罚款，投资收益中有 2 万元为国库券利息收入。除此之外，不存在其他纳税调整因素。

（2）按税后利润的 10% 提取法定盈余公积。

（3）提取任意盈余公积 7 万元。

（4）向投资者分配利润 30 万元。

要求：计算海河公司本期应纳所得税，并编制上述业务的会计分录。

3. 投资一个成熟企业需要多付出代价

张某和李某两人各出资 20 万元成立华南公司，于 2022 年 1 月 1 日注册登记，注册资本总额为 40 万元：华南公司经营 3 年后，留存收益积累了 30 万元。这时王某有意加入该公司，那么，王某缴入 20 万元能否享有该公司 1/3 的股份？至少要缴入多少资本？

由于公司经营了 3 年，获利能力提高了，内部积累 30 万元是初创者张某和李某共有的，新投资者加入企业后，也将分享这部分积累，所以新投资者要付出大于原投资者的出资额，才能取得与原投资者相同的投资比例，公司经研究，王某至少缴入 35 万元才能享有该公司 1/3 的股份达成一致意见后，王某缴入 35 万元，重新签订了协议，并办理了增资手续，增资 20 万元，增资后注册资本总额为 60 万元。

4. 利润分配的核算

虹业股份有限公司（以下简称虹业公司）2022 年至 2022 年度有关业务资料如下。

（1）2020 年 1 月 1 日，虹业公司股东权益总额为 46 500 万元，其中：普通股总数为 10 000 万股，每股面值为 1 元；资本公积为 30 000 万元；盈余公积为 6 000 万元；分配利润为 500 万元。2020 年度实现净利润 400 股本与资本公积项目未发生变化。

2021 年 3 月 1 日，虹业公司董事会提出如下预案：

2020 年度实现净利润的 10% 提法定盈余公积。

②以 2020 年 12 月 31 日的股本总额为基数，以资本公积（股本溢价）特增股本，每 10 股转增 4 股，计 4 000 万股。

2021 年 5 月 5 日，虹业公司召开股东大会，审议批准了董事会提出的预案，同时决定分配利润 300 万元：2021 年 6 月 10 日，虹业公司办妥了上述资本公积转增股本的有关手续。

（2）2021 年度，虹业公司发生净亏损 3 142 万元。

（3）2022 年 5 月 9 日，虹业公司股东大会决定以法定盈余公积弥补账面累计未弥补亏损 200 万元。

请对虹业公司利润及利润分配进行相关会计处理（"利润分配""盈余公积"科目要求写出明细科目；答案中的金额单位用万元表示）。

5. 年末未分配利润的计算

甲公司 2021 年发生亏损 150 万元，2022 年实现税前利润 600 万元，所得税税率为 25%，法定盈余公积的提取比例为 10%，任意盈余公积的提取比例为 5%。

请计算甲公司 2022 年年末的未分配利润。

第十章

收入、费用和利润

内容提要

本章主要阐述了收入、费用的确认及利润的计算和分配的核算方法；简单介绍了费用的核算；重点讲述了小企业各行业收入的会计处理法，以及利润的构成和计算、结转等。本章的学习重点是小企业日常的销售业务、支付各种费用、所得税的计算和缴纳，以及销售和应收账款岗位、财务成果岗位中相关业务的核算方法。

第一节 收入

一、收入的特征和分类

（一）收入的特征

收入，是指小企业在日常活动中形成的、会导致所有者权益增加的、与所有者投入资本无关的经济利益的总流入。收入具有以下特点。

（1）收入是小企业在日常活动中形成的经济利益流入，而不是从偶发的交易和事项中产生的。日常活动是指小企业为完成其经营目标所从事的经常性活动以及与之相关的活动。例如，工商企业销售商品、提供劳务，咨询公司提供咨询服务，软件公司为客户开发软件，安装公司提供安装服务，租赁公司出租资产等，属于经常性活动；与经常性活动相关的活动，如工业企业出租固定资产、无形资产、周转材料，销售不需要的原材料等，所形成的经济利益流入也属于收入。

小企业的有些活动也能为企业带来经济利益，但不属于小企业的日常活动，如处置固定资产、无形资产等，其产生的经济利益属于营业外收入，而不是收入。

（2）收入可以表现为小企业资产的增加，如取得销售商品收入、提供劳务收入等的同时，银行存款或应收账款也相应增加；有时也表现为负债的减少，如预收款项的销售业务，在提供了商品或劳务并确认收入的同时，预收账款得以抵偿；或者在增加资产的同时减少负债，如预收账款的销售业务在确认收入的同时，预收账款得以抵偿，且补收不足抵偿的账款。

（3）收入会导致小企业所有者权益的增加。根据"资产＝负债＋所有者权益"的会计等式，收入能增加资产或减少负债，或两者兼而有之，最终必然增加所有者权益。

（4）收入与所有者投入资本无关。收入只包括企业自身经营活动取得的经济利益流入，不包括所有者投资。所有者投入资本，会增加企业的资产和所有者权益，不能作为企业的收入。

（5）收入只包括小企业本身经济利益的流入，不包括为第三方或客户代收的款项，为第三方或客户代收的款项，如代税务机关收取增值税、旅行社代客户购买门票等收取的款项等，会增加资产和负债，不会增加所有者权益。

（二）收入的分类

1. 收入按性质分类

小企业收入按性质分类，可以分为销售商品收入、提供劳务收入。

销售商品收入，是指小企业销售商品（或产成品、材料，下同）取得的收入。提供劳务收入，是指小企业从事建筑安装、修理修配、交通运输、仓储租赁、邮电通信、咨询经纪、文化体育、科学研究、技术服务、教育培训、餐饮住宿、中介代理、卫生保健、社医服务、旅游、娱乐、加工以及其他劳务服务活动取得的收入。不同性质的收入，交易方式各具特点，因此收入的确认和计量也要根据其性质的不同分别进行。

2. 收入按经营业务分类

小企业收入按经营业务分类，可以分为主营业务收入和其他业务收入。

主营业务收入，或称基本业务收入，是指小企业为完成其经营目标所从事的主要经营活动实现的收入。不同行业的小企业，其主营业务内容不同，例如，工业企业以制造和销售产成品、自制半成品、代制品、代修品，提供修理修配等工业性劳务为主；商业企业以销售商品为主；租赁公司以出租资产为主；咨询公司以提供咨询服务为主；旅游服务企业以门票收入、客房收入、餐饮收入为主等，主营业务收入经常发生，并在收入中占较大的比重。

企业实现的主营业务收入通过"主营业务收入"科目核算，并通过"主营业务成本"科目核算相关成本。

其他业务收入，或称附营业务收入是指小企业除主要经营业务以外的其他经营活动实现的收入，如工业企业出租固定资产、无形资产和周转材料，销售不需要的原材料等实现的收入。其他业务收入不经常发生，金额一般较小，在收入中所占比重较小。

小企业实现的其他业务收入通过"其他业务收入"科目核算，并通过"其他业务成本"科目核算相关成本。

在实务中，一般按营业执照上注明的主营业务和兼营业务，划分主营业务收入和其他业务收入。

二、销售商品收入的确认和会计处理

收入确认是一个非常重要的问题，它不仅关系到流转税纳税时间的确定，还会影响成本、费用的正确结转，以至于影响利润和应纳所得税额的计算收入的确认实际上是解决收入在什么时间入账，并在利润表上反映的问题。

（一）销售商品收入的确认

销售商品收入同时满足下列五条原则时才能予以确认。

1. 企业已将商品所有权上的主要风险和报酬转移给购买方

这里的主要风险是指商品由于贬值或损坏造成的损失，报酬是指商品增值或者使用商品而形成的经济利益。通常情况下，转移商品所有权凭证或交付实物后，商品所有权上的风险和报酬也随之转移，但特殊情况除外，如销售退回、委托代销等，因此，应按照实质重于形式的原则来判断。

2. 企业既没有保留通常与所有权相联系的继续管理权，也没有对已售出的商品实施控制

通常企业售出商品后，就不再保留与商品所有权有关的管理权，也不再对商品实施有效的控制。如果企业将商品售出后，仍然能够对该商品实施有效的控制，则说明此项销售没有完成，不能确认收入，如售后回租、售后回购等。

3. 收入的金额能够可靠地计量

通常情况下，企业在销售商品时，商品的价格已经确定，企业可以根据从购货方已收或应收的合同或协议价确定收入的金额。

4. 与交易相关的经济利益很可能流入企业

经济利益，是指直接或间接流入企业的现金或现金等价物。在销售商品的交易中，与交易有关的经济利益就是指销售商品的价款。相关的经济利益很可能流入企业，是指销售商品价款收回的可能性大于不能收回的可能性。一般情况下，企业售出的商品符合合同或协议规定的要求，并已将发票账单交付买方，买方也承诺付款，即表明销售商品的价款能够收回。如企业判断价款不能收回，应提供相应证据，然后推迟确认收入。

5. 相关的已发生或将发生的成本能够可靠地计量

根据配比原则，与同一销售相关的收入和成本应在同一会计期间予以确认，若成本不能可靠计量，则收入也不能确认。

小企业在日常经营中可以对收入的确认条件适当简化，通常小企业应在发出商品且收到货款或取得收款权利时确认销售商品收入。

（二）销售商品收入的会计处理

小企业应当按照从购买方已收或应收的合同或协议价款，确定销售商品收入金额，并按照收入与费用配比原则，在同一会计期间结转相应的成本。通常，小企业应当在发出商品且收到货款或取得收款权利时，确认销售商品收入，同时还应结合销售方式和结算方式。交款提货销售的，在开出发票账单收到货款时确认收入，采用托收承付方式销售的，在办妥托收手续时确认收入；采用预收款方式销售的，在发出商品或提供劳务时确认收入；销售商品需要安装和检验的，在购买方接受商品以及安装和检验完毕时确认收入，安装程序比较简单的，可在发出商品时确认收入；采用支付手续费方式委托代销的，在收到代销清单时确认收入；采用分期收款方式的，在合同约定的收款日期确认收入；销售商品以旧换新的，销售的商品作为商品销售处理，回收的商品作为购进商品处理；采取产品分成方式取得的收入，在分得产品分成之日按照产品的市场价格或评估价值确定销售商品收入。

1. 一般销售商品业务的核算

小企业应设置"主营业务收入"和"主营业务成本"等科目，核算小企业确认的销售商品或提供劳务等主营业务的收入和结转相关成本，应按主营业务的种类进行明细核算。小企业实现并确认收入时，应计入"主营业务收入"科目的贷方；结转销售成本时，应计入"主营业务成本"科目的借方；期末将两科目的余额分别转入"本年利润"科目，结转后应无余额。

【例10-1】 甲公司销售一批产品，销售价格为200 000元，产品成本为140 000元，增值税税率为13%，产品已发出。

（1）采用交款提货结算方式时，会计处理如下。

借：银行存款　　　　　　　　　　　　　　　　　　　　　　234 000

　　贷：主营业务收入　　　　　　　　　　　　　　　　　　　　200 000

应交税费——应交增值税（销项税额）	26 000
借：主营业务成本	140 000
贷：库存商品	140 000

（2）采用托收承付结算方式，在发出商品并办妥托收手续时，会计处理如下。

借：应收账款	234 000
贷：主营业务收入	200 000
应交税费——应交增值税（销项税额）	26 000
借：主营业务成本	140 000
贷：库存商品	140 000

（3）采用预收款方式结算（假设预收款 100 000 元），在发出商品时，会计处理如下。

借：预收账款	234 000
贷：主营业务收入	200 000
应交税费——应交增值税（销项税额）	26 000
借：主营业务成本	140 000
贷：库存商品	140 000

收到其余货款时，会计处理如下。

借：银行存款	134 000
贷：预收账款	134 000

（4）销售商品需要安装和检验，安装程序简单，在发出商品时确认收入，账务处理同（1）。

2. 商业折扣、现金折扣和销售折让的核算

小企业在确定销售收入时，应区分商业折扣、现金折扣和销售折让，因为这些因素将会影响收入。企业确定商品销售收入时，不应考虑预计可能发生的现金折扣、销售折让，即应按总价确认，而是在发生时确认：现金折扣在发生时确认财务费用；销售折让在发生时直接冲减当期收入；商业折扣在销售时即发生，但不构成成交价格，若销售时提供了商业折扣条件，则按扣除商业折扣后的净额确认收入。商业折扣和现金折扣的会计处理在前面章节中已经介绍，本节主要介绍销售折让。

销售折让，是指小企业因售出商品的质量不合格等原因而在售价上给予的减让。销售折让若发生在确认销售收入之前，则应在确认销售收入时直接按扣除销售折让后的金额确认；如果发生在确认销售收入后，应在发生时冲减当期销售收入。

【例 10-2】甲公司赊销商品一批给公司，售价为 20 000 元，增值税为 2 600 元，商品成本为 15 000 元，乙公司在验货时发现商品质量不合格，要求在价格上给予 10% 的折让。甲公司同意并办妥相关手续，开具了红字增值税专用发票。

（1）销售时甲公司确认收入时，会计处理如下。

借：应收账款——乙公司	22 600
贷：主营业务收入	20 000
应交税费——应交增值税（销项税额）	2 600
借：主营业务成本	15 000
贷：库存商品	15 000

（2）发生销售折让时，会计处理如下。

借：主营业务收入 　　　　　　　　　　　　　　　　　　　　　　　2 000

　　应交税费——应变增值税（销项税额） 　　　　　　　　　　　　2 600

　　　贷：应收账款——乙公司 　　　　　　　　　　　　　　　　　　2 260

（3）实际收到款项时，会计处理如下。

借：银行存款 　　　　　　　　　　　　　　　　　　　　　　　　20 340

　　　贷：应收账款——乙公司 　　　　　　　　　　　　　　　　　20 340

假设合同约定验货付款，付款时开具发票账单，则在发货时不做账务处理。乙公司按折让后的金额付款时，甲公司确认收入：

实际销售价格＝20 000－20 000×10％＝18 000（元）

增值税税额＝18 000×13％＝2 340（元）

借：银行存款 　　　　　　　　　　　　　　　　　　　　　　　　20 340

　　　贷：主营业务收入 　　　　　　　　　　　　　　　　　　　　18 000

　　　　　应交税费——应交增值税（销项税额） 　　　　　　　　　　2 340

借：主营业务成本 　　　　　　　　　　　　　　　　　　　　　　15 000

　　　贷：库存商品 　　　　　　　　　　　　　　　　　　　　　　15 000

3. 销售退回的核算

销售退回，是指小企业售出的商品由于质量、品种不符合要求等原因而发生退货。小企业未确认收入的已发出商品退回，不进行账务处理。小企业已经确认销售商品收入的售出商品发生的销售退回（不论属于本年度还是属于以前年度的销售），应当在发生时冲减当期销售商品收入；如果发生了现金折扣，应同时调整财务费用。

【例10-3】假设【例10-2】中，乙公司在验货时发现商品质量不合格，要求退货，甲公司同意并办妥相关手续，开具了红字增值税专用发票，并支付了退货款，其账务处理如下。

借：主营业务收入 　　　　　　　　　　　　　　　　　　　　　　20 000

　　应交税费——应交增值税（销项税额） 　　　　　　　　　　　　2 600

　　　贷：应收账款 　　　　　　　　　　　　　　　　　　　　　　22 600

借：库存商品 　　　　　　　　　　　　　　　　　　　　　　　　15 000

　　　贷：主营业务成本 　　　　　　　　　　　　　　　　　　　　15 000

4. 委托代销商品的核算

小企业委托其他单位代销本企业的产品时，本企业为委托代销企业，接受委托代销商品的其他单位为受托代销企业。代销方式可以采用支付手续费方式，也可以采用视同买断方式。

（1）支付手续费方式。委托方在发出商品时，所有权不变，不做账务处理，在收到受托方开出的代销清单时确认收入，并根据代销清单开具增值税专用发票，同时将应支付的手续费作为销售费用处理。受托方不作为购进商品处理，将代销商品售出后，确认代销手续费收入时，作为劳务收入。有金银首饰零售业务的小企业固受托代销金银首饰应缴纳的消费税，借记"营业税金及附加"科目，贷记"应交税费——应交消费税"科目。

【例10-4】甲批发企业委托乙零售商代销一批商品，商品成本为50 000元，商品售价为60 000元，增值税税率为13％，代销手续费按销售价款的5％收取。乙零售商销售该批商品后开出代销清单。

甲批发企业的会计处理如下。

1）收到代销清单时，会计处理如下。

```
借：应收账款——乙零售商                                    67 800
    贷：主营业务收入                                          60 000
        应交税费——应交增值税（销项税额）                       7 800
借：主营业务成本                                           50 000
    贷：库存商品                                            50 000
借：销售费用                                               3 000
    贷：应收账款——乙零售商                                    3 000
```

2）收到货款时，会计处理如下。

```
借：银行存款                                               64 800
    贷：应收账款——乙零售商                                   64 800
```

乙零售商的会计处理如下：

1）销售代销商品时，会计处理如下。

```
借：银行存款                                               67 800
    贷：应付账款——甲批发企业                                  60 000
        应交税费——应交增值税（销项税额）                       7 800
```

2）收到甲批发企业开来的增值税专用发票时，会计处理如下。

```
借：应交税费——应交增值税（进项税额）                          7 800
    贷：应付账款——甲批发企业                                  7 800
```

3）支付货款并计算代销手续费时，会计处理如下。

```
借：应付账款——甲批发企业                                   67 800
    贷：银行存款                                            64 800
        其他业务收入（或主营业务收入）                          3 000
```

（2）视同买断方式。它是指由委托方和受托方签订协议，委托方按协议价格收取代销商品款，实际售价可由受托方自定，实际售价与协议价之间的差额归受托方所有。如果委托方和受托方之间的协议明确标明，将来受托方没有将商品售出时，可以将商品退回给委托方，或受托方因代销商品出现亏损时可以要求委托方补偿，那么委托方在发出商品时不确认收入，受托方也不作为购进商品处理。受托方应于商品售出之后，按实际售价确认收入，并向委托方开具代销清单。委托方收到代销清单时，根据代销清单所列的已销商品确认销售收入。如果委托方和受托方之间的协议明确标明，受托方在取得代销商品后，无论是否能够售出，是否获利，均与委托方无关，那么该代销交易与委托方直接销售给受托方实质相同。委托方在发出商品时确认收入。有金银首饰零售业务的小企业因受托代销金银首饰应交缴的消费税，借记"营业税金及附加"科目，贷记"应交税费——应交消费税"科目。

【例10-5】甲批发企业委托L零售商代销一批商品，商品成本50 000元，协议价60 000元，增值税税率为13%。乙零售商没有将商品售出时，可以将商品退回给委托方，甲批发企业收到代销清单时开具增值税专用发票，售价60 000元，增值税7 800元；零售商销售该批商品的实际售价为65 000元，增值税为8 450元。

甲批发企业的会计处理如下。

1）收到代销清单时，会计处理如下。

```
借：应收账款——乙零售商                                    67 800
    贷：主营业务收入                                          60 000
```

应交税费——应交增值税（销项税额）		7 800
借：主营业务成本	50 000	
贷：库存商品		50 000

2）收到乙零售商汇来的贷款时，会计处理如下。

借：银行存款	67 800	
贷：应收账款——乙零售商		67 800

乙零售商的会计处理如下。

1）收到代销商品时，会计处理如下。

借：受托代销商品	60 000	
贷：受托代销商品款		60 000

2）销售代销商品时，会计处理如下。

借：银行存款	73 450	
贷：主营业务收入		65 000
应交税费——应交增值税（销项税额）		8 450
借：主营业务成本	60 000	
贷：受托代销商品		60 000
借：受托代销商品款	60 000	
贷：应付账款——甲批发企业		60 000

3）按协议价将货款支付给甲批发企业时，会计处理如下。

借：应付账款——甲批发企业	60 000	
应交税费——应交值税（进项税额）	8 450	
贷：银行存款		68 450

5. 其他业务收入核算

小企业除主营业务活动以外的其他经营活动主要包括销售材料、出租固定资产、出租无形资产等。

小企业发生的其他经营活动，应设置"其他业务收入"和"其他业务成本"科目，分别核算小企业其他日常生产经营活动实现的收入和所发生的支出。其包括出租固定资产、出租无形资产、销售材料等实现的收入和出租固定资产的折旧费、出租无形资产的摊销额、销售材料的成本等，并按其他业务的种类进行明细核算，企业取得的其他业务收入，借记"银行存款""其他应收款"等科目，贷记"其他业务收入"科目；企业发生的其他业务成本，借记"其他业务成本"科目，贷记"原材料""累计折旧""累计摊销""应付职工薪酬""银行存款"等科目。期末应将"其他业务收入"和"其他业务成本"科目的余额转入"本年利润"科目，结转后无余额。

【例10-6】某公司销售一批库存积压的原材料，售价5 000元，增值税税额为650元，款项已收到，材料成本为4 000元。

借：银行存款	5 650	
贷：其他业务收入		5 000
应交税费——应交增值税（销项税额）		650
借：其他业务成长	4 000	
贷：原材料		4 000

【例10-7】某公司出租一台设备，收到租金 10 000 元，增值税税额为 1 300 元。该设备月折旧额为 800 元。

借：银行存款　　　　　　　　　　　　　　　　　　　　　　　11 300
　　贷：其他业务收入　　　　　　　　　　　　　　　　　　　10 000
　　　　应交税费——应交增值税（销项税额）　　　　　　　　 1 300
借：其他业务成本　　　　　　　　　　　　　　　　　　　　　　　800
　　贷：累计折旧　　　　　　　　　　　　　　　　　　　　　　　800

三、提供劳务收入的确认和会计处理

劳务通常是指其结果不形成有形资产的服务。小企业提供劳务的收入，是指小企业从事建筑安装、修理修配、交通运输、仓储租赁、邮电通信、咨询经纪、文化体育、科学研究、技术服务、教育培训、餐饮住宿、中介代理、卫生保健、社区服务、旅游、娱乐、加工以及其他劳务服务活动取得的收入。小企业通过提供劳务而取得的收入为劳务收入。小企业提供的劳务有的一次就能完成，且一般为现金交易，如交通运输、仓储租赁、餐饮住宿、旅游、娱乐等；有的需要较长时间才能完成，如安装、建筑、软件研制、教育培训、咨询等。企业提供劳务收入的确认因劳务完成时间不同而不同。

（一）同一会计年度内开始并完成的劳务

同一会计年度内开始并完成的劳务，应当在提供劳务交易完成且收到款项或取得收款权利时，确认提供劳务收入提供劳务收入的金额为从接受劳务方已收或应收的合同或协议价款，并同时结转相关成本。

小企业提供的劳务收入通过"主营业务收入"或"其他业务收入"科目核算；提供劳务发生的支出一般先通过"劳务成本"科目归集，在劳务完成时，再转入"主营业务成本"或"其他业务成本"科目。

【例10-8】某安装公司适用的增值税税率为9%，2021 年 5 月 10 日，该公司接受一项安装任务，合同总价款为 8 000 元，增值税税额为 720 元，款项已收存入银行，上述安装任务于 2022 年 6 月 10 日完成，5 月份支付费用 2 000 元，6 月份发生工资成本 3000 元。

借：劳务成本　　　　　　　　　　　　　　　　　　　　　　　2 000
　　应交税费——应交增值税（进项税额）　　　　　　　　　　　 180
　　贷：银行存款　　　　　　　　　　　　　　　　　　　　　2 180
借：劳务成本　　　　　　　　　　　　　　　　　　　　　　　3 000
　　贷：应付职工薪酬　　　　　　　　　　　　　　　　　　　3 000
安装完成时确认收入并结转劳务成本。
借：银行存款　　　　　　　　　　　　　　　　　　　　　　　8 880
　　贷：主营业务收入　　　　　　　　　　　　　　　　　　　8 000
　　　　应交税费——应交增值税（销项税额）　　　　　　　　　 720
借：主营业务成本　　　　　　　　　　　　　　　　　　　　　5 000
　　贷：劳务成本　　　　　　　　　　　　　　　　　　　　　5 000

（二）劳务的开始和完成分属不同的会计年度

1. 提供劳务交易的结果能够可靠估计时

提供劳务交易的结果能够可靠估计时，应在资产负债表日按完工百分比法确认劳务收入。

交易的结果能够可靠地估计要同时满足下列条件：①劳务总收入和总成本能够可靠地计量；②与交易相关的经济利益很可能流入企业；③劳务的完工进度能够可靠地确定。

完工进度可以选择下列方法确定：①已完工作的测量，这需要有专业人员对已完成的工作进行测量，并按一定的方法计算完工进度；②已经提供的劳务占应提供劳务总量的比例；③已经发生的成本占总成本的比例。

完工百分比法是指按照提供劳务交易的完工进度确认收入与费用的方法。在资产负债表日，企业应按下列公式计算确认本年度的劳务收入，结转本年度的劳务成本：

本期确认的劳务收入=劳务总收入×本年末劳务的完工进度-以前期间已确认的收入

本期确认的劳务成本=估计的劳务总成本×本年末劳务的完工进度-以前期间已确认的成本

【例10-9】某软件开发公司适用的增值税税率为6%，2020年10月1日，该公司为客户研制一项软件，合同期为2年，合同总收入为250 000元，预计开发完成该软件的总成本为150 000元，2020年发生成本45 000元，预收款170 000元，增值税税额10 200元。2021年发生成本67 500元，2022年发生成本37 5 00元。收到尾款80 000元及增值税税额4 800元。该公司按已发生的成本占估计总成本的比例确定完工进度。

1）2020年发生劳务成本时，会计处理如下。

借：劳务成本   45 000

  应交税费——应交增值税（进项税额）   2 700

    贷：银行存款、应付职工薪酬等   47 700

预收款时，会计处理如下。

借：银行存款   180 200

  贷：预收账款   170 000

    应交税费——应交增值税（销项税额） 10 200

2020年12月31日，按完工百分比法确认收入并结转劳务成本：

劳务的完工进度=45 000÷150000×100%=30%

应确认的劳务收入=250 000×30%=75 000（元）

应确认的劳务成本=1 50 000×30%=45 000（元）

借：预收账款   75 000

  贷：主营业务收入   75 000

借：主营业务成本   45 000

  贷：劳务成本   45 000

2）2021年发生劳务成本时，会计处理如下。

借：劳务成本   67 500

  应交税费——应交增值税（进项税额）   4 050

    贷：银行存款、应付职工薪酬等   71 550

2021年12月31日，按完工百分比法确认收入并结转劳务成本：

劳务的完成进度=（45 000+67 500）÷150 000×100%=75%

应确认的收入=250 000×75%-75 000=112 500（元）

应确认的成本=150 000×75%-45 000=67 500（元）

借：预收账款   112 500

　　　　贷：主营业务收入　　　　　　　　　　　　　　　　　112 500
　　借：主营业务成本　　　　　　　　　　　　　67 500
　　　　贷：劳务成本　　　　　　　　　　　　　　　　　　67 500

3）2022年发生劳务成本时，会计处理如下。

　　借：劳务成本　　　　　　　　　　　　　　　37 500
　　　　应交税费——应交增值税（进项税额）　　2 250
　　　　贷：银行存款、应付职工薪酬等　　　　　　　　　39 750

2022年12月31日，确认收入并结转劳务成本：

应确认的收入=250 000-75 000-112 500=62 500（元）

应确认的费用=150 000-45 000-67 500=37 500（元）

　　借：预收账款　　　　　　　　　　　　　　　62 500
　　　　贷：主营业务收入　　　　　　　　　　　　　　　62 500
　　借：主营业务成本　　　　　　　　　　　　　37 500
　　　　贷：劳务成本　　　　　　　　　　　　　　　　　37 500
　　借：银行存款　　　　　　　　　　　　　　　84 800
　　　　贷：预收账款　　　　　　　　　　　　　　　　　80 000
　　　　　　应交税费——应交增值税（销项税额）　　　　　4 800

2. 提供劳务交易的结果不能够可靠估计时

　　提供劳务交易的结果不能够可靠估计时，应在资产负债表日，按已经发生的劳务成本能否得到补偿分别下列情况确认收入：①已发生的劳务成本预计全部能够得到补偿的，应按已收或预计能够收回的金额确认收入，并结转已发生的劳务成本；②已发生的劳务成本预计部分能够得到补偿的，应按能够得到补偿的金额确认收入，并结转已发生的劳务成本；③已发生的劳务成本预计全部不能得到补偿的，应将已发生的劳务成本计入当期损益（主营业务成本或其他业务成本），不确认收入。

　　小企业与其他企业签订的合同或协议包含销售商品和提供劳务时，销售商品部分和提供劳务部分能够区分且能够单独计量的，应当将销售商品的部分作为销售商品处理，将提供劳务的部分作为提供劳务处理。销售商品部分和提供劳务部分不能够区分，或虽能区分但不能够单独计量的，应当作为销售商品处理。

四、建造合同收入的确认和计量

（一）建筑施工企业的特点

　　建筑施工企业是从事建设工程的建筑施工、设备安装和建筑物维修等生产活动的经济组织，一般包括建筑公司、市政工程公司、设备安装公司、机械施工公司、土石方公司、电力建设公司、筑路公司、桥梁建筑公司、电梯公司、装修公司等。

　　随着生产方式的外延、现代大型建筑施工企业又称为建设工程公司。它是建筑业的基本组成单位，是直接从事物质生产的部门。例如，从事各种房屋建筑、铁路、公路、桥梁，各类工厂、能源、城市基础设施和矿山等房屋建筑物的施工生产部门，其建筑安装产品和生产活动具有以下行业技术经济特点：

　　（1）建筑产品价值运转具有投资大、周期长的特点；

　　（2）建筑产品产销关系具有定向性，一经投产就明确了供需方的特征；

（3）建筑产品结算方式具有施工开始时预收备料款或垫资，施工过程中按进度进行中间结算、施工结束后办理竣工决算的特征。

所以建筑安装企业是区别于一般企业的生产企业。建造一项或数项资产时，如房屋、道路、桥梁、飞机、大型机械设备等，需要订立建造合同。

建造合同不同于一般的材料采购合同和劳务合同，而是有其自身的特点，主要表现在：①先有买主（即客户），后有标的（即资产），建造资产的造价在合同签订时就已确定；②资产的建设期长，一般都要跨越一个会计年度，有的长达数年；③所建造的资产体积大、造价高；④一般为不可撤销的合同。

建造合同分为两类：一类是固定造价合同；另一类是成本加成合同。

固定造价合同指按照固定合同或固定单价确定工程价款的建造合同；成本加成合同是指以合同允许的或其他方式确定的一定的成本为基础，加上该成本的一定比例或定额费用确定工程价款的建造合同。固定造价合同与成本加成合同的主要区别在于风险的承担者不同。前者的风险主要由建造承包方承担，后者的风险主要由发包方承担。

（二）建造合同收入和成本的内容

1. 建造合同收入

建造合同收入，包括合同的初始收入和合同变更、索赔、奖励等形成的收入。因合同变更、索赔、奖励等形成的收入不构成合同总金额（即初始收入）。建造承包商不能随意确认这部分收入，只有在符合收入确认条件时才能构成合同总收入。

2. 建造合同成本

（1）建造合同成本的内容。

建造合同成本，包括从合同签订开始至合同完成为止所发生的、与执行合同有关的直接费用和间接费用。

直接费用，是指为完成合同所发生的、可以直接计入合同成本核算对象的各项费用支出，包括耗用的人工费用、材料费用、机械使用费和其他直接费用。直接费用在发生时直接计入合同成本。

间接费用，是指企业下属的施工单位或生产单位为组织生产或管理施工生产活动所发生的费用，包括临时设施摊销费用和施工生产单位管理人员薪酬、固定资产折旧费、工程保修费、排污费等，间接费用于期末按系统合理的方法分摊计入合同成本。

（2）建造合同收入和成本的确认和计量。

建造合同收入和成本的确认和计量应遵循以下原则。①若建造合同的结果能够可靠地估计，企业应根据完工百分比法在资产负债表日确认合同收入和费用。②若建造合同的结果不能可靠地估计，应当区别情况处理：合同成本能够收回的，合同收入根据收回的实际合同成本确认，合同成本在发生的当期作为合同费用；合同成本不能收回的，应在发生时即作为合同费用，不确认合同收入。

运用完工百分比法确认合同收入的关键是确定完工进度。合同完工进度可以按累计实际发生的合同成本占合同预计总成本的比例、已经完成的合同工作量占合同总工作量的比例、已完合同工作的测量等方法确定。其公式如下：

当期确认的合同收入=合同总收入×完工进度-以前期间累计已确认的收入

当期确认的合同费用=合同预计总成本×完工进度-以前期间已确认的费用

当期确认的合同毛利＝当期确认的合同收入－当期确认的合同费用完工进度

＝累计实际发生的合同成本/合同预计总成本×100%

或　　　　　　　　　　＝已完成的合同工作量/合同预计总工作量×100%

所使用的会计科目包括"原材料""周转材料"（模板，挡板、脚手架、安全架等）"工程施工"（下设合同成本、间接费用、合同毛利明细科目）、"主营业务收入""主营业务成本""工程结算"（"工程施工"的备抵科目）"机械作业"（转入"工程施工"或"劳务成本"）等。

【例10-10】某建筑公司适用的增值税税率为9%，与客户签订一项总金额为1 000万元的固定造价合同，工期为3年，前两年预计总工程成本为800万元，第3年全部完工，累计实际发生的合同成本为750万元（分别为400万元、200万元、150万元），各年已结算的合同价款分别为300万元、400万元、300万元，各年实际收到的价款分别为200万元、300万元、500万元。

第1年

1）实际发生合同成本时，会计处理如下。

借：工程施工——合同成本　　　　　　　　　　　　　　4 000 000

　　贷：原材料、应付职工薪酬等　　　　　　　　　　　　　　4 000 000

2）结算合同价款时，会计处理如下。

借：应收账款　　　　　　　　　　　　　　　　　　　　3 000 000

　　贷：工程结算　　　　　　　　　　　　　　　　　　　　3 000 000

3）实际收到合同价款时，会计处理如下。

借：银行存款　　　　　　　　　　　　　　　　　　　　2 180 000

　　贷：应收账款　　　　　　　　　　　　　　　　　　　　2 000 000

　　　　应交税费——应交增值税（销项税额）　　　　　　　　180 000

4）年末确认当年收入和费用时，会计处理如下。

完工进度＝400÷800×100%＝50%

当期确认的合同收入＝1 000×50%＝500（万元）

当期确认的合同费用＝800×50%＝400（万元）

当期确认的合同毛利＝500－400＝100（万元）

借：主营业务成本　　　　　　　　　　　　　　　　　　4 000 000

　　工程施工——合同毛利　　　　　　　　　　　　　　1 000 000

　　贷：主营业务收入　　　　　　　　　　　　　　　　　　5 000 000

第2年

1）实际发生合同成本时，会计处理如下。

借：工程施工——合同成本　　　　　　　　　　　　　　2 000 000

　　贷：原材料、应付职工薪酬等　　　　　　　　　　　　　　2 000 000

2）结算合同价款时，会计处理如下。

借：应收账款　　　　　　　　　　　　　　　　　　　　4 000 000

　　贷：工程结算　　　　　　　　　　　　　　　　　　　　4 000 000

3）实际收到合同价款时，会计处理如下。

借：银行存款　　　　　　　　　　　　　　　　　　　　327 000

贷：应收账款	3 000 000
应交税费——应交增值税（销项税额）	327 000

4）年末确认当年收入和费用时，会计处理如下。

完工进度＝（400＋200）÷800×100％＝75％

当期确认的合同收入＝1 000×75％－500＝250（万元）

当期确认的合同费用＝800×75％－400＝200（万元）

当期确认的合同毛利＝250－200＝50（万元）

借：主营业务成本	2 000 000
工程施工——合同毛利	500 000
贷：主营业务收入	2 500 000

第3年

1）实际发生合同成本时，会计处理如下。

借：工程施工——合同成本	1 500 000
贷：原材料、应付职工薪酬等	1 500 000

2）结算合同价款时，会计处理如下。

借：应收账款	3 000 000
贷：工程结算	3 000 000

3）实际收到合同价款时，会计处理如下。

借：银行存款	5 450 000
贷：应收账款	5 000 000
应交税费——应交增值税（销项税额）	450 000

4）年末确认当年收入和费用时，会计处理如下。

当期确认的合同收入＝1 000－500－250＝250（万元）

当期确认的合同费用＝750－400－200＝150（万元）

当期确认的合同毛利＝250－150＝100（万元）

借：主营业务成本	1 500 000
工程施工——合同毛利	1 000 000
货：主营业务收入	2 500 000

工程完工时，将"工程施工"科目的余额与"工程结算"科目的余额相对冲，会计处理如下。

借：工程结算	10 000 000
贷：工程施工——合同成本	7 500 000
——合同毛利	2 500 000

第二节　费用

一、费用的概念和特征

费用是企业在生产经营过程中发生的各项耗费，即企业在生产经营过程中为取得收入而支付或耗费的各项资产。费用的发生意味着资产的减少或负债的增加。收入表示企业经济利益的增加，而费用表示企业经济利益的减少。我国《小企业会计准则》将费用表述为，"费用，是指小企业在日常生产经营活动中发生的、会导致所有者权益减少、与向所有者分配利润无关的经济利益的总流出"，小企业的费用包括营业成本、税金及附加、销售费用、管理费用、财务费用等。

费用具有如下特征。

（1）费用是小企业日常活动中发生的经济利益的流出，而不是从偶发的交易或事项中发生的。费用是小企业日常活动中发生的，这些日常活动的界定与收入日常活动的界定相一致。日常活动所产生的费用通常包括销售成本（营业成本）、管理费用等。将费用界定为日常活动中形成的，目的是为了将其与损失相区分，小企业非日常活动所形成的经济利益的流出不能确认为费用，而应当计入损失，如处置固定资产、无形资产等非流动资产产生的损失等。

（2）费用是与向所有者分配利润无关的经济利益的总流出。费用发生会导致经济利益的流出，从而导致资产的减少或者负债的增加（最终也会导致资产的减少）。其表现形式包括现金或者现金等价物的流出，存货、固定资产和无形资产等的流出或者消耗等，小企业向所有者分配利润点会导致经济利益的流出，而废流出属于所有者权益的抵减项目，因而不应确认为费用，应当将其排除在费用之外。

（3）费用最终会导致所有者权益的减少。与费用相关的经济利益的流出应当会导致所有者权益的减少，不会导致所有者权益减少的经济利益的流出不符合费用的定义，不应确认为费用。

二、费用与成本、损失的关系

成本与费用有密切的联系。成本有广义和狭义之分，广义的成本泛指取得各种资产的代价，如取得固定资产的代价就是固定资产的成本，购买材料的代价就是原材料的成本，生产产品付出的代价就是产品的成本等；狭义的成本仅指产品的生产成本（也称制造成本）。生产费用的发生过程，同时又是产品制造成本的形成过程。但生产费用通常指某一时期内实际发生的费用，与一定的会计期间相联系；而产品成本与一定种类和数量的产品相联系，是对象化的费用。

从广义上看，费用包括损失，损失与费用都是经济利益的减少；从狭义上看，费用是相对收入而言的，两者存在配比关系，而损失与利得是相对的，但两者不存在配比关系。

区别费用与损失，取决于企业的经营活动性质，费用是企业日常活动中发生的，损失是非日常活动导致经济利益的流出。

三、费用的分类

费用可以按照不同的标准进行分类。

（一）费用按其经济内容分类

费用按其经济内容可分为劳动对象方面的费用、劳动手段方面的费用和活劳动方面的费用。其一般包括：

（1）外购材料和燃料，是指小企业为进行生产而耗用的一切从外部购入的原料及主要材料、半成品、辅助材料、修理用备件、包装物、低值易耗品以及各种燃料等。

（2）外购动力，是指小企业为进行生产而耗用的从外部购进的各种动力，如购入电力等。

（3）工资，是指应计入成本费用的职工工资。

（4）社会保险费、住房公积金等，是指按照规定从成本费用中提取的社会保险费、住房公积金等。

（5）折旧费及摊销费，是指企业按照一定的折旧、摊销方法计算提取的固定资产折旧费和无形资产摊销费。

（6）利息支出，是指应计入成本费用的利息支出减利息收入后的净额。

（7）税金，是指应计入成本费用的各种税费。

（8）其他支出，是指不属于以上各项要素的支出，如差旅费、修理费、办公费等。

（二）费用按其经济用途分类

费用按其经济用途，可以分为生产费用和期间费用两大类。

（1）生产费用，按其计入成本的方式不同，又分为直接费用和间接费用。直接费用，是指企业在生产产品和提供劳务过程中所发生的直接材料和直接人工。直接材料，是指构成产品实体的各项原料、主要材料、外购半成品以及有助于产品形成的辅助材料、燃料等。直接人工，是指直接参加产品生产的工人工资以及其他各种形式的职工薪酬。间接费用，是指企业在产品的生产过程中发生的制造费用，包括生产车间管理人员的工资等职工薪酬、折旧费、办公费、水电费、机物料消耗、劳动保护费等。

（2）期间费用，是指计入当期损益的销售费用、管理费用和财务费用。

（三）费用按其与产销量的关系分类

费用按其与产销量的关系可分为变动费用和固定费用。

（1）变动费用，是指与产销量有直接关系的费用，如原材料费用、计件工资费用等，这类费用与产销量成正比例变化。

（2）固定费用，是指与产销量无直接关系的费用，如管理人员工资、折旧费等，这类费用一般与产销量的增减变动没有直接关系，即产销量在一定范围内变动时，这种费用仍保持相对稳定。

四、费用的确认与计量

（一）费用的确认

在会计实务中，费用的确认应遵循下列一般原则。

（1）划分收益性支出与资本性支出原则，如小企业购买设备、购建固定资产发生的支出，应予以资本化作为固定资产，在以后各期逐渐转化为费用。收益性支出还应划清生产成本和期间费用的界限。

（2）权责发生制原则，凡属于本期发生或负担的费用，不论款项是否支付，均作为本期费用；而不属于本期发生或负担的费用，即使款项已在本期支付，也不作为本期费用。

权责发生制原则是正确划分各期费用的原则，解决了何时确认费用的问题。

（3）配比原则，是将收入和与之相关的费用在会计期间内配比，以便确认当期净损益。其包括以下费用：按因果关系直接确认费用，例如在确认产品销售收入时，同时确认产品销售成本、销售税费等；按期间配比确认费用，这是按费用与收入的期间关系间接确认费用的方法，有的费用与收入之间不存在因果关系，不能直接认定是某项收入发生的费用，很难与收入相配比，如管理费用、财务费用等期间费用，在发生期内确认为费用，从当期的收入中得到补偿。

以制造业企业为例，费用配比的一般程序如下。

1）小企业将在生产经营过程所发生的直接费用和间接费用分别在"生产成本"和"制造费用"科目进行归集。凡是直接材料、直接人工等费用计入"生产成本"科目；凡是间接费用，先在"制造费用"科目归集，再按一定标准分配计入"生产成本"科目，以计算出各种产品的制造成本。产品完工入库时，再从"生产成本"科目转入"库存商品"等资产科目，这一步骤实质上是将生产中的产品或劳务耗费转化为资产的价值。

2）产品销售以后，将所售产品成本作为与营业收入同期的费用加以确认，应从"库存商品"科目转入"主营业务成本"或"其他业务成本"科目，这一步骤实质上是将资产的价值转化为与收入直接相关的费用。

3）将营业收入与同期确认的营业成本在"本年利润"科目以及利润表中进行配比，以便计算当期销售损益。

4）期间费用的用途，分别在"管理费用""销售费用""财务费用"科目中归集，期末，将上述科目归集的费用直接转入"本年利润"科目，并在利润表中与营业收入进行配比，以便计算当期损益。

（二）费用的计量

费用一般采用实际成本计量属性来计量，因为实际成本具有客观性和可验证性，使成本会计信息具有可靠性。但有时也采用预计价值计量，例如预提的利息费用等。

五、费用的核算

成本核算较特殊，本书将单设一章介绍。本章主要阐述计入当期损益的费用，包括主营业务成本、其他业务成本，营业税金及附加和期间费用。

（一）主营业务成本

主营业务成本，是指已销产品的生产成本。小企业一般在确认销售商品、提供劳务等主营业务收入时，或在月末，将已销商品、已提供劳务成本结转到主营业务成本，有关会计处理参见本章第一节。

（二）其他业务成本

其他业务成本，是指小企业除主营业务活动以外的其他经营活动所发生的成本。有关会计处理参见本章第一节。

（三）税金及附加

营业税金及附加，是指小企业开展日常生产经营活动应负担的消费税、城市维护建设税、资源税、土地增值税、城镇土地使用税、房产税、车船税、印花税和教育费附加、矿产资源补偿费、排污费等。

企业应设置"税金及附加"科目，核算税金及附加的发生和结转情况。本科目借方登记企业按规定计算确定的与经营活动相关的税费，贷方登记期末转入"本年利润"利目的金额，结转后无余额。有关会计处理参见前章节中的应交税费。

（四）销售费用

销售费用，是指小企业在销售商品或提供劳务过程中发生的各种费用。其包括销售人员的职工薪酬、商品维修费、运输费、装卸费、包装费保险费、广告费、业务宣传费、展览费等。

小企业（批发业、零售）在购买商品过程中发生的费用（包括运输费、装卸费、包装费、保险费、运输途中的合理损耗和入库前的挑选整理费等）也构成销售费用。

小企业应设置"销售费用"科目，核算销售费用的发生和结转情况，并按费用项目进行明细核算。本科目借方登记发生的各种销售费用，贷方登记期末转入"本年利润"科目的销售费用。结转后该科目无余额。

【例10-11】某公司为销售商品支付广告费5 000元、运输费1 000元、保险费600元（不考虑相关税费）。

借：销售费用　　　　　　　　　　　　　　　　　　　　　6 600
　　贷：银行存款　　　　　　　　　　　　　　　　　　　　6 600

【例10-12】某公司销售部本月发生各项费用共13 800元，其中销售人员薪酬8 000元，办套设备折旧费800元，支付业务费5 000元。

借：销售费用　　　　　　　　　　　　　　　　　　　　13 800
　　贷：应付职工薪酬　　　　　　　　　　　　　　　　　　8 000
　　　　累计折旧　　　　　　　　　　　　　　　　　　　　800
　　　　银行存款　　　　　　　　　　　　　　　　　　　5 000

（五）管理费用

管理费用，是指小企业为组织和管理生产经营发生的其他费用。其包括：小企业在筹建期间内发生的开办费（包括相关人员的职工薪酬、办公费、培训费、差旅费、印刷费、注册登记费以及不计入固定资产成本的借款费用等）、行政管理部门发生的费用（包括固定资产折旧费，修理费、办公费、水电费，差旅费、管理人员的职工薪酬等）、业务招待、研究费用、无形资产摊销费、技术转让费、相关长期待摊费用摊销、财产保险费、聘请中介机构费、咨询费（含顾问费）、诉讼费等。

小企业应设置"管理费用"科目，计算管理费用的发生和结转情况。本科目借方登记企业发生的各项管理费用，贷方登记期末转入"本年利润"科目的管理费用，结转后无余额。本科目应当按照费用项目进行明细核算。

小企业（批发业、零售业）管理费用不多的，可不设置本科目，将本科目的核算内容并入"销售费用"科目核算。

【例10-13】某公司5月份发生以下管理费用：支付业务招待费5 000元、办公费6 000元、修理费600元，分配行政人员薪酬10 000元，计提行政部门办套设备折旧费3 000元，计提专利权摊销费500元。

（1）支付业务招待费、办公费、修理费时，会计处理如下。

借：管理费用——业务招待费　　　　　　　　　　　　　5 000
　　　　　　——办公费　　　　　　　　　　　　　　　6 000
　　　　　　——修理费　　　　　　　　　　　　　　　　600
　　贷：银行存款　　　　　　　　　　　　　　　　　　11 600

（2）分配工资时，会计处理如下。

借：管理费用——工资　　　　　　　　　　　　　　　10 000
　　贷：应付职工薪酬　　　　　　　　　　　　　　　　10 000

（3）计提折旧费时，会计处理如下。

借：管理费用——折旧费　　　　　　　　　　　　　　　3 000
　　贷：累计折旧　　　　　　　　　　　　　　　　　　3 000

（4）摊销无形资产时，会计处理如下。

借：管理费用——无形资产摊销   500

  贷：累计摊销   500

（5）结转管理费用时，会计处理如下。

借：本年利润   25 100

  贷：管理费用   25 100

（六）财务费用

财务费用，是指小企业为筹集生产经营所需资金发生的筹资费用。其包括：利息费用（减利息收入）、汇兑损失、银行相关手续费、小企业给予的现金折扣（减享受的现金折扣）等。

利息费用（减利息收入），是指小企业短期借款利息长期借款利息、票据贴现利息等利息支出减去银行存款等利息收入后的净额；汇兑损失，是指小企业因外币业务发生的折合记账本位币的差额。

企业应设置"财务费用"科目，核算财务费用的发生和结转情况，并接费用项目设置明细账进行明细核算。本科目借方登记企业发生的各项财务费用，贷方登记期末转入"本年利润"科目的财务费用，结转后无余额。

小企业为购建固定资产、无形资产和经过 1 年期以上的制造才能达到预定可销售状态的存货发生的借款费用，在"在建工程""研发支出""制造费用"等科目核算，不在本科目核算。

小企业发生的财务费用，借记本科目，贷记"应付利息""银行存款"等科目。发生的应冲减财务费用的利息收入、现金折扣，借记"银行存款""应付账款"等科目，贷记本科目。

【例 10-14】某企业 2022 年 6 月份发生如下事项。

1 日，向银行借入生产经营用借款 200 000 元，期限为 6 个月，年利率为 6%，利息按月预提，按季度支付。

6 月末计提利息 = 200 000 × 6% ÷ 12 = 1 000（元）

借：财务费用   1 000

  贷：应付利息   1 000

5 日，银行转来存款利息收入 500 元。

借：银行存款   500

  贷：财务费用   500

16 日，企业办理银行承兑汇票 100 000 元，支付手续费 50 元。

借：财务费用   50

  贷：银行存款   50

30 日，结转财务费用。

借：末年利润   1 550

  货：财务费用   1 550

第三节　利润

一、利润的概念

利润,是指小企业在一定会计期间的经营成果,包括营业利润、利润总额和净利润三个层次,其计算公式如下。

(一) 营业利润

$$营业利润=营业收入-营业成本税金及附加-销售费用-$$
$$管理费用-财务费用+投资收益（-投资损失）$$

其中,营业收入,是指小企业销售商品和提供劳务实现的收入总额,包括主营业务收入和其他业务收入。营业成本,是指小企业销售商品和提供劳务发生的实际成本总额,包括主营业务成本和其他业务成本。投资收益,由小企业股权投资取得的现金股利（或利润）、债券投资取得的利息收入和处置股权投资和债券投资取得的处置价款扣除成本或账面余额、相关税费后的净额三部分构成。

(二) 利润总额

$$利润总额=营业利润+营业外收-营业外支出$$

(三) 净利润

$$净利润=利润总额所得税费用$$

其中,所得税费用是指企业确认的应从当期利润总额中扣除的所得税费用。

企业利润构成中的营业收入、营业成本、营业税金及附加,期间费用、所得税费用等内容,其核算已在前面章节中做了介绍,本节主要介绍营业外收入、营业外支出的核算。

二、营业外收入和营业外支出

虽然营业外收支与企业的日常活动没有直接联系,但它同样会对企业的利润总额产生影响。企业应区分营业外收入和营业外支出分别进行核算,不得相互冲减。

(一) 营业外收入

营业外收入,是指小企业非日常生产经营活动形成的、应当计入当期损益、会导致所有者权益增加、与所有者投人资本无关的经济利益的净流入。

小企业的营业外收入包括非流动资产处置净收益、政府补助、捐赠收益、盘盈收益、汇兑收益、出租包装物和商品的租金收入、逾期未退包装物押金收益、确认无法偿付的应付款项、已做坏账损失处理后又收回的应收款项、违约金收益等。

政府补助,是指小企业从政府无偿取得货币等资产或非货币性资产,但不含政府作为小企业所有者投入的资本,包括财政拨款、财政贴息、税收返还等形式。

财政拨款,是指政府为支持企业而无偿拨付的款项。例如,符合申请科技型小企业、技术创新基金的小企业,用于购买设备等规定用途的拨款;又如,为支持小企业参与国际竞争,政府给予开拓国际市场的资金,小企业在举办或参加境外展览会等活动后,根据政府批复的支持金额获得资助资金。

财政贴息通常是对符合申报条件的某类项目,例如,农业产业化项目、小企业技术创新项目、环保工程等,对小企业的银行贷款利息给予的补贴。贴息项目包括设备购置、人员培训、研发费用等。

税收返还，是指政府向小企业返还的税款，属于以税收优惠形式给予的一种政府补助，主要包括先征后返的所得税和先征后退、即征即退的流转税（增值税、消费税等）。

小企业收到与资产相关的政府补助，应当确认为递延收益，并在相关资产的使用寿命内平均分配，计入营业外收入；收到的其他政府补助，用于补偿本企业以后期间的相关费用或亏损的，确认为递延收益，并在确认相关费用或发生亏损的期间，计入营业外收入，用于补偿本企业已发生的相关费用或亏损的，直接计入营业外收入。

政府补助为货币性资产的，应当按照收到的金额计量；政府补助为非货币性资产的，政府提供了有关凭据的，应当按照凭据上标明的金额计量；政府没有提供有关凭据的，应当按照同类或类似资产的市场价格或评估价值计量。

小企业按照规定实行企业所得税、增值税、消费税等先征后的返的，应当在实际收到返还的企业所得税、增值税（不含出口退税）、消费税时，计入营业外收入。

小企业应设置"营业外收入"科目，核算小企业实现的各项营业外收入，并按照营业外收入项目进行明细核算。本科目贷方登记企业确认的各项营业外收入，借方登记期末转入"本年利润"科目的营业外收入，结转后无余额。

【例10-15】2022年6月1日，某中小企业收到政府拨付的120万元财政拨款，用于购买科研设备。同日，企业购入不需安装的设备实际成本为120万元，使用寿命为10年。

收到财政拨款时，会计处理如下。

借：银行存款　　　　　　　　　　　　　　　　　　　1 200 000
　　贷：递延收益　　　　　　　　　　　　　　　　　　　　1 200 000

【例10-16】某粮食储备企业2022年实际储备量为300 000千克，财政部门按照实际储备量给予每千克0.8元的粮食保管费补贴，于每个季度初支付。

（1）收到财政部门拨付的补贴款时，会计处理如下。

借：银行存款　　　　　　　　　　　　　　　　　　　24 000
　　贷：递延收益　　　　　　　　　　　　　　　　　　　　24 000

（2）每月末将补贴计入当期损益时，会计处理如下。

借：递延收益　　　　　　　　　　　　　　　　　　　8 000
　　贷：营业外收入　　　　　　　　　　　　　　　　　　　8 000

【例10-17】某公司收到增值税退还额50 000元。

借：银行存款　　　　　　　　　　　　　　　　　　　50 000
　　贷：营业外收入　　　　　　　　　　　　　　　　　　　50 000

（二）营业外支出

营业外支出，是指小企业非日常生产经营活动发生的、应当计入当期损益、会导致所有者权益减少、与向所有者分配利润无关的经济利益的净流出。

小企业的营业外支出包括以下内容：存货的盘亏、毁损、报废损失，非流动资产处置净损失，坏账损失，无法收回的长期债券投资损失，无法收回的长期股权投资损失，自然灾害等不可抗力因素造成的损失，税收滞纳金，罚金，罚款，被没收财物的损失，捐赠支出，赞助支出等。

小企业应设置"营业外支出"科目，核算小企业发生的各项营业外支出，并按照支出项目进行明细核算。本科目借方登记企业发生的各项营业外支出，贷方登记期末转入"本年利润"科目的营业外支出，结转后无余额。

【例10-18】某公司用银行存款支付税收滞纳金2 000元。

借：营业外支出   2 000

  贷：银行存款   2 000

【例10-19】某公司将火灾造成的原材料损失35 100元转入营业外支出。

借：营业外支出   35 100

  贷：待处理财产损益   35 100

三、所得税费用

所得税是根据企业的生产经营所得和其他所得征收的一种税，小企业应当按照企业所得税法规定计算的当期应纳税额，确认所得税费用。

小企业应当在利润总额的基础上，按照企业所得税法规定进行纳税调整，计算出当期应纳税所得额，按照应纳税所得额与适用所得税税率计算确定当期应纳税额。

小企业应设置"所得税费用"科目，核算小企业根据企业所得税法确定的应从当期利润总额中扣除的所得税费用。小企业根据企业所得税法规定补交的所得税，也通过本科目核算。

年度终了，小企业按照企业所得税法规定计算确定的当期应纳税税额，借记"所得税费用"科目，贷记"应交税费——应交企业所得税"科目。年度终了，应将本科目的余额转入"本年利润"科目，结转后本科目应无余额。

四、本年利润的会计处理

小企业实现的净利润或发生的净亏损，需要通过"本年利润"科目进行核算。会计期求结转本年利润的方法有账结法和表结法两种。账结法是每月将损益类科目余额转入"本年利润"科目，结转后各损益类科目无余额："本年利润"科目反映了年初至本月止累计净利润或亏损、表结法是每月不结转各损益科目，到年终集中转入"本年利润"科目，每月计算利润通过利润表进行。

期（月）末结转利润时，将各损益类科目的余额转入"本年利润"科目，其中将收入、利得类科目的余额转入"本年利润"科目的贷方，将费用、损失类科目的余额转入"本年利润"科目的借方，以结平各损益类科目。结转后，"本年利润"科目的贷方余额即为当期净利润，借方余额为当期净亏损。

年终，"本年利润"科目金额转入"利润分配——未分配利润"科目后无余额。

【例10-20】某公司采用表结法，年末一次结转各损益类科目，所得税税率为25%，2022年各损益类科目的年末余额如下：主营业务收入500 000元（贷方）；主营业务成本300 000元（借方）；税金及附加20 000元（借方）；其他业务收入25 000元（贷方）；其他业务成本18 000元（借方）；销售费用6 000元（借方）；管理费用15 000元（借方）；财务费用4 000元（借方）；投资收益50 000元（贷方）；营业外收入10 000元（贷方）；营业外支出3 000元（借方），均为税收滞纳金。

根据上述资料，结转各损益科目。

（1）结转各收入类科目余额时，会计处理如下。

借：主营业务收入   500 000

  其他业务收入   25 000

	投资收益	50 000
	营业外收入	10 000
	贷：本年利润	585 000

（2）结转各费用类科目余额时，会计处理如下。

借：本年利润		366 000
	贷：主营业务成本	300 000
	税金及附加	20 000
	其他业务成本	18 000
	销售费用	6 000
	管理费用	15 000
	财务费用	4 000
	营业外支出	3 000

（3）确认并结转所得税费用时，会计处理如下。

利润总额 = 585 000 − 366 000 = 219 000（元）

应纳税所得额 = 219 000 + 3 000 = 222 000（元）

应交所得额 = 222 000 × 25% = 55 500（元）

所得税费用 = 55 500（元）

借：所得税费用		55 500
	贷：应交税费——应交所得税	55 500
借：本年利润		55 500
	贷：所得税费用	55 500

（4）将"本年利润"科目余额 163 500 元（219 000 − 55 500），即净利润，转入"利润分配——未分配利润"科目时，会计处理如下。

借：本年利润		163 500
	贷：利润分配——未分配利润	163 500

复习思考题

收入部分：

一、单项选择题

1. 下列项目中，不符合小企业收入定义的是（　　）

A. 工业小企业销售材料取得的收入

B. 农业小企业销售农产品取得的收入

C. 交通运输小企业提供道路货物运输取得的收入

D. 工业小企业出售固定资产形成的经济利益的流入

2. 下列各项中，不属于《小企业会计准则》所规范的收入的是（　　）

A. 销售商品收入　　　　　　　　　　B. 提供劳务收入

C. 出租固定资产取得的租金收入　　　D. 出租包装物取得的租金收入

3. 工业小企业出租固定资产所取得的收入，按《小企业会计准则》与企业所得税法的规定，应分别作为（　　）处理。

A. 主营业务收入，租金收入　　　　　　B. 其他业务收入，租金收入

C. 其他业务收入，财产转让收入　　　　D. 营业外收入，财产转让收入

4. 下列有关小企业收入的表述中，正确的是（　　　）

A. 小企业向银行借入款项，增加了库存现金或银行存款，因而增加了收入

B. 小企业取得收入导致所有者权益的增加，是指收入扣除相关成本费用后的净额增加所有者权益

C. 小企业取得收入一定能增加所有者权益，但不会增加"实收资本"

D. 小企业销售产品时代税务机关向客户收取的增值税应增加收入

5. 下列各项企业所得税收入，属于《小企业会计准则》所规范的收入的是（　　　）

A. 转让财产收入　　　　　　　　　　　B. 股息、红利等权益性投资收益

C. 金融保险小企业提供劳务收入　　　　D. 修理修配小企业提供劳务收入

6. 小企业应当按照（　　　）确定销售商品收入金额。

A. 从购买方已收或应收的合同或协议价款　　B. 合同或协议价款的现值

C. 公允价值　　　　　　　　　　　　　　D. 全部价款和价外费用

7. 根据收入的确认标准，小企业在发出商品时即确认收入的销售方式是（　　　）

A. 支付手续费方式委托代销商品　　　　B. 分期收款销售

C. 交款提货　　　　　　　　　　　　　D. 托收承付

8. 下列项目中，按照《小企业会计准则》的规定，销售企业应当作为财务费用处理的是（　　　）

A. 销售方发生的现金折扣　　　　　　　B. 销售方发生的商业折扣

C. 销售方发生的销售折让　　　　　　　D. 销售方发生的销售退回

9. 销售商品涉及商业折扣时，以下各项说法不正确的是（　　　）

A.《小企业会计准则》规定，按照扣除商业折扣后的金额确定销售商品收入金额

B. 企业所得税法规定，按照扣除商业折扣后的金额确定销售商品收入金额

C. 增值税法规定，销售额和折扣额在同一张发票上的"金额"栏或"备注"栏分别注明的，可按折扣后的销售额征收增值税

D. 增值税法规定，销售额和折扣额在同一张发票上的"金额"栏分别注明的，可按折扣后的销售额征收增值税

10. 按《小企业会计准则》规定，关于销售折让、商业折扣和现金折扣，下列理解不正确的是（　　　）

A. 小企业已经确认销售商品收入的售出商品发生的销售折让，应作为财务费用处理

B. 销售商品涉及商业折扣的，应当按照扣除商业折扣后的金额确定销售商品收入金额

C. 销售商品涉及现金折扣的，应当按照未扣除现金折扣前的金额确定销售商品收入金额，现金折扣在实际发生时计入当期损益

D. 享受的现金折扣应冲减当期财务费用

11. A 小企业 2022 年 5 月 1 日委托 B 商店代销一批零配件，代销价款 100 万元。2022 年 6 月 1 日收到 B 商店交来的代销清单，代销清单列明已销售代销零配件的 80%，A 小企业收到代销清单时向 B 商店开具增值税专用发票。B 商店按代销价款的 10% 收取手续费。另 20% 零配件的代销清单到 2022 年 12 月 31 日仍未收到。该批零配件的实际成本为 60 万元，则 A 小企业 2022 年度应确认的会计收入、企业所得税收入和增值税销售额分别为（　　　）万元。

A. 100；100；100　　B. 80；80；80　　　　C. 80；80；100　　　　D. 77；77；77

12. 工业小企业结转销售原材料的实际成本，应计入（　　）科目。

A. 主营业务成本　　B. 销售费用　　　　C. 其他业务成本　　　D. 营业外支出

13. 某小企业于 2022 年 11 月接受一项产品安装任务，安装期 5 个月，合同总收入 20 万元，年度预收款项 8 万元，余款在安装完成时收回，当年实际发生成本 5 万元，预计还将发生成本 7 万元。2022 年未经过专业测量，产品安装程度为 40%。该项劳务收入对 2022 年度利润总额的影响为（　　）

A. 不影响当年利润　　　　　　　　　B. 当年利润增加 3.2 万元

C. 当年利润增加 8 万元　　　　　　　D. 当年利润增加 3 万元

14. 以下增值税视同销售行为，按《小企业会计准则》规定不确认收入，按企业所得税法规定也不视同销售的是（　　）

A. 将自产或者委托加工的货物用于非增值税应税项目

B. 将自产、委托加工或者购进的货物作为投资

C. 将自产、委托加工的货物用于职工福利

D. 将自产、委托加工的货物用于职工奖励

二、多项选择题

1. 下列各项中，属于《小企业会计准则》所界定的收入的有（　　）

A. 销售商品收入　　　　　　　　　　B. 提供劳务收入

C. 让渡资产使用权收入　　　　　　　D. 营业外收入

2. 下列各项中，符合小企业收入定义的有（　　）

A. 收入是企业在日常活动中形成的经济利益的总流入

B. 收入会导致企业所有者权益的增加

C. 收入形成的经济利益总流入的形式多种多样，既可能表现为资产的增加，也可能表现为负债的减少

D. 收入与所有者投入资本有关

3. 下列各项企业所得税收入，应作为小企业会计上的收入来认定的有（　　）

A. 销售货物收入　　　　　　　　　　B. 提供劳务收入

C. 出租固定资产取得的租金收入　　　D. 特许权使用费收入

4. 下列各项企业所得税收入，不应作为小企业会计上的收入来认定的有（　　）

A. 出租包装物取得的租金收入　　　　B. 接受捐赠收入

C. 企业资产溢余收入　　　　　　　　D. 逾期未退包装物押金收入

5. 《小企业会计准则》与企业所得税法在收入界定上的区别主要体现在以下几个方面（　　）

A. 企业所得税法中的收入金额，比《小企业会计准则》收入内容更加广泛

B. 《小企业会计准则》与企业所得税法界定收入的来源不同

C. 企业所得税法有不征税收入，《小企业会计准则》没有

D. 企业所得税法有免税收入，《小企业会计准则》没有

6. 小企业销售商品时，确认收入的标志有（　　）

A. 已将商品所有权上的主要风险和报酬转移给购货方

B. 已发出商品

C. 收入的金额能够可靠地计量，相关的将发生的成本能够可靠地计量

D. 已收到货款或取得收款权利

7. 以下结算方式中，《小企业会计准则》与增值税法确认销售商品收入实现的时点可能不一致的有（   ）

A. 托收承付方式销售   B. 预收货款方式销售

C. 委托代销货物   D. 分期收款方式销售

8. 按《小企业会计准则》规定，下列商品销售业务不能确认为收入的有（   ）

A. 尚未完成售出商品的安装或检验工作，且此项安装或检验任务是销售合同的重要组成部分

B. 收取手续费方式下，委托方收到代销清单的商品销售

C. 预收款销售，货款已收到，货物未发出

D. 采用以旧换新方式销售的商品

9. 下列各项中，影响小企业销售商品收入金额的有（   ）

A. 从购货方应收的合同或协议价款   B. 现金折扣

C. 商业折扣   D. 代垫购货方的运杂费

10. 下列各项中，属于"其他业务收入"科目核算内容的有（   ）

A. 出租固定资产取得的收入   B. 出租无形资产取得的收入

C. 出租包装物取得的收入   D. 销售材料取得的收入

11. 下列有关小企业提供劳务收入确认的表述中，不正确的有（   ）

A. 同一会计年度内开始并完成的劳务，应当在提供劳务交易完成且收到款项或取得收款权利时，确认提供劳务收入

B. 劳务的开始和完成分属不同会计年度的，应当按照完工进度确认提供劳务收入

C. 在资产负债表日提供劳务交易结果不能够可靠估计的，已经发生的劳务成本预计能够得到补偿的，按照已经发生的劳务成本金额确认提供劳务收入

D. 在资产负债表日提供劳务交易结果不能够可靠估计的，已经发生的劳务成本预计不能够得到补偿的，不确认提供劳务收入

12. 下列各项中，小企业进行会计核算时，应确认收入的有（   ）。

A. 小企业以自产产品用于利润分配

B. 小企业以自产产品发给职工

C. 小企业通过非货币性资产交换取得的长期股权投资

D. 小企业将自产产品用于在建工程

13. 下列各项中，属于营业税视同应税行为的有（   ）。

A. 小企业将土地使用权无偿赠送其他单位或者个人

B. 小企业将不动产无偿赠送其他单位或者个人

C. 小企业将自产产品无偿赠送其他单位或者个人

D. 小企业将外购商品无偿赠送其他单位或者个人

三、判断题

1.《小企业会计准则》将收入分为销售商品收入、提供劳务收入和让渡资产使用权收入。（   ）

2. 企业所得税法中的租金收入，应作为小企业会计上的收入来认定。（   ）

3. 企业所得税法中的其他收入，包括企业资产溢余收入、逾期未退包装物押金收入、确实无法偿付的应付款项、已做坏账损失处理后又收回的应收款项、债务重组收入、补贴收入、违约金收入、汇兑收益等，应统一作为小企业的营业外收入进行会计处理。　　　（　　）

4. 已作坏账损失处理后又收回的应收款项，按《小企业会计准则》规定进行会计处理时，不增加利润，按企业所得税法规定应确认为收入，因此，进行企业所得税汇算时应调整增加应纳税所得额。　　　（　　）

5. 不同结算方式下，《小企业会计准则》与企业所得税法对销售商品收入确认实现的时点规定一致。　　　（　　）

6. 《小企业会计准则》所称的销售商品收入与企业所得税法规定的销售货物收入在构成上是一致的。　　　（　　）

7. 通常，小企业应当在发出商品且收到货款或取得收款权利时，确认销售商品收入。这里所讲的发出商品是指所售商品已离开企业。　　　（　　）

8. 销售需要安装的商品，只能在安装和检验完毕后确认收入。　　　（　　）

9. 以分期收款方式销售货物的，《小企业会计准则》、企业所得税法、增值税法均规定按照合同约定的收款日期确认收入的实现，三者规定完全一致。　　　（　　）

10. 小企业在销售商品时如提供有商业折扣的，在确认收入时应将商业折扣的部分扣除。
　　　（　　）

11. 小企业在销售收入确认之后发生的销售折让，应在实际发生时冲减发生当期的收入，并同时冲减已结转的成本。　　　（　　）

12. 小企业在销售商品时向购买方收取的手续费、补贴、基金、集资费、返还利润、奖励费、违约金、滞纳金等价外费用，进行会计处理时不一定确认为收入，但在进行增值税处理时应并入销售额。　　　（　　）

13. 小企业已经确认销售商品收入的售出商品发生的销售退回，无论此销售业务属于本年度还是属于以前年度，均应当在发生时冲减退回当期销售商品收入。　　　（　　）

14. 小企业提供劳务取得的收入，均应通过"其他业务收入"科目核算。　　　（　　）

15. 按《小企业会计准则》规定，小企业与其他企业签订的合同或协议包含销售商品和提供劳务时，销售商品部分和提供劳务部分不能够区分，或虽能区分但不能单独计量的，应当作为销售商品处理。进行税务处理时，应视为销售货物，缴纳增值税。　　　（　　）

16. 小企业内部管理部门领用本企业生产的产品，进行会计处理时，应按其销售价格确认为收入。　　　（　　）

四、实务题

1. 方正公司符合小企业标准，属于增值税一般纳税企业，适用的增值税税率为13%。2022年5月1日，向甲公司销售A商品2 000件，每件标价1000元，实际售价900元（不含增值税），已开出增值税专用发票，商品已交付给甲公司。为了及早收回货款，方正公司在合同中规定的现金折扣条件为：2/10，1/20，n/30。

要求：

编制方正公司销售商品时的会计分录（假定计算现金折扣时不考虑增值税；"应交税费"科目要求写出明细科目及专栏）。

根据以下假定，分别编制方正公司收到款项时的会计分录。

甲公司在5月9日按合同规定付款，方正公司收到款项并存入银行。

甲公司在 5 月 18 日按合同规定付款，方正公司收到款项并存入银行。

甲公司在 5 月 27 日按合同规定付款，方正公司收到款项并存入银行。

2. 兴旺公司符合小企业标准，属于增值税一般纳税企业，购销货物适用的增值税税率为 13%，有以下业务：

（1）2022 年 12 月 1 日与 A 企业签订合同采用预收款方式销售设备一台。合同约定设备售价 8 万元，甲公司 2022 年 12 月 5 日收到购货方 A 企业付款 9.36 万元，并向购货方 A 企业开出增值税专用发票，当月未向购货方发货。

（2）兴旺公司与 B 企业签订以旧换新业务合同，2022 年 12 月 13 日按照合同向 B 企业销售某产品 10 台，单价为 1 万元，增值税 0.13 万元，单位成本为 0.5 万元，兴旺公司已经开具增值税专用发票，同时收回 10 台同类旧商品入库，每件回收价为 0.1 万元。

（3）兴旺公司 2022 年 12 月 5 日销售给 C 企业一台机床，销售价款 5 万元，该机床成本为 3 万元。兴旺公司当日开出增值税专用发票，并将提货单交给 C 企业，C 企业已开出一张为期 6 个月的商业承兑汇票。由于 C 企业车间内放置该项新设备的场地尚未确定，经兴旺公司同意，机床暂不提货。

要求：

根据上述业务做出兴旺公司 2022 年 12 月的会计分录与税务处理；

分析计算兴旺公司 2022 年 12 月应确认的收入；

分析计算上述业务对兴旺公司 2022 年 12 月资产负债表上存货的影响金额；

分析计算上述业务对兴旺公司 2022 年 12 月资产负债表上负债的影响金额。

3. A 小企业为增值税一般纳税人，适用增值税税率为 13%。2022 年 9 月份发生下列经济业务：（假设除增值税以外的其他税费不予考虑）

（1）3 日销售库存商品一批，开出的增值税专用发票上注明价款 50 000 元，增值税额 6 500 元，款项已存入银行，该批商品成本为 36 000 元。

（2）11 日出售原材料，开出的增值税专用发票上注明价款 4 000 元，增值税额 520 元，款项尚未收回。

（3）15 日出售无形资产，无形资产的账面余额为 60 000 元，已摊销了 12 000 元，未发生增值，取得出售价款为 90 000 元，款项已收到存入银行。

（4）17 日取得出租固定资产收入 6 000 元，款项尚未收回。

（5）24 日收到现金捐赠 70 000 元。

要求：

根据上述经济业务编制会计分录，并计算本月收入。

4. 2022 年 4 月 10 日，甲公司委托乙公司销售商品 100 件，商品已经发出，每件成本为 60 元。合同约定乙公司应按每件 100 元对外销售，甲公司按售价的 10% 向乙公司支付手续费。当年乙公司实际对外销售 50 件，开出的增值税专用发票上注明的售价为 5 000 元，增值税税额为 650 元，款项已收到。10 月 30 日，甲公司收到乙公司开具的代销清单时，向乙公司开具一张相同金额的增值税专用发票。

要求：

根据上述经济业务分别编制甲、乙公司的会计分录。

5. 2022 年 4 月 10 日，甲公司销售一批商品，开出的增值税专用发票上注明售价为 50 000 元，增值税税额为 6 500 元；该批商品的成本为 30 000 元，商品已于当日发出，并于 2 月 22

日收到了相关款项。3月5日，购货方验货时发现该批商品的质量严重不合格，全部退回给甲公司。甲公司同意退货，并按规定向购货方开具了红字增值税专用发票。

要求：

根据上述经济业务编制会计分录。

6. 2022年12月10日，甲公司与M公司签订一项为期3个月的非工业性劳务合同，合同总收入为200万元，12月15日预收劳务款100万元。至12月31日，实际发生劳务成本40万元（以银行存款支付），估计为完成合同还将发生劳务成本60万元。假定甲公司按实际发生的劳务成本占估计总成本的比例确定劳务的完工进度。

要求：

根据上述经济业务编制会计分录。

费用部分：

一、单项选择题

1. 下列项目中，符合小企业费用定义的是(   )。

A. 用银行存款偿还应付账款　　　　　　B. 向所有者分配利润

C. 生产耗用材料　　　　　　　　　　　D. 处置固定资产发生的损失

2. 下列项目中，不属于小企业费用的是(   )。

A. 小型饭店在菜市场购买蔬菜实际花费的金额

B. 小企业收到的电话收费单据上列明的使用电话应支付的电话费

C. 小企业自制工资分配表列明的工资薪金

D. 小企业业主到超市为自己购买日常用品实际花费的金额

3. 下列各项中，不属于费用的是(   )。

A. 主营业务成本　　　B. 销售费用　　　　C. 财务费用　　　　　D. 营业外支出

4. 小企业一定期间发生的不能直接归属于某个特定产品的生产成本的费用，归属于期间费用，在发生时直接计入当期损益。期间费用不包括(   )。

A. 销售费用　　　　　B. 制造费用　　　　C. 管理费用　　　　　D. 财务费用

5. 下列各项中，属于工业小企业产品成本项目的是(   )。

A. 外购动力费用　　　B. 制造费用　　　　C. 工资费用　　　　　D. 折旧费用

6. 下列各项中，不计入产品成本的费用是(   )。

A. 直接材料费用　　　　　　　　　　　B. 车间管理人员工资

C. 车间厂房折旧费　　　　　　　　　　D. 厂部办公楼折旧费

7. 某小企业2022年3月份发生的费用有：计提车间用固定资产折旧30万元，发生车间管理人员工资40万元，支付广告费30万元，预提短期借款利息10万元，支付劳动保险费20万元。则该小企业当期的期间费用总额为(   )万元。

A. 90　　　　　　　　B. 80　　　　　　　　C. 70　　　　　　　　D. 60

8. 某小企业只生产一种产品。2022年2月1日期初在产品成本3.5万元；2月份发生如下费用：生产领用材料6万元，生产工人工资2万元，制造费用1万元，管理费用1.5万元，广告费用0.8万元；月末在产品成本3万元。该小企业2月份完工产品的生产成本为(   )万元。

A. 8.3　　　　　　　　B. 9　　　　　　　　C. 9.5　　　　　　　　D. 11.8

9. 小企业生产车间发生的制造费用分配后一般应转入(   )科目。

A. 库存商品　　　　　B. 本年利润　　　　　C. 生产成本　　　　　D. 主营业务成本

10. 某小企业"生产成本"科目的期初余额为10万元，本期为生产产品发生直接材料费用80万元，直接人工费用15万元，制造费用20万元，企业行政管理费用10万元，本期结转完工产品成本为100万元。假定该企业只生产一种产品，"生产成本"科目的期末余额为（　　）万元。

A. 5　　　　　　　　　B. 15　　　　　　　　　C. 25　　　　　　　　　D. 35

11. 下列项目中，不属于工业小企业成本计算方法的是（　　）。

A. 品种法　　　　　　B. 分批法　　　　　　C. 分步法　　　　　　D. 毛利率法

12. 产品单步骤、大批量生产的小企业，应采用的成本计算方法是（　　）。

A. 品种法　　　　　　B. 分步法　　　　　　C. 分批法　　　　　　D. 分类法

13. 工业小企业结转销售原材料实际成本，应计入（　　）科目。

A. 主营业务成本　　　B. 销售费用　　　　　C. 其他业务成本　　　D. 营业外支出

14. 下列项目中，不在"税金及附加"科目核算的是（　　）。

A. 小企业销售应税消费品应缴纳的消费税

B. 房地产开发经营小企业销售房地产应缴纳的土地增值税

C. 销售不动产应缴纳的营业税

D. 教育费附加

15. 小企业销售人员的工资应计入（　　）

A. 管理费用　　　　　B. 销售费用　　　　　C. 主营业务成本　　　D. 其他业务成本

16. 下列项目中，不属于销售费用的是（　　）。

A. 小企业在购买商品过程中发生的运输途中合理损耗

B. 小企业在实务中发生的销售佣金

C. 小企业销售部门的差旅费

D. 小企业销售部门的业务招待费

17. 下列项目中，不属于"财务费用"科目核算内容的是（　　）

A. 小企业经过1年期以上的制造才能达到预定可销售状态的存货发生的借款费用

B. 汇兑损失

C. 银行相关手续费

D. 小企业给予的现金折扣

18. 小企业超过企业所得税税前扣除标准的业务招待费，应当计入（　　）

A. 管理费用　　　　　B. 财务费用　　　　　C. 销售费用　　　　　D. 其他业务成本

19. 红星公司2021年、2022年广告费和业务宣传费实际支出额分别为80万元、85万元，两年的销售收入分别为500万元、600万元。则红星公司2022年计入"销售费用"科目的广告费和业务宣传费与能再税前扣除的广告费和业务宣传费分别为（　　）万元。

A. 85；85　　　　　　B. 85；90　　　　　　C. 90；85　　　　　　D. 90；90

20. 某小企业2022年度取得主营业务收入400万元，出租包装物租金收入6万元，接受捐赠收入4万元，政府补贴10万元，出租无形资产收入30万元，当年实际发生业务招待费5万元。则该小企业当年计入"管理费用"科目的业务招待费与可在税前扣除的业务招待费金额分别为（　　）万元。

A. 5；5　　　　　　　B. 5；3　　　　　　　C. 5；2.15　　　　　　D. 2.15；2.15

21. 2022年11月1日某小企业自行研究开发一项新产品，在研究过程中发生材料费18万元、研发人员的工资薪金6万元，用于研发活动的仪器、设备的折旧费12万元，总计36万元，全部不符合资本化条件。则该企业2022年应确认的管理费用与可税前扣除的金额分别为（   ）万元。

A. 36；36   B. 36；54   C. 18；36   D. 54；54

22. 某小企业2022年1月1日向非金融企业借款200 000元用于生产经营，当年支付利息20 000元，金融企业同期同类贷款利率为8%。则该企业2022年应确认的财务费用与可税前扣除的金额分别为（   ）。

A. 20 000元；20 000元   B. 20 000元；16 000元

C. 16 000元；16 000元   D. 16 000元；20 000元

二、多项选择题

1. 下列项目中，应确认为费用的有（   ）。

A. 因违约支付罚款   B. 因借款支付银行借款利息

C. 对外捐赠   D. 支付水电费

2. 《小企业会计准则》按照费用的功能对小企业的费用进行了分类，具体分为（   ）等。

A. 生产成本   B. 营业成本   C. 税金及附加   D. 期间费用

3. 小企业的费用应当在发生时计入当期损益。这里所讲的发生包括（   ）。

A. 实际支付相关费用

B. 虽然没有实际支付，但是小企业应当承担相应义务

C. 虽然没有实际支付，但是小企业为与收入相配比，结转以销售的商品成本或以提供劳务的成本

D. 小企业准备将来购买材料，支付相关费用

4. 对于工业小企业而言，一般应设置（   ）等成本项目。

A. 直接材料   B. 直接人工   C. 制造费用   D. 期间费用

5. 下列项目中，属于生产费用在本月完工产品和月末在产品之间分配方法的有（   ）。

A. 不计算在产品成本

B. 在产品成本按其所耗用的原材料费用计算

C. 约当产量比例法

D. 在产品定额成本计算

6. 下列各项目中，不应计入产品成本的有（   ）。

A. 技术转让费   B. 行政管理部门设备折旧费

C. 行政管理人员工资   D. 生产车间管理人员的工资

7. 制造费用的分配方法有（   ）。

A. 按生产工人工时分配   B. 按机器工时分配

C. 按生产工人工资分配   D. 按产成品产量分配

8. 下列项目中，在"税金及附加"科目核算的有（   ）。

A. 资源税   B. 房产税   C. 印花税   D. 矿产资源补偿费

9. 下列项目中，属于管理费用的有（   ）。

A. 小企业在筹建期间内发生的开办费   B. 业务招待费

C. 相关长期待摊费用摊销   D. 聘请中介机构费

10. 下列项目中，在"财务费用"科目核算的有（　　　）。

A. 利息费用   B. 利息收入

C. 汇兑损失   D. 小企业享受的现金折扣

11. 下列费用中，应当作为销售费用核算，但按企业所得税法规定不得扣除或按规定的标准和限额在税前扣除的有（　　　）

A. 零售业小企业在购买商品过程中发生的费用保险费

B. 企业在销售过程中发生的手续费

C. 广告费和业务宣传费

D. 展览费

12. 小企业在销售过程中发生的销售佣金及手续费，应计入销售费用，但在税前扣除时应具备一定的条件。下列各项中，属于销售佣金及手续费税前扣除条件的有（　　　）。

A. 小企业发生与生产经营有关的手续费及佣金支出

B. 与具有合法经营资格中介服务企业或个人签订代办协议或合同，并按国家有关规定支付手续费及佣金

C. 签订合同或协议的单位或个人，包括小企业雇员的人员

D. 支付手续费及佣金的形式，除委托个人代理外，不得以现金等非转账方式支付

13. 下列各项中，需要调整增加小企业应纳税所得额的项目有（　　　）。

A. 已计入投资收益的国库券利息收入

B. 超过税法规定扣除标准，但已计入当期费用的工资支出

C. 支付并已计入当期损失的各种税收滞纳金

D. 超标的业务招待费支出

三、判断题

1. 小企业的费用应当在支付时按照实际支付额计入当期损益。（　　　）。

2. 实际工作中，生产费用与产品成本是同义词。（　　　）

3. 管理费用和制造费用都是本期发生的费用，期末均应直接计入当期损益。（　　　）

4. 小企业销售商品收入和提供劳务收入已予确认的，应当将已销售商品和已提供劳务的成本作为营业成本结转至当期损益。（　　　）

5. 企业所得税法所规定的税金，在范围和内涵上对应于《小企业会计准则》所规定的税金及附加。其关系可以用公式表示：《小企业会计准则》所规定的税金及附加＝企业所得税法所规定的税金。（　　　）

6. 小企业向税务机关缴纳税收滞纳金及罚款应在"税金及附加"科目核算。（　　　）

7. 小企业出售不动产应向税务机关缴纳的营业税应在"固定资产清理"科目核算。

（　　　）

8. 小企业（批发业、零售业）在购买商品过程中发生的费用（包括：运输费、装卸费、包装费、保险费、运输途中的合理损耗和入库前的挑选整理费等），应计入所购入商品的成本。

（　　　）

9. 小企业发生的超过企业所得税税前扣除标准的业务招待费，应计入管理费用，但在进行企业所得税会算时，应调整增加应纳税所得额。（　　　）

10. 小企业发生的汇兑收益，应贷记"财务费用"科目。（　　　）

11. 小企业向非金融企业或个人借款的利息费用也应计入"财务费用"科目。（　　）

12. 小企业应交的房产税、车船税、土地使用税、印花税等应计入管理费用，并通过"应缴税费"科目核算。（　　）

13. 小企业在筹建期间发生的开办费计入管理费用，企业所得税法要求在3年内摊销。（　　）

四、实务题

1. 甲小企业2022年用银行存款支付业务招待费100万元，假定当年营业收入为5 000万元，投资收益为120万元，营业外收入为30万元。

要求：做出甲小企业支付业务招待费的会计分录与税务处理。

2. 乙小企业2022年1月1日因资金周转困难，向商业银行贷款200万元，期限2年，贷款年利率为6%；同时，借入资金100万元，期限3年，借款年利率为40%。

要求：做出乙小企业发生利息费用的会计分录与税务处理。

3. 某小企业基本生产车间生产甲、乙、丙三种产品，共计生产工时22 000小时，其中，甲产品7 500小时，乙产品8 500小时，丙产品6 000小时。本月发生的各种间接费用如下：

（1）以银行存款支付劳动保护费1 300元。

（2）车间管理人员工资4 000元。

（3）以银行存款支付车间管理人员福利费560元。

（4）车间消耗材料1 700元。

（5）车间固定资产折旧费1 600元。

（6）以银行存款支付车间机器设备修理费500元。

（7）以银行存款支付车间水电费400元

（8）辅助生产成本（修理、运输费）转入1 200元。

（9）以银行存款支付办公费、邮电费及其他支出等共计940元。

（10）采用工时比例法在各种产品之间分配制造费用。

要求：根据上列资料编制制造费用发生和分配的会计分录。

利润部分：

一、单项选择题

1. 某工业小企业2022年度营业利润为4 530万元，主营业务收入为5 500万元，销售费用为20万元，管理费用25万元，投资收益为20万元，营业外收入为220万元，营业外支出为200万元，所得税税率为25%。假定不考虑其他因素，该小企业2022年度得净利润应为（　　）万元。

A. 3397.5　　　　B. 3427.5　　　　C. 3412.5　　　　D. 3753.75

2. 下列各项中，不属于小企业营业利润项目的是（　　）。

A. 劳务收入　　　　　　　　　　B. 财务费用

C. 出租无形资产收入　　　　　　D. 出售固定资产净收益

3. 某小企业本期主营业务收入为500万元，主营业务成本为300万元，其他业务收入为200万元，其他业务成本为100万元，销售费用为15万元，管理费用为45万元，营业外收入为50万元，营业外支出为60万元，投资收益为20万元。假定不考虑其他因素，该小企业本期营业利润为（　　）万元。

A. 240　　　　　　B. 250　　　　　　C. 260　　　　　　D. 187.5

3. 下列各项中，不属于小企业营业外收入的是（　　）。

A. 出租包装物的租金收入　　　　　　　　B. 出租固定资产的租金收入

C. 确实无法偿付的应付款项　　　　　　　D. 已作坏账损失处理后又回收的应收款项

5. 下列各项中，不属于小企业营业外支出的是（　　）。

A. 坏账损失　　　　　　　　　　　　　　B. 无法收回的长期债券投资损失

C. 法收回的长期股权投资损失　　　　　　D. 汇兑损失

6. 下列各项损失按企业所得税法规定不得在税前扣除的是（　　）。

A. 存货盘亏损失　　　　　　　　　　　　B. 非流动资产处置净损失

C. 被没收财物损失　　　　　　　　　　　D.

7. 关于政府补助，下列说法正确的是（　　）。

A. 政府补助通常附有一定的条件，因此都是有偿的

B. 政府补助都是货币性资产

C. 政府补助都是非货币性资产

D. 政府补助可以是货币性资产，也可以是非货币性资产

8. 下列项目中，属于政府补助的是（　　）。

A. 政府与小企业间的债务豁免　　　　　　B. 直接减免的增值税

C. 即征即退的增值税　　　　　　　　　　D. 增值税出口退税

9. 小企业收到其他政府补助，用于补偿本企业已发生的相关费用或损失的，取得时（　　）。

A. 冲减营业外支出　　　　　　　　　　　B. 冲减营业外收入

C. 计入递延收益　　　　　　　　　　　　D. 计入营业外收入

10. 小企业收到与资产相关的政府补助，应当确认为递延收益，并在相关资产的使用寿命内平均分配，计入（　　）。

A. 管理费用　　　　　B. 财务费用　　　　　C. 营业外收入　　　　　D. 营业外支出

11. 某小企业2022年因政策原因导致本期亏损200万元，期末收到300万元财政补助，其中100万元将用于下一年度补贴亏损，该小企业应确认（　　）。

A. 递延收益300万元

B. 营业外收入300万元

C. 递延收益100万元和营业外收入200万元

D. 资本公积100万元和营业外收入200万元

12. 企业收到用于补助已发生的政策性损失的财政拨款时，借记银行存款科目的同时，贷记的会计科目为（　　）。

A. 银行借款　　　　　B. 资本公积　　　　　C. 营业外收入　　　　　D. 实收资本

13. 某小企业因生产环境保护产品和研发生态建设项目获得财政部门专项资金拨款300万元，拨款文件指出其中200万元属于政府以所有者身份做出的专项投入，100万元用于弥补企业当期费用和损失。该小企业应确认（　　）。

A. 递延收益300万元　　　　　　　　　　B. 营业外收入300万元

C. 递延收益100万元　　　　　　　　　　D. 营业外收入100万元

14. 丰乐公司于2022年12月20日收到财政部门按照先征后退办法退还企业的增值税500 00元已存入银行。根据进账单，该企业应编制的会计分录为（　　）。

A. 借：银行存款   50 000

    贷：资本公积   50 000

B. 借：银行存款   50 000

    贷：其他应付款   50 000

C. 借：银行存款   50 000

    贷：营业外收入   50 000

D. 借：银行存款   50 000

    贷：递延收益   50 000

二、多项选择题

1. 利润，是指小企业在一定会计期间的经营成果。包括（　　）。

A. 主营业务利润　　B. 营业利润　　C. 利润总额　　D. 净利润

2. 下列各项业务中，应通过"营业外收入"科目核算的有（　　）。

A. 存货盘盈　　　　　　　　B. 转销无法偿付的应付账款

C. 接受现金捐赠　　　　　　D. 固定资产报废净收益

3. 下列各项中，会影响企业营业利润项目的有（　　）。

A. 管理费用　　B. 劳务收入　　C. 出售原材料收入　　D. 投资收益

4. 下列各项中，应计入营业外收入的有（　　）。

A. 即征即退的增值税返还款　　　B. 教育费附加返还款

C. 出售固定资产取得的净收益　　D. 处置长期股权投资取得的净收益

5. 下列各科目的余额，期末应结转到"本年利润"科目的有（　　）。

A. 营业外收入　　B. 营业外支出　　C. 投资收益　　D. 财务费用

6. 下列项目中，属于营业外收入的有（　　）。

A. 转让无形资产使用权收入　　　B. 出售旧设备的收入

C. 出售股票收入　　　　　　　　D. 接受捐赠收入

7. 下列支出中，属于营业外支出的有（　　）。

A. 捐赠支出　　B. 罚款支出　　C. 坏账损失　　D. 非常损失

8. 下列各项中，属于"营业外支出"科目核算的内容，但不得在企业所得税前扣除的有（　　）。

A. 税收滞纳金

B. 非广告性赞助支出

C. 非常损失

D. 按照经济合同规定支付的违约金、罚款和诉讼费

9. 下列各项中，属于政府补助的有（　　）。

A. 财政拨款　　B. 税收返还　　C. 直接减免的税款　　D. 增值税出口退税

10. 下列关于政府补助的表述中，正确的有（　　）。

A. 小企业收到的其他政府补助，直接计入当期损益

B. 政府补助是无偿的、有条件的

C. 政府资本性投入不属于政府补助

D. 政府补助为非货币性资产的，应当按照实际收到金额计量

11. 下列关于与资产相关的政府补助的确认，说法正确的有（　　）。

A. 企业取得与资产相关的政府补助，应当直接确认为当期损益

B. 企业取得与资产相关的政府补助，用于补偿企业已发生的成本或费用的，应当直接确认为当期损益

C. 企业取得与资产相关的政府补助，应当确认为递延收益，自相关资产达到预定可使用状态时起，在该资产使用寿命内平均分配，分次计入以后各期的损益（营业外收入）

D. 企业取得与资产相关的政府补助，确认为递延收益以后，相关资产在使用寿命结束前被出售、转让、报废或发生毁损的，应将尚未分配的递延收益余额一次性转入资产处置当期的损益（营业外收入）

12. 关于小企业政府的计量，下列说法正确的有(   )。

A. 政府补助为货币性资产的，通常按照实际收到的金额计量

B. 政府补助为非货币性资产的，按照实际收到的金额计量

C. 政府补助为非货币性资产的，政府提供了有关凭据的，应当按照凭据上标明的金额计量

D. 政府补助为非货币性资产的，政府没有提供有关凭据的，应当按照同类或类似资产的市场价格或评估价值计量

13. 政府补助中的税收返还包括(   )。

A. 先征后返办法向企业返还的税款　　B. 即征即退办法向企业返还的税款

C. 先征后退办法向企业返还的税款　　D. 增值税出口退税

14. 2022年12月22日，华兰公司收到当地政府无偿拨入的一幢办公楼（产权过户手续已办妥），该办公楼在原单位的账面价值为220 000元，公允价值为540 000元，当地政府对上述补助没有规定任何附加条件。假设该固定资产使用寿命为10年，按直线法计提折旧，不考虑残值。则华兰公司在此项业务的处理中，下列说法正确的是(   )。

A. 华兰公司收到产权过户手续后，应借记"固定资产"，贷记"递延收益"

B. 华兰公司每年按直线法计提折旧时，应借记"管理费用"，贷记"累计折旧"；同时借记"递延收益"，贷记"营业外收入"

C. 华兰公司在2022年所得税汇算时，调整增加应纳税所得额540 000元，以后每年摊销递延收益时调整减少应纳税所得额54 000元

D. 华兰公司在2022年所得税汇算时，调整减少应纳税所得额540 000元，以后每年摊销递延收益时调整增加应纳税所得额54 000元

15. 2022年2月8日，泰康公司收到省政府某科研单位给予的"科技三项费用拨款"200 000元，进行新产品试制。2022年8月试制失败发生损失120 000元，其余款项退回。泰康公司在此项业务的处理中，下列说法正确的有(   )。

A. 泰康公司收到科技三项费用拨款时，应借记"银行存款"200 000，贷记"递延收益"200 000

B. 泰康公司在确认新产品试制费用时，应借记"递延收益"120 000，贷记"营业外收入"120 000

C. 泰康公司在退回剩余款项时，应借记"递延收益"80 000，贷记"银行存款"80 000

D. 泰康公司收到政府补助款与推销递延收益的会计处理不跨年度，不需要做纳税调整

16. 小企业在进行企业所得税核算时，下列项目能引起会计利润与纳税所得额产生差异的有(   )。

A. 小企业违法经营的罚款和被没收的财物损失

B. 小企业超过标准支付的业务招待费

C. 小企业购买国库券取得的利息收入

D. 小企业购买其他企业债券取得的利息收入

17. 公司制小企业"利润分配"科目应设置的明细科目主要有(　　)。

A. 未分配利润
B. 提取公益金

C. 应付利润
D. 提取法定盈余公积

18. 盈利企业年度终了，一般应将(　　)科目的余额转入"利润分配——未分配利润"科目的借方。

A. 本年利润
B. 利润分配——应付利润

C. 利润分配——提取法定盈余公积
D. 应交税费——应交所得税

19. 下列业务不需要进行会计处理的有(　　)。

A. 盈余公积转增资本
B. 资本公积转增资本

C. 税前利润弥补亏损
D. 税后利润弥补亏损

20. "利润分配——未分配利润"科目的年末余额反映的可能是(　　)。

A. 历年累计的未分配利润
B. 历年累计的未弥补亏损

C. 本年累计的未分配利润
D. 本年累计的未弥补亏损

三、判断题

1. 小企业确认的已做坏账损失处理后又回收的应收款项，借记"银行存款"等科目，贷记"营业外收入"科目。　　　　　　　　　　　　　　　　　　　　　　　　　(　　)

2. 小企业按照规定实行企业所得税、增值税（不含出口退税）、消费税、营业税等先征后返的，应当在实际收到返还的企业所得税、增值税、消费税、营业税等时，借记"银行存款"科目，贷记"所得税费用""营业外收入""税金及附加"等科目。　　　　　　　(　　)

3. 企业所得税法中的租金收入，按《小企业会计准则》进行会计处理时，应确认为营业外收入。　　　　　　　　　　　　　　　　　　　　　　　　　　　　　　　(　　)

4. 企业所得税法中的其他收入，按《小企业会计准则》规定进行会计处理时，应确认为营业外收入。　　　　　　　　　　　　　　　　　　　　　　　　　　　　　(　　)

5. 小企业确认的坏账损失应计入管理费用。　　　　　　　　　　　　　　(　　)

6. 小企业只要符合政府补助政策的规定，均能取得政府补助。　　　　　　(　　)

7. 政府向小企业提供补助具有无偿性的特点。政府并不因此而享有企业的所有权，企业未来也不需要以提供服务、转让资产等方式偿还。　　　　　　　　　　　　　(　　)

8. 政府与小企业间的债务豁免，属于政府补助。　　　　　　　　　　　　(　　)

9. 政府给予小企业的货币性或非货币性资产，均属于政府补助。　　　　　(　　)

10. 政府补助为非货币性资产的，应当按照实际收到金额计量。　　　　　(　　)

11. 政府补助包括与资产相关的政府补助的其他政府补助。　　　　　　　(　　)

12. 小企业取得的各类财政性资金，除属于国家投资和资金使用后要求归还本金的以外，均应计入企业当年所得税收入总额，计算缴纳企业所得税。　　　　　　　　　(　　)

13. 对小企业取得的由国务院财政、税务主管部门规定专项用途并经国务院批准的财政性资金，准予作为不征税收入，在计算应纳税所得额时从收入总额中减除。企业的不征税收入用于支出所形成的费用，在计算应纳税所得额时允许扣除；用于支出所形成的资产，其计

算的折旧、摊销也允许在计算应纳税所得额时扣除。 （　　）

14. 尽管目前企业所得税有两种征收方式：查账征收与核定征收。但不同的征收方式下，应纳所得税额的确定是相同的。 （　　）

15. 小企业利润表中的"所得税费用"的金额等于《中华人民共和国企业所得税年度纳税申报表》中第 33 行"实际应纳所得税额"的金额。 （　　）

16. "本年利润"属于损益类科目，所以年终需要将其余额转入"利润分配"科目，转账后该科目无余额。 （　　）

17. 所得税属于小企业的费用，应当通过"税金及附加"科目核算。 （　　）

18. 某小企业年初未分配利润借方余额为 45 万元，即以前年度亏损 45 万元，当年实现利润总额 20 万元，则该小企业当年需要交纳企业所得税 6.6 万元。 （　　）

四、实务题

1. 某小企业 2022 年 12 月份发生如下经济业务：

（1）销售 A 产品 1 000 件，每件售价 2 400 元，货款 2 400 000 元，增值税税率 13%，已收到货款和增值税款。A 产品的单位成本为 2 000 元。

（2）销售 B 产品 10 件，每件售价 50 000 元，每件单位成本为 26 000 元，收到商业汇票一张。

（3）企业转让无形资产所有权一项，该项无形资产账面价值 250 000 元，转让收入 300 000 元，增值税税率为 6%。

（4）发现无法支付的应付账款 60 000 元。

（5）本月发生管理费用 17 000 元，营业费用 12 000 元，财务费用 60 000 元，均用银行存款支付。

（6）本月固定资产盘亏净损失为 36 000 元。

要求：根据上述资料编制会计分录，并计算营业利润和利润总额指标。

2. 2018 年初翔云公司接受一项政府补贴 400 万元，要求用于治理当地环境污染，企业构建了专门设施并于 2022 年末达到预定可使用状态。该专门设施入账金额为 640 万元，预计使用年限为 5 年，预计净残值为 0，采用直线法计提折旧。假设 2022 年末翔云公司出售了该专门设施，取得价款 300 万元。不考虑其他因素。

要求：做出翔云公司此项业务的会计处理与税务处理。

3. 2022 年某地方政府为鼓励银河公司研究开发一项环境治理新技术，改善空气污染状况，与银河公司签订新技术开发与财政扶持协议。协议规定由政府提供研发资金 300 000 元，用于弥补技术研发资金的不足。企业收到资金拨付文件，文件规定该资金专门用于企业改善空气污染状况。政府对此项资金有具体管理要求，企业对该资金以及以该资金发生的支出也进行了单独核算。2022 年 1 月 10 日，银河公司收到上述款项。银河公司估计该项技术研发的时间为 10 个月，所发生费用均计入管理费用。

要求：做出银河公司此项业务的会计处理与税务处理。

4. 某小企业 2022 年发生下列政府补助业务：

（1）2022 年 1 月 1 日收到一笔用于补偿企业以后 5 年期间的因与治理环境相关的费用 2 000 万元。

（2）2022 年 6 月 10 日，收到一笔用于补偿企业已发生的相关费用 1 000 万元。

（3）2022 年 6 月 15 日收到国家 2 400 万元的政府补助用于购买一台医疗设备，6 月 20

日，企业用 2400 万元购买了一台医疗设备。假定该设备采用直线法计提折旧，无残值，设备预计使用年限为 5 年。

（4）收到增值税返还 560 万元。

要求：

根据上述资料，编制该企业 2022 年度与政府补助有关的会计分录，涉及固定资产，编制 2022 年固定资产计提折旧的会计分录。

5. 利安公司 2022 年实现的利润总额为 1 000 000 元，适用的所得税税率为 25%。本年度收到国债利息收入 10 000 元，发生赞助支出 20 000 元；该公司固定资产折旧采用双倍余额递减法，本年折旧额为 45 000 元，按照税法规定采用直线法，本年折旧额为 30 000 元。假设无其他纳税调整因素。

要求：

计算利安公司 2022 年应交所得税和本年所得税费用，并做出会计分录。

五、综合实训

红利公司为增值税一般纳税企业，适用的增值税税率为 13%，适用的所得税税率为 25%，采用应付税款法核算所得税，不考虑其他相关税费，商品销售价格均不含增值税税额，商品销售成本按发生的经济业务进行结转，销售商品所提供劳务均为主营业务，资产销售均为正常的商品交易，采用公允的交易价格结算，除特别指明外，所售资产均未计提减值准备。

红利公司 2022 年 12 月发生的经济业务及相关资料如下：

（1）12 月 1 日，向 A 公司销售商品一批，销售价格 100 万元，增值税税额为 13 万元。提货单和增值税专用发票已交 A 工司，款项尚未收取为及时收回货款，给予 A 公司的现金折扣条件如下：2/10、n/30（假定现金折扣按销售价格计算），该批商品的实际成本为 75 万元。

（2）12 月 3 日，收到 B 工司来函，要求对当年 11 月 5 日所购商品在价格上给予 5% 的折让（红利公司在该商品售出时，已确认销售收入 200 万元，但款项尚未收取），经核查，该商品存在外观质量问题。红利公司同意了 B 公司提出的折让要求。当日，收到 B 套司交来的税务机关开具的索取折让证明单，并开具红字增值税专用发票。

（3）12 月 10 日，收到 A 公司支付的货款，并存入银行。

（4）12 月 15 日，与 C 公司签订一项专利技术使用权转让合同，合同规定：C 公司有偿使用红利公司的该项专利技术，使用期为 2 年，一次性支付使用费 100 万元，红利公司在合同签订日提供该专利技术资料，不提供后续服务。与该项交易有关的手续已办妥，从 C 公司收取的使用费已存入银行。

（5）12 月 16 日，与 D 公司签订一份为其安装设备的合同，合同规定，该设备安装期限为 2 个月，合同总价款为 30 万元，合同签订日预收价款 25 万元。至 12 月 31 日，已实际发生安装费用 14 万元（均为安装人员工资），预计还将发生安装费用 6 万元。红利公司按实际发生的成本占总成本的比例确定安装劳务的完工程度。假定该合同的结果能够可靠地估计。

（6）12 月 20 日，收到 E 公司退回的商品一批，该商品系当年 11 月 10 日售出，销售价格为 50 万元，实际成本为 45 万元，售出时开具了增值税专用发票并交付 E 公司，确认了该批商品的销售收入，并结转了商品的成本。货款尚未收取经查核，该批商品的性能不稳定，红利公司同意了 E 公司的退货要求。当日，红利公司办妥了退货手续，并将开具的红字增值税专用发票交给 E 公司。

（7）12月20日，与F公司签订协议销售商品一批，销售价格为800万元，根据协议，协议签订日预收价款400万元，余款于2023年1月31日交货时付清当日收到F公司预付的款项，并存入银行。

（8）12月22日，采用分期收款方式售出大型设备一套，从2022年开始，分5年等额收款，每年100万元，合计500万元，设备的成长为300万元，不考虑增值税假设销售日，应收金额的公允价值为400万元。

（9）12月21日，支付税收罚款3万元。

（10）转让一商标权，取得转让收入20万元，该商标权的成奉为16万元，累计摊销4万元，适用的增值税税率为6%。

（11）分配应付工资总额100万元，其中，生产工人工资50万元，车间管理人员工资30万元，行政管理人员工资20万元。

（12）计提短期借款利息5万元。

（13）计提应交城市维护建设税2万元，教育费附加1万元。

请根据红利公司的当月业务，做好下列工作：

（1）编制相关的会计分录，计算当月应交所得税和递延所得税以及所得税费用。

（2）编制红利公司2022年12月的利润表。

（3）分析这些业务的会计处理过程中，哪些应考虑到权责发生制。

第十一章

成本核算

内容提要

本章主要阐述了小企业基本生产成本的核算以及生产成本在完工产品和在产品之间的分配。

第一节　基本生产成本的核算

一、直接材料成本的核算

基本生产车间发生的直接用于产品生产的原料和主要材料等直接材料成本（含燃料和动力成本），如木制品用的木材和板材、冶炼用的矿石、织布用的原棉等，通常是按照产品分别领用的，属于直接成本，应根据领料凭证直接计入某产品成本计算单中的"直接材料"成本项目。但是，如果是几种产品共同耗用的材料成本，如化工生产的用料，则应采用适当的方法，分配计入各有关产品成本的"直接材料"成本项目。在实务中，常用的分配方法是按材料定额消耗量比例、材料定额成本比例、产品产量比例、产品重量比例等进行分配。

采用材料定额消耗量比例或材料定额成本比例进行分配的公式如下。

分配率＝材料实际总消耗量（或实际成本）÷各种产品定额消耗量（或定额成本）之和

某产品应分配的
材料消耗量（或实际成本）＝该产品材料定额耗用量（或定额成本）×分配率

通过归集和分配后，根据分配的结果，编制出"材料成本分配表"，据此登记有关明细账和产品成本计算单。"材料成本分配表"的格式见表11-1。

【例11-1】某企业生产甲、乙两种产品，设有一个基本生产车间、两个辅助生产车间。基本生产车间领用某种材料4 752千克，每千克成本为10元，材料成本合计为47 520元，甲产品产量为300件，单位产品材料定额消耗量为12千克；乙产品产量为150件，单位产品材料定额消耗量为20千克。采用定额成本比例分配法，分配材料成本如下。

分配率＝（47520）/（300 × 12 + 150 × 20）= 7.2（元/千克）

甲产品应分配的材料费用＝3 600×7.2＝25 920（元）

乙产品应分配的材料费用＝3 000×7.2＝21 600（元）

该企业根据"材料成本分配表"编制会计分录如下。

借：生产成长——基本生产成本——甲产品　　　　　　　　　　　　87 920

```
生产成本——基本生产成本——乙产品                    56 600
        ——辅助生产成本——机修车间                  13 000
        ——辅助生产成本——锅炉车间                   8 000
制造费用——基本车间                                   9 000
    贷：原材料                                       174 520
```

表 11-1 材料成本分配表　　　　　　　　　　　　　　金额单位：元

应借科目		成本或费用项目	直接计入	分配计入			合计
				定额消耗量（千克）	分配率	分配额	
生产成本——基本生产成本	甲产品	直接材料	62 000	3 600		25 920	87 920
	乙产品	直接材料	35 000	3 000		21 600	56 600
	小计		97 000	6 600	7.2	47 520	144 520
生产成本——辅助生产成本	机修车间	直接材料	13 000				13 000
	锅炉车间	直接材料	8 000				8 000
	合计		21 000				21 000
制造费用	基本车间		9 000				9 000
合计			127 000			47 520	174 520

二、直接人工成本的核算

1. 工资总额的构成内容

工资是根据职工劳动的数量和质量，以货币形式支付给职工的劳动报酬。各单位在一定时期内直接支付给职工的劳动报酬总额，称为工资总额。其组成内容是由国家统一规定的，根据国家统计局的规定，工资总额包括以下 6 项内容：计时工资、计件工资、奖金津贴、补贴、加班加点工资、特殊情况下支付的工资。

人工成本除工资总额外，还应包括从成本、费用中提取的社会保险和住房公积金等其他职工薪酬。

2. 直接人工成本的分配及核算

企业在产品生产过程中发生的直接人工成本，是构成产品成本的重要组成部分。在企业里，大部分职工是直接从事产品生产人员。这些职工的工资、福利费等职工薪酬与产品生产直接相关，因而可以直接计入产品成本中，即记入"生产成本——基本生产成本"明细账的借方（直接人工成本项目）和所属产品成本计算单。

如果生产车间同时生产几种产品，则发生的直接人工成本，应采用一定方法分配计入产品成本中。由于工资形成的方式不同，直接人工的分配方法也不同，如按计时工资分配、按计件工资分配直接人工成本。

按计时工资分配直接人工成本时，一般是以按出勤时间计算的计时工资为基数，以产品生产耗用的生产工时为分配标准。因为计时工资一般是依据生产工人出勤记录和月标准工资计算，因而不能反映生产工人工资的用途。其分配公式如下。

直接人工成本分配率＝本期发生的直接人工成本÷各产品耗用的实际（或定额）工时之和

某产品应负担的直接人工成本＝该产品消耗的实际（定额）工时数×分配率

按计件工资分配直接人工成本时，可根据产量记录和产品单位人工费率，分产品进行汇总，计算出每种产品应负担的直接人工成本。

为了按工资的用途和发生地点归集并分配工资，月末应根据各生产部门的工资结算单和有关的生产工时记录编制"工资成本分配表"，据此登记有关明细账和产品成本计算单，工资成本分配表的格式见表11-2。

表11-2　工资成本分配表　　　　　　　　　　金额单位：元

应借科目		成本或费用项目	工资			合计
			分配标准（小时）	分配率	分配金额	
生产成本——基本生产成本	甲产品	直接人工	200 000		100 000	100 000
	乙产品	直接人工	100 000		50 000	50 000
	小计		300 000	0.5	150 000	150 000
生产成本——辅助生产成本	机修车间	直接人工				9 000
	锅炉车间	直接人工				21 000
	合计					30 000
制造费用	基本车间					7 000
管理费用						10 800
合计					150 000	197 800

【例11-2】根据表11-2的资料做如下会计处理。

借：生产成本——基本生产成本——甲产品　　　　　　　　　100 000
　　　　　　——基本生产成本——乙产品　　　　　　　　　　50 000
　　　　　　——辅助生产成本——机修车间　　　　　　　　　　9 000
　　　　　　——辅助生产成本——锅炉车间　　　　　　　　　21 000
　　制造费用——基本车间　　　　　　　　　　　　　　　　　7 000
　　管理费用　　　　　　　　　　　　　　　　　　　　　　10 800
　　贷：应付职工薪酬——工资　　　　　　　　　　　　　　197 800

对于与成本费用相关的社会保险费及其他费用，在企业按规定的标准计提后，由各下列成本受益对象承担，计入相关的成本费用，具体见表11-3。

表11-3　社会保险费及其他费用计提表　　　　　　　　单位：元

应借科目		成本或费用项目	工资总额	提取的社会保险费及其他费用	合计
生产成本——基本生产成本	甲产品	直接人工	100 000	30 000	30 000
	乙产品	直接人工	50 000	15 000	15 000
	小计		150 000	45 000	45 000

应借科目		成本或费用项目	工资总额	提取的社会保险费及其他费用	合计
生产成本——辅助生产成本	机修车间	直接人工	9 000	2 700	2 700
	锅炉车间	直接人工	21 000	6 300	6 300
	合计		30 000	9 000	9 000
制造费用	基本车间		7 000	2 100	2 100
管理费用			10 800	3 240	3 240
合计			197 800	59 340	59 340

根据表 11-3 的资料做如下会计处理。

借：生产成本——基本生产成本——甲产品　　　　　　　　　　　　30 000

　　　　　——基本生产成本——乙产品　　　　　　　　　　　　15 000

　　　　　——辅助生产成本——机修车间　　　　　　　　　　　2 700

　　　　　——辅助生产成本——锅炉车间　　　　　　　　　　　6 300

　　制造费用——基本车间　　　　　　　　　　　　　　　　　　2 100

　　管理费用　　　　　　　　　　　　　　　　　　　　　　　　3 240

　　贷：应付职工薪酬——社会保险费　　　　　　　　　　　　　59 340

三、折旧费用其他费用的核算

小企业应明确固定资产计提折旧的范围，按月计提固定资产折旧费。基本生产车间的固定资产折旧费应计入"制造费用"科目；辅助生产车间的固定资产折旧费应计入"生产成本——辅助生产成本"科目或"制造费用"科目（若设置该科目）；行政部门固定资产以及未使用、不需用的固定资产的折旧费应计入"管理费用"科目；专设销售机构的固定资产折旧费应计入"销售费用"科目。

固定资产折旧费的分配可以通过编制"固定资产折旧费用分配表"进行，其格式见表11-4。

表 11-4　固定资产折旧费用分配表　　　　　　　　　　　金额单位：元

应借科目	使用部门	固定资产原值	月折旧率	月折旧额
制造费用	基本生产成本	2 000 000	0.5%	10 000
生产成本	辅助生产成本	500 000	0.5%	2 500
管理费用	行政管理部门	200 000	0.3%	600
合计				13 100

根据表 11-4 的资料作如下会计处理。

借：制造费用　　　　　　　　　　　　　　　　　　　　　　　　10 000

　　生产成本——辅助生产成本　　　　　　　　　　　　　　　　2 500

管理费用			600
贷：累计折旧			13 100

四、辅助生产成本的核算

辅助生产提供的产品和劳务，主要是为基本生产车间和管理部门使用和服务的，一般很少对外销售。辅助生产成本是辅助生产车间发生的成本，一般也包括直接材料、直接人工和制造费用。辅助生产成本应在"生产成本——辅助生产成本"明细账中单独归集与计算，并采用适当方法在各受益对象之间进行分配。由于所生产的产品和提供的劳务不同，其所发生的成本分配程序方法也不一样。

对于生产工具、模具、修理用备件所发生的辅助生产成本，在完工时作为自制工具或材料入库，由"生产成本——辅助生产成本"科目的贷方转入"周转材料"或"原材料'等科目的借方。

对于提供水、电、气和运输、修理等劳务所发生的辅助生产成本，应按受益单位的消耗量，采用一定的分配方法在受益单位之间进行分配，从"生产成本——辅助生产成本"科目的贷方转入"生产成本——基本生产成本""制造费用""管理费用"等科目的借方。

某些辅助生产车间之间也有相互提供产品和劳务的情况。例如，供电车间为机修车间提供电力，机修车间为供电车间提供修理劳务等。这样，为了计算供电成本，就要确定修理成本；为了计算修理成本，就要确定供电成本，这就存在辅助生产成本在各辅助生产车间交互分配的问题。

辅助生产成本的分配，应通过"辅助生产成本分配表"进行，分配辅助生产成本的方法很多，主要有直接分配法、交互分配法和计划成本分配法等。

1. 直接分配法

直接分配法，是辅助生产成本分配的基本方法，此方法不考虑辅助生产车间之间相互提供劳务或产品的情况，直接将各辅助生产车间发生的成本分配给辅助生产车间以外的各受益单位或产品。直接分配法下的计算公式如下：

成本分配率=该辅助生产车间成本总额÷该辅助生产车间对外提供的劳务或产品总量

各受益车间、产品或各部门应分配的成本=该车间 、产品或本部门的耗用量×成本分配率

【例11-3】某企业2022年8月机修车间和锅炉车间成本总额分别为26 000元和38 000元。该公司机修车间和锅炉车间之间相互提供劳务。修理成本按修理工时比例进行分配，锅炉供汽按供汽量比例分配。这两个车间供应的对象和数量见表11-5。

根据以上资料，编制辅助生产成本分配表，见表11-6。

根据表11-6资料做如下会计处理。

借：制造费用			49 504
管理费用			14 496
贷：生产成本——辅助生产成本——机修车间			26 000
——辅助生产成本——锅炉车间			38 000

表 11-5　固定资产折旧费用分配表

2022 年 8 月

受益部门		机修车间	锅炉车间
供应劳务或产品数量		3 500 小时	10 000 立方米
耗用劳务或产品数量	机修车间		300 立方米
	锅炉车间	200 小时	
	基本车间	2 800 小时	7 000 立方米
	行政管理部门	500 小时	2 700 立方米

表 11-6　辅助生产成本分配表

2022 年 8 月　　　　　　　　　　　　　　　　　　　　　　金额单位：元

辅助生产车间名称			机修车间	锅炉车间	合计
待分配成本			26 000	38 000	64 000
对外供应劳务或产品数量			3 300 小时	9 700 立方米	
分配率			7.88（元/小时）	3.92（元/立方米）	
应借科目	制造费用——基本车间	耗用数量	2 800 小时	7 000 立方米	
		分配金额	22 064	27 440	49 504
	管理费用	耗用数量	500 小时	2 700 立方米	
		分配金额	3 936	10 560	14 496
金额合计			26 000	38 000	64 000

2. 交互分配法

交互分配法，是先将辅助生产成本在各辅助生产车间之间按照它们相互提供劳务的数量进行一次交互分配，然后再将各辅助生产车间交互分配后的实际成本，在辅助生产车间以外的各受益单位之间进行分配的方法。交互分配法将辅助生产成本分两步进行分配，其步骤如下：

第一步（交互分配）。

交互分配的成本分配率＝该辅助生产车间直接发生的成本/该辅助生产车间提供的劳务或产品总量

某辅助生产车间应分配其他辅助生产车间的成本＝该辅助生产车间耗用其他辅助车间的劳务或产品量×其他辅助生产车间成本分配率

第二步（对外分配）：

$$对外分配的成本分配率 = \frac{该辅助生产车间直接发生的成本 + 分配转入成本 - 分配转出成本}{该辅助生产车间对外提供的劳务或产品总量}$$

辅助生产车间以外各受益单位应分配的辅助生产成本＝辅助生产车间以外各受益单位接受劳务或产品数量×该辅助生产车间对外分配的成本分配率

【例 11-4】以【例 11-3】的资料为基础，采用交互分配法分配辅助生产成本，见表 11-7。

表 11-7　辅助生产成本分配表

2022 年 8 月　　　　　　　　　　　　　　　　　　　　　　金额单位：元

项目			交互分配			对外分配		
辅助生产车间名称			机修车间	锅炉车间	合计	机修车间	锅炉车间	合计
待分配成本			26 000	38 000	64 000	25 654	38 346	64 000
对外供应劳务或产品数量			3 500 小时	10 000 立方米		3 300 小时	9 700 立方米	
成本分配率			7.43 (元/小时)	3.80 (元/立方米)		7.77 (元/小时)	3.95 (元/立方米)	
应借科目	辅助生产成本	机修车间 耗用数量		300 立方米				
		机修车间 分配金额		1 140	1 140			
		锅炉车间 耗用数量	200 小时					
		锅炉车间 分配金额	1 486		1 486			
		金额小计	1 486	1 140	2 626			
	制造费用 基本车间	耗用数量				2 800小时	7 000立方米	
		分配金额				21 756	21 756	49 406
	管理费用	耗用数量				500 小时	2 700立方米	
		分配金额				3 898	19 696	14 594
对外分配金额合计			25 654	38 346		25 654	38 346	64 000

机修车间对外分配的修理成本 = 26 000+1 140-1 486 = 25 654（元）

锅炉车间对外分配的供气成本 = 38 000+1 486-1140 = 38 346（元）

交互分配的会计处理如下。

借：生产成本——辅助生产成本——机修车间　　　　　　　　　　　　　1 140

　　贷：生产成本——辅助生产成本——锅炉车间　　　　　　　　　　　　　1 140

借：生产成本——辅助生产成本——锅炉车间　　　　　　　　　　　　　1 486

　　贷：生产成本——辅助生产成本——机修车间　　　　　　　　　　　　　1 486

对外分配的会计处理如下。

借：制造费用　　　　　　　　　　　　　　　　　　　　　　　　　　49 406

　　管理费用　　　　　　　　　　　　　　　　　　　　　　　　　　14 594

　　贷：生产成本——辅助生产成本——机修车间　　　　　　　　　　　　25 654

　　　　　　　　——辅助生产成本——锅炉车间　　　　　　　　　　　　38 346

五、制造费用的核算

制造费用，是指小企业生产车间（部门）为生产产品和提供劳务而发生的各项间接费用，包括生产车间管理人员的工资等职工薪酬、折旧费、修理费、办公费、水电费、机物料消耗、劳动保护费、租赁费、保险费、季节性或修理期间的停工损失等。制造费用是产品成本的重要组成部分，属于应计入产品成本但没有专设成本项目的各项成本。

制造费用归集和分配应通过"制造费用"科目进行，对于基本生产车间，分别反映各车间制造费用的发生和分配转出情况。应按车间单独核算，以便于管理和控制各项耗费的发生。对于辅助生产车间，可设置"制造费用"单独核算；若生产的产品或劳务单一且制造费用金额较少，可不单独设置该科目，直接计入"辅助生产成本"明细账。

制造费用明细账应按车间设置明细账，在账内按具体费用项目设立专栏，一般应根据有关付款凭证、转账凭证和"材料成本分配表""工资成本分配表""辅助生产成本分配表"等有关凭证登记"制造费用"总账及其明细账，期末按一定的标准分配给本车间的受益对象。在生产一种产品的车间，制造费用可直接计入其产品成本；在生产多种产品的车间，就要采用合理的分配方法，将制造费用分配计入各种产品成本。制造费用的分配方法一般有生产工人工时比例法、生产工人工资比例法、机器工时比例法、耗用原材料的数量或成本比例法、直接成本比例法、产成品产量比例法等。企业具体采用哪种分配方法，由企业自行决定，但分配方法一经确定，不得随意变更。如需变更，应当存附注中予以说明。下面以生产工人工时比例法为例分配制造费用，其计算公式如下：

制造费用分配率=制造费用总额÷各种产品实际工时之和

某产品应分配的制造费用=该产品实际工时×制造费用分配率

【例 11-5】某企业基本生产车间生产甲、乙两种产品，2022 年 8 月发生的制造费用和其他有关资料见表 11-8 。

表 11-8 制造费用和其他有关资料 金额单位：元

项目	甲产品	乙产品	合计
产量（件）	2 000	1 000	
生产工人实际生产工时（小时）	2 800	1 200	4 000
直接人工	100 000	50 000	150 000
机器工时	4 200	1 800	6 000
直接材料	87 920	56 600	144 520
制造费用合计			75 000

根据表 11-8 的资料，计算分配如下：

制造费用分配率=75 000÷（2 800+1 200）=18.75（元/小时）

甲产品应负担的制造费用=2 800×18.75=52 500（元）

乙产品应负担的制造费用=1 200×18.75=22 500（元）

在实务中，制造费用的分配可以通过编制"制造费用分配表"进行。根据上述资料编制该车间的"制造费用分配表"，见表 11-9。

表 11-9 制造费用分配表 金额单位：元

应借科目	生产工人工时（小时）	分配率	分配金额
生产成本——基本生产成本——甲产品	2 800		52 500
生产成本——基本生产成本——乙产品	1 200		22 500
合计	4 000	18.75	75 000

根据制造费用分配表编制会计分录如下：

借：生产成本——基本生产成本——甲产品   52 500

　　　　——基本生产成本——乙产品   22 500

　　贷：制造管理   75 000

第二节　生产成本在完工产品和在产品之间的分配

月末，如果产品全部完工，生产成本明细账中归集的月初在产品生产成本与本月发生的生产成本之和，就是该种完工产品的成本。如果产品全部没有完工，生产成本明细账中归集的生产成本之和，就是该种在产品的成本。如果既有完工产品又有在产品，生产成本明细账中归集的月初在产品生产成本与本月发生的生产成本之和，则应当在完工产品和月末在产品之间采用适当的分配方法进行分配，以计算完工产品和月末在产品的成本、其常用的分配方法有不计算在产品成本法、在产品按固定成本计价法、在产品按所耗直接材料成本计价法、约当产量比例法、在产品按定额成本计价法、定额比例法等。

（1）不计算在产品成本法，是指虽然有月末在产品，但不计算其成本。也就是说，这种产品每月发生的成本，全部由完工产品负担，其每月发生的成本之和即每月完工产品成本。这种方法适用于月末在产品数量很小的产品。

（2）在产品按固定成本计价法，是指各月末在产品的成本固定不变。某种产品本月发生的生产成本就是本月完工产品的成本。但在年初，产品成本不应再按固定不变的金额计价，否则会使按固定金额计价的在产品成本与实际成本有较大差异，影响产品成本计算的正确性，因而，在年末，应当根据实际盘点的在产品数量，具体计算在产品成本，据以计算12月份产品成本选种方法适用于月初在产品数量较多但各月变化不大的产品或月末在产品数量很小的产品。

（3）在产品按所耗直接材料成本计价法，是指月末在产品只计算其所耗直接材料成本，不计算直接人工等加工成本，即产品的直接材料成本（月初在产品的直接材料成本与本月发生的直接材料成本之和）需要在完工产品和月末在产品之间进行分配，而生产产品本月发生的加工成本全部由完工产品负担。这种方法适用于各月月末在产品数量较多、各月在产品数量变化也较大，直接材料成本在生产成本中所占比重较大且材料在生产开始时就一次全部投入的产品。

（4）约当产量比例法，是指将月末在产品数量按照完工程度折算为相当于完工产品的产量即约当产量，然后将产品应负担的全部成本按照完工产品产量和月末在产品约当产量的比例分配计算完工产品成本和月末在产品成本，这种方法适用于月末在产品数量较多，各月在产品数量变化也较大，且生产成本中直接材料成本和直接人工等加工成本的比重相差不大的产品。其计算公式如下：

$$在产品约当产量 = 在产品数量 \times 完工程度$$

$$单位成本 = \frac{月初在产品成本 + 本月发生生产成本}{产成品产量 + 月末在产品约当产量}$$

$$产成品成本 = 单位成本 \times 产成品产量$$

$$月末在产品成本 = 单位成本 \times 月末在产品约当产量$$

应当指出，在很多加工生产中，材料都是在生产开始时一次性投入的。这时，在产品无论完工程度如何，都应和完工产品负担同样的材料成本。如果材料是随着生产过程陆续投入的，则应按照各工序投入的材料成本在全部材料成本中所占的比例计算在产品的约当产量。

【例11-6】某企业甲产品末月完工产品数量为2 000件，在产品数量为500件，完工程度按平均50%计算；材料在开始生产时一次性投入，其他成本按约当产量比例分配。甲产品本月月初在产品和本月耗用的直接材料成本为112 920元，直接人工成本为1 82 700元，制造费用为66 800元，则甲产品各项成本的分配如下。

（1）直接材料成本的分配：由于材料在开始生产时一次性投入，因此按完工产品和在产品的实际数量比例进行分配，不必计算约当产量。

完工产品应负担的直接材料成本=45.168×2 000=90 336（元）

在产品应负担的直接材料成本=45.168×500=22 584（元）

（2）直接人工成本的分配：直接人工和制造费用均应按约当产量进行分配，在产品500件折合约当产量250件（500×50%）。

完工产品应负担的直接人工成本=（182 700）/（2 000+250）=81.2×2 000=162 400（元）

在产品应负担的直接人工成本=（182 700）/（2 000+250）=81.2×250=20 300（元）

（3）制造费用的分配：

完工产品应负担的制造费用=（66 800）/（2 000+250）=29.689×2 000=59 378（元）

在产品应负担的制造费用=（66 800）/（2 000+250）=29.689×250=7 422（元）

甲产品本月完工产品成本=90 336+162 400+59 378=312 114（元）

甲产品本月产品成本=22 584+20 300+7 422=50 306（元）

在实务工作中，分配过程是在成本计算单中完成的。

（5）在产品按定额成本计价法，是指月末在产品按定额成本计算，该种产品的全部成本（包括月初在产品成本）减去按定额成本计算的月末在产品成本，余额为完工产品成本，每月生产成本脱离定额的节约差或超支差全部计入当月完工产品成本。这种方法是事先经过调查研究、技术测定或按定额资料对各个加工阶段上的在产品直接确定一个单位定额成本。其适用于各项消耗定额或成本定额比较准确、稳定，而且各月月末在产品数量变化不是很大的产品。这种方法的计算公式如下：

月末在产品定额成本=月末在产品数量×在产品单位定额成本

在产品单位定额成本=在产品定额直接材料成本+在产品定额直接人工成本+

在产品定额制造费用

完工产品总成本=（月初在产品定额成本+本月发生的生产成本）−月末在产品定额成本

完工产品单位成本=完工产品成本/产成品产量

【例11-7】某企业乙产品本月完工产品产量为1 000个，在产品数量为600个。在产品单位定额成本为：直接材料40元，直接人工25元，制造费用15。乙产品本月月初在产品和本月耗用的直接材料成本为67 800元，直接人工成本为84 100元，制造费用26 000元。按定额成本计算在产品成本及完工产品成本，计算结果见表11-10。

表 11-10　在产品成本及完工产品成本计算结果　　　　　单位：元

项目	在产品定额成本	完工产品成本
直接材料	40×600＝24 000	67 800－24 000＝43 800
直接人工	25×600＝15 000	84 100－15 000＝69 100
制造费用	15×600＝9 000	26 000－9 000＝17 000
合计	48 000	129 900

（6）定额比例法，是指产品的生产成本在完工产品和月末在产品之间按照两者的定额消耗量或定额成本比例分配，其中直接材料成本，按直接材料的定额消耗量或定额成本比例分配；直接人工等加工成本，可以按该项目定额成本的比例分配，也可按定额工时比例分配。这种方法适用于各项消耗定额或成本定额比较准确、稳定，但各月月末在产品数量变动较大的产品。其计算公式如下（以按定额成本比例为例）。

1）直接材料成本的分配公式：

$$直接材料费用分配率=\frac{月初在产品原材料费用+本月发生的原材料费用}{完工产品定额原材料费用+月末在产品定额原材料费用}$$

$$\begin{array}{l}完工产品应分配的\\直接材料费用\end{array}=完工产品定额原材料耗用量（或费用）×直接材料费用分配率$$

$$\begin{array}{l}月末在产品应分配的\\直接材料费用\end{array}=月末在产品定额原材料耗用量（或费用）×直接材料费用分配率$$

或

$$\begin{array}{l}月末在产品应分配\\的直接料费用\end{array}=\begin{array}{l}月初在产品\\原材料费用\end{array}+\begin{array}{l}本月发生的\\原材料费用\end{array}-\begin{array}{l}完工产品应分配\\的直接材料费用\end{array}$$

2）直接人工费用的分配公式：

$$直接人工费用分配率=\frac{月初在产品直接人工费用+本月发生的直接人工费用}{完工产品定额工时+月末在产品定额工时}$$

完工产品应分配的直接人工费用＝完工产品定额工时×直接人工费用分配率

月末在产品应分配的直接人工费用＝月末在产品定额工时×直接人工费用分配率

或

$$\begin{array}{l}月末在产品应\\分配的直接人工\end{array}=\begin{array}{l}月初在产品\\直接人工费用\end{array}+\begin{array}{l}本月发生的\\直接人工费用\end{array}-\begin{array}{l}完工产品应分配的\\直接人工费用\end{array}$$

③制造费用的分配公式：

$$制造费用分配率=\frac{月初在产品制造费用+本月发生的制造费用}{完工产成品定额工时+月末在产品定额工时}$$

完工产品应分配的制造费用＝完工产品定额工时×制造费用分配率

月末在产品应分配的制造费用＝月末在产品定额工时×制造费用分配率

或

$$\begin{array}{l}月末在产品应\\分配的制造费用\end{array}=月末在产品制造费用+本月发生的制造费用-完工产品应分配的制造费用$$

【例11-8】某企业生产丁产品的有关资料，见表11-11。

表 11-11 丁产品生产费用及定额资料 金额单位：元

成本项目	直接材料	直接人工	制造费用	合计
月初在产品成本	5 000	1 200	2 500	8 700
本月发生生产费用	15 000	32 800	12 500	60 300
单位完工产品定额	40 千克	10 小时	10 小时	
月末在产品定额	40 千克	5 小时	5 小时	
完工产品产量				400 件
月末在产品产量				100 件

采用定额比例法，计算本月完工产品成本和月初在产品成本，见表 11-12。

表 11-12 完工产品与月末在产品费用分配表（定额比例法）

产品名称：丁产品 金额单位：元

成本项目	月初在产品成本	本月生产费用	生产费用合计	分配率	本月完工产品		月末在产品	
					定额消耗量或工时	实际费用	定额消耗量或工时	实际费用
直接材料	5 000	15 000	20 000	1	16 000	16 000	4 000	4 000
直接人工	1 200	32 800	34 000	7.56	4 000	30 240	500	3 760
制造费用	2 500	12 500	15 000	3.33	4 000	13 320	500	1 680
合计	8 700	60 300	69 000			59 560		9 440

小企业完工产品经产成品仓库验收入库后，其成本应从"生产成本——基本生产成本"科目及所属产品成本明细账的贷方转出，转入"库存商品"科目的借方。"生产成本——基本生产成本"科目的月末余额，就是在产品的成本。

【实例专栏】

成本管理与核算是工业企业的基础

自小型生产企业成立以来，对能否实现利润一直没底。其中的主要原因是成本数据全靠估计。企业对此事很重视，但却不知从何下手，于是向会计专业的张教授进行咨询。经实地考察该厂的实际情况，张教授发现了很多问题，包括财务、成本、企业内部管理等方面，其中成本管理和核算混乱是根本原因。张教授系统地讲解了成本管理和核算知识，指出了该企业存在的问题：其一是成本管理基础工作做得不够，采购、半成品入库不填制入库单，领用材料不办理领料手续，产品积压较多，仓库管理混乱，责任不清，更没有定额管理制度和财产清查制度；其二是成本计算全靠估计，成本项目不明确，没有成本计算方法。

针对该企业的情况，张教授能够提出哪些成本管理和核算的建议呢？

第十二章

财务报表

内容提要

本章主要阐述了财务报表的概念、结构和编制方法；重点讲述了小企业资产负债、利润表及现金流量表的内容、结构和编制方法。

第一节 财务报表概述

一、财务报表的作用

财务报表，是指对小企业财务状况、经营成果和现金流量的结构性表述。

小企业编制财务报表是对会计核算工作的全面总结，是及时提供合法、真实、准确、完整会计信息的重要环节，其作用主要表现在以下几个方面。

(1) 财务报表有助于其使用者了解企业的财务状况、经营成果及现金流量，并据以做出合理的决策，投资者可以了解企业的投资报酬，资本结构的变化及企业未来获利能力和利润分配政策；债权人可以了解企业的偿债能力，其债权的保障和利息的获取情况；财政、税务、银行等有关部门可以了解企业的经营活动、社会资源的分配情况，作为决定税收政策、信贷政策和统计国民收入等的基础；潜在的投资者和债权人可以了解企业的发展趋势、经营活动范围，为选择投资和贷款方向提供依据；企业职工也可以利用财务报表，了解本企业财务状况等，从而参与企业管理，进行群众监督。

(2) 财务报表有助于评估企业管理当局受托责任的履行情况。在企业所有权与经营权相分离的情况下，投资者把资金投入企业，委托管理人员进行经营管理，为了确保投资人资本保值与增值，投资者需要了解管理者对受托资源的经营管理情况。管理人员有责任保管并合理、有效地运用投入资金，按照会计准则编制的财务报表有助于评估管理者受托责任的履行情况和业绩情况。

(3) 财务报表有助于小企业内部管理者加强和改善经营管理，企业管理人员要通过本企业的财务报表随时掌握企业的财务状况和经营成果及现金的流动情况，以便发现问题，及时采取相应的措施，加强和改善企业的经营管理，不断提高企业的经济效益。

(4) 财务报表有助于国家经济管理部门进行宏观调控和管理。经过层层汇总后的会计报告，能相应地反映出某一行业、地区、部门乃至全国企业的经济活动情况，这些信息是国家经济管理部门了解并掌握全国各地区、各部门、各行业的经济运行情况，正确制定国家相关产业等的宏观政策，调控国民经济运行的重要决策依据。

二、财务报表的种类

财务报表可以按照不同标准进行分类。

（一）财务报表按其反映的经济内容不同分类

小企业财务报表按其反映的经济内容不同，可分为资产负债表、利润表、现金流量表以及附注。

（1）资产负债表是反映小企业某一特定日期的财务状况的报表，也称财务状况表。

（2）利润表是反映小企业在一定会计期间的经营成果的报表，也称损益表或收益表。

（3）现金流量表是反映小企业一定期间现金流入和流出情况的报表，提供小企业在一定期间内经营活动、投资活动和筹资活动所产生现金流量的信息。

（4）附注，是指对在资产负债表、利润表和现金流量表等报表中列示项目的文字描述或明细资料，以及对未能在这些报表中列示项目的说明等。

（二）财务报表按其反映资金运动状态的不同分类

小企业财务报表按其反映资金运动状态的不同，可分为静态报表和动态报表。

（1）静态报表，是反映资金运动处于相对静止状态的财务报表，如资产负债表，从静态方面反映了企业在某一特定日期的资产构成和资金来源渠道。

（2）动态报表，是反映资金处于运动状态的财务报表，如利润表和现金流量表，它们从动态方面反映企业在一定时期内经营成果和现金流量的变化情况。

（三）财务报表按编制的时间不同分类

小企业财务报表按编制的时间不同，可分为月报和年报。

（1）月报，包括资产负债表、利润表、现金流量表。

（2）年报，是接会计年度编报的财务报表，通常称为决算报告，包括资产负债表、利润表和现金流量表以及附注等。它所提供的信息最为完整、全面。

（四）财务报表按编报单位的不同分类

小企业财务报表按编报单位的不同，可分为单位报表、汇总报表。

（1）单位报表，是由各会计主体在日常会计核算基础上进一步加工编制的财务报表。

（2）汇总报表，是单位主管部门和财政部门根据单位财务报表逐级汇总编制的财务报表。

（五）财务报表按报送对象的不同分类

小企业财务报表按报送对象的不同，可分为外部报表和内部报表。

（1）外部报表，是为投资者、债权人、税务部门等外部信息使用者编报的财务报表。这类报表在格式、内容和编报时间等方面都有统一的规定。

（2）内部报表，是为适应本单位内部经营管理需要而编制的报表。这类报表在内容、形式和编报时间等方面没有统一规定，较为灵活。

三、财务报表的编制要求

财务报表是传递会计信息的主要形式，为了确保财务报表所提供的信息质量，充分发挥财务报表的作用，小企业在编制财务报表时，应符合以下要求。

（一）真实可靠

财务报表中的各项数字必须真实可靠，能够如实反映会计主体经济活动的实际情况。为此，财务报表的编制要以核对无误的账簿记录为依据，以保证财务报表所提供的资料符合真实性的会计原则，为了保证账簿记录准确无误，必须按期结账。在结账前，对已发生的收入、费用、债权和债务、应摊销或预提的费用和其他已完成的经济业务要全部登记入账。在编制报表前，还必须对账，并进行财产清查，切实做到账实相符、账证相符和账账相符。在编制报表后，做到账表相符。

（二）相关可比

财务报表提供的资料应满足使用者进行不同时期有关指标的比较和不同企业同一时期有关指标比较的要求。因此，小企业在不同时期的报表指标和同类型企业之间的报表指标，应当尽可能口径一致。

（三）内容完整

各种财务报表必须按照统一规定的格式、内容和计算方法编制。对于规定的报表，必须编制齐全；应当填列的项目，不论表内项目还是补充资料，都应填列完整，应该编报的附表、附注也必须同时编制。

（四）编报及时

各种财务报表必须按规定的期限上报，以保证财务报表所提供的资料符合及时性的会计原则。要做到编报及时，必须加强日常会计核算，做好记账、对账及结账等各项工作。但是不能为了赶编报表而提前结账，更不能降低财务报表的质量。

第二节　资产负债表

资产负债表是指反映小企业在某一特定日期的财务状况的报表。它是一张揭示小企业在一定时点上的财务状况的静态报表，它是根据"资产＝负债＋所有者权益"这一会计恒等式，按照一定的分类标准和一定的次序，把小企业在某一特定日期的全部资产、负债和所有者权益项目予以适当排列编制而成的。

资产负债表反映小企业在某一特定日期全部资产，负债和所有者权益的基本状况，揭示了资产、负债和所有者权益这三个会计要素间的内在联系和平衡关系。通过资产负债表，可以了解小企业在某一日期所拥有的经济资源及其分布情况，分析小企业资产的构成及其状况；可以了解小企业某一日期的负债总额及其结构，分析小企业目前与未来需要支付的债务数额；可以反映小企业的所有者权益情况，了解小企业现有投资者各自所占的比重和份额，据以判断资本保值、增值的情况以及对负债的保障程度。总之，资产负债表可以帮助报表使用者全面了解小企业的财务状况，分析企业的偿债能力，从而为投资者和债权人进行经济决策提供参考。

一、资产负债表的内容

资产负债表主要包括资产、负债和所有者权益三个部分。

（一）资产

资产，是指小企业过去的交易或者事项形成的、由小企业拥有或者控制的、预期会给小企业带来经济利益的资源。小企业的资产按照流动性，可分为流动资产和非流动资产两类，并按性质分项列示。

流动资产项目通常包括货币资金、短期投资、应收票据、应收账款、预付账款、应收利息、应收股利、其他应收款、存货以及其他流动资产等。

非流动资产项目通常包括长期债券投资、长期股权投资、固定资产、在建工程、工程物资、固定资产清理、生产性生物资产、无形资产、开发支出、长期待摊费用以及其他非流动资产等。

（二）负债

负债，是指小企业过去的交易或者事项形成的，预期会导致经济利益流出小企业的现时义务。小企业的负债按照其流动性，可分为流动负债和非流动负债，并按性质分项列示。

流动负债项目包括短期借款、应付票据、应付账款、预收账款、应付职工薪酬、应交税费、应付利息、应付利润、其他应付款、其他流动负债等。

非流动负债是指流动负债以外的负债，主要包括长期借款、长期应付款、递延收益等。

（三）所有者权益

所有者权益，是指小企业资产扣除负债后由所有者享有的剩余权益，反映企业在某一特定日期投资者拥有的净资产总额，一般按照实收资本（或股本，下同）、资本公积、盈余公积和未分配利润分项列示。

二、资产负债表的结构

资产负债表一般有账户式和报告式两种格式，我国小企业的资产负债表主要采用账户式。账户式资产负债表分为左右两方，左方列示资产各项目，反映全部资产的分布及存在形态，并按照资产的流动性排列，流动资产排在前面，非流动资产排在后面。右方列示负债及所有者权益各项目，全部项目按偿还期限的先后顺序排列，短期借款等流动负债排在前面，长期借款等非流动负债排在中间，而所有者权益排在后面。每个项目又分为"年初余额"和"期末余额"两栏分别填列。

小企业在某一日期的全部资产总额必定等于全部负债加所有者权益总额，即资产负债表左右两方的总计金额是相等的。这体现了资产、负债和所有者权益之间的内在关系，即"资产=负债+所有者权益"。我国小企业资产负债表的格式见表12-1。

表12-1　资产负债表

编制单位：北方公司　　　　　　2022年12月31日　　　　　　　　单位：元

资产	期末余额	年初余额	负债和所有者权益（或股东权益）	期末余额	年初余额
流动资产：			流动负债：		
货币资金	540 745	791 060	短期借款	90 000	150 000
短期投资	0	15 000	应付票据	20 000	70 000
应收票据	26 000	56 000	应付账款	440 000	640 000
应收账款	324 900	218 900	预收账款	0	0
预付账款	30 000	30 000	应付职工薪酬	86 000	60 000
应收股利	0	0	应交税费	157 760	136 000
应收利息	0	0	应付利息	39 970	970

资产	期末余额	年初余额	负债和所有者权益 （或股东权益）	期末余额	年初余额
其他应收款	4 000	4 000	应付利润	0	0
存货	1 327 700	1 406 600	其他应付款	35 000	35 000
其中：原材料	161 000	320 000	其他流动负债	0	40 000
在产品	149 000	116 000	流动负债合计	868 730	1 491 970
库存商品	990 700	925 600	非流动负债：		
周转材料	27 000	47 000	长期借款	500 000	200 000
其他流动资产	0	0	长期应付款	0	0
流动资产合计	2 253 345	2 523 560	递延收益	0	0
非流动资产：			其他非流动负债	0	0
长期债券投资	0	0	非流动负债合计	500 000	200 000
长期股权投资	170 000	170 000	负债合计	1 368 730	1 691 970
固定资产原值	1 475 000	1 290 000			
减：累计折旧	310 000	438 000			
固定资产账面价值	1 165 000	852 000			
在建工程	478 400	786 410			
工程物资	82 000	0			
固定资产清理	0	0			
生产性生物资产	0	0	所有者权益（或股东权益）：		
无形资产	105 000	120 000	实收资本（或股本）	2 000 000	2 000 000
开发支出	0	0	资本公积	0	0
长期待摊费用	0	0	盈余公积	412 802.5	400 000
其他非流动资产	0	0	未分配利润	475 222.5	360 000
非流动资产合计	2 003 410	1 928 410	所有者权益（或股东权益）合计	2 888 025	2 760 000
资产总计	4 256 755	4 451 970	负债和所有者权益（或股东权益）合计	4 256 755	4 451 970

小企业（中外合作经营）根据合同规定在合作期间归还投资者的投资，应在"实收资本（或股本）"项目下增加"减：已归还投资"项目单独列示。

三、小企业资产负债表的编制方法

资产负债表中"年初余额"栏内的各项数字，应根据上年年末资产负债表"期末余额"栏内所列数字填列。如果两个年度的资产负债表中某些项目的名称和内容不一致，应将上年度年末的项目名称和数字按照本年度的规定调整后填列"期末余额"栏内各项数字，应根据资产类、负债类、所有者权益类等科目的期末余额填列。

（一）根据总分类科目的期末余额直接填列

如短期投资、应收股利、应收利息、其他应收款、长期股权投资、固定资产原价、累计折旧、固定资产清理（贷方余额以"－"号填列）、在建工程、工程物资、开发支出、短期借款、应付票据、应付职工薪酬（借方余额以"－"号填列）、应交税费（借方余额以"－"号填列）、应付利息、应付利润、其他应付款、实收资本（或股本）、资本公积、盈余公积等项目。应根据相关科目的期末余额直接填列。

（二）根据总分类科目的期末余额计算填列

货币资金项目，应根据"库存现金""银行存款""其他货币资金"科目的期末余额合计填列。

（三）根据明细分类科目的期末余额计算填列

（1）应收账款项目，应根据"应收账款"和"预收账款"科目所属备明细科目的期末借方余额计算填列。

（2）预收账款项目，应根据"预收账款"和"应收账款"科目所属各明细科目的期末贷方余额计算填列。

（3）应付账款项目，应根据"应付账款"和"预付账款"科目所属各明细科目的期末贷方余额计算填列。

（4）预付账款项目，应根据"预付账款"和"应付账款"科目所属各明细科目的期末借方余额计算填列。

（四）根据有关科目与其备抵科目的期末余额抵减后的金额填列

（1）固定资产账面价值项目，应根据"固定资产"科目的期末余额减去"累计折旧"科目的期末余额后的金额填列。

（2）生产性生物资产项目，应根据"生产性生物资产"科目的期末余额减去"生产性生物资产累计折旧"科目的期末余额后的金额填到。

（3）无形资产项目，应根据"无形资产"科目的期末余额减去"累计摊销"科目的期末余额后的金额填列。

（五）根据总分类科目的期末余额分析填列

（1）存货项目，应根据"材料采购""在途物资""原材料""材料成本差异""生产成本""库存商品""商品进销差价""周转材料""委托加工物资""消耗性生物资产"等科目的期末余额分析填列。

（2）未分配利润项目，应根据"本年利润"和"利润分配"科目的期末余额计算填列。方向相同则相加，若两个科目均为借方余额，相加后用"-"号填列：方向相反则相减。用贷方减借方，若为负数，以"-"号填列。年报中，则只根据"利润分配——未分配利润"明细科目余额填列。若为借方余额，则以"-"号填列。

（六）根据总分类科目和明细科目的期末余额分析、分解填列

属于超过1年期以上的预付账款的借方余额应当在"其他非流动资产"项目列示。属于超过1年期以上的预收账款的贷方余额应当在"其他非流动负债"项目列示。将1年内到期的长期债券投资等非流动资产列示在"其他流动资产"项目中，将1年内到期的长期借款、长期应付款、递延收益等非流动负债列示在"其他流动负债"项目中。

四、资产负债表编制示例

【例12-1】

（一）资料

北方公司为增值税一般纳税人，适用的增值税税率为13%、所得税税率为25%。所得税采用应付税款法核算，该公司2022年1月1日的科目余额表见表12-2。

表 12-2　科目余额表　　　　　　　　　　　单位：元

科目名称	借方余额	科目名称	贷方余额
库存现金	1 500	短期借款	150 000
银行存款	769 560	应付票据	70 000
其他货币资金	20 000	应付账款	640 000
短期借款	15 000	其他应付款	35 000
应收票据	56 000	应付职工薪酬	60 000
应收账款	218 900	应交税费	136 000
预付账款	30 000	应付利息	970
其他应收款	4 000	长期借款	600 000
材料采购	100 000	其中：1 年内到期的长期负债	400 000
原材料	320 000	实收资本	2 000 000
周转材料	47 000	盈余公积	400 000
材料成本差异	16 000	利润分配	360 000
库存商品	925 600		
长期股权投资	170 000		
固定资产	129 000		
累计折旧	-438 000		
在建工程	786 410		
无形资产	120 000		
合计	4 451 970	合计	4 451 970

2022 年，北方公司发生如下经济业务。

（1）购入原材料一批，货款为 90 000 元，进项税额为 11 700 元，款项已通过银行支付，材料尚未验收入库。

（2）收到银行通知，用银行存款支付已到期的商业承兑汇票 50 000 元。

（3）收到上月采购的原材料一批，实际成本为 50 000 元，计划成本为 49 000 元，材料已验收入库，货款已于上月支付。

（4）销售产品一批，货款为 200 000 元，增值税销项税额为 26 000 元，产品已发出，货款尚未收到。

（5）购入材料一批，用银行存款支付材料货款 70 000 元、增值税进项税额 9 100 元，材料已验收入库，计划成本为 72 000 元。

（6）生产车间领用原材料的计划成本为 280 100 元，领用低值易耗品的计划成本为 20 000 元，采用一次摊销法摊销，结转领用材料和低值易耗品的材料成本差异，材料成本差异率为 2%。

（7）公司将账面成本为 15 000 元的短期投资（股票投资）全部出售，收到价款 20 000 元，存入银行。

（8）车间报废一台设备，原价为 97 000 元，已提折旧 89 000 元，清理费用为 1 000 元，残值收入为 1 600 元，款项已通过银行收支。清理工作已经完毕。

（9）公司购入不需要安装的设备一台，支付设备价款 56 000 元、增值税进项税额 7 280 元设备已投入使用。

（10）购入基建工程用工程物资，支付货款 82 000 元，增值税进项税额 10 050 元，物资已入库。

（11）分配应付工程人员工资 80 000 元，计提医疗保险费 8 000 元。

（12）计算工程应负担的长期借款（分期付息）利息为 30 000 元。

（13）一项工程完工交付使用，固定资产价值为 426 000 元。

（14）从银行借入 3 年期的借款 300 000 元，借款已存入银行。

（15）销售产品一批，货款为 500 000 元，增值税销项税额为 65 000 元，收到一张银行承兑汇票，面值为 565 000 元，公司当天就到银行办理了贴现，银行扣除贴现息 12 000 元。

（16）出售一台不需用的设备，收到价款 150 000 元，增值税税额为 19 500 元，设备原价为 200 000 元，已提折旧 70 000 元。

（17）一张面值为 30 000 元的商业汇票到期，公司委托银行收款，款项已收妥入账。

（18）支付职工工资 260 000 元，其中包括工程人员工资 80 000 元。

（19）分配应付工资 180 000 元（不包括工程人员），其中生产人员工资 120 000 元，车间管理人员工资 20 000 元，行政管理人员工资 4 000 元。

（20）计提医疗保险费 18 000 元（不包括工程人员），其中生产人员医疗保险费 12 000 元，车间管理人员医疗保险费 2 000 元，行政管理人员医疗保险费 4 000 元。

（21）支付产品广告费 10 000 元；支付车间设备修理费 7 000 元。

（22）计提短期借款利息 4 000 元，长期借款利息（计入当期损益）9 000 元，长期借款为分期付息。

（23）用银行存款 18 000 元支付诉讼费。

（24）用银行存款归还短期借款本金 60 000 元，利息 4 000 元（已计提）。

（25）摊销无形资产 12 000 元。

（26）计提固定资产折旧 31 000 元，其中车间计提折旧 18 100 元，管理部门计提折旧 12 9000 元。

（27）收到银行通知收回一笔应收账款 120 000 元，存入银行。

（28）归还长期借款 400 000 元。

（29）本期生产的产品全部完工入库，没有期初在产品。计算并结转本期完工产品成本。

（30）结转本期产品销售成本 420 000 元。

（31）计算本期应交城市维护建设税为 3 500 元，教育费附加为 1 500 元。

（32）用银行存款缴纳增值税 50 000 元，城市维护建设税 3 500 元，教育费附加 1 500 元。

（33）将各损益类账户结转本年利润，计算应交所得税和所得税费用。

（34）按净利润的 10% 提取法定盈余公积金。

（35）将本年利润、利润分配各明细账的余额转入"利润分配——未分配利润"明细账户。

（36）用银行存款交纳当年所得税。

（37）偿还前欠应付账款 200 000 元。

要求编制北方公司 2022 年经济业务的会计分录，并编制资产负债表。

（二）编制会计分录（代替记账凭证）

(1) 借：材料采购 90 000

应支税费——应交增值税（进项税额） 11 700

贷：银行存款 101 700

(2) 借：应付票据 50 000

贷：银行存款 50 000

(3) 借：原材料 49 000

材料成本差异 1 000

贷：材料采购 50 000

(4) 借：应收账款 226 000

贷：主营业务收入 200 000

应交税费——应交增值税（销项税额） 26 000

(5) 借：材料采购 70 000

应交税费——应交增值税（进项税额） 9 100

贷：银行存款 79 100

借：原材料 72 000

贷：材料采购 70 000

材料成本差异 2 000

(6) 借：生产成本 280 000

贷：原材料 280 000

借：制造费用 20 000

贷：周转材料 20 000

借：生产成本 5 600

制造费用 400

贷：材料成本差异 6 000

(7) 借：银行存款 20 000

贷：短期投资 15 000

投资收益 5 000

(8) 借：固定资产清理 8 000

累计折旧 89 000

贷：固定资产 97 000

借：固定资产清理 1 000

贷：银行存款 1 000

借：银行存款 1 600

贷：固定资产清理 1 600

借：营业外支出 7 400

贷：固定资产清理 7 400

(9) 借：固定资产 56 000

应交税费——应交增值税（进项税额） 7 280

贷：银行存款 63 280

（10）借：工程物资　　　　　　　　　　　　　　　　　82 000

　　　　应交税费——应变增值税（进项税额）　　　　10 660

　　　　　贷：银行存款　　　　　　　　　　　　　　　　　　92 660

（11）借：在建工程　　　　　　　　　　　　　　　　　88 000

　　　　　贷：应付职工薪酬——工资　　　　　　　　　　　　80 000

　　　　　　　　　　　　——医疗保险费　　　　　　　　　　8 000

（12）借：在建工程　　　　　　　　　　　　　　　　　30 000

　　　　　贷：应付利息　　　　　　　　　　　　　　　　　　30 000

（13）借：固定资产　　　　　　　　　　　　　　　　426 000

　　　　　贷：在建工程　　　　　　　　　　　　　　　　　426 000

（14）借：银行存款　　　　　　　　　　　　　　　　300 000

　　　　　贷：长期借款　　　　　　　　　　　　　　　　　300 000

（15）借：应收票据　　　　　　　　　　　　　　　　565 000

　　　　　贷：主营业务收入　　　　　　　　　　　　　　　500 000

　　　　　应交税费——应交增值税（销项税额）　　　　　65 000

　　　借：银行存款　　　　　　　　　　　　　　　　553 000

　　　　财务费用　　　　　　　　　　　　　　　　　　12 000

　　　　　贷：应收票据　　　　　　　　　　　　　　　　　565 000

（16）借：固定资产清理　　　　　　　　　　　　　　130 000

　　　　累计折旧　　　　　　　　　　　　　　　　　　70 000

　　　　　贷：固定资产　　　　　　　　　　　　　　　　　200 000

　　　借：银行存款　　　　　　　　　　　　　　　　169 500

　　　　　贷：固定资产清理　　　　　　　　　　　　　　　150 000

　　　　　应交税费——应交增值税（销项税额）　　　　19 500

　　　借：固定资产清理　　　　　　　　　　　　　　　20 000

　　　　　贷：营业外收入　　　　　　　　　　　　　　　　　20 000

（17）借：银行存款　　　　　　　　　　　　　　　　　30 000

　　　　　贷：应收票据　　　　　　　　　　　　　　　　　　30 000

（18）借：应付职工薪酬——工资　　　　　　　　　　260 000

　　　　　贷：银行存款　　　　　　　　　　　　　　　　　260 000

（19）借：生产成本　　　　　　　　　　　　　　　　120 000

　　　　制造费用　　　　　　　　　　　　　　　　　　20 000

　　　　管理费用　　　　　　　　　　　　　　　　　　40 000

　　　　　贷：应付职工薪酬——工资　　　　　　　　　　　180 000

（20）借：生产成本　　　　　　　　　　　　　　　　　12 000

　　　　制造费用　　　　　　　　　　　　　　　　　　2 000

　　　　管理费用　　　　　　　　　　　　　　　　　　4 000

　　　　　贷：应付职工薪酬——医疗保险费　　　　　　　　　18 000

（21）借：销售费用　　　　　　　　　　　　　　　　　10 000

　　　　制造费用　　　　　　　　　　　　　　　　　　7 000

	贷：银行存款	17 000
(22)	借：财务费用	13 000
	贷：应付利息	13 000
(23)	借：管理费用	18 000
	贷：银行存款	18 000
(24)	借：短期借款	60 000
	应付利息	4 000
	贷：银行存款	64 000
(25)	借：管理费用	12 000
	贷：累计摊销	12 000
(26)	借：制造费用	18 100
	管理费用	12 900
	贷：累计折旧	31 000
(27)	借：银行存款	120 000
	贷：应收账款	120 000
(28)	借：长期借款	400 000
	贷：银行存款 400 000	
(29)	借：生产成本	67 500
	贷：制造费用	67 500
	借：库存商品	485100
	贷：生产成本	485 100
(30)	借：主营业务成本	420 000
	贷：库存商品	420 000
(31)	借：税金及附加	5 000
	贷：应交税费——应交城市维护建设税	3 500
	——应交教育费附加	1 500
(32)	借：应交税费——应交增值税（已交税金）	50 000
	——应交城市维护建设税	3 500
	——应交教育费附加	1 500
	贷：银行存款	55 000
(33)	借：主营业务收入	700 000
	营业外收入	20 000
	投资收益	5 000
	贷：本年利润	725 000
	借：本年利润	554 300
	贷：主营业务成本	420 000
	税金及附加	5 000
	销售费用	10 000
	管理费用	86 900
	财务费用	25 000

营业外支出   7 400

本年应交所得税＝（725 000-554 300）×25%＝42 675（元）

所得税费用＝42 675 元

借：所得税费用   42 675

    贷：应交税费——应交所得税   42 675

借：本年利润   42 675

    贷：所得税费用   42 675

（34）提取法定盈余公积＝（725 000-554 300-42 675）×10%＝12 802.5（元）

借：利润分配——提取法定盈余公积   12 802.5

    贷：盈余公积   12 802.5

（35）借：本年利润   128025

    贷：利润分配——未分配利润   128 025

借：利润分配——未分配利润   12 802.5

    贷：利润分配——提取法定盈余公积   1 2 802.5

（36）借：应支税费——应交所得税   42 675

    贷：银行存款   42 675

（37）借：应付账款   200 000

    贷：银行存款   200 000

根据上进会计分录登记总账（用 T 形账代替），并结出各账户的年末余额。

银行存款

期初：769 560	（1）101 700
（7）20 000	（2）50 000
（8）1 600	（5）79 100
（14）300 000	（8）1 000
（15）553 000	（9）63 280
（16）169 500	（10）92 660
（17）30 000	（18）260 000
（27）120 000	（21）17 000
	（23）18 000
	（24）64 000
	（28）400 000
	（32）55 000
	（36）42 675
	（37）200 000
1 194 100	1 444 415
期末：519 245	

库存现金

期初：1 500	

其他应收款

期初：4 000	

短期投资

期初：15 000	
	(7) 15 000
期末：0	15 000

其他货币资金

期初：20 000	

应收账款

期初：218 900	
(4) 226 000	(27) 120 000
226 000	120 000
期末：324 900	

应收票据

期初：56 000	(15) 565 000
(15) 565 000	(17) 30 000
565 000	595 000
期末：26 000	

预付账款

期初：30 000	

原材料

期初：320 000	
(3) 49 000	(6) 280 000
(5) 72 000	
121 000	280 000
期末：161 000	

材料采购

期初：100 000	
（1）90 000	（3）50 000
（5）70 000	（5）70 000
160 000	120 000
期末：140 000	

生产成本

（6）280 000	（29）485 100
（6）5 600	
（19）120 000	
（20）12 000	
（29）67 500	
485 100	485 100
期末：0	

周转材料

期初：47 000	
	（6）20 000
	20 000
期末：27 000	

材料成本差异

期初：16 000	
（3）1 000	（3）2 000
	（6）6 000
1 000	8 000
期末：9 000	

库存商品

期初：925 600	
（29）485 100	（30）420 000
485 100	420 000
期末：990 700	

长期股权投资

期初：170 000	

固定资产

期初：1 290 000	
(9) 56 000	(8) 97 000
(15) 426 000	(16) 200 000
482 000	297 000
期末：1 475 000	

在建工程

期初：786 410	
(11) 88 000	(13) 426 000
(12) 30 000	
118 000	426 000
期末：478 410	

工程物资

(10) 82 000	
82 000	
期末：82 000	

累计折旧

	期初：438 000
(8) 89 000	(26) 31 000
(16) 70 000	
159 000	31 000
	期末：310 000

无形资产

期初：120 000	

累计摊销

	(25) 12 000
	12 000
	期末：12 000

短期借款

	期初：150 000
（24）60 000	
60 000	
	期末：90 000

应付票据

	期初：70 000
（2）50 000	
50 000	
	期末：20 000

应付账款

	期初：64 000
（37）200 000	
200 000	
	期末：440 000

应交税费

	期初：136 000
（1）11 700	（4）26 000
（5）9 100	（15）65 000
（9）7 280	（16）19 500
（10）10 660	（31）3 500
（32）50 000	（31）1 500
（32）3 500	（33）42 675
（32）1 500	
（36）42 675	
136 415	158 175
	期末：157 760

其他应收款

	期初：35 000

应付职工薪酬

	期初：60 000
（18）260 000	（11）80 000
	（11）80 000
	（19）180 000
	（20）18 000
260 000	286 000
	期末：86 000

应付利息

	期初：970
（24）4 000	（12）30 000
	（22）13 000
4 000	43 000
	期末：39 970

长期借款

	期初：600 000
（28）400 000	（14）300 000
400 000	300 000
	期末：500 000

本年利润

（33）554 300	（33）725 000
（33）42 675	
（35）128 025	
725 000	725 000
	期末：0

主营业务收入

（33）700 000	（4）200 000
	（15）500 000
700 000	700 000
	期末：0

实收资本

	期初：2 000 000

盈余公积

	期初：400 000
	（34）12 802.5
	12 802.5
	期末：412 802.5

利润分配

	期初：360 000
（34）12 802.5	（35）128 025
（35）12 802.5	（35）12 802.5
25 605	140 827.5
	期末：475 222.5

主营业务成本

（30）420 000	（33）420 000
420 000	420 000
期末：0	

税金及附加

（31）5 000	（33）50 000
5 000	5 000
期末：0	

销售费用

（21）10 000	（33）10 000
10 000	10 000
期末：0	

管理费用

（19）40 000	（33）86 900
（20）4 000	
（23）18 000	
（25）12 000	
（26）12 900	
86 900	86 900
期末：0	

制造费用

(6) 20 000	(29) 67 500
(6) 400	
(19) 20 000	
(20) 2 000	
(21) 7 000	
(26) 18 100	
67 500	67 500
期末：0	

财务费用

(15) 12 000	(33) 25 000
(22) 13 000	
25 000	25 000
期末：0	

营业外收入

(33) 20 000	(16) 20 000
20 000	20 000
	期末：0

营业外支出

(8) 7 400	(33) 7 400
7 400	7 400
期末：0	

投资收益

(33) 5 000	(7) 5 000
5 000	5 000
	期末：0

所得税费用

(33) 42 675	(33) 42 675
42 675	42 675

固定资产清理

(8) 8 000	(8) 1 600
(8) 1 000	(8) 7 400
(16) 130 000	(16) 150 000
(16) 20 000	
159 000	159 000
期末：0	

（三）编制试算平衡表（见表12-3）

表12-3　发生额试算平衡表

会计科目	本期发生额		会计科目	本期发生额	
	借方	贷方		借方	贷方
银行存款	1 194 100	1 444 415	应付账款	200 000	
短期投资		15 000	应付职工薪酬	260 000	286 000
应收票据	565 000	595 000	应交税费	136 415	158 175
应收账款	226 000	120 000	应付利息	40 000	43 000
材料采购	160 000	120 000	长期借款	400 000	300 000
原材料	121 000	280 000	盈余公积		12 802.5
周转材料		20 000	本年利润	725 000	725 000
材料成本差异	1 000	8 000	利润分配	25 605	140 827.5
库存商品	485 100	420 000	主营业务收入	700 000	700 000
生产成本	485 100	485 100	投资收益	5 000	5 000
制造费用	67 500	67 500	营业外收入	20 000	20 000
固定资产	482 000	297 000	主营业务成本	420 000	420 000
累计折旧	159 000	31 000	税金及附加	5 000	5 000
工程物资	82 000		销售费用	10 000	10 000
在建工程	118 000	426 000	管理费用	86 900	86 900
累计摊销		12 000	财务费用	25 000	25 000
固定资产清理	159 000	159 000	营业外支出	7 400	7 400
短期借款	60 000		所得税费用	42 675	42 675
应付票据	50 000		合计	7 487 795	7 487 795

（四）根据账户余额编制2022年年末资产负债表（资产负债表的格式见表12-1）

第三节　利润表

利润表，是指反映小企业在一定会计期间的经营成果的报表。它是根据"收入-费用=利润"这一会计等式，依照一定的标准和顺序，把小企业一定时期内的收入、费用和利润项目予以适当排列编制而成的。

通过利润表，可以反映小企业一定会计期间的收入实现情况、费用耗费情况、净利润的实现和构成情况。据以判断资本保值、增值情况。将利润表与资产负债表的信息相结合，还可以提供进行小企业财务分析的基本资料，如计算应收账款周转率、存货周转率、资产收益率等，帮助财务信息使用者分析小企业资金周转情况以及企业的盈利能力和增长趋势，从而为其做出经济决策提供依据。

一、利润表的内容和结构

在利润表中，费用应当按照功能分类，分为营业成本、税金及附加、销售费用、管理费用和财务费用等。利润表至少应当单独列示反映下列信息的项目：营业收入、营业成本、税金及附加、销售费用、管理费用、财务费用、所得税费用、净利润。每个项目应分为"本年累计金额"和"本月金额"两栏分别填列。

利润表的结构主要有多步式和单步式两种。我国小企业的利润表采用多步式结构。其主要包括以下四个方面的内容。

（一）营业收入

营业收入由主营业务收入和其他业务收入组成。

（二）营业利润

以营业收入为基础，减去营业成本（主营业务成本、其他业务成本）、税金及附加、销售费用、管理费用、财务费用、资产减值损失，加上公允价值变动损益、投资收益，即营业利润。

（三）利润总额（也称税前利润）

以营业利润为基础，加上营业外收入，减去营业外支出，即利润总额。

（四）净利润（也称税后利润）

以利润总额为基础，减去所得税费用，即为净利润（或亏损）。

多步式利润表是通过对当期的收入、费用、支出项目按性质加以归类，按利润形成的主要环节列示一些中间性利润指标，分步计算当期净损益，其优点是通过列示中间性利润，分步反映了净利润的计算过程，准确地提示了净利润各构成要素之间的内在联系指标，便于报表使用者进行盈利分析，能够满足现在和潜在的投资者、债权人对企业财务信息的需求。

二、利润表的编制方法

利润表是动态报表，应根据相关损益类科目的本期发生额分析填列。"营业收入"项目根据"主营业务收入""其他业务收入"账户的发生额分析计算填列；"营业成本"项目根据"主营业务成本""其他业务成本"科目的发生额分析计算填列。其他项目均按各该科目的发生额分析填列。

"本年累计金额"栏反映各项目自年初起至报告期末止的累计实际发生额，"本月金额"栏反映各项目的本月实际发生额；在编报年度利润表时，应将"本月金额"栏改为"上年金额"栏，填列上年全年实际发生额。如果上年度利润表的项目名称和内容与本年不一致，应对上年度利润表的项目名称和数字按本年度的规定进行调整，填入"上年金额"栏。

三、利润表的编制示例

【例12-2】根据【例12-1】北方公司2022年发生的经济业务和会计处理。编制2022年度利润表，见表12-4。

表 12-4　利润表

编制单位：北方公司　　　　　　　　　　2022 年度　　　　　　　　　　　　单位：元

项目	本年累计金额	上年金额
一、营业收入	700 000	
减：营业成本	420 000	
税金及附加	5 000	
其中：消费税		
城市维护建设税	3 500	
资源税		
土地增值税		
城镇土地使用税、房产税、车船税、印花税		
教育费附加、矿产资源补偿费、排污费	1 500	
销售费用	10 000	
其中：商品维修费		
广告费和业务宣传费	10 000	
管理费用	86 900	
其中：开办费		
业务招待费		
研究费用		
财务费用	25 000	
其中：利息费用（收入以"-"号填列）	25 000	
加：投资收益（损失以"-"号填列）	5 000	
二、营业利润（损失以"-"号填列）	158 100	
加：营业外收入	20 000	
减：营业外支出	7 400	
其中：坏账损失		
无法收回的长期债券投资损失		
无法收回的长期股权投资损失		
自然灾害等不可抗力因素造成的损失		
税收滞纳金		
三、利润总额（亏损总额以"-"号填列）	170 700	
减：所得税费用	42 675	
四、净利润（净亏损以"-"号填列）	128 025	

第四节　现金流量表

现金流量表，是指反映小企业在一定会计期间现金流入和流出情况的报表。现金流量表应当分经营活动、投资活动和筹资活动列报现金流量。

现金流量表能够说明企业一定期间内现金流入和流出的原因，反映企业的支付能力和偿债能力，有助于预测小企业未来获取现金的能力，以及小企业投资和理财活动对经营成果和财务状况的影响。

编制现金流量表的目的，是为财务报表使用者提供小企业一定会计期间内现金流入和流出的信息，以便于报表使用者了解和评价小企业获取现金的能力，并据以预测小企业未来现金流量。

一、现金流量表的编制基础

现金流量表是以现金为基础编制的。这里的现金是指小企业的库存现金以及可以随时用于支付的存款和其他货币资金。不能随时用于支付的存款不属于现金。

现金流量表以现金为编制基础，用来反映企业某一期间内现金流入和流出的数量，需要指出的是，现金流量表需要反映使现金项目与非现金项目产生增减变动的业务。对于仅涉及非现金各项目之间增减变动，不影响现金流量净额的业务，一般不予反映。

现金流量表的理论依据是"资产＝负债+所有者权益"这一会计等式变形之后，形成的一个动态会计等式：

△现金＝△筹资形成的负债+△实收资本+△资本公积——筹资活动

△留存收益+△经营形成的负债−△经营形成的流动资产 ——经营活动

△非流动资产−△短期投资——投资活动

从一定程度上说，现金流量表是对资产负债表中货币资金增减变化结果的说明。

二、现金流量的分类

现金流量，是指现金流入、流出以及现金流量净额，可分为经营活动、投资活动、筹资活动三大类。

（1）经营活动，是指小企业投资活动和筹资活动以外的所有交易和事项。经营活动的现金流入主要是指销售商品或提供劳务等所收到的现金；经营活动的现金流出主要是指购买货物、接受劳务、广告宣传、支付职工薪酬、缴纳税款等所支出的现金。通过经营活动产生的现金流量的计算，可以反映企业经营活动对现金流入和现金流出净额的影响程度，判断企业在不动用对外筹集资金的情况下，是否足以维持生产经营、偿还债务、支付股利、对外投资等。企业经营活动产生的现金流量应当单独列示反映下列信息的项目：①销售产成品、商品、提供劳务收到的现金；②购买原材料、商品、接受劳务支付的现金；③支付的职工薪酬；④支付的税费。

（2）投资活动，是指小企业固定资产、无形资产、其他非流动资产的购建和短期投资、长期债券投资、长期股权投资及其处置活动。投资活动的现金流入主要包括收回投资收到现金、分得利润或取得债券利息收入收到的现金，以及处置固定资产、无形资产和其他非流动资产收到的现金等；投资活动的现金流出则是指构建固定资产、无形资产和其他非流动资产所支付的现金，以及进行长期债券投资或长期股权投资所发生的现金。通过投资活动产生的现金流量的计算，可以分析小企业经由投资获取现金流量的能力，以及投资产生的现金流量对企业现金流量净额的影响程度。投资活动产生的现金流量应当单独列示反映下列信息的项目：①收回短期投资、长期债券投资和长期股权投资收到的现金；②取得投资收益收到的现金；③处置固定资产、无形资产和其他非流动资产收回的现金净额；④短期投资、长期债券投资和长期股权投资支付的现金；⑤购建固定资产、无形资产和其他非流动资产支付的现金。

（3）筹资活动，是指导致小企业资本及债务规模和构成发生变化的活动。筹资活动的现金流入包括吸收权益性投资或借款所收到的现金；筹资活动的现金流出主要包括偿还债务或减少资本所支付的现金，发生筹资费用所支付的现金，分配利润或偿付利息所支付的现金等。通过筹资活动产生的现金流量的计算，可以分析企业筹资的能力以及筹资产生的现金流量对企业现金流量净额的影响程度。小企业筹资活动产生的现金流量应当单独列示反映下列信息的项目：①取得借款收到的现金；②吸收投资者投资收到的现金；③偿还借款本金支付的现金；④偿还借款利息支付的现金；⑤分配利润支付的现金。

影响现金流量的因素主要是小企业的日常经营业务，但不是所有的业务都对现金流量有影响。影响现金流量的因素可用图12-1来说明。

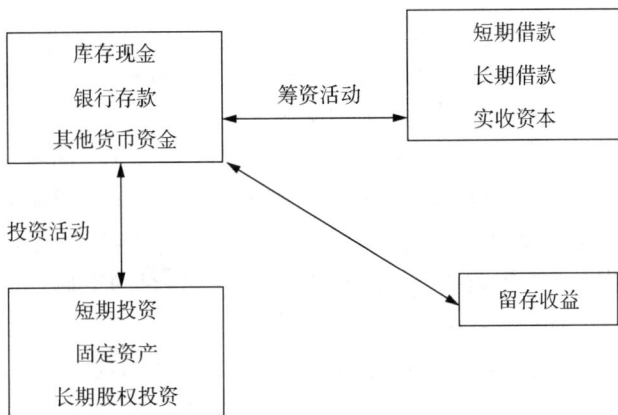

图12-1　影响现金流量的因素示意图

三、现金流量表的结构

小企业现金流量表采用报告式结构，列示经营活动产生的现金流量、投资活动产生的现金流量和筹资活动产生的现金流量。各个部分又分别按照现金流入和现金流出项目以及现金净流量列示，其计算公式为：现金净流量＝现金流入－现金流出。

四、现金流量表的编制方法

现金流量表的编制依据是资产负债表、利润表以及有关科目记录资料。编制现金流量表的过程就是将权责发生制下的会计资料转换为按收付实现制表示的现金流量。

现金流量表的各项目还应分别"本年累计金额"和"本月金额"两栏列示，"本年累计金额"栏反映各项目自年初起至报告期末止的累计实际发生额。"本月金额"栏反映各项目的本月实际发生额；在编报年度现金流量表时，应将"本月金额"栏改为"上年金额"栏，填列上年全年实际发生额。

编制现金流量表时，可以采用分析填列法、工作底稿法、T形账户法。

（一）分析填列法

分析填列法是直接根据资产负债表、利润表和有关会计科目明细账的记录，分析计算出现金流量表各项目的金额并据以编制现金流量表的一种方法。

现金流量表各项目的内容及填列方法如下。

1. 经营活动产生的现金流量

（1）"销售产成品、商品、提供劳务收到的现金"项目，反映小企业本期销售产成品、商品、提供劳务收到的现金，包括销售收入和应收取的增值税销项税额。其具体包括本期销售产成品、商品，提供劳务收到的现金；前期销售产成品、商品、提供劳务本期收到的现金；本期预收的账款，减去本期退回本期销售的商品和前期销售本期退回的商品支付的现金。企业销售材料等业务收到的现金也可在本项目反映。本项目可根据"库存现金""银行存款""应收账款""应收票据""预收账款""主营业务收入""其他业务收入"等科目的本期发生额分析填列。

本项目也可以根据利润表、资产负债表有关项目以及部分账户记录资料计算填列。销售产成品、商品、提供劳务收到的现金可用下式计算得出：

$$销售产成品、商品、提供劳务收到的现金 = \begin{matrix} 营业收入+应交增值税（销项税额）- \\ 应收票据、应收账款（期末余额-期初余额）- \\ 预收账款（期初余额-期末余额）-应收票据贴现利息- \\ 本期因销售退回支付的现金 \end{matrix}$$

（2）"收到其他与经营活动有关的现金"项目，反映小企业本期收到的其他与经营活动有关的现金，如罚款收入、经营租赁固定资产收到的现金，流动资产损失中由个人赔偿的现金收入等。其他现金流入如价值较大的，应单列项目反映。本项目可以根据"库存现金""银行存款""管理费用""销售费用""营业外收入"等科目的本期发生额分析填列。收到其他与经营活动有关的现金可用下式计算得出：

$$收到其他与经营活动有关的现金 = \begin{matrix} 除税费返还外的其他支付补助收入的现金+ \\ 经营租赁固定资产收到的现金+ \\ 流动资产损失中由个人赔偿的现金和保险理赔现金收入+ \\ 收取的押金、保证金、违约金+罚款收入 \end{matrix}$$

（3）"购买原材料、商品、接受劳务支付的现金"项目，反映小企业本期购买原材料、商品、接受劳务实际支付的现金，包括支付的货款以及与货款一并支付的增值税进项税额。其具体包括本期购买原材料、商品、接受劳务支付的现金，以及本期支付前期购买原材料、商品、接受劳务的未付款项和本期预付款项，减去本期发生的购货退回收到的现金。本项目可以根据"库存现金""银行存款""其他货币资金""应付票据""应付账款""预付账款""原材料""库存商品""主营业务成本""其他业务成本"等科目的本期发生额分析填列。

本项目也可以根据利润表、资产负债表有关项目以及部分账户记录资料计算填列。购买原材料、商品、接受劳务支付的现金可用下式计算得出：

购买原材料、商品、接受劳务支付的现金 = 营业成本+ 应交增值税（进项税额）-应付票据、应付账款（期末余额-期初余额）-预付账款（期初余额-期末余额）-存货（期末余额-期初余额）-当期购货退回收到的现金+其他用途减少的存货-当期列入生产成本、制造费用、管理费用的职工薪酬-当期列入生产成本、制造费用的非付现成本-以非现金资产清偿债务减少的应付账款

（4）"支付的职工薪酬"项目，反映小企业本期向职工支付的薪酬，本项目可以根据"库存现金""银行存款""应付职工薪酬"科目的本期发生额填列。支付的职工薪酬可用下式计算得出：

$$支付职工薪酬 = 本年度发生实际支付给职工的薪酬总额+ 应付职工薪酬（期末余额-期初余额）$$

（5）"支付的税费"项目，反映小企业本期支付的税费。本项目可以根据"库存现金""银行存款""应交税费"等科目的本期发生额填列。支付的税费可用下式计算得出：

支付的税费=本期实际缴纳的流转税、附加税及财产行为税+本期实际缴纳的企业所得税

（6）"支付其他与经营活动有关的现金"项目，反映小企业本期支付的其他与经营活动有关的现金。如罚款支出、支付的差旅费、业务招待费、保险费、经营租赁支付的现金等。其他现金流出如价值较大的应单列项目反映。本项目可以根据"库存现金""银行存款"等科目的本期发生额分析填列。支付的与其他经营活动有关的现金可用下式计算得出：

支付其他与经营活动有关的现金=销售费用+管理费用以现金支付的其他部分+
罚款支出+支付的经营租赁费

2. 投资活动产生的现金流量

（1）"收回短期投资、长期债券投资和长期股权投资收到的现金"项目，反映小企业出售、转让或到期收回短期投资、长期股权投资而收到的现金，以及收回长期债券投资本金而收到的现金，不包括长期债券投资收回的利息，本项目可以根据"库存现金""银行存款""短期投资""长期股权投资""长期债券投资"等科目的本期发生额分析填列。收回短期投资、长期债券投资和长期股权投资收到的现金可用下式计算得出：

收回短期投资、长期债券投资和长期股权投资收到的现金=出售、转让或收回短期投资收到的现金+出售、转让或到期收回长期股权投资收到的现金+到期收回长期债券的本金

（2）"取得投资收益收到的现金"项目，反映小企业因权益性投资和债权性投资取得的现金股利或利润和利息收入。本项目可以根据"库存现金""银行存款""应收股利""应收利息""投资收益"等科目的本期发生额分析填列。取得投资收益收到的现金可用下式计算得出：

取得投资收益收到的现金=股权投资分得的现金股利或利润+
短期债券投资和长期债券投资收到的利息收入

（3）"处置固定资产、无形资产和其他非流动资产收回的现金净额"项目，反映小企业处置固定资产、无形资产和其他非流动资产取得的现金，减去为处置这些资产而支付的有关税费等后的净额。本项目可以根据"库存现金""银行存款""固定资产清理""无形资产""生产性生物资产"等科目的本期发生额分析填列。处置固定资产、无形资产和其他非流动资产收回的现金净额可用下式计算得出：

处置固定资产、无形资产和其他非流动资产收回的现金净额=本期处置固定资产、无形资产和其他非流动资产收回的现金－处置固定资产、无形资产和其他非流动资产支付的税费

（4）"短期投资、长期债券投资和长期股权投资支付的现金"项目，反映小企业进行权益性投资和债权性投资支付的现金，包括企业取得短期股票投资、短期债券投资、短期基金投资、长期债券投资、长期股权投资支付的现金。本项目可以根据"库存现金""银行存款""短期投资""长期债券投资""长期股权投资"等科目的本期发生额分析填列。短期投资、长期债券投资和长期股权投资支付的现金可用下式计算得出：

短期投资、长期债券投资和长期股权投资支付的现金=短期投资支付的现金+长期债券投资支付的现金+长期股权投资支付的现金

（5）"购建固定资产、无形资产和其他非流动资产支付的现金"项目，反映小企业购建固定资产、无形资产和其他非流动资产支付的现金，包括购买机器设备、无形资产、生产性

生物资产、建造工程支付的现金等现金支出，不包括为购建固定资产、无形资产和其他非流动资产而发生的借款费用资本化部分以及支付给在建工程和无形资产开发项目人员的薪酬。为购建固定资产、无形资产和其他非流动资产而发生的借款费用资本化部分，在"偿还借款利息支付的现金"项目反映；支付给在建工程和无形资产开发项目人员的薪酬，在"支付的职工薪酬"项目反映。本项目可以根据"库存现金""银行存款""固定资产""在建工程""工程物资""无形资产""研发支出""生产性生物资产""应付职工薪酬"等科目的本期发生额分析填列。购建固定资产、无形资产和其他非流动资产支付的现金可用下式计算得出：

$$\begin{array}{l}购建固定资产、无形资产和\\其他非流动资产支付的现金\end{array} = \begin{array}{l}购买机器设备支付的现金+购买生物性生物资产支付的现金+\\购买无形资产支付的现金+建造工程支付的现金\end{array}$$

3. 筹资活动产生的现金流量

（1）"取得借款收到的现金"项目，反映小企业举借各种短期、长期借款收到的现金。本项目可以根据"库存现金""银行存款""短期借款""长期借款"等科目的本期发生额分析填列。取得借款收到的现金可用下式计算得出：

$$取得借款收到的现金=长期借款收到的现金+短期借款收到的现金$$

（2）"吸收投资者投资收到的现金"项目，反映小企业收到的投资者作为资本投入的现金。本项目可以根据"库存现金""银行存款""实收资本""资本公积"等科目的本期发生额分析填列。吸收投资者投资收到的现金可用下式计算得出：

$$吸收投资者投资收到的现金=接受投资者投入的资本和资本公积收到的现金$$

（3）"偿还借款本金支付的现金"项目，反映小企业以现金偿还各种短期、长期借款的本金。本项目可以根据"库存现金""银行存款""短期借款""长期借款"等科目的本期发生额分析填列。偿还借款本金支付的现金可用下式计算得出：

$$偿还借款本金支付的现金=归还短期借款、长期借款支付的本金$$

（4）"偿还借款利息支付的现金"项目，反映小企业"现金偿还各种短期、长期借款的利息，本项目可以根据"库存现金""银行存款""应付利息""财务费用"等科目的本期发生额分析填列。偿还借款利息支付的现金可用下式计算得出：

$$偿还借款利息支付的现金=支付短期借款、长期借款的利息$$

（5）"分配利润支付的现金"项目，反映小企业向投资者实际支付的利润。本项目可以根据"库存现金""银行存款""应付利润"等科目的本期发生额分析填列。分配利润支付的现金可用下式计算得出：

$$分配利润支付的现金="应付利润"的借方发生额$$

（二）工作底稿法

工作底稿法是以工作底稿为手段，以利润表和资产负债表数据为基础，结合有关账户的记录，对每一项目进行分析并编制调整分录，从而编制现金流量表的一种方法。采用工作底稿法编制现金流量表的程序如下。

第一步，将资产负债表的年初余额和期末余额过入工作底稿年初余额栏和期末余额栏。

第二步，对当期业务进行分析并编制调整分录。编制调整分录时，要以利润表项目为基础，从"营业收入"开始，结合资产负债表项目逐一进行分析。此外，有些调整分录并不涉及现金收支，只是为了核对资产负债表项目的期末年初变动，在调整分录中，有关现金及现金等价物的事项，并不直接借或贷记现金，而是分别记入"经营活动产生的现金流量""投资活动产生的现金流量""筹资活动产生的现金流量"等有关项目中，借记表明现金流入，贷记表明现金流出。

第三步，将调整分录通过工作底稿中的相应部分。

第四步，核对调整分录，借贷合计应相等，资产负债表年初余额加减调整分录中的借贷金额以后，应当等于期末余额。

第五步，根据工作底稿中的现金流量表项目部分编制正式的现金流量表。

（三）T形账户法

T形账户法是以T形账户为手段，以利润表和资产负债表数据为基础，结合有关账户的记录，对每一项目进行分析并编制调整分录，从而编制出现金流量表的一种方法。其程序如下：

第一步，为所有的非现金项目（包括资产负债表项目和利润表项目）分别开设T形账户，并将各自的期末、年初变动数过入各账户。

第二步，开设一个大的"现金"T形账户，每边分为经营活动、投资活动和筹资活动三大部分，左边记现金流入，右边记现金流出。与其他账户一样，通过期末、年初变动数。

第三步，以利润表项目为基础，结合资产负债表分析每一个非现金项目的增减变动，并据此编制调整分录。

第四步，将调整分录过入各T形账户，并进行核对，该账户借贷相抵后的余额与原先过入的期末、年初变动数应当一致。

第五步，根据大的"现金"T形账户编制正式的现金流量表。

五、现金流量表的编制示例

【例12-3】根据【例12-1】和【例12-2】北方公司2022年资产负债表、利润表以及经济业务资料，编制该公司2022年度现金流量表.

（一）分析填列法

1. 销售产成品、商品、提供劳务收到的现金＝营业收入＋应交增值税（销项税额）－应收票据、应收账款（期末余额－期初余额）－预收账款（期初余额－期末余额）－应收票据贴现利息－本期因销售退回支付的现金

＝700 000＋26 000＋65 000＋（218 900－324 900）＋（56 000－26 000）－12 000

＝703 000（元）

2. 购买原材料、商品、接受劳务支付的现金＝营业成本＋应交增值税（进项税额）－应付票据、应付账款（期末余额－期初余额）－预付账款（期初余额－期末余额）－存货（期末余额－期初余额）－当期购货退回收到的现金＋其他用途减少的存货－当期列入生产成本、制造费用、管理费用的职工薪酬－当期列入生产成本、制造费用的非付现成本－以非现金资产清偿债务减少的应付账款

＝420 000＋11 700＋9 100＋（1327 700－1408 600）＋（640 000－440 000）＋（70 000－20 000）－154 000－18 100

＝437 800（元）

3. 支付的职工薪酬＝应付职工薪酬账户借方发生额

＝260 000 元

4. 支付的税费＝应交税费明细账户的借方发生额

＝50 000＋3 500＋1 500＋42 675

=97 675（元）

5. 支付其他与经营活动有关的现金＝销售费用+管理费用

=10 000+18 000

=28 000（元）

6. 收回短期投资、长期债券投资＝短期投资贷方发生额+投资收益+长期股权投资收到的现金

=15 000+5 000

=20 000（元）

7. 处置固定资产、无形资产和其他非流动资产收回的现金净额

=固定资产清理借贷发生额

=1 69 500+1 600－1 000

=1 70 100（元）

8. 购建固定资产、无形资产和其他非流动资产支付的现金＝固定资产、工程物资账户借方发生额

=63 280+92 660

=155 940（元）

9. 取得借款收到的现金＝长期借款账户贷方发生额

=300 000 元

10. 偿还借款本金支付的现金＝短期借款、长期借款账户借方发生额

=60 000+400 000

=460 000（元）

11. 偿还借款利息支付的现金＝应付利息账户借方发生额

=4 000 元

根据上述数据。编制现金流量表见表 12-5。

表 12-5　现金流量表　　会小企 03 表

编制单位：北方公司　　　　2022 年度　　　　单位：元

项目	本年累计金额	本月金额
一、经营活动产生的现金流量		
销售产成品、商品、提供劳务支付的现金	703 000	
收到其他与经营活动有关的现金		
购买原材料、商品、接收劳务支付的现金	437 800	
支付的职工薪酬	260 000	
支付的税费	97 675	
支付其他与经营活动有关的现金	28 000	
经营活动产生的现金流量净额	-120 475	
二、投资活动产生的现金流量		
收回短期投资、长期债券投资和长期股权投资收到的现金	20 000	
取得投资收益收到的现金		
处置固定资产、无形资产和其他非流动资产收回的现金净额	170 100	

项目	本年累计金额	本月金额
短期投资、长期债券投资和长期股权投资支付的现金		
购建固定资产、无形资产和其他非流动资产支付的现金	155 940	
投资活动产生的现金流量净额	34 160	
三、筹资活动产生的现金流量		
取得借款收到的现金	300 000	
吸收投资者投资收到的现金		
偿还借款本金支付的现金	460 000	
偿还借款利息支付的现金	4 000	
分配利润支付的现金		
筹资活动产生的现金流量净额	−164 000	
四、现金净增加额	−250 315	
加：期初现金余额	791 060	
五、期末现金余额	540 745	

（二）工作底稿法

1. 将资产负债表的年初余额和期末余额过入工作底稿的期初数栏和期末数栏。

2. 对当期业务进行分析并编制调整分录。编制调整分录时，要以利润表项目为基础，从营业收入开始，结合资产负债表项目以及当期业务逐一进行分析。本例调整分录如下。

（1）分析调整营业收入时，会计处理如下。

借：经营活动现金流量——销售产品收现   715 000

     应收账款   106 000

     贷：营业收入   700 000

        应收票据   30 000

        应交税费   91 000

（2）分析调整营业成本时，会计处理如下。

借：营业成本   420 000

     应交税费   20 800

     应付账款   200 000

     应付票据   50 000

     贷：存货   80 900

        经营活动现金流量——购买原材料付现   609 900

（3）分析调整税金及附加时，会计处理如下。

借：税金及附加   5 000

     贷：经营活动现金流量——支付的税费   5 000

（4）分析调整销售费用时，会计处理如下。

借：销售费用   10 000

     贷：经营活动现金流量——其他付现   10 000

（5）分析调整管理费用时，会计处理如下。

借：管理费用 86 900

　　贷：经营活动现金流量——其他付现 86 900

（6）分析调整财务费用时，会计处理如下。

借：财务费用 25 000

　　贷：经营活动现金流量——销售商品收现 12 000

　　　　应付利息 9 000

　　　　筹资活动现金流量——偿还借款利息付现 4 000

财务费用中，有 12 000 元是票据贴现利息，由于在调整应收票据时已计入经营活动现金流量，所以应冲减该项目，不能作为现金流出。

（7）分析调整投资收益时，会计处理如下。

借：投资活动现金流量——收回投资收现 20 000

　　贷：短期投资 15 000

　　　　投资收益 5 000

（8）分析调整营业外收入时，会计处理如下。

借：投资活动现金流量——处置固定资产收现 169 500

　　累计折旧 70 000

　　贷：固定资产 200 000

　　　　应交税费 19 500

　　　　营业外收入 20 000

（9）分析调整营业外支出时，会计处理如下。

借：营业外支 7 400

　　投资活动现金流量——处置固定资产收现 600

　　累计折旧 89 000

　　贷：固定资产 97 000

（10）分析调整所得税费用时，会计处理如下。

借：所得税费用 42 675

　　贷：应交税费 42 675

（11）分析调整固定资产时，会计处理如下。

借：固定资产 482 000

　　应交税费 7 280

　　贷：投资活动现金流量——购建固定资产付现 63 280

　　　　在建工程 426 000

（12）分析调整累计折旧时，会计处理如下。

借：经营活动现金流量——购买原材料付现 18 100

　　　　　　　　　　　——其他付现 12 900

　　贷：累计折旧 31 000

（13）分析调整工程物资和在建工程时，会计处理如下。

借：工程物资 82 000

　　应交税费——应交增值税（进项税额） 10 660

　　贷：投资活动现金流量——购建固定资产付现 92 660

借：在建工程 118 000

  贷：经营活动现金流量——支付的职工薪酬 80 000

    应付职工薪酬 8 000

    应付利息 30 000

（14）分析调整无形资产时，会计处理如下。

借：经营活动现金流量——其他付现 12 000

  贷：累计摊销 12 000

（15）分析调整短期借款时，会计处理如下。

借：短期借款 60 000

  贷：筹资活动现金流量——偿还借款本金支付的现金 60 000

（16）分析调整应付职工薪酬时，会计处理如下。

借：经营活动现金流量——购买商品付现 154 000

    ——其他付现 44 000

  贷：经营活动现金流量——支付的职工薪酬 180 000

    应付职工薪酬 18 000

（17）分析调整应交税费时，会计处理如下。

借：应交税费 92 675

  贷：经营活动现金流量——支付的各项税费 92 675

（18）分析调整长期借款时，会计处理如下。

借：其他流动负债 400 000

  贷：筹资活动现金流量——偿还借款本金付现 400 000

借：筹资活动现金流量——取得借款收现 300 000

  贷：长期借款 300 000

（19）结转净利润时，会计处理如下。

借：净利润 128 025

  贷：未分配利润 128 025

（20）提取盈余公积时，会计处理如下。

借：未分配利润 12 802.5

  贷：盈余公积 12 802.5

（21）调整现金净减少额时，会计处理如下。

借：现金净减少 250 315

  贷：货币资金 250 315

3. 将调整分录计入工做底稿的相应部分，见表12-6。

表12-6 现金流量表工作底稿

单位：元

项目	期初数	调整分录		期末数
		借方	贷方	
一、资产负债表项目				
借方项目：				
货币资金	791 060		（21）250 315	540 745

续表

项目	期初数	调整分录		期末数
		借方	贷方	
短期投资	15 000		（7）15 000	0
应收票据	56 000		（1）30 000	26 000
应收账款	218 900	（1）106 000		332 900
预付账款	30 000			30 000
其他应收款	4 000			4 000
存货	1 408 600		（2）80 900	1 327 700
长期股权投资	170 000			170 000
固定资产	1 290 000	（11）482 000	（8）200 000 （9）97 000	1 475 000
累计折旧	438 000	（8）70 000 （10）89 000	（12）31 000	310 000
固定资产账面价值	852 000			1 165 000
在建工程	786 410	（13）118 000	（11）426 000	478 410
工程物资	0	（13）82 000		82 000
无形资产	120 000		（14）12 000	108 000
借方项目合计				4 278 835
贷方项目：				
短期借款	150 000	（15）60 000		90 000
应付票据	70 000	（2）50 000		20 000
应付账款	640 000	（2）200 000		440 000
应付职工薪酬	60 000		（13）8 000 （16）18 000	86 000
应交税费	136 000	（2）20 800 （11）7 280 （13）10 660 （17）92 675	（1）91 000 （8）19 500 （10）42 675	157 760
应付利息	970		（6）9 000 （13）30 000	39 970
其他应付款	35 000			35 000
其他流动资产	400 000	（18）400 000		0
长期借款			（18）300 000	500 000
实收资本				2 000 000
盈余公积			（20）12 802.5	412 802.5
未分配利润		（20）12 802.5	（19）128 025	475 222.5
贷方项目合计				4 278 835
二、利润表项目				本期数

续表

项目	期初数	调整分录		期末数
		借方	贷方	
营业收入			(1) 700 000	700 000
营业成本		(2) 420 000		420 000
税金及附加		(3) 5 000		5 000
销售费用		(4) 10 000		10 000
管理费用		(5) 86 900		86 900
财务费用		(6) 25 000		25 000
投资收益			(7) 5 000	5 000
营业外收入			(8) 20 000	20 000
营业外支出		(9) 7 400		7 400
所得税费用		(10) 42 675		42 675
净利润		(19) 128 025		128 025
三、现金流量表项目				
(一) 经营活动产生的现金流量				
销售产成品、商品、提供劳务支付的现金		(1) 715 000	(6) 12 000	703 000
购买原材料、商品、接收劳务支付的现金		(12) 18 100 (16) 154 000	(2) 609 900	437 800
支付的职工薪酬			(13) 80 000 (16) 180 000	260 000
支付的税费			(3) 5 000 (17) 92 675	97 675
支付其他与经营活动有关的现金		(12) 12 900 (14) 12 000 (16) 44 000	(4) 10 000 (5) 86 900	28 000
经营活动产生的现金流量净额				−120 475
(二) 投资活动产生的现金流量				
收回短期投资、长期债券投资和长期股权投资收到的现金		(7) 20 000		20 000
处置固定资产、无形资产和其他非流动资产收回的现金净额		(8) 169 500 (9) 600		170 100
购建固定资产、无形资产和其他非流动资产支付的现金			(11) 63 280 (13) 92 660	155 940
投资活动产生的现金流量净额				34 160
(三) 筹资活动产生的现金流量				
吸收投资者投资收到的现金				
取得借款收到的现金		(18) 300 000		300 000

项目	期初数	调整分录		期末数
		借方	贷方	
偿还借款本金支付的现金			（15）60 000 （18）40 000	460 000
偿还借款利息支付的现金			（6）4 000	4 000
筹资活动产生的现金流量净额				－164 000
（四）现金净增加额		（21）250 315		－250 315
调整分录借贷合计		42 512 885	42 512 885	

4. 核对调整分录，借方、贷方计数均已经相等，资产负债表项目年初余额加减调整分录中的借贷金额以后，也已等于期末数。

5. 根据工作底稿中的现金流量表部分编制正式的现金流量表，见表12-5。

第五节 附注和会计调整

一、附注

附注是指对在资产负债表、利润表和现金流量表等报表中列示项目的文字描述或明细资料，以及对未能在这些报表中列示项目的说明等。附注是财务报表的重要组成部分，小企业应当按照小企业会计准则的规定披露附注信息。主要包括下列内容。

（1）遵循小企业会计准则的声明。小企业应当声明编制的财务报表符合小企业会计准则的要求，真实、完整地反映了小企业的财务状况、经营成果和现金流量等有关财务报表。

（2）短期投资、应收账款、存货、固定资产项目的说明。

1）短期投资的披露格式见表12-7。

表 12-7 短期投资的披露格式

项目	期末账面余额	期末市价	期末账面余额与 市价的差额
1. 股票			
2. 债券			
3. 基金			
4. 其他			
合计			

2）应收账款按账龄结构披露的格式见表12-8。

表 12-8　应收账款按账龄结构披露的格式

账龄结构	期末账面余额	年初账面余额
1 年以内（含 1 年）		
1 年至 2 年（含 2 年）		
2 年至 3 年（含 3 年）		
3 年以上		
合计		

3）存货的披露格式见表 12-9。

表 12-9　存货的披露格式

存货种类	期末账面余额	期末市价	期末账面余额与市价的差额
1. 原材料			
2. 在产品			
3. 库存商品			
4. 周转材料			
5. 消耗性生物资产			
……			
合计：			

4）固定资产的披露格式见表 12-10。

表 12-10　固定资产的披露格式

项目	原价	累计折旧	期末账面价值
1. 房屋、建筑物			
2. 机器			
3. 机械			
4. 运输工具			
5. 设备			
6. 器具			
7. 工具			
……			
合计：			

（3）应付职工薪酬、应交税费项目的说明。

1）应付职工薪酬的披露格式见表 12-11。

表 12-11 应付职工薪酬　　　　　　　会小企 01 表附表 1

编制单位：　　　　　　　　　　　年　月　　　　　　　　　单位：元

项目	期末账面余额	年初账面余额
1. 职工工资		
2. 奖金、津贴和补贴		
3. 职工福利		
4. 社会保险费		
5. 住房公积金		
6. 工会经费		
7. 职工教育经费		
8. 非货币性福利		
9. 辞退福利		
10. 其他		
合计		

2）应交税费的披露格式见表 12-12。

表 12-12 应交税费明细账　　　　　　会小企 01 表附表 2

编制单位：　　　　　　　　　　　年　月　　　　　　　　　单位：元

项目	期末账面余额	年初账面余额
1. 增值税		
2. 消费税		
3. 城市维护建设税		
4. 企业所得税		
5. 资源税		
6. 土地增值税		
7. 城镇土地使用税		
8. 房产税		
9. 车船税		
10. 教育费附加		
11. 矿产资源补偿费		
12. 排污费		
13. 代扣代缴的个人所得税		
：		
合计		

（4）利润分配的说明（见表 12-13）。

表 12-13　利润分配表　　　　　　　　　　　　会小企 01 表附表 3

编制单位：　　　　　　　　　　　年　月　　　　　　　　　　　单位：元

项目	行次	本年金额	上年金额
一、净利润	1		
加：年初未分配利润	2		
其他转入	3		
二、可供分配的利润	4		
减：提取法定盈余公积	5		
提取任意盈余公积	6		
提取职工奖励及福利基金	7		
提取储备基金	8		
提取企业发展基金	9		
利润归还投资	10		
三、可供投资者分配的利润	11		
减：应付利润	12		
四、未分配利润	13		

提取职工奖励及福利基金、提取储备基金、提取企业发展基金这三个项目仅适用于小企业（外商投资）按照相关法律规定提取的三项基金利润。归还投资这个项目仅适用于小企业（中外合作经营）根据合同规定在合作期间归还投资者的投资。

（5）用于对外担保的资产名称、账面余额及形成的原因；未决诉讼、未决仲裁以及对外提供担保所涉及的金额。

（6）发生严重亏损的，应当披露持续经营的计划、未来经营的方案。

（7）对已在资产负债表和利润表中列示项目与企业所得税法规定存在差异的纳税调整过程。

（8）其他需要说明的事项。

二、会计调整

小企业对会计政策变更、会计估计变更和会计差错更正应当采用未来适用法进行会计处理。

会计政策，是指小企业在会计确认、计量和报告中所采用的原则、基础和会计处理方法。会计估计变更，是指由于资产和负债的当前状况及预期经济利益和义务发生了变化，从而对资产或负债的账面价值或者资产的定期消耗金额进行调整，前期差错包括计算错误、应用会计政策错误、应用会计估计错误等。未来适用法，是指将变更后的会计政策和会计估计应用于变更日及以后发生的交易或者事项，或者在会计差错发生或发现的当期更正差错的方法。

【实例专栏】

一、资产负债表的编制

某企业 2022 年 5 月 31 日全部总账和有关明细账余额见表 12-14。

表 12-14　科目余额表　　　　　　　　　　　　　单位：元

2022 年 5 月 31 日

总账	明细账	借方科目	贷方科目	总账	明细账	借方科目	贷方科目
库存现金		3 000		短期借款			7 000
银行存款		15 000		应付账款			38 000
短期投资		25 000			F 企业		20 000
应收账款		23 000			H 企业	12 000	
	A 企业	10 000			W 企业		30 000
	B 企业		2 000	预收账款			3 000
	C 企业	15 000			U 企业	4 000	
预收账款		3 000			V 企业		7 000
	D 企业	4 000		应付职工薪酬			2 000
	E 企业		1 000	应付利息			20 000
其他应收款		5 000		应交税费			6 000
	行政科	3 000		其他应付款			1 000
	某职工	1 000		长期借款			32 000
	保险公司	1 000		实收资本			244 000
原材料		27 000		盈余公积			45 000
生产成本		3 000		本年利润			720 000
库存商品		27 000		利润分配		200 000	
长期股权投资		592 000					
固定资产		188 000					
累计折旧			13 000				
无形资产		21 000					
累计摊销			1 000				

实习生 ×× 在根据上表所列资料编制 2022 年 5 月 31 日的资产负债表时，不知应收款项和应付款项如何填列，请教了会计以后才想起在校期间老师讲过这方面的知识，应收、应付款项应根据其明细账的资料编制，请你帮助他编制资产负债表，见表 12-15。

表 12-15　资产负债表

编制单位：北方公司　　　　　　　　　　年　月　日　　　　　　　　　　单位：元

资产	期末余额	年初余额	负债和所有者权益	期末余额	年初余额
流动资产：			流动负债：		
货币资金			短期借款		
短期投资			应付票据		
应收票据			应付账款		
应收账款			预收账款		
预付账款			应付职工薪酬		

资产	期末余额	年初余额	负债和所有者权益	期末余额	年初余额
其他应收款			应交税费		
存货			应付利息		
其他流动资产			其他应付款		
流动资产合计			流动负债合计		
非流动资产:			非流动负债:		
长期股权投资			长期借款		
固定资产			非流动负债合计		
无形资产			负债合计		
开发支出			所有者权益:		
非流动资产合计			实收资本		
			盈余公积		
			未分配利润		
			所有者权益合计		
资产总计			负债和所有者权益合计		

二、失血的 ST 郑百文

郑百文于 1996 年上市，1997 年各项经营指标在国内上市公司中均名列前茅。正当全国各地轰轰烈烈地学习"郑百文经验"之际，1998 年郑百文亏损 5.02 亿元（1998 年中期净资产收益率为 3.24%），每股收益由 1997 年的 0.4649 元一下子变为-2.5438 元，净资产收益率变为-1 148.46%，被其债权人——中国信达资产管理公司申请破产。导致郑百文由盛转衰的原因是多方面的，其中主要原因之一是内部控制的极度薄弱，这导致了其负债太高和与其相关各方"铁三角"关系的终结。

1998 年中期，郑百文未要求编制现金流量表，我们可以通过对利润表、资产负债表的项目分析看出，主营业务收入幅度降低，由 1997 年的 279 亿元降到 212 亿元，降幅达 24%，赊销、现销减少，预收账款减少，应收账款增加 10%，主营业务收入更多是赊销，应收账款回收减少，账龄出现老化，由此可看出经营活动现金流量较差、负债 23.9 亿元，几乎都是短期借款形成的，短期偿债负担沉重。投资收益 350 万元，同比下降了 84%，而且都是账面收益，未产生现金流量。

由此可以看出，现金虽然不是万能的，可是没有现金是万万不能的，资不抵债不一定会使公司破产清算，但没有现金流量就一定会导致公司破产。高明的商家并不是从来没做过亏本的生意，但他们深知"现金为王"的道理。

请思考现金流量表对会计信息使用者分析企业财务弹性有什么帮助。

三、现金流量表的编制

1. 甲公司 2022 年度有关资料如下：

（1）应收账款项目：年初数 10 万元，年末数 12 万元；

（2）应收票据项目：年初数 85 万元．年末数 50 万元；

（3）预收账款项目：年初数 61 万元，年末数 98 万元；

（4）营业收入 800 万元；

(5) 应交增值税销项税额 128 万元，进项税额 80 万元；

(6) 应付账款项目：年初数 60 万元，年末数 80 万元；

(7) 应付票据项目：年初数 85 万元，年末数 40 万元；

(8) 预付账款项目：年初数 60 万元，年末数 90 万元；

(9) 存货项目：年初数万元，年末数 150 万元；

(10) 营业成本 400 万元。

请根据以上资料计算甲公司现金流量表中"销售产成品、商品、提供劳务收到的现金""购买原材料、商品、接受劳务支付的现金"项目的金额并编制调整分录。

2. 甲公司 2022 年度涉及现金流量的交易或事项如下：

(1) 收到联营企业分粮的现金股利 20 万元；

(2) 收到上年度销售给乙公司的商品价款 50 万元；

(3) 向银行借款 500 万元；

(4) 收到投资者投入的 1 000 万元现金；

(5) 支付现金 120 万元投资丙公司的股权；

(6) 支付经营租赁设备租金 7 万元；

(7) 支付研究开发费用 50 万元，其中予以资本化的金额为 20 万元；

(8) 偿付银行利息 10 万元；

(9) 支付职工工资 200 万元，在建工程人员薪酬 10 万元；

(10) 缴纳所得税 30 万元、增值税 10 万元、城市维护建设税 0.7 万元、教育费附加 0.3 万元。

请根据上述资料计算现金流量表的各项指标：经营活动现金流入、经营活动现金流出、投资活动现金流入、投资活动现金流出、筹资活动现金流入、筹资活动现金流出。

复习思考题

1. 下列项目中，不属于小企业在进行企业所得税申报时需要提交资料的是 (   )

A. 资产负债表   B. 利润表

C. 会计报表附注   D. 企业所得税申报表

2. 在对小企业进行税收分析时，与企业所得税联系最密切的财务资料是 (   )

A. 资产负债表   B. 利润表   C. 会计报表附注   D. 现金流量表

3. 小企业的资产负债表主要用于以下税种的税收分析 (   )

A. 增值税   B. 个人所得税   C. 资源税   D. 企业所得税

4. 税务人员在进行税收分析时需要把握资产负债表中存货所包括的范围，以下项目属于存货的有 (   )

A. 货币资金   B. 应收账款   C. 库存商品   D. 应付账款

5. 税务人员在进行税收分析时需要知道资产负债表是如何编制的，编制资产负债表依据的基本公式是 (   )

A. 资产 = 负债 + 所有者权益

B. 收入 – 费用 = 利润

C. 本期所有账户的借方发生额合计 = 本期所有账户的贷方发生额合计

D. 所有账户的借方余额合计＝所有账户的贷方余额合计

6. 下列资产负债表项目中，其期末数可以根据若干个总账科目期末余额计算填列的有（　　）

A. 短期投资　　　　B. 货币资金　　　　C. 应付工资　　　　D. 固定资产

7. 按照《小企业会计准则》的规定，小企业应当编制的财务报表有（　　）

A. 企业经营情况报告　　　　　　　　B. 企业获利情况报告

C. 资产负债表　　　　　　　　　　　D. 企业所得税计算表

8. 税务人员在进行税收分析时应当把握资产负债表中资产的构成。资产负债表中的资产类至少应当单独列示反映下列信息（　　）

A. 固定资产　　　　B. 应付账款　　　　C. 应交税费　　　　D. 未分配利润

9. 税务人员在进行税收分析时应当把握资产负债表中负债的构成，资产负债表中的负债类至少应当单独列示反映下列信息（　　）

A. 实收资本　　　　B. 实收股本　　　　C. 短期投资　　　　D. 短期借款

10. 利润表至少应当单独列示反映下列信息（　　）

A. 货币资金　　　　B. 未分配利润　　　　C. 增值税　　　　D. 税金及附加

11. 所得税费用是（　　）中的项目

A. 资产负债表　　　　B. 利润表　　　　C. 现金流量表　　　　D. 会计报表附注

12. 利润表之所以是企业所得税分析时常用的报表，其主要原因是（　　）

A. 资产负债表反映了企业的资产构成

B. 资产负债表反映了企业的负债构成

C. 资产负债表反映了企业的使用者权益构成

D. 资产负债表不反映企业所得税的计税依据

13. 净利润是利润表中的项目，小企业的净利润表示的是（　　）

A. 利润总额扣除增值税后的金额

B. 利润总额扣除消费税后的金额

C. 利润总额扣除营业税后的金额

D. 利润总额扣除所得税费用后的金额

14. 小企业的销售费用是利润表中的项目，也是企业所得税分析时的项目，销售费用应当包括（　　）。

A. 开办费　　　　B. 研究费用　　　　C. 业务招待费　　　　D. 业务宣传费

15. 小企业取得的用于补偿已发生费用的政府补贴，反映在利润表的（　　）项目。

A. 营业收入　　　　B. 营业成本　　　　C. 营业外收入　　　　D. 营业外支出

16. 税收分析时需要分析企业现金流量表中的现金流入和现金流出，现金流量表的编制以（　　）为原则。

A. 权责发生制　　　　B. 收付实现制　　　　C. 历史成本　　　　D. 重置成本

17. 税务人员在对企业的经营成果进行分析时，比较关心的是（　　）。

A. 企业的获利能力　　　　　　　　　B. 企业的偿债能力

C. 企业的社会贡献能力　　　　　　　D. 企业的资产营运能力

18. 企业缴纳的各种税金应在财务报表中反映。反映企业缴纳税金的报表是（　　）

A. 资产负债表　　　　B. 利润表　　　　C. 现金流量表　　　　D. 会计报表附注

19. 资产负债表中资产的排列是依据（ ）

A. 项目收益性　　　B. 项目重要性　　　C. 项目流动性　　　D. 项目时间性

20. 税收分析时要把握资产负债表中各项目的分类。以下项目中，属于资产负债表中流动资产项目的是（ ）

A. 长期借款　　　B. 长期应付款　　　C. 预收账款　　　D. 预付账款

21. 税收分析时要把握资产负债表中各项目的分类。以下项目中，属于资产负债表中流动负债项目的是（ ）

A. 长期借款　　　B. 长期应付款　　　C. 预收账款　　　D. 预付账款

22. 按照《小企业会计准则》的规定，预付账款科目明细账中若有贷方余额，应将其计入资产负债表中的（ ）项目。

A. 应收账款　　　B. 预收款项　　　C. 应付账款　　　D. 其他应付款

23. 按照《小企业会计准则》的规定，应收账款科目明细账中若有贷方余额，应将其计入资产负债表中的（ ）项目。

A. 应收票据　　　B. 预收款项　　　C. 应付账款　　　D. 其他应付款

24. 按照《小企业会计准则》的规定，预收账款科目明细账中若有借方余额，应将其计入资产负债表中的（ ）项目。

A. 应收账款　　　B. 预收款　　　C. 应付账款　　　D. 其他应付款

25. 按照《小企业会计准则》的规定，应付账款科目明细账中若有借方余额，应将其计入资产负债表中的（ ）项目。

A. 应收票据　　　B. 预收款项　　　C. 预付账款　　　D. 其他应付款

26. 按照《小企业会计准则》的规定，资产负债表中货币资金项目中包含的项目是（ ）。

A. 银行本票存款　　　B. 银行承兑汇票　　　C. 商业承兑汇票　　　D. 交易性金融资产

27. 某小企业 2022 年 12 月 31 日无形资产账户余额为 500 万元，累计摊销账户余额为 200 万元。该企业 2022 年 12 月 31 日资产负债表中无形资产项目的金额为（ ）万元

A. 500　　　B. 300　　　C. 400　　　D. 200

28. 某小企业 2022 年 12 月 31 日固定资产账户余额为 400 万元，累计折旧账户余额为 50 万元。该企业 2022 年 12 月 31 日资产负债表中固定资产项目的金额为（ ）万元

A. 400　　　B. 50　　　C. 350　　　D. 300

29. 下列项目在资产负债表中只需要根据某一个总分类账户就能填列的项目是（ ）

A. 应收账款　　　B. 短期借款　　　C. 预付款项　　　D. 预收款项

30. 某小企业应收账款科目月末借方余额 20 000 元，其中：应收甲公司账款明细科目借方余额为 35 000 元，应收乙公司账款明细科目贷方余额 15 000 元。预收账款科目月末贷方金额 15 000 元，其中：预收 A 公司账款明细科目贷方余额 25 000 元，预收 B 公司账款明细科目借方余额 10 000 元。该企业月末资产负债表中应收账款项目的金额为（ ）元。

A. 40 000　　　B. 25 000　　　C. 15 000　　　D. 45 000

31. 某小企业应收账款科目月末借方余额 20 000 元，其中：应收甲公司账款明细科目借方余额为 35 000 元，应收乙公司账款明细科目贷方余额 15 000 元；预收账款科目月末贷方金额 15 000 元，其中：预收 A 公司账款明细科目贷方余额 25 000 元，预收 B 公司账款明细科目借方余额 10 000 元。该企业月末资产负债表中于预收账款项目的金额为（ ）元。

A. 40 000   B. 25 000   C. 15 000   D. 45 000

32. 某小企业应付账款科目月末贷方余额 40 000 元，其中：应付甲公司账款明细科目贷方余额为 35 000 元，应付乙公司账款明细科目贷方余额 5 000 元；预付账款科目月末贷方金额 30 000 元，其中：预付 A 公司账款明细科目贷方余额 50 000 元，预付 B 公司账款明细科目借方余额 20 000 元。该企业月末资产负债表中应付账款项目的金额为（　　）元。

A. 90 000   B. 30 000   C. 40 000   D. 70 000

33. 某小企业应付账款科目月末贷方余额 40 000 元，其中：应付甲公司账款明细科目贷方余额为 35000 元，应付乙公司账款明细科目贷方余额 5 000 元；预付账款科目月末贷方金额 30 000 元，其中：预付 A 公司账款明细科目贷方余额 50 000 元，预付 B 公司账款明细科目借方余额 20 000 元。该企业月末资产负债表中预付账款项目的金额为（　　）元。

A. 90 000   B. 70 000   C. 50 000   D. 20 000

34. 某小企业原材料科目借方余额 150 万元，生产成本科目借方余额 200 万元，材料采购科目借方余额 50 万元，材料成本差异科目贷方余额 50 万元，该企业期末资产负债表中存货项目应填列的金额为（　　）万元。

A. 150   B. 350   C. 200   D. 400

35. 某小企业期末工程物资科目的借方余额为 100 万元，发出商品科目的借方余额为 80 万元，原材料科目的借方余额为 120 万元，材料成本差异科目的借方余额为 10 万元。假定不考虑其他因素，该企业资产负债表中存货项目的金额为（　　）万元。

A. 210   B. 200   C. 100   D. 80

36. 某小企业 2022 年发生的营业收入为 1 000 万元，营业成本为 630 万元，销售费用为 20 万元，管理费用为 50 万元，财务费用为 10 万元，投资收益为 40 万元，营业外收入为 25 万元，营业外支出为 15 万元。该企业 2022 年利润表中的营业利润为（　　）万元。

A. 360   B. 340   C. 330   D. 290

37. 小企业利润表中的营业税金及附加项目反映的是（　　）

A. 个人所得税   B. 城市维护建设税   C. 所得税   D. 增值税

38. 某小企业 2022 年发生业务招待费用 55 万元，发生财产保险费用 50 万元，发生差旅费 80 万元，发生印花税、车船税等 10 万元已经缴纳，发生管理用设备折旧费用 300 万元（假设等于税法折旧），发生计入成本费用的职工工资 200 万元和养老金等社会保险基金 100 万元，其中 40% 应归属于管理人员薪酬，管理人员的薪酬中有 12 万元尚未支付。本期企业所得税申报表中申报的销售（营业）收入为 1 000 万元。则该企业本期计入利润表的管理费用与可在税前扣除的管理费用分别为（　　）万元。

A. 615 565   B. 615 553   C. 795 565   D. 795 553

39. 下列项目中，属于现金流量表所属现金的是（　　）

A. 不能随时用于支付的银行定期存款   B. 提前通知金融企业便可支取的定期存款
C. 三个月内到期的短期债券投资   D. 六个月内到期的短期债券投资

40. 下列各项交易或事项所产生的现金流量中，不属于现金流量表中经营活动产生的现金流量的是（　　）。

A. 经营租赁固定资产收到的租金
B. 收到的教育费附加返还款
C. 支付的保险费

D. 购建固定资产、无形资产和其他非流动资产支付的现金

41. 小企业支付的在建工程人员的工资属于（　　）产生的现金流量。

A. 筹资活动　　　　B. 经营活动　　　　C. 汇率变动　　　　D. 投资活动

42. 某小企业利用两年期银行借款购入了一条生产线，因购进生产线而支付的借款利息属于（　　）产生的现金流量。

A. 经营活动　　　　B. 投资活动　　　　C. 筹资活动　　　　D. 汇率变动

43. 某小企业用自有资金购入了一台机器设备，这项活动属于（　　）产生的现金流量。

A. 经营活动　　　　B. 投资活动　　　　C. 筹资活动　　　　D. 汇率变动

44. 以下是小企业发生的经营业务，引起小企业现金流量净额变动的项目是（　　）。

A. 将现金存入银行

B. 取出可以随时支取的银行定期存款

C. 用固定资产抵偿债务

D. 用银行存款清偿 20 万元的债务

二、多项选择题

1. 按照《小企业会计准则》的规定，小企业财务报表总括地反映了小企业的（　　）。

A. 纳税情况　　　　B. 经营成果　　　　C. 现金流量　　　　D. 负债情况

2. 《小企业会计准则》规定，小企业的财务报表至少应当包括（　　）。

A. 资产负债表　　　B. 利润表　　　　C. 现金流量表　　　D. 应交税费明细表

3. 税务人员在进行税收分析时需要掌握资产负债表的分析方法。资产负债表项目数据的形成方法包括（　　）。

A. 根据总账科目余额直接填列

B. 根据总账科目余额计算填列

C. 根据明细科目余额计算填列

D. 根据总账科目和明细科目余额分析计算填列

4. 资产负债表中的货币资金项目与企业的纳税密切相关，货币资金包括小企业的（　　）。

A. 库存现金　　　　B. 银行存款　　　　C. 应收账款　　　　D. 应纳税金

5. 资产负债表中的存货项目是分析纳税人是否足额履行纳税义务的一个主要项目，存货的范围包括（　　）。

A. 原材料　　　　　B. 低值易耗品　　　C. 在产品　　　　　D. 库存商品

6. 税务人员在进行税收分析时需要掌握资产负债表中存货项目的计算方法。存货等于（　　）等科目的期末余额合计。

A. 原材料　　　　　B. 半成品　　　　　C. 周转材料　　　　D. 库存商品

7. 税务人员在进行税收分析时应当把握资产负债表中资产的构成，资产负债表中的资产类至少应当单独列示反映下列信息（　　）。

A. 长期借款　　　　B. 应收账款　　　　C. 长期股权投资　　　D. 短期借款

8. 税务人员在进行税收分析时应当把握资产负债表中负债的构成，资产负债表中的负债类至少应当单独列示反映下列信息（　　）。

A. 实收资本　　　　B. 应交税费　　　　C. 短期投资　　　　D. 短期借款

9. 小企业资产负债表中所有者权益包括以下内容（　　）。

A. 小企业收到投资者投入资本超出其在注册资本中所占份额的部分

B. 小企业收到的应当视同销售的货物投资

C. 小企业应当缴纳给国家的各种税收

D. 小企业分配给投资人的利润

10. 小企业的以下资产，应包括在资产负债表存货项目的有（　　　）。

A. 委托代销商品　　　　　　　　　B. 委托加工物资

C. 正在加工中的在产品　　　　　　D. 正在加工中的半成品

11. 下列资产负债表项目中，根据总账科目余额直接填列的有（　　　）。

A. 短期借款　　　　B. 实收资本　　　　C. 应收票据　　　　D. 应收账款

12. 资产负债表中的负债项目包括非流动负债和其他非流动负债项目。非流动负债包括的具体项目有（　　　）。

A. 长期借款　　　　B. 长期应付款　　　　C. 应付账款　　　　D. 递延收益

13. 下列各资产负债表项目中，应根据明细科目余额计算填列的有（　　　）。

A. 应收票据　　　　B. 预收款项　　　　C. 应收账款　　　　D. 应付账款

14. 下列各项中，对资产负债表的作用描述正确的有（　　　）。

A. 通过编制资产负债表可以反映企业资产的构成及其状况

B. 通过编制资产负债表可以分析企业的偿债能力

C. 通过编制资产负债表可以分析企业的获利能力

D. 通过编制资产负债表可以反映企业所有者权益的情况

15. 下列项目中，属于资产负债表中流动资产项目的有（　　　）。

A. 预付款项　　　　B. 应收票据　　　　C. 预收款项　　　　D. 存货

16. 下列项目中，属于资产负债表应付账款项目填列依据的有（　　　）。

A. 应付账款所属明细账借方余额合计数　　　B. 应付账款总账余额

C. 预付账款所属明细账贷方余额合计数　　　D. 应付账款所属明细账贷方余额合计数

17. 资产负债表中存货项目的金额，应根据（　　　）账户的余额分析填列。

A. 生产成本　　　　B. 商品进销差价　　　　C. 发出商品　　　　D. 材料采购

18. 下列各项，可以通过资产负债表反映的有（　　　）。

A. 某一时点的财务状况　　　　　　B. 某一时点的偿债能力

C. 某一期间的经营成果　　　　　　D. 某一期间的获利能力

19. 下列资产中，属于流动资产的有（　　　）。

A. 短期投资　　　　　　　　　　　B. 一年内到期的非流动资产

C. 预付账款　　　　　　　　　　　D. 开发支出

20. 资产负债表中的应收账款项目应根据（　　　）填列。

A. 应收账款所属明细账借方余额合计数　　　B. 应收账款所属明细账贷方余额合计数

C. 预收账款所属明细账借方余额合计数　　　D. 预收账款所属明细账贷方余额合计数

21. 下列各项，影响小企业营业利润的项目有（　　　）。

A. 销售费用　　　　B. 管理费用　　　　C. 投资收益　　　　D. 所得税费用

22. 利润表是计算企业所得税的基础，小企业实行多步式利润表，将净利润计算过程划分为以下几个层次（　　　）。

A. 主营业务利润　　　　　　　　　B. 营业利润

C. 利润总额　　　　　　　　　　　D. 净利润（或净亏损）

23. 下列各项中，影响营业利润的项目有（　　　）。

A. 已销商品成本　　　　　　　　　B. 原材料销售收入

C. 出售固定资产净收益
D. 转让股票所得收益

24. 营业收入是利润表的一个项目，包括以下内容（　　）。
A. 生产企业销售自产的产品取得的收入
B. 生产企业销售外购的产品取得的收入
C. 生产企业销售生产用原材料取得的收入
D. 生产企业对客户违反合同规定收取的收入

25. 小企业发生的以下收入，同时计入利润表收入和企业所得税计税收入的有（　　）。
A. 生产企业销售自产的产品取得的收入
B. 生产企业销售外购的产品取得的收入
C. 生产企业销售生产用原材料取得的收入
D. 生产企业销售包装物取得的收入

26. 小企业发生的以下收入，同时作为增值税和企业所得税计税收入的有（　　）。
A. 生产企业销售自产的产品取得的收入
B. 生产企业将自产的产品用于本企业的车间建设
C. 生产企业购买国库券取得的利息收入
D. 生产企业在销售货物后对客户违反合同规定收取的收入

27. 利润表中的营业税金及附加包括以下税种（　　）。
A. 营业税　　　　B. 消费税　　　　C. 企业所得税　　　　D. 个人所得税

28. 小企业发生的以下业务既是利润表的扣除项目，也是企业所得税的扣除项目，但是在计算企业所得税时可能需要进行纳税调整的项目有（　　）。
A. 小企业生产经营过程中发生的业务招待费
B. 小企业销售人员出差的差旅费
C. 小企业对外宣传自己的产品发生的业务宣传费
D. 小企业季节性生产支付的临时人员的劳动报酬

29. 营业外支出项目，反映小企业发生的各项营业外支出金额，很多营业外支出项目也是企业所得税的扣除项目。企业发生的以下项目，编制财务报表时作为扣除项目，计算企业所得税时也可以扣除的有（　　）。
A. 非流动资产处置净损失
B. 自然灾害等不可抗力因素造成的损失
C. 税收滞纳金、罚金、罚款
D. 捐赠支出，赞助支出

30. 按照《小企业会计准则》的规定，小企业的现金流量分为（　　）。
A. 经营活动产生的现金流量
B. 投资活动产生的现金流量
C. 筹资活动产生的现金流量
D. 行贿活动产生的现金流量

31. 下列各项中，属于小企业筹资活动产生的现金流量的有（　　）。
A. 车间建设取得的长期借款
B. 取得短期借款转入企业的基本户
C. 将收到的投资人投入的资金存入银行
D. 以本企业自产的产品来偿还某公司的债券

32. 下列交易和事项中，不影响小企业当期经营活动产生的现金流量的有（　　）。
A. 用产成品偿还长期借款
B. 用现金支付行政管理人员工资
C. 收到被投资单位利润存入银行
D. 用银行存款支付的各项税费

33. 下列各项，属于我国现金流量表中现金的有（　　）。

A. 银行存款　　　　B. 银行汇票存款　　　　C. 库存现金　　　　D. 银行本票存款

34. 下列各项，属于我国现金流量表中现金的有（　　）。

A. 不能随时支取的定期存款　　　　　　　B. 银行汇票存款

C. 库存现金　　　　　　　　　　　　　　D. 银行本票存款

35. 现金流量表中的现金是一个广义的概念，具体包括（　　）。

A. 库存现金　　　　B. 银行存款　　　　C. 其他货币资金　　　　D. 应收账款

36. 下列各项中，属于现金流量表中投资活动产生的现金流量的有（　　）

A. 购建固定资产支付的现金　　　　　　　B. 转让无形资产所有权收到的现金

C. 处置固定资产收回的现金净额　　　　　D. 收到分派的现金股利

37. 现金流量表中的筹资活动包括（　　）。

A. 偿还借款　　　　B. 吸收投资　　　　C. 向银行贷款　　　　D. 分配利润

38. 现金流量表中的投资活动包括（　　）。

A. 短期投资的购买与处置　　　　　　　　B. 固定资产的购建与处置

C. 无形资产的购建与处置　　　　　　　　D. 长期投资的购买与处置

39. 按照《小企业会计准则》的规定，下列内容需要在会计报表附注中说明的是（　　）。

A. 短期投资、应收账款、存货、固定资产项目的说明

B. 应付职工薪酬、应交税费项目的说明

C. 利润分配的说明

D. 对已在资产负债表和利润表中列示项目与企业所得税法规定存在差异的纳税调整过程

40. 按照《小企业会计准则》的规定，下列内容需要在会计报表附注中说明的是（　　）。

A. 用于对外担保的资产名称、账面余额及形成的原因

B. 未决诉讼、未决仲裁以及对外提供担保所涉及的金额

C. 发生严重亏损的，披露持续经营的计划、未来经营的方案

D. 对已在资产负债表和利润表中列示项目与企业所得税法规定存在差异的纳税调整过程

41. 企业存货周转率较上年有所加快，而企业的销售收入则负增长可能是（　　）。

A. 企业隐瞒了收入　　　　　　　　　　　B. 企业虚增了成本

C. 企业资金周转困难　　　　　　　　　　D. 企业现金收取率下降

42. 根据财务分析的具体目的，小企业的财务报表分析可以分为（　　）。

A. 企业的偿债能力分析　　　　　　　　　B. 企业资产的营运能力分析

C. 企业的盈利能力分析　　　　　　　　　D. 企业的缴纳税款能力分析

43. 按照《小企业会计准则》的规定，财务报表分析的基本方法有（　　）。

A. 差额分析法　　　　B. 聚类分析法　　　　C. 比率分析法　　　　D. 比较分析法

44. 在对小企业的财务报表进行分析时，如果财务报表显示，企业的资产规模很大，但货币资金较小，不能与之配套，可能是由以下原因形成的（　　）。

A. 企业的经营方式决定的　　　　　　　　B. 企业有账外资金流转，想少缴税

C. 企业为了节约成本　　　　　　　　　　D. 企业的行业特点决定的

45. 在对小企业的资产负债表进行分析时，如果财务报表显示，企业的固定资产远远大于其流动资产规模所要求的数量，可能存在的原因是（　　）。

A. 企业的生产经营能力有闲置

B. 企业处于停产半停产状态

C. 企业资金周转困难

D. 一部分流动资产没有入账，企业隐瞒了销售收入想少缴税

46. 在对小企业的经营情况进行分析时，如果其财务报表显示，企业长期以来经营收入很小，负债规模很大，企业可能存在以下问题（　　）。

A. 企业有对外投资行为　　　　　　B. 企业有在建项目

C. 企业正在扩大规模　　　　　　　D. 企业隐瞒了销售收入

47. 在对小企业的经营情况进行分析时，如果其销售毛利率同比上升5%，而销售净利润率下降了5%，企业可能有以下情况（　　）。

A. 企业期间费用开支加大　　　　　B. 企业虚列了费用

C. 企业多缴了税收　　　　　　　　D. 企业少缴了税收

48. 在对小企业的经营情况进行分析时，如果其主营业务收入变动率为5%，成本费用变动率为35%，企业可能有以下情况（　　）。

A. 企业经营成本下降　　　　　　　B. 企业经营成本上升

C. 企业隐瞒了主营业务收入　　　　D. 企业虚列了成本

49. 小企业的主营业务收入变动率为5%，主营业务成本变动率为35%，企业可能有以下情况（　　）。

A. 企业期间费用下降　　　　　　　B. 企业期间费用上升

C. 企业隐瞒了主营业务收入　　　　D. 企业虚列了成本

50. 在对小企业的现金流量表进行分析时，如果其财务报表显示，企业的经营活动现金流入低于其经营活动现金流出，可能的原因是（　　）。

A. 企业属于衰退时期　　　　　　　B. 企业隐瞒了收入

C. 企业虚列了成本费用　　　　　　D. 企业成本费用上升

51. 存货周转天数，反映年度内存货平均周转一次所需要的天数，等于360除以存货周转次数。存货周转天数越少意味着（　　）。

A. 存货周转次数越少　　　　　　　B. 企业实现的利润越多

C. 存货管理水平越高　　　　　　　D. 企业占用在存货上的资金越多

三、判断题

1. 小企业的财务报表至少应当包括下列组成部分：资产负债表、利润表、现金流量表、附注、应交增值税明细表。（　　）

2. 小企业的利润表是计算企业所得税的基础。（　　）

3. 小企业资产负债表中的长期借款项目是根据长期借款总账科目余额分析填列的。（　　）

4. 资产负债表中的应收账款项目应根据应收账款所属明细账借方余额合计数、预收账款所属明细账借方余额合计数计算填列。（　　）

5. 小企业应该缴纳的增值税应在利润表的营业税金及附加项目中反映。（　　）

6. 资产负债表中的应付职工薪酬项目，反映小企业根据有关规定应付给职工的工资、职工福利、社会保险费、住房公积金、工会经费、职工教育经费，但不包括非货币性福利、辞退福利等支付项目。（　　）

7. 资产负债表中的预收款项项目应根据预收账款和应收账款科目所属各明细科目的期末贷方余额合计数填列。如预收账款科目所属各明细科目期末有借方余额，应在资产负债表应

付账款项目内填列。（　　）

8. 资产负债表中的应付账款项目应根据应付账款和预付账款科目所属各明细科目的期末贷方余额合计数填列；如应付账款科目所属明细科目期末有借方余额的，应在资产负债表预付款项项目内填列。（　　）

9. 预付账款科目所属各明细科目期末有贷方余额的，应在资产负债表应收账款项目内填列。（　　）

10. 资产负债表中应收账款、预付款项项目应直接根据该科目的总账余额填列。（　　）

11. 资产负债表中预收账款项目应根据预收账款和应付账款所属明细账贷方余额合计填列。（　　）

12. 资产负债表中的存货不包括企业正在生产过程中的产品。（　　）

13. 资产负债表中的其他应收款项目，反映小企业除应收票据、应收账款、预付账款、应收股利、应收利息等以外的其他各种应收及暂付款项。（　　）

14. 小企业的固定资产账面价值应该等于固定资产原价减去累计折旧。（　　）

15. 小企业资产负债表中的在建工程项目，反映小企业尚未完工或虽已完工，但尚未办理竣工决算的工程成本。税收分析要注意领用外购的货物和本企业生产的产品，其增值税处理是否正确。（　　）

16. 小企业资产负债表中的无形资产项目，反映小企业无形资产的账面价值。本项目应根据无形资产科目的期末余额减去累计摊销科目的期末余额后的金额填列。该项目的金额是否正确与税收无关。（　　）

17. 小企业资产负债表中的开发支出项目，反映小企业正在进行的无形资产研究开发项目满足资本化条件的支出。该项目的金额是否正确与税收无关。（　　）

18. 小企业资产负债表中的长期待摊费用项目，反映小企业尚未摊销完毕的已提足折旧的固定资产的改建支出、经营租入固定资产的改建支出、固定资产的大修理支出和其他长期待摊费用。该项目的金额是否正确，关系到企业所得税的计算是否正确。（　　）

19. 小企业资产负债表中的其他应付款项目，反映小企业除应付账款、预收账款、应付职工薪酬、应交税费、应付利息、应付利润等以外的其他各项应付、暂收的款项。包括应付租入固定资产和包装物的租金、存入保证金等。该项目的金额与税收分析无关。（　　）

20. 利润分配总账的年末余额不一定与相应的资产负债表中未分配项目的数额一致。（　　）

21. 利润表是指反映企业在一定会计期间的经营成果的报表。（　　）

22. 资产负债表年初数栏内各项数字，应根据上年末资产负债表期末数栏内所列数字填列。如果本年度资产负债表规定的各个项目的名称和内容同上年度不相一致，可直接把上年年末资产负债表各项目的名称和数字填入本表年初数栏内。（　　）

23. 小企业资产负债表中，融资租入的固定资产，其原价包括在固定资产原价项目中。（　　）

24. 小企业融资租入固定资产原价需要在会计报表附注中另行反映。（　　）

25. 多步式利润表能够科学地揭示企业利润及构成内容的形成过程，便于对企业生产经营情况进行分析，有利于不同企业之间进行比较。（　　）

26. 按照《小企业会计准则》的规定，小企业的利润表不显示主营业务收入和其他业务收入。（　　）

27. 按照《小企业会计准则》的规定，小企业的利润表不显示主营业务成本和其他业务成本。 （　　）

28. 小企业利润表里的营业收入和营业成本项目也是企业所得税的计税收入和扣除项目。 （　　）

29. 按照《小企业会计准则》的规定，小企业利润表中的营业税金及附加项目不包括城镇土地使用税、房产税、车船税、印花税四个税种。 （　　）

30. 小企业销售货物时需要缴纳增值税，销售货物属于小企业的经营活动，所以小企业缴纳的增值税应计入营业税金及附加。 （　　）

31. 小企业利润表里的销售费用项目，反映小企业销售商品或提供劳务过程中发生的费用，在计算企业所得税时可以全额扣除。 （　　）

32. 小企业利润表里的管理费用项目，反映小企业为组织和管理生产经营发生的其他费用，在计算企业所得税时可以全额扣除。 （　　）

33. 小企业利润表里的财务费用项目，反映小企业为筹集生产经营所需资金发生的筹资费用，在计算企业所得税时可以全额扣除。 （　　）

34. 小企业利润表里的投资收益项目，反映小企业股权投资取得的现金股利（或利润）、债券投资取得的利息收入和处置股权投资和债券投资取得的处置价款扣除成本或账面余额、相关税费后的净额，利润表里的投资收益金额就是企业所得税的投资收益，二者是相同的。 （　　）

35. 小企业利润表里的营业利润项目，反映小企业当期开展日常生产经营活动实现的利润。投资不属于企业的营业活动，所以投资收益或损失不属于营业利润，但是属于企业所得税的计税范围。 （　　）

36. 小企业利润表里的营业外收入项目，反映小企业实现的各项营业外收入金额。包括非流动资产处置净收益、政府补助、捐赠收益、盘盈收益、汇兑收益、出租包装物和商品的租金收入、逾期未退包装物押金收益、确实无法偿付的应付款项、已做坏账损失处理后又收回的应收款项、违约金收益等，也是企业所得税的计税收入。 （　　）

37. 小企业利润表里的营业外支出项目，反映小企业发生的各项营业外支出金额。包括存货的盘亏、毁损、报废损失，非流动资产处置净损失，坏账损失，无法收回的长期债券投资损失，无法收回的长期股权投资损失，自然灾害等不可抗力因素造成的损失，税收滞纳金、罚金、罚款，被没收财物的损失，捐赠支出，赞助支出等，这些项目在计算企业所得税时可以全额扣除。 （　　）

38. 小企业利润表里的利润总额项目，反映小企业当期实现的利润总额，包括非经营活动产生的利润，是企业所得税的计算基础。 （　　）

39. 小企业利润表里的所得税费用项目，反映小企业根据企业所得税法确定的应从当期利润总额中扣除的所得税费用，减少企业当年的本年利润科目金额。 （　　）

40. 小企业利润表里的净利润项目，是小企业承担过企业所得税之后的利润，也是可供分配给投资人的利润。 （　　）

41. 现金流量表，是指反映小企业在一定会计期间现金流入和流出情况的报表。 （　　）

42. 现金流量表应当分别经营活动、投资活动和筹资活动列报现金流量。小企业缴纳的各种税费不属于经营活动、投资活动和筹资活动，所以小企业缴纳的各种税费不在现金流量表中反映。 （　　）

43. 小企业购建固定资产、无形资产支付的现金计入固定资产和无形资产的原值，不属于现金流量表反映的内容。 （ ）

44. 小企业对投资人分配的利润属于利润分配的范畴，不属于现金流量表反映的内容。 （ ）

45. 现金流量表以现金为基础编制，这里的现金是个广义的现金概念，包含库存现金、银行存款和其他货币资金，这里的银行存款与会计核算中银行存款科目包括的内容完全一致。 （ ）

46. 现金流量表中取得投资收益所收到的现金项目包括小企业收到的股票股利。 （ ）

47. 小企业处置固定资产、无形资产和其他长期资产所收回的现金净额项目属于投资活动现金流量。 （ ）

48. 小企业偿还的借款利息，在现金流量表中分配股利、利润或偿付利息所支付的现金项目反映。 （ ）

49. 小企业发生严重亏损的，应当通过财务报表附注的形式披露持续经营的计划、未来经营的方案。 （ ）

50. 小企业的经营业务比较简单，对于财务报表与企业所得税的差异在纳税申报时体现即可，不需要通过财务报表附注的形式予以说明。 （ ）

51. 对增值税进行税收分析时应关注小企业利润表中的营业收入。 （ ）

52. 《企业所得税年度纳税申报表》中营业收入与小企业《利润表》中的营业收入相同。 （ ）

53. 小企业的非流动资产处置净收益和捐赠收入在利润表的营业外收入项目体现，也包含在《企业所得税年度纳税申报表》附表的营业外收入中。 （ ）

54. 小企业支付的税收滞纳金、罚款在《利润表》中的营业外支出反映，也包含在《企业所得税年度纳税申报表》附表的营业外支出中。 （ ）

55. 《企业所得税年度纳税申报表》中营业成本与小企业《利润表》中的营业成本相同。 （ ）

56. 财务报表附注一般采用附表的形式对财务报表重要项目的构成及其增减变动原因与数额进行详细、具体的说明。 （ ）

57. 财务报表分析的基本方法主要有比率分析法、比较分析法、聚类分析法和趋势分析法。 （ ）

58. 小企业的销售（营业）净利润率是分析企业偿债能力时常用的指标。 （ ）

59. 应收账款周转率是反映应收账款周转速度的比率，是分析小企业营运能力的常用指标，也是对小企业进行税收分析时分析其销售收入数据是否正常的常用指标。 （ ）

四、实务题

1. 以下是某小企业 2022 年底的会计科目余额表，请根据表中资料编制资产负债表。

科目余额表 单位：元

科目名称	借方	科目名称	贷方
库存现金	6 000	短期借款	180 000
银行存款	259 300	应付票据	140 000

续表

科目名称	借方	科目名称	贷方
其他货币资金	110 000	应付账款	220 000
短期投资	90 000	其他应付款	10 000
应收票据	220 000	应付职工薪酬	47 000
应收账款	121 000	应交税费	65 700
		其他应交款	12 000
预付账款	220 000	应付利润	50 000
其他应收款	45 000	长期借款	110 000
原材料	369 000	其中：1 年内到期的长期负债	15 000
库存商品	400 000	实收资本	1 770 000
材料成本差异	−12 600	盈余公积	207 000
长期股权投资	230 000	利润分配——未分配利润	120 000
固定资产	470 000		
累计折旧	96 000		
工程物资	100 000		
在建工程	270 000		
无形资产	115 000		
长期待摊费用	15 000		

2. 某小企业 2022 年 11 月的资产负债表如下。

资产负债表

会小企 01 表

编制单位：×××　　　　　　　　　　2022 年 11 月 30 日　　　　　　　　　　单位：元

资产	行次	期末余额	年初余额	负债和所有者权益	行次	期末余额	年初余额
流动资产：				流动负债：			
货币资金	1	951 954.89		短期借款	31		
短期投资	2			应付票据	32		
应收票据	3			应付账款	33		
应收账款	4	7 895.14		预收账款	34		
预付账款	5			应付职工薪酬	35	19 553.00	
应收股利	6			应交税金	36	1 527.03	
应收利息	7			应付利息	37		
其他应收款	8			应付利润	38		
存货	9	6 940.45		其他应付款	39		
其中：原材料	10	6 940.45		其他流动负债	40		
在产品	11			流动负债合计：	41	21 080.03	

续表

资产	行次	期末余额	年初余额	负债和所有者权益	行次	期末余额	年初余额
库存商品	12			非流动负债：			
周转材料	13			长期借款	42		
其他流动资产	14			长期应付款	43		
流动资产合计	15	966 790.48		递延收益	44		
非流动资产：				其他非流动负债	45		
长期债券投资	16			非流动负债合计	46		
长期股权投资	17			负债合计	47		
固定资产原价	18						
减：累计折旧	19						
固定资产账面价值	20	89 626.46					
在建工程	21						
工程物资	22						
固定资产清理	23						
生产性生物资产	24			所有者权益（或股东权益）			
无形资产	25	2 083.40		实收资本（或股本）	48		1 000 000.00
开发支出	26			资本公积	49		
长期待摊费用	27	3 306.57		盈余公积	50		
其他非流动资产	28			未分配利润	51		40 726.88
非流动资产合计	29	95 016.43		所有者权益（或股东权益）合计	52		1 040 726.88
资产总计	30	1 061 806.91		负债和所有者权益总计	53		1 061 806.91

12月发生以下四项业务，请根据题目所给资料编制该企业2022年12月的资产负债表。

（1）销售货物取得销货款123 600元，款项已存入银行，货物的增值税税率为13%；

（2）购进货物取得专用发票，支付金额102 752元，以现金支付；当月购进原材料全部领用，生产产品全部销售；当月增值税专用发票认证并申请抵扣；

（3）以现金支付全部职工的工资36 800元；

（4）以银行存款缴纳上月的税款1 527.03元。城建税税率为7%，教育费附加率为3%，购进货物的增值税税率为13%。

3.某小企业2022年度的会计科目发生额见下表，请根据《小企业会计准则》的规定编制小企业利润表。

科目发生额

单位：元

科目名称	借方发生额	贷方发生额
主营业务收入		195 621
主营业务成本	127 000	
营业税金及附加	9 000	
销售费用	15 100	

科目名称	借方发生额	贷方发生额
管理费用	12 500	
财务费用	3 100	
投资收益		6 000
营业外收入		5 700
营业外支出	2 200	
所得税	6 800	

4. 某小企业，2022 年度销售收入为 800 万元，销售成本为销售收入的 60%，赊销比例为销售收入的 90%，销售收入净利率为 10%，期初应收账款余额为 26 万元，期末应收账款余额为 39 万元；期初资产总额为 600 万元，其中存货为 50 万元，存货周转次数为 8 次，期末存货是资产总额的 10%。根据以上资料，请计算该企业的以下财务指标并说明各个指标的含义。

（1）期末资产总额；

（2）应收账款周转次数；

（3）资产净利润率。

5. 某小企业 2022 年年初存货为 16 000 元，年初应收账款为 12 000 元，年末流动比率为 2.5，速动比率为 2，存货周转次数为 5 次，流动资产合计为 30 000 元；企业的产品销售收入为 300 000 元，净利润 15 000 元，资产总额为 100 000 元。根据上述资料确定该企业的以下财务指标：

（1）该公司本年的销售成本；

（2）应收账款周转次数。

主要参考文献

[1]　中华人民共和国财政部企业会计准则[M].北京:经济科学出版社,2016.

[2]　中华人民共和国财政部小企业会计准则[M].北京:经济科学出版社,2016.

[3]　小企业会计准则研究组小企业会计准则讲解[M].大连:东北财经大学出版社,2016.

[4]　小企业会计准则研究组小企业会计准则操作手册[M].大连:东北财经大学出版社,2016.

[5]　小企业会计准则研究组小企业会计准则操作指南[M].大连:东北财经大学出版社,2016.

[6]　陈国辉,迟旭升.基础会计:第3版[M].大连:东北财经大学出版社,2013.

[7]　刘承泽,陈立军.中级财务会计:第4版[M].大连:东北财经大学出版社,2014.

[8]　程爱学,徐文锋,席杰.中小企业会计实务操典[M].北京:北京大学出版社,2008.

[9]　戴德明,林钢,赵西卜.财务会计学:第8版[M].北京:中国人民大学出版社,2015.

[10]　刘燕.会计法:第2版[M].北京:北京大学出版社,2009.

[11]　高旸.固定资产增值税会计处理的教学法[J].中国管理信息化,2011(23).

[12]　万寿义,任月君.成本会计:第3版[M].大连:东北财经大学出版社,2013.

[13]　刘雪清.企业会计模拟实训教程(综合实训)[M].大连:东北财经大学出版社,2013.

[14]　门璨,孙敏,范铁燕.企业会计案例教程[M].北京:清华大学出版社,北京交通大学出版社,2008.

[15]　中国对外贸易经济合作企业协会.全国外经贸从业人员职业资格认证考试中心外贸会计实务教程[M].北京:科学技术文献出版社,2006.

[16]　周月蓉.中小企业会计实务[M].北京:电子工业出版社,2008.